大汉荣耀 II

东汉王朝二百年

张玮杰 著

现代出版社

图书在版编目（CIP）数据

大汉荣耀. Ⅱ, 东汉王朝二百年 / 张玮杰著.
北京：现代出版社, 2025.7. -- ISBN 978-7-5231
-1292-2
Ⅰ. K234.09
中国国家版本馆CIP数据核字第2025MY6145号

大汉荣耀Ⅱ：东汉王朝二百年
DAHAN RONGYAO Ⅱ：DONGHAN WANGCHAO ERBAINIAN

著　　者　　张玮杰

选题策划	姚冬霞
责任编辑	张　瑾
责任印制	贾子珍
出版发行	现代出版社
地　　址	北京市安定门外安华里504号
邮政编码	100011
电　　话	(010) 64267325
传　　真	(010) 64245264
网　　址	www.1980xd.com
印　　刷	三河市宏盛印务有限公司
开　　本	710mm×1000mm　1/16
印　　张	32
字　　数	502千字
版　　次	2025年7月第1版　2025年7月第1次印刷
书　　号	ISBN 978-7-5231-1292-2
定　　价	78.00元

版权所有，翻印必究；未经许可，不得转载

目录

第一章　光武中兴 001

- 统一全国 002
- 善待功臣 007
- 阴丽华封后 010
- 马援平南越 012
- 强项县令 015
- 南北匈奴 017
- 马援之死 022
- 泰山封禅 025
- 光武驾崩 027

第二章　明章之治 031

- 云台二十八将 032
- 佛教入中原 036
- 投笔从戎 039
- 十三将士归玉门 044
- 白虎观会议 048
- 废立太子 051

- 白衣尚书 054
- 章帝驾崩 056

第三章 永元之隆 059

- 燕然勒石 060
- 窦氏覆灭 064
- 南匈奴内乱 068
- 邓绥封后 071
- 雁门太守行 074
- "蔡侯纸"和《二京赋》...... 076
- 和帝驾崩 078

第四章 邓太后听政 081

- 安帝登基 082
- 西羌再叛 085
- 杨震拒金 088
- 虞诩献策 090
- 平定羌乱 093
- 邓太后去世 097

第五章 宦官十九侯 099

- 邓氏覆灭 100
- 汝南名士 103
- 班勇征西域 105
- 杨震之死 108
- 安帝驾崩 111
- 顺帝登基 114
- 十九侯就国 118

- 梁妠封后 121
- 对　策 124
- 内　斗 127
- 张道陵创道教 129

第六章　跋扈将军 131

- 边境叛乱 132
- 质帝登基 135
- 跋扈将军 139
- 李固之死 143
- 荀氏"八龙" 146
- 折腰步 149
- 梁氏覆灭 152

第七章　党锢之祸 157

- 五　侯 158
- 凉州三明 161
- 名士风流 164
- 第一次党锢之祸（上）...... 166
- 第一次党锢之祸（下）...... 171
- 董卓登场 175
- 灵帝登基 177
- 第二次党锢之祸（上）...... 179
- 第二次党锢之祸（下）...... 183

第八章　变乱前夜 187

- 孙坚登场 188
- 蔡邕写《石经》...... 190

- 灵帝卖官 …… 193
- 阳球之死 …… 195
- 何贵人封后 …… 199

第九章　黄巾起义 …… 203

- 黄巾起义 …… 204
- 曹操登场 …… 208
- 黄巾失败 …… 211
- 宦官窃功 …… 214
- 刘备登场 …… 217

第十章　诛除宦官 …… 221

- 凉州兵变 …… 222
- 刘焉据益州 …… 225
- 刘虞定幽州 …… 228
- 灵帝驾崩 …… 231
- 诛除宦官（上）…… 234
- 诛除宦官（下）…… 237

第十一章　董卓废帝 …… 241

- 董卓废帝 …… 242
- 讨伐董卓 …… 246
- 迁都长安 …… 250
- 刘表据荆州 …… 253
- 盟军内讧 …… 255
- 孙坚斩华雄 …… 258
- 袁绍占冀州 …… 261
- 荀彧投曹操 …… 264

- 孙坚之死 266
- 割席分坐 268
- 界桥之战 271
- 王允计除董卓 274
- 王允之死 277

第十二章　徐兖幽之争 281

- 青州兵 282
- 袁绍平于毒 285
- 曹操屠徐州 287
- 公孙瓒霸幽州 290
- 曹操失兖州 292
- 曹操险些被俘 295
- 刘备接徐州 298
- 吕布投刘备 300

第十三章　迁都许县 303

- 李傕郭汜反目 304
- 献帝还洛 307
- 孙策战太史慈 310
- 诸葛玄投荆州 314
- 臧洪之死 316
- 吕布叛刘备 318
- 迁都许县 320

第十四章　群雄落幕 325

- 营门射戟 326
- 典韦之死 328

- 袁术称帝 331
- 许褚投曹操 334
- 李傕郭汜伏诛 337
- 吕布之死 340
- 曹刘论英雄 344
- 太史慈降孙策 346
- 公孙瓒之死 349
- 袁术之死 352

第十五章　官渡之战 355

- 袁绍谋攻曹操 356
- 张绣降曹操 358
- 关羽斩颜良 360
- 孙策之死 363
- 官渡之战（上）...... 366
- 官渡之战（下）...... 369

第十六章　统一北方 373

- 鲁肃投孙权 374
- 刘备屯新野 378
- 张鲁霸汉中 380
- 袁绍去世 382
- 庞德斩郭援 385
- 二袁争斗 388
- 攻陷邺城 391
- 曹丕得甄氏 394
- 徐夫人复仇 397
- 曹操夺青幽 399

- ○ 率马以骥 401
- ○ 曹操征乌桓 404
- ○ 观沧海 407

第十七章　赤壁之战 409

- ○ 三顾茅庐 410
- ○ 孙权征黄祖 413
- ○ 蔡文姬归汉 416
- ○ 孔融之死 419
- ○ 刘表去世 421
- ○ 长坂坡之战 424
- ○ 孙刘联盟 426
- ○ 赤壁之战 430
- ○ 合肥之战 433
- ○ 周瑜战曹仁 435

第十八章　三足鼎立 437

- ○ 刘备娶妻 438
- ○ 周瑜去世 440
- ○ 曹操征马超 442
- ○ 刘备入益州 446
- ○ 荀彧自尽 449
- ○ 马超投张鲁 453
- ○ 二刘反目 456
- ○ 刘备夺益州 458
- ○ 曹操夺汉中 463
- ○ 荆州之争 466
- ○ 逍遥津之战 469

第十九章　曹魏代汉 473

- 晋封魏王 474
- 鲁肃去世 477
- 定军山之战 480
- 刘备封王 483
- 水淹七军 486
- 白衣渡江 488
- 败走麦城 492
- 曹操去世 494
- 曹魏代汉 498

参考书目 500

第一章 光武中兴

统一全国

西汉末年，皇权腐败，社会矛盾激化，不过也还没有达到民怨沸腾，人民抛弃皇族刘氏的地步，但政权被外戚王莽篡夺，王莽建立的新朝取代了西汉王朝。

王莽之所以能篡位成功，一个重要原因是西汉太皇太后王政君（前71年—13年）活得够久，她是史上寿命最长的皇后（皇太后）之一。王政君是汉元帝刘奭的皇后，元帝驾崩，汉成帝刘骜（王政君之子）继位后，身为皇太后的王政君开始左右朝局，大力提拔王氏族人担任要职，王氏逐渐控制了西汉朝政。

王政君是王莽的亲姑母，王莽凭借伪善和隐忍，在王氏后辈中脱颖而出，代表王氏掌控了西汉朝廷。后来王政君也约束不了王莽了，王莽为所欲为，逐渐铲除政敌，直到毒死了汉平帝刘衎（衎 kàn，继汉成帝刘骜、汉哀帝刘欣之后登上皇位），两年后又废掉了孺子婴，篡汉自立，建立了新朝。王莽是个复古狂人，他托古改制，但各项改革纷纷失败，仅币制一项，就改革了四次。王莽征调兵马讨伐匈奴及其他少数民族，不但加重了人民的负担，还导致成千上万百姓死亡，哀鸿遍野，天下骚动。

民生维艰，加之天灾不断，终于兵戈四起。樊崇在莒县（莒 jǔ，莒县，在今山东省莒县）起兵，他命令属下把眉毛染成红色，号称"赤眉军"；力子都在东海郡（郡治在今山东省郯城县北）起兵；秦丰在南郡（郡治在今湖北省江陵县）起兵；迟昭平（女）在平原县（在今山东省平原县）起兵；王匡等起兵于云杜县绿林山（在今湖北省京山市大洪山），号称"绿林军"，军队遭受瘟疫，向西进入南郡的称"下江兵"，向北进入南阳的称"新市兵"；陈牧等在平林（在今湖北省随州市东北平林关）起兵，称"平林兵"；刘縯（？—23年）、刘秀（前5年—57年）兄弟等人在宛城（在今河南省南阳市）起兵，号称"舂陵兵"（刘秀祖上曾任舂陵侯）；

另外有铜马、大肜等多支起义部队。

刘秀是我们这本书的开场主角，需要加以介绍。刘秀，字文叔，南阳郡蔡阳县（一说今湖北省枣阳市，一说今河南省南阳市瓦店南）人，出生于公元前5年，是汉高祖刘邦的第九世孙。刘秀族谱顺序是这样的：刘邦→刘恒→刘启→刘发→刘买→刘外→刘回→刘钦→刘秀。随着时间的推移，刘秀这一脉与当政者的关系逐渐疏远且"推恩令"施行，他的祖辈从封王封侯，到后来只能做太守、县令，刘秀的父亲刘钦就官至汝南郡南顿（在今河南项城市西）县令。刘钦迎娶了樊娴都为妻，生下了三子三女，三子为：刘縯、刘仲（？—22年）、刘秀；三女为刘黄、刘元、刘伯姬。刘秀九岁的时候，他的父亲刘钦去世，他被叔父刘良收养。长大后的刘秀，身长七尺三寸（约173厘米，汉代男子平均身高约为160厘米），浓眉大眼，美髯，大口，高鼻梁，额骨中央隐隐隆起，形状如日，一副容貌不凡的美男子形象。

刘秀的二姐夫邓晨（？—49年）是南阳郡新野县（在今南阳市新野县）人，是新野的豪门大户，和同为新野豪门大户的阴氏有亲戚关系，阴氏家有小女阴丽华（公元5年—64年），生得十分美貌，远近闻名。刘秀有次到新野，通过二姐夫的关系，得以和阴丽华见面，刘秀对阴丽华的美貌赞叹不已，内心十分爱慕，有意娶她为妻，但阴丽华比刘秀小九岁，此时还不到谈婚论嫁的年纪，刘秀只能把这份爱慕深藏心底。

刘秀本无大志，勤于农耕之事，但他的大哥刘縯性格豪放，喜欢行侠仗义，收罗人才，常讥笑刘秀只会从事农夫的工作。王莽天凤（公元14年—19年）年间，刘秀来到了京师长安太学求学，师从儒学大师、中大夫许子威学习《尚书》，略通书中要义。为了解决费用问题，刘秀和同舍学子韩子商议，凑钱买了一头毛驴，租给他人使用，弥补经费不足的问题。在太学中，刘秀也结识了邓禹、严光、强华等人，和他们很能聊得来并结为好友。

学习之余，有次刘秀和伙伴到长安大街上闲逛，对面突然过来了一队骑兵，旌旗招展，大约有二百人，皆穿红色服装，英姿飒爽，他们簇拥着中间一人，威风凛凛，不怒自威，很明显是他们的主人。原来这是执金吾从此路过，执金吾原名中尉，汉武帝改为执金吾，为九卿之一，掌握北军，负责宫廷周围治安和水火灾害之事，和掌握南军，负责守卫宫禁的卫尉互为表里。执金吾每月巡视宫廷外围三周，并主管兵器，所以这次也是例行巡视。刘秀被执金吾巡视的盛大场面惊到了，不由得感叹道："仕宦当作执金吾，娶妻当得阴丽华！"刘秀学成后返回家乡，有次在南阳鄂山得到一柄神剑，上面用小篆体刻着"秀霸"二字，刘秀非常高兴，认为是上天的暗示，于是经常把这把剑佩戴在身。不久天下大乱，刘秀遂和兄长刘縯等人起兵一起反抗王莽。

群雄无首，不便于结成统一战线，于是平林兵、新市兵和舂陵兵拥戴刘玄登基称帝，史称玄汉王朝。王莽动用数十万军队，对刘秀所在的昆阳（在今河南省叶县）发起了攻击，当时新朝十几万军队已经抵达城下，城中只有八九千人，刘秀临危不乱，指挥若定，以少胜多，大胜新朝军队，一战成名。昆阳之战后，刘秀在宛城迎娶了美女阴丽华，事业爱情双丰收。刘玄是刘秀的族兄，他看到刘秀兄弟声名日盛，加之刘縯并非真心拥戴他，担心尾大不掉，于是设计杀死了刘縯。刘秀认为现在不是和刘玄决裂的时候，于是强忍悲痛，请求处分。刘玄任命刘秀为破虏大将军，封武信侯。

各路起义军看到了玄汉王朝的实力，纷纷响应。起义军攻入长安，砍下王莽的人头，把他的尸体剁成碎块，新朝宣告终结，国祚十五年（公元9年—23年）。王莽的人头被送到宛县，后来被历代朝廷保存，直到西晋八王之乱时，武器库发生火灾，王莽的头颅才被烧毁。

刘玄任命刘秀为大司马，前往河北（黄河以北）地区，招降各路起义部队。为了争取真定（在今河北省正定县南）王刘杨的支持，刘秀迎娶了刘杨的外甥女郭圣通（公元6年—52年），这是一场政治联姻，刘秀真正喜欢的还是阴丽华。

刘秀迫降了数十万铜马农民军，挑选精干之士编入自己的军队，从此实力大增。建武元年（25年），冯异、寇恂、耿纯等人劝刘秀称帝，恰这时刘秀在太学的同学强华来献《赤伏符》，书中有"刘秀发兵捕不道，四夷云集龙斗野，四七之际火为主"的谶语，刘秀遂决定登基。两汉时期，谶纬之言非常盛行，人们深信不疑。谶是秦汉间巫师、方士假托古圣贤之名而撰制的相关预言，纬是汉代神学迷信附会儒家经义的一类书。

建武元年六月二十二日，刘秀在鄗城（在今河北省邢台市柏乡县固城店镇）

千秋亭即皇帝位，定年号为建武，定国号为"汉"，史称东汉，刘秀为汉光武帝。十月，刘秀进入了洛阳，在此定都。

此时天下处于割据状态，刘秀带领属下，经过了长达十二年（公元25年—36年）的平叛战争，消灭了赤眉军（刘玄被赤眉军所杀）、割据睢阳的刘永、割据青州的张步、割据西北陇右的隗（wěi）嚣、割据西南巴蜀的公孙述，终于平定了天下，王莽末年以来烽火连年、分崩离析的中国再次统一。

东汉此时的疆域比西汉末年缩减了不少，放弃了单单大岭（今朝鲜北大峰山脉）以东七县；西北则由于匈奴和羌人的侵扰，对沿边数郡控制得十分乏力；北部自河套地区至今河北西部一线大片土地皆已放弃。东汉初年的人口数缺乏记载，史料记载了建武中元二年（公元57年）户数为4,279,634户，人口数为21,007,820人，此时距离光武帝刘秀统一天下已经过去了二十余年。史料记载的西汉元始二年（公元2年）户数为12,233,062户，人口数为59,594,978人。二者对比，经过连年内乱，人口数量锐减。

▲ 唐　阎立本《历代帝王图》之刘秀

善待功臣

天下平定，刘秀论功行赏，封侯的、调整侯爵或封邑的、增加封邑的有三百六十五人。其中，数邓禹（公元2年—58年）、吴汉（？—44年）、贾复（？—55年）、耿弇（yǎn，公元3年—58年）、寇恂（？—36年）等三十五人功勋卓著，被称为开国三十五将星。高密侯邓禹功劳最大，封邑为高密、昌安、夷安、淳于四个县；邓禹的弟弟邓宽也被封为明亲侯。平定天下前已经去世的功臣，增加他们子孙的采邑，如大将冯异（？—34年，战后诸将争功论能时，他总是喜欢默默坐在树下，被称为"大树将军"）于统一天下前去世，刘秀封他的儿子冯彰为东缗侯，封邑为三个县。

投身军旅陷阵杀敌并非刘秀的志向，只是时势造英雄，他是迫不得已才走上了武装起义的道路，一晃十几年过去了，刘秀也早已经厌倦了战争，他很清楚，经过连年战争，民生凋敝，人心思安，因此天下初定之后，没有危急情况，他不再谈及军旅之事。有一次皇太子刘强向刘秀询问排兵布阵之事，刘秀说："你不要考虑这些事。"

邓禹是南阳郡新野县人，熟读《诗经》，前文我们讲过，在长安求学时，和刘秀结为好友；贾复为南阳冠军（在今河南省邓州市西北）人，熟读《尚书》，虽是半路追随的刘秀，但深得刘秀信任。邓禹和贾复都有文化功底，深谙古今道理，他们了解刘秀，明白刘秀准备收起刀戈，修文德，施行礼乐教化，不想让功臣们拥兵于京师。于是邓禹和贾复带头交出了兵权，倾心钻研儒学。

刘秀赞许邓禹和贾复的举动，他思索良久，为了保全君臣大义，不使功臣失掉爵位甚至性命的历史悲剧重演，于是他下令，所有的侯爵都不再兼任朝廷职务，遂裁撤了左右将军。耿弇也辞去了大将军封号、上交了印绶。众位元勋都以侯爵

▲ 清 张士保 《二十八将图册》之贾复

的身份离职，回家修养身心，但仍然可以以"特进"（朝会时，排在三公之下）身份受到皇帝刘秀的接见（奉朝请）。

功臣的官职被免去了，他们没有了实权，威胁不到皇权，因而刘秀也变得对他们格外宽容。每当有远方进贡的奇珍异宝和山珍海味，刘秀都先赐给功臣们，宫内并没有留下多少。应该说这是个双赢的结局，避免了君臣之间的冲突和猜忌，因为战争年代是用人之际，只要战场立功，就可以得到封赏，皇帝往往忽视将军们的一些缺点；天下平定之后，君臣朝夕相处，并没有那么和谐，容易发生冲突，加之皇帝忌惮功臣，就会出现诛杀功臣的情况。一两个功臣被杀，其他功臣就会人人自危，激起反抗之事，如西汉初年的英布就是例证，就会造成恶性循环，功臣最后鲜有保全者。刘秀的这招很高明，使得功臣元勋们得以善终，没有一个人被诛杀或贬黜的。

刘秀召冀州刺史窦融（前16年—62年）入京任大司空。窦融是扶风郡平陵县（在今陕西省咸阳市）人，他的七世祖为章武侯窦广国（西汉孝文帝皇后窦漪房的弟弟）。窦融起初是新朝的官员，后投靠了刘秀，并立下战功，窦融认为自己并非刘秀的嫡系部队，入朝后地位却在元勋们之上，因此处事格外小心谨慎，对人礼貌谦恭，刘秀很欣赏他的这种作风。有次刘秀问窦融道："爱卿过去所上奏章，是谁主笔的？"

窦融回答说："都是臣的从事班彪所写。"

班彪（公元3年—54年），字叔皮，是扶风安陵（在今陕西省咸阳市）人，他的祖父辈曾经在西汉担任政府官职，后投靠了窦融。刘秀平时也听说过班彪，知道他很有才华，又听窦融这么说，于是就召见了班彪，任命他为徐县县令，但班彪因病辞官。班彪才华出众又爱好著述，遂专心于史籍之间，为后来他的儿子班固（公元32年—92年）撰写《汉书》做了史料的准备。

阴丽华封后

真定王刘杨（？—26年）野心勃勃，在刘秀称帝的第二年（公元26年），他散布谶语说："赤九之后，瘿（yǐng）杨为主。"因为西汉以"火"作为象征，刘秀是刘邦的九世孙，而刘杨脖子上又生有瘿肿（颈部生瘤子的疾患），所以他以此蛊惑民众，想取代刘秀，并积极和叛军联系，准备行动。

消息传到刘秀耳中的时候，刘秀命前将军耿纯假借代表皇帝巡视幽州、冀州（真定国属于冀州）的机会，伺机解决刘杨。因为耿纯的母亲是刘杨亲戚的女儿，管刘杨叫舅舅，加之刘杨自恃兵强马壮，所以疏于防备，被耿纯骗进屋内后斩杀。

刘秀并没有扩大打击范围，因为刘杨仅有预谋而没有实际行动，同时也为了安抚河北地方势力，还让刘杨的儿子刘德继任真定王之位。刘杨的外甥女、后宫贵人郭圣通，自然也没被追究责任。

刘秀真正喜欢的是贵人阴丽华，准备立她为皇后，但阴丽华性格温柔贤淑，宽厚仁慈，因为这时候刘秀和郭圣通所生的皇长子刘强已经两岁，而阴丽华还没有生子，母以子贵，所以她坚决推辞。于是在建武二年（公元26年）六月七日，刘秀封郭圣通为皇后，刘强为皇太子。刘秀又封郭况（郭圣通弟弟）为绵蛮侯。建武四年（公元28年），阴丽华跟随刘秀出征，在军中生下了皇子刘阳。

刘秀心里住着阴丽华，难免就会对皇后郭圣通心不在焉，随着时间的推移，这种表现就越发明显，引起了郭圣通的不满，她时常说出一些怨恨之言。刘秀刚开始还能忍受，最后忍无可忍，于建武十七年（公元41年）十月，废掉了郭圣通的皇后之位，改封阴丽华为皇后。刘秀给三公下发诏书说："皇后怀藏怨恨，数次违反教令，在教育皇子方面，亲疏有别，无法作为后宫的榜样。宫闱之内，如见鹰鹯（zhān，猛禽）。既无《关雎》之德，而有吕、霍（指吕雉和霍成君）之风，岂可把幼小的皇子托付给她，承继祭祀。今派大司徒戴涉、宗正刘吉持节，收缴皇后玺绶。阴贵人出身乡里良家，在我卑微之时嫁给我，如《诗经》所说'自我不见，于今三年'，应该由她来侍奉王室，为天下之母。有关部门要详查旧典，择时奉上尊号。这是国家异常之事，非国家福瑞，不得祝福道贺！"

上东城门侯郅恽精通《韩诗》（西汉韩婴所传授的《诗经》）和《严氏春秋》（西汉人严彭祖传授的《公羊春秋》），当时受命传授太子刘强《韩诗》，他建议刘秀道："臣听说夫妇之间感情的事，做父亲的也不能开导好儿子，何况是做臣下的言之于君王呢？臣不敢言。但是，我希望的只是陛下稳妥处理，不要让天下人议论社稷罢了。"

刘秀说："你善于以己度人，知道朕必不会有所偏私而轻天下。"

刘秀为了安慰郭圣通，把他和郭圣通所生的次子刘辅由右翊公改为中山王（中山国首府位于今河北省定州市），把常山郡（郡府元氏县，在今河北省元氏县西北）并入了中山国，扩大了中山国的地盘。并封郭圣通为中山太后。

此时的皇太子刘强已经十七岁，他为人谦和，母亲皇后之位被废，他情绪低落，内心不安。郅恽看在眼里，劝刘强道："长期坐在不被信任的位子上，上违孝道，下近危险。当年殷高宗武丁因后妻进谗言而杀孝子；尹吉甫（周宣王大臣）因后妻而放逐儿子。《春秋》大义，母以子贵。太子应该退位保身，奉养母亲。"

刘强接受郅恽的建议，于是诚恳地向刘秀提出来辞去太子之位，到藩国就任。刘秀不忍心，就没有同意。

时间到了建武十九年（公元43年），阴丽华所生的长子刘阳也已经十六岁了，为了国家稳定需要，太子之事不得不解决了，于是六月二十六日，刘秀下诏说："《春秋》大义：立嫡以长不以贤，立子以贵不以长。母贵则子贵，子以母贵，母以子贵。东海王刘阳，是皇后所生，应该继承大统。皇太子强，诚挚谦退，愿赴任藩国，父子之情，我也难以长久违背他这个意愿。今封刘强为东海王，立刘阳为皇太子，并改名为刘庄。"

刘秀任命刘庄的舅舅阴识（阴丽华异母兄）为守（代理）执金吾，阴兴（阴丽华弟弟）为卫尉，辅佐刘庄。任命名儒桓荣（东晋枭雄桓温为其十世孙）为议郎，命他教授刘庄《尚书》；命左中郎将钟兴教授刘庄《春秋》。

第一章 光武中兴 011

马援平南越

汉武帝时期灭了南越，把此地纳入汉朝的版图，设置了九个郡（儋耳、珠崖、南海、苍梧、郁林、合浦、交趾、九真、日南）。汉朝对当地输入新的生产技术方式及教育，造成当地落后的社会制度面临崩溃，他们原本散漫、保守而自由的生活被大幅度改变，他们表现出了各种不适应，再加上汉朝廷增加当地的赋税和劳役，引起了他们的不满。

交趾郡（郡府龙编县，在今越南北宁省北宁市）地处偏远，下辖的麓泠（Mí Líng）县（在今越南永富省安朗县）雒越部落（越族一支，主要分布在今广西邕江流域和越南北部红河流域一带）是当地的豪族，雒越部落酋长的女儿征侧勇猛好斗，交趾郡太守苏定准备把她绳之以法，引起了征侧的愤恨。建武十六年（公元40年）二月，征侧和妹妹征贰聚众反叛，九真郡（郡府胥蒲县，在今越南清化省清化市西北）、日南郡（郡府西卷县，在今越南广治省东河市）、合浦郡（郡府合浦县，在今广西合浦县东北）的部落纷纷起兵响应，他们攻占了六十五座城池。征侧遂自称为王，定都麓泠。交趾刺史及各郡太守，仅能自保，无力平叛。

刘秀准备征调大军南下平叛，他命长沙郡（郡府临湘县，在今湖南省长沙市）、合浦郡、交趾郡准备车船，维修道路桥梁，疏通阻塞的河道，储存粮食，以备大军。刘秀任命伏波将军马援（前14年—49年）为主帅，扶乐侯刘隆为副帅，督率楼船将军段志等人，南讨征侧姐妹之乱。

马援为东汉名将，字文渊，扶风郡茂陵县（在今陕西省兴平市）人，他的先祖为战国时期赵国名将赵奢，赵奢被封为马服君，因此他的子孙以马服作为姓氏，后简化为马，马援的曾祖父马通曾行刺汉武帝未遂被处死，马通之子马实幸存，马实在汉宣帝的时候曾经为小官，马实生子马仲，也为官不高，马仲生子马况、马余、马员和马援。

马援十二岁的时候,父亲去世。马援年少时就心怀大志,刻苦学习《齐诗》(汉初齐人辕固生所传《诗经》),为以后的飞黄腾达奠定了基础。王莽末年四方兵起,马援被推荐入新朝廷,新朝灭亡后,马援逃至凉州避难。刘秀称帝后,马援的哥哥马员投奔刘秀,马援则受到陇右割据势力隗嚣的器重。马援后投靠了刘秀,并为刘秀平定隗嚣出谋划策,立下功劳。刘秀任命马援为陇西郡(郡府狄道县,在今甘肃临洮县南)太守,当时羌族叛乱,马援率军予以平定。马援在陇西太守任上六年,治理有方,陇右遂安。

建武十七年,马援被征入朝任虎贲中郎将,这次征侧造反,刘秀再次任命马援为伏波将军,率军南下平叛。大军行进到合浦郡的时候,段志因病去世,刘秀命令马援接管了段志的军队。南方多瘴气,当地人介绍服用薏米可以驱湿防瘴气,马援从当地人手里购买了大量薏米,供将士们食用,很有效果,大军沿海而进,开辟山道一千多里。建武十八年(公元42年)春,大军抵达了浪泊(在今越南河内市西北),遭遇了征侧的军队,两军大战,朝廷军队大破叛军,斩首数千人,叛军投降者一万多人,征侧姐妹率残军狼狈逃窜。马援率军追击,直追到禁豀(今越南红河支流山阳河),数次战胜叛军,叛军溃散。马援于第二年春季,力斩征侧姐妹,命人骑快马把首级送到洛阳。刘秀大喜,封马援为新息侯,封邑三千户。

马援命令杀牛摆酒,犒赏三军,酒至半酣,马援一摆手,让大家安静,然后不慌不忙地对他们说道:"我堂弟少游曾怜悯我慷慨有大志,说:'士人一世,衣食无忧,乘下泽车(一种适宜在沼泽地上行驶的短毂轻便车),骑款段马(行走缓慢的马),在郡里当差,守着祖宗坟墓,被乡里称为善人,就可以了。至于追求富贵,是自找罪受啊。'当我处在浪泊、西里间,蛮夷未灭之时,下有水上有雾,毒气升腾,仰视飞鹰摇摇晃晃如堕水中,躺着想起少游过去说的话,如何能办得到呢!今赖各位将士之力,蒙受皇上大恩,先于诸君佩戴金印紫绶(公侯佩戴),且喜且惭。"

将士们闻听都拱手俯身高呼将军。

马援统率楼船大小两千多艘,将士两万多人,进击九真郡,讨伐征侧的余党都羊等人,直追到居风(在今越南清化省清化西北),斩首和捕获五千多人,都羊投降，岭南平定。马援所过之处，为郡县整修城郭，修渠灌溉，以利百姓。马援向当地的酋长们重申了汉朝的法律，用以约束他们，从此以后，南越地区当地人士一直遵守相关法律。

建武二十年（公元44年）九月，马援整顿军队返京，将要抵达的时候，故人孟冀前来迎接他，孟冀平日颇有计谋，马援就对他说道："昔伏波将军路博德（西汉人）开辟了九个郡，才获封数百户；如今我功劳微薄，愧受大县，功薄赏厚，何以能长久乎？先生可有什么良策助我？"

孟冀说："愚不及。"

马援说："方今匈奴、乌桓还在侵扰北境，我准备请命讨伐他们。男儿要当死于边野，以马革裹尸还葬，何能卧床上老在儿女们的伺候中呢？"（成语"马革裹尸"出于此）

孟冀赞叹不已，说："真正的义士，当如此啊！"

马援喜欢骑马，善于辨别名马，在交趾郡得到骆越铜鼓，命人熔铸成马的式样，马高三尺五寸，围四尺五寸。马援把铜马献给了刘秀，刘秀很高兴，命令把此铜马安放在宣德殿下，作为名马的标准。

强项县令

刘秀一共有两个兄长,两个姐姐和一个妹妹,哥哥刘縯、刘仲和二姐刘元均在反抗王莽的过程中遇害,他的妹妹刘伯姬也于建武六年(公元30年)去世,他们兄弟姐妹六人,目前只剩下大姐湖阳长公主刘黄和刘秀二人了。刘黄比刘秀年长十三岁,他们父亲去世得早,刘黄作为长姐,帮母亲为家里出了不少力,刘秀对她很有感情,称帝后,封刘黄为湖阳长公主。

刘黄宠信的一个家奴仗势欺人,不可一世,后来竟然敢在大白天杀人,官府的捕快去缉捕的时候,家奴躲进了刘黄的府中,捕快不敢硬闯,就汇报给了洛阳县令董宣(生卒年不详)。董宣,字少平,陈留郡圉县(圉yǔ,圉县在今河南省杞县西南五十里圉镇)人,他为人清正廉洁,刚正不阿。董宣详细了解了情况后,并没有退缩,反而命人在刘黄府外严密布控,伺机抓捕犯法的家奴。

过了一段时间,刘黄认为事情已经就此不了了之了,有天她出门,让这个家奴陪乘,但被暗中埋伏的官差发现,飞速禀报了董宣。董宣带人在刘黄的必经之路夏门(洛阳城北西头第一门)外的万寿亭等候,待到刘黄的车队一到,董宣命人拦住去路,先礼后兵,他叩头请求刘黄交出犯法的家奴。刘黄没把这个县令看在眼里,拒不交人,喝令让路。

董宣变得情绪激动,他以刀画地,高声宣布刘黄的过失,叱令犯法的家奴下车。家奴被这个场面给惊住了,不敢不下,董宣命刀斧手当场把他处决,丝毫没给刘黄面子。

刘黄一时也被震住了,等她缓过神来,羞恼不已,但也奈何不了董宣,于是赶赴皇宫向弟弟刘秀告状。刘秀闻听暴怒,急召董宣进宫,命人把董宣乱棍打死。

董宣并不惊慌,叩拜道:"请允许臣说一句话再死。"

刘秀问道:"你还有什么话要说?"

董宣说:"陛下以圣德而使天下中兴,却纵容家奴杀害良民,又拿什么去统治天下呢?臣无须用棍,这就自杀。"

董宣说罢,起身向厅堂前的柱子撞去,鲜血直流。

刘秀觉得董宣说的有道理,忙命小黄门拽住了董宣,不让他继续撞柱子,但命他向刘黄叩头谢罪,董宣不肯。刘秀命小黄门按着董宣的头,准备逼他强行叩头,但董宣梗起脖子,双手用力撑地,始终不肯叩头。

刘黄在旁说:"文叔(刘秀的字)为平民百姓时,曾经收藏逃犯,官吏不敢进门,而今贵为天子,却惩治不了一个小小的县令吗?"

刘秀笑着说:"天子和普通百姓不一样啊。"

刘秀这会儿也不生气了,他宽恕了董宣,说:"强项令出去!"并赏赐给董宣钱三十万,董宣将钱全部分给了手下。此后,董宣便有了"强项令"(硬脖子县令)这个称号。

洛阳是首善之区,权贵云集,董宣秉公执法,不避豪强,震动京师,都称他为"卧虎"。董宣担任洛阳县令五年,七十四岁在任上去世。

刘黄的丈夫去世后,刘秀准备为她物色一个优秀的大臣作为后半生的依靠,他想从姐姐口中探出她的意中人,于是就和姐姐谈论诸位朝廷大臣。刘黄说:"宋弘的外貌气质,德行操守,群臣都比不上。"

宋弘(?—40年)当时为大司空、宣平侯,刘秀说:"我想办法来成全这件事。"

不久刘秀召见宋弘,让刘黄坐在屏风后面聆听。刘秀问宋弘道:"俗话说贵易交,富易妻(富贵了忘掉贫贱时的朋友,另结新知;富贵了就换掉妻子,另结新欢),这是人之常情吗?"

宋弘这时候也了解了刘秀话里的意思,于是他回答说:"臣闻贫贱之知不可忘,糟糠之妻不下堂(共过患难的妻子不下正堂,不能抛弃)。"成语"糟糠之妻"便出自此。

刘秀闻听,回头冲着屏风,无奈地说道:"事情办不成了。"

南北匈奴

宣帝五凤元年（前57年），匈奴内乱，五个单于并立，经过战斗，最后只剩下了郅支单于和呼韩邪单于两支，郅支单于这支被称为北匈奴，呼韩邪单于这支被称为南匈奴，后呼韩邪单于归附了汉朝。郅支单于西迁，在汉朝的帮助下，呼韩邪单于恢复了对匈奴全境的控制。建昭三年（前36年），西汉大将陈汤在单于城（今哈萨克斯坦江布尔城）击斩了郅支单于，并留下了"明犯强汉者，虽远必诛"的千古名句。

呼韩邪单于是第十四任单于，名叫挛鞮稽侯狦，他进京（长安）朝见汉元帝刘奭的时候，汉元帝把大美女王昭君赐给了他，呼韩邪单于感激不尽，更加效忠汉朝。

挛鞮稽侯狦去世后，他的儿子挛鞮雕陶莫皋继位，称复株累若鞮单于，为第十五任单于。挛鞮雕陶莫皋去世后，他的弟弟挛鞮且糜胥继位，称为搜谐若鞮单于，为第十六任单于。搜谐若鞮单于去世后，他的弟弟挛鞮且莫车继位，称为车牙若鞮单于，为第十七任单于。车牙若鞮单于去世后，他的弟弟挛鞮囊知牙斯继位，称为乌珠留若鞮单于，为第十八任单于。

王莽掌控西汉朝政后，发起了"单名行动"，他以重金鼓动挛鞮囊知牙斯改名。挛鞮囊知牙斯贪图财宝，更名为挛鞮知。从第十四任单于挛鞮稽侯狦开始到第十八任单于挛鞮知，匈奴一直臣服汉朝，双方保持友好关系长达将近五十年。

王莽篡夺汉室江山，建立新朝后，估计连匈奴也看不上，两国关系也宣告破裂。这时候西域各国也宣布脱离新朝。王莽出动大军，讨伐挛鞮知，恰好这时，挛鞮知去世。在当权的右骨都侯须卜当（王昭君大女儿挛鞮云的丈夫）的拥护下，挛鞮咸（呼韩邪单于之子）继位，称为乌累若鞮单于，为第十九任单于。挛鞮云建议挛鞮咸改善和新朝的关系，匈奴和新朝的关系得以缓和。

挛鞮咸去世后，他的弟弟挛鞮舆继位，称为呼都而尸道皋若鞮单于，为第二十任单于。挛鞮舆派挛鞮云、须卜当等人到新朝进贡，王莽却扣押了他们。挛鞮舆大怒，派兵侵犯边境。刘秀称帝后，挛鞮舆拥护诈称刘彻后代刘文伯的卢芳为汉朝皇帝，不停侵袭南境。这时候割据蜀地的公孙述和割据陇右的隗嚣还未灭，刘秀没有力量去攻击匈奴，于是派使者出使匈奴，希望化解矛盾，缓和关系。但挛鞮舆恃强，继续侵扰。隗嚣去世后，刘秀感觉压力减小了一些，就派大司马吴汉率领五万大军，攻击匈奴，吴汉大败，匈奴的气焰更为嚣张。刘秀派军驻守沿边郡县，抵御匈奴。

汉军和匈奴军经过大小数次交锋，汉军无法取胜，匈奴侵扰日甚，刘秀决定避开匈奴锋芒，他命令大司马吴汉把雁门郡（郡府善无县，在今山西省右玉县）、代郡（郡府高柳县，在今山西省阳高县）和上谷郡（郡府沮阳县，在今河北省怀来县东南）等三个郡的官员和百姓共约六万人，迁徙到了居庸关（在今北京市昌平区西北）和飞狐关（今河北省唐县西北倒马关）以东，避开匈奴。傀儡卢芳逃离了匈奴，投降汉朝。后匈奴和乌桓、鲜卑联合了起来，一起攻打汉朝边境，汉边境压力倍增。

这时候马援平定南越征侧之乱回到京城洛阳，他请求攻打匈奴、乌桓，刘秀批准。马援率领三千精兵北击乌桓，但无法取胜，撤了回去。

正在这时，挛鞮舆去世，他的儿子挛鞮乌达鞮侯继位，称为乌达鞮侯单于，为第二十一任单于。过了不久，挛鞮乌达鞮侯也去世了，他的弟弟挛鞮蒲奴继位，称为蒲奴单于，是第二十二任单于。匈奴遭逢连年干旱，蝗虫泛滥成灾，满目疮痍，匈奴人和牲畜感染瘟疫而死的、饿死的，不计其数，甚至超过了匈奴人和牲畜总量的一半。挛鞮蒲奴恐怕东汉趁机进攻，就派使者到汉朝请求和解，并恢复从前的友好关系，缔结姻亲。刘秀也早已厌倦战争，他同意和解，派使者出使匈奴。

乌桓部落见有机可乘，对匈奴发动了大规模进攻，匈奴抵挡不住，向北逃避数千里。

这时候匈奴又发生了内讧。当初挛鞮舆（第二十任单于）继位为单于，按照之前匈奴兄终弟及的继位传统，应该封他的弟弟挛鞮知牙师（呼韩邪单于和王昭君之子）为左贤王，左贤王（左贤王、左谷蠡王、右贤王、右谷蠡王合称"四角"）是单于之下最高的长官，地位尊贵，是储君。但挛鞮舆生性贪婪、刚愎自用，他准备让儿子继承单于宝座，于是就找借口杀死了挛鞮知牙师。

第十八任单于挛鞮知有一子名叫挛鞮比，封右薁（yù）鞮日逐王，统率南方八部。他对挛鞮知牙师之死颇感惋惜，出怨言说："以兄终弟及来说，挛鞮知牙师应当立；以传位于子来说，我是单于之子，我当立。"当初呼韩邪单于去世前，立挛鞮雕陶莫皋为单于，并指示，挛鞮雕陶莫皋之后，立挛鞮雕陶莫皋的弟弟为单于。挛鞮舆是呼韩邪单于第九子，他杀弟立子，这么做违背了父命。挛鞮比的意思是如果当年自己的父亲挛鞮知也传位于子的话，就轮不到他挛鞮舆了。挛鞮比担心被害，恐惧焦虑，也基本不再参加每年正月单于召集的庭会。挛鞮舆也对挛鞮比猜忌起来，就派两个骨都侯（单于的辅政近臣）监视挛鞮比所统率的八部军队。

第二十二任单于挛鞮蒲奴继位后，挛鞮比做单于的愿望彻底破灭，他内心充满怨恨，但以他的力量也无法把位置强夺过来，最后他想到了借助汉朝的军队实现自己的梦想。于是建武二十三年（公元47年）挛鞮比秘密派之前投靠自己的汉人郭衡作为使者，携带匈奴的详细地图，前去西河郡（郡府离石县，在今山西省吕梁市离石区）拜见汉朝太守，请求归降。两个骨都侯暗中注视着挛鞮比的一举一动，他们感觉事情异样，当时也不敢声张，怕被挛鞮比得知后遭到诛杀。不久，趁匈奴五月的龙城（在今蒙古国哈尔和林市）集会（匈奴每年正月、五月、九月集会）祭祀先祖的时候，两个骨都侯向挛鞮蒲奴汇报，说挛鞮比准备趁五月集会的时候有所行动，若不趁机诛杀，必乱国。当时挛鞮比的弟弟渐将王，正好在单于帐下，他听到消息后，飞速报告给了挛鞮比。

挛鞮比立即动员统率的八部军队，共四五万人，准备等两个骨都侯回来后，把他们诛杀，然后起事。两个骨都侯警惕性也非常高，在路上得知了挛鞮比的意图后，立即轻装回逃，禀报给了挛鞮蒲奴。挛鞮蒲奴大怒，派一万多名骑兵前去攻打挛鞮比，两军对峙，见挛鞮比军容整齐，气势盛大，不敢攻击，就撤了回去。

南部八部大人经过商议，一致推举挛鞮比为呼韩邪单于（跟祖父、第十四任

第一章　光武中兴　　019

单于呼韩邪单于一个称号，表示继承遗志）。栾鞮比亲自来到五原郡（郡府九原县，在今内蒙古包头市）面见汉朝守将，表示要永做藩属，为汉朝抵御北方袭扰。

刘秀召集群臣商议，当时多数人都认为天下初定，国内空虚，夷狄性情不定，难以捉摸，不应该同意。五官中郎将（官名，主管皇帝侍卫）耿国建议道："臣以为应该依照宣帝的先例，接受匈奴投降（前52年，汉宣帝接受呼韩邪单于栾鞮稽侯狦投降），让栾鞮比东抗鲜卑，北拒匈奴，率领四夷，使边塞平安，这是万世安宁之策。"

刘秀认为耿国所言很有道理，又有先祖前例在先，于是立栾鞮比为南单于。南北匈奴再次分立。

刘秀命中郎将段郴率军协助栾鞮比在五原郡西八十里，修建王庭。不久，刘秀命栾鞮比南移至云中郡（在今内蒙古托克托县），设置使匈奴中郎将，率军保护栾鞮比。北方边境逐步稳定，北方八郡逃亡百姓，也不断迁回家乡生活。

之后，刘秀再命栾鞮比把王庭南移至西河郡美稷（jì）县（治所在今内蒙古准格尔旗西北）。

王昭君

▲ 王昭君像

马援之死

陵乡侯太仆梁松（？—61年）是开国功臣陵乡侯梁统之子，梁统去世后，梁松继承了父亲的爵位。梁松熟读经书，光武帝刘秀很欣赏他，把自己的长女、舞阳公主刘义王嫁给了他，梁松成为当朝的驸马爷，深受宠信。有次伏波将军马援生病了，梁松前来问候，到病床前跪倒行礼，马援没有以礼回敬，场面顿显尴尬，马援的儿子们赶紧扶梁松起身就座，寒暄过后，梁松离去。

儿子们问马援道："梁伯孙（梁松的字）是皇帝的女婿，身份尊贵，公卿以下都很忌惮他，父亲为何不回礼呢？"

马援不以为然，说道："我早年就和梁松的父亲共事，梁松虽然显贵，也不能丢掉长幼的次序。"

梁松感觉受到了马援的轻视，回去的路上，一阵难受，从此对马援怀恨在心。

马援的侄子马严、马敦，常议论讥讽他人，行为不拘小节，喜欢结交侠客，马援之前在交趾郡的时候，就给他们写信说："我告诫你们的是，每当听到别人的过失，如同听到父母的名字，耳朵可以听到，但口中不能说出来。好议论人长短，讨论时政，这是我极度厌恶的，我宁死也不愿意听到子孙有这种行为。龙述，敦厚谨慎，出口皆合道理，谦约节俭，廉洁奉公，我欣赏他敬重他，希望你们向他学习。杜保，豪侠仗义，忧人之忧，乐人之乐，和正邪交往都恰如其分，他父亲办丧事的时候，数个郡都来吊唁，我欣赏他敬重他，但不希望你们向他学习。学习不到龙述的精髓，还不失为恭谨之士，所谓刻天鹅不成还能像个鸭子。学习不到杜保的精髓，就会沦为轻浮之士，所谓画虎不成反类犬也。"俗语"画虎不成反类犬"出自此。

龙述为山都县（在今湖北谷城县东南）县长；杜保为越骑司马，他们都是京兆人。当时杜保的仇人上书揭发他："行为轻浮，祸乱群众，伏波将军万里之外还写书告诫侄子，而梁松、窦固却与他结交，助长他的轻浮伪诈，败乱国家。"

窦固（？—88年）也是当朝驸马，他娶了刘秀的二女儿涅阳公主刘中礼为妻。刘秀把揭发杜保的信交给梁松和窦固过目，严肃地批评了他们，二人吓坏了，赶紧叩头请罪，头都磕出了血，刘秀才原谅了他们。刘秀下诏，免去杜保的职务，提拔龙述为零陵太守。

加上前事，梁松对马援更加怨恨。

建武二十四年（公元48年）七月，武陵郡（郡府临沅县，在今湖南省常德市）的少数民族反叛，攻打临沅。刘秀派军讨伐，不能取胜。马援听说后，向刘秀请命，当时马援已经六十二岁了，刘秀怜悯马援年老，刚开始没有同意。马援不服老，对刘秀说："臣尚能披甲上马。"

刘秀看马援心意坚定，就让他上马试试，马援飞身上马，抓住马鞍，四下张望，表示身体没有问题。刘秀笑着说："真是个精神矍铄的老汉啊！"于是任命马援率领马武、耿舒、刘匡、孙永等人，率领从十二个郡招募的士兵及释放的囚犯共四万多人，攻"武陵蛮"居住的五溪。

马援在夜间和送行者诀别，他对友人谒者杜愔说："吾深受皇恩，奈何年纪已老，接近死亡，常恐不能为国死难，如今得偿所愿，我甘心瞑目了。但权贵子弟或在皇帝左右，或跟随我出征，很难和他们共事，唯独对此感到内心不安罢了。"

第二年春天，马援率军抵达了临乡（在今湖南省桃源县），正巧遇上叛贼攻打县城，马援迎击，大胜，斩首和俘虏两千多人，其余的逃入了竹林之中。

马援进军到了下隽县（在今湖北省通城县西北），有两条道可以深入"武陵蛮"：一条路走壶头山（在今湖南省沅陵县东北），路近但山高水急；一条路走充县（在今湖南省桑植县），路途平坦但运输补给线太长。耿舒建议走充县，马援建议走壶头山，他们议而不决，就报告给刘秀定夺，刘秀批准了马援的路线。

马援率军从壶头山进军，但"武陵蛮"占据高地，把守关隘，水流湍急，舰船前进不得，当时酷暑难耐，军中发生了瘟疫，很多士兵感染瘟疫而死。马援也感染瘟疫，陷入困境，将士们开凿水岸边高山上的石头，挖出了一个石窟，躲避高温。"武陵蛮"不断叫阵，在高处击鼓呐喊，马援拖着虚弱的身体出洞观察，身边随从感伤马援的凌云壮志，莫不流涕。

耿舒对马援不听自己建议，才导致军队陷入如此困境耿耿于怀，就写信给哥哥好畤侯耿弇抱怨。耿弇把信呈送给了刘秀，刘秀对军队遭受重大损失非常恼怒，命梁松前去查明实情，追究马援的责任。而就在这时，马援病重，不幸去世。

梁松仍不肯放过马援，编造罪名，构陷马援。刘秀大怒，命令收缴马援的新息侯印绶。

当初马援从交趾郡班师的时候，带回来一车薏米，准备作为种子在北方种植，马援死后，他的仇人检举说当年马援拉了一车明珠和犀牛角贪污，刘秀更加恼怒。

马援的妻儿恐惧万分，不敢把马援葬入祖坟，新买了城西一块地把马援草草埋葬。马援生前的好友也无人敢来吊唁。马援妻子、儿子和侄儿马严用草绳绑在一起，跪在宫门前请罪，同时也向皇帝刘秀请求明示马援身犯何罪。刘秀把梁松的揭发信给他们看，他们才明白事情的经过。他们回家后，开始上书申冤，前后六次，情辞凄切。

这时候，原云阳县令朱勃也上书为马援鸣冤。朱勃是名儒，十二岁就能诵《诗经》《尚书》，他据实为马援辩护，刘秀怒气稍消。等到汉章帝刘炟（刘秀孙子）时，才终于为马援平反，追谥"忠成侯"。

东汉征讨"武陵蛮"的伏波大军因瘟疫死伤过半，但"武陵蛮"也因为进出道路被阻，饥饿难耐。监军官宗均和将领们商议，准备假借皇帝旨意，招降"武陵蛮"，将领们无人敢迎合。宗均说道："忠臣在外，只要可以安国家，可以临机专断。"

于是宗均矫诏调司马吕种为守沅陵县长，前去代表皇帝招降"武陵蛮"。"武陵蛮"处境艰难，内部发生了纷争，群起杀死了首长，投降了朝廷。"武陵蛮"之乱，宣告结束。

宗均回京途中，上书请罪，刘秀不予追究，反而赏赐他许多金银财宝。

泰山封禅

刘秀增加官员的俸禄，又改革官制，把大司徒、大司空的"大"字去掉，改称司徒、司空；又把大司马改称太尉。

如何让自己家建立的王朝持续得更久，是刘秀不断思考的问题，他也就此询问太尉赵憙。赵憙建议让诸位王爷回到自己的封国，拱卫中央。

刘秀同意，陆续命鲁王刘兴（刘縯次子）前往鲁国（首府鲁县，在今山东省曲阜市），不久又把刘兴封为北海（首府剧县，在今山东省昌乐县西）王，把鲁国并入了东海国；齐王刘石（刘縯长子刘章的长子）前往齐国（首府临淄，在今山东省淄博市东临淄镇）；东海王刘强（刘秀长子）前往东海国（首府鲁县）；沛王刘辅（郭圣通次子）前往沛国（首府相县，在今安徽省淮北市）；楚王刘英（许美人之子）前往楚国（首府彭城，在今江苏省徐州市）；济南王刘康（郭圣通三子）前往济南国（首府东平陵，在今山东省章丘市）；淮阳王刘延（郭圣通四子）前往淮阳国（首府陈县，在今河南省淮阳县）。

刘秀读到了一本谶纬书叫《河图会昌符》，上有"赤刘之九，会命岱宗（泰山别称）"的句子，刘秀理解不了，就命梁松等人查考《河洛谶文》，查证后说九世当封禅者等三十六事。刘秀是刘邦的第九世孙，所以刘秀应该登泰山封禅。

于是司空张纯等人作了《奏宜封禅》书，说："自古受命而帝，治世之隆，必有封禅，以告成功焉"，"陛下受中兴之命，平海内之乱，修复祖宗，抚存万姓，天下旷然，咸蒙更生，恩德云行，惠泽雨施，黎元安宁，夷狄慕义"，应该"封于岱宗，明中兴""传祚子孙，万世之基也"。

之前刘秀不肯登泰山封禅，认为自己资格不够，如今谶纬之书暗示自己应该前去封禅，于是决定前去泰山封禅。刘秀命有关部门查询汉武帝元封年间（前110

年—前105年）到泰山封禅的有关档案资料，得知需要用方石再累，玉检，金泥（用方五尺，厚一尺的两块精美石头叠加，置坛中；把玉牒书藏方石内，牒厚五寸，长尺三寸，广五寸；有玉检，玉牒书放置小箱子内，用金缕缠绕五周，以水银和金以为泥封口）。

当时很难寻觅到像武帝封禅时使用的精美方石，刘秀准备用武帝时的旧石祭祀，但梁松等人认为不可。最后的方案是，让石匠寻找到了大块的完整青石代替，不必五色齐备。

建武三十二年（公元56年）正月二十八日，刘秀车驾东巡，二月十日抵达了泰山脚下。二十二日凌晨，刘秀命点燃柴火，在泰山南部祭祀天神和众神。祭祀完毕后，刘秀才进早膳，然后乘坐舆辇拾级而上，中午时分，登上泰山山顶，刘秀更衣。晡时（下午3时至5时），刘秀登上祭坛，向北站立，尚书令奉上玉牒和玉检，刘秀亲自用二分玺密封。完毕，太常命两千禁军骑兵，吊起坛上方石，尚书令把玉牒藏入其中，再把方石复位，尚书令用五寸印封石检。刘秀再拜，群臣高呼万岁，于是沿着原路下山。夜半时分刘秀回到山下，百官第二天早晨才到山下。二月二十五日，刘秀又在梁阴（梁父山北麓，位于今山东省泰安市东南）祭祀了地神。

祭祀仪式全部完成之后，刘秀于四月五日返回了京师洛阳。不久，洛阳有甘泉涌出，水边长出了红草。各郡国揣测上意，纷纷上书说天降甘露。于是文武百官上奏说："祥瑞之物不断出现，应该令太史编集在册，以传来世。"

但刘秀不准，自认德行不够，所以史官对此缺乏记录。

光武驾崩

建武中元元年（公元56年），刘秀命修建明堂（古代帝王宣明政教、朝会、祭祀、庆赏、选士、养老、教学等在此举行）、灵台（观天象之处）、辟雍（天子所设大学，"辟雍"居中；四面环以圆形水池，水南叫"成均"；水北叫"上庠"；水东叫"东序"；水西叫"瞽宗"。设在诸侯国都城的大学叫作"泮宫"，规定只能环绕半圆，称为"泮水"），向全国宣布图谶。

当初，刘秀是因《赤伏符》上的谶言登上的帝位，所以他比较迷信谶纬之书，碰到棘手的问题，他多从这些书中寻找良方。

名儒桓谭反对谶纬神学，他上书劝刘秀不要迷信不符合常理的解说，遵循五经。刘秀不悦。不久，刘秀召集会议，研究灵台应该设在什么地方，刘秀问桓谭道："朕准备以谶言来确定位置，爱卿以为如何？"

桓谭沉默良久，内心经过挣扎，决定还是实话实说，就回答说："我不读谶纬之书。"

刘秀很不高兴，就问桓谭原因，桓谭说谶纬之书并非经书。刘秀再也无法忍受桓谭非议谶纬之书，他大怒道："桓谭诽谤圣人，无法无天，拉下去砍了！"

桓谭没料到刘秀如此大动肝火，连连叩头请罪，额头都磕出了血，过了一会儿刘秀怒气减消，饶恕了桓谭，把他贬为六安郡郡丞。桓谭在赴任途中去世。

桓谭因直言反对谶纬神学而得祸，之前名儒郑兴也反对谶纬之书，但因为态度婉转，得到保全。当时刘秀准备以谶言决定祭祀天神地神，征求郑兴的意见，郑兴说："臣不相信谶纬之说。"

刘秀面露怒色，问道："爱卿不相信图谶，难道是认为它不正确？"

郑兴惶恐，赶紧说："臣学问不精，没有学习谶纬之书，所以无法认定它正确不正确。"郑兴情商很高，既坚持了原则，又不触怒刘秀，果然，刘秀没有为难郑兴。但因为郑兴不懂谶纬神学，之后，刘秀也没有提拔重用他。

刘秀得了一种叫风眩（因风邪、风痰所致的眩晕）的顽疾，虽经御医长期诊治，但始终无法彻底治愈，建武中元二年（公元57年）二月五日，刘秀病情突然加重，病逝于洛阳南宫前殿，终年六十三岁。

刘秀勤于政事，每天早晨召集朝会，讨论国家大事，民生大计，直到中午之后才散朝。不时召集公卿、郎将，讨论经书义理，夜半时分才休息。虽然天下一统，但刘秀仍然毫不懈怠，和从前没有差别，所以他能体察国情民情，总览朝纲，审时度势，量力而行，决策没有明显失误。刘秀也比较有文采，比如成语：推心置腹；有志者事竟成；差强人意；置之度外；得陇望蜀；披荆斩棘；失之东隅，收之桑榆；指腹为婚等都出自刘秀之口。因刘秀谥号为光武，史称刘秀统治时期为"光武中兴"。

刘秀下遗诏说："朕无益百姓，皆如孝文皇帝制度，务从约省，刺史、太守不要离开职守，也不要派人前来吊丧。"

皇太子刘庄即皇帝位，史称汉明帝。刘庄尊母亲阴丽华为皇太后。

三月五日，刘秀被葬于原陵（今洛阳市北二十公里处的孟津县白鹤乡铁榭村）。

山阳王刘荆（阴丽华三子）内藏奸诈，他趁机鼓动前废太子、东海王刘强起兵造反。刘强震恐，把信件转交朝廷，刘庄没有声张，私密处理，只是让刘荆出宫住进了河南宫。第二年，刘强因病去世，得以善终，刘庄悲痛不已，把刘强厚葬。刘强长子刘政继东海王王位。刘荆勾结星象师，观察天象，意图不轨，被举报，刘庄改封他为广陵（首府广陵，在今江苏省扬州市）王。九年后，刘荆不吸取教训，密谋造反，被举报后，刘荆畏罪自杀，封国被废。

之前，西羌烧当部落赶走了先零部落，居住其地（今青海省东北部），刘庄继位不久，烧当部落酋长滇吾率众侵略汉边境，攻入了陇西郡，陇西太守刘盱不敌。这引起了连锁反应，汉边关守军里的羌族将士，接连反叛。刘庄任命谒者张鸿率领沿边郡兵攻击叛军，但被打得大败，片甲未回。

刘庄拜杨虚侯、老将军马武为捕虏将军，以中郎将王丰为副将，和监军使者窦固等人，率领四万大军平叛。两军交战，烧当部落大败，被杀死五千多人，被俘一千六百多人，残余部队或降或逃。

这时候辽东郡（郡府襄平县，在今辽宁省辽阳市）太守、猛将祭肜（zhài róng）贿赂鲜卑首领偏何，让他率军攻打赤山的乌桓部落（在今河北省北部），大胜，斩其首领歆志贲等人。偏何提着歆志贲的人头来见祭肜，顿时塞外震恐。西起武威郡（郡府姑藏县，在今甘肃省武威市），东到玄菟郡（郡府高句骊县，在今辽宁省沈阳市东）以及乐浪郡（郡府朝鲜县，在今朝鲜平壤市南），各部落纷纷归附汉朝。加之南匈奴归附，为汉朝屏障，北部边疆战火硝烟不再，刘庄命把北部边境的部队全部撤走。

第二章 明章之治

云台二十八将

为了安抚开国功臣，登基之初，汉明帝刘庄任命高密侯邓禹为太傅，邓禹已经五十七岁了，他位列功臣之首。太傅是个荣誉头衔，位居三公之上，不负责具体朝中事务。刘庄任命东平王刘苍（刘庄同母弟弟，阴丽华第二子）为骠骑将军，代表刘氏皇族辅政。刘苍认为，汉朝已经中兴三十多年，四方升平，重新制定了祭祀时的官帽、车马、衣服、歌舞等制度，刘庄批准施行。

为了表示尊儒尊老，刘庄亲自驾临辟雍，向三老、五更切肉敬酒。刘庄为太子时，向名儒桓荣学习《尚书》，登基后，刘庄仍然以师傅的礼节礼敬桓荣。桓荣生病时，刘庄亲自到病榻前探视，不久桓荣去世，刘庄穿丧服，亲自送葬。刘庄以身作则，希望以此带动整个社会重学尊师尊老的良好风尚。

刘庄继位后采取的另一项行动就是打击豪强和外戚。当时护羌校尉窦林谎报战功，西羌一个小头目投降，他向刘庄汇报说是酋长投降。不久酋长投降，窦林的谎言被揭穿，又被凉州刺史举报贪污，刘庄大怒，把窦林下狱，窦林死在了狱中。窦林是窦融的侄子，当时窦家为豪族，出了一个三公（司空窦融），两个侯爵（窦融封安封侯，窦融弟弟窦友封显亲侯），娶了三个公主（窦融长子窦穆娶内黄公主，窦融长孙窦勋娶沘阳公主，窦友之子窦固娶温阳公主），四个二千石级（九卿、太守级）官员，祖孙的豪宅在京城次第相望，在功臣国戚中无出其右。刘庄准备抑制窦家，不让他们继续坐大威胁皇权，于是以窦林犯罪为由，几次下诏书责备窦融，并以窦婴、田蚡的事例警告他。窦融不胜惶恐，他也明白刘庄的用意，他以身体有病为借口，申请辞职回家养老，刘庄批准。

这里出现了"二千石"这个词，根据汉制，三公为万石官，月俸为三百五十斛谷，大将军、骠骑将军、车骑将军、卫将军俸禄和三公相同；九卿为中二千石官，月俸为一百八十斛谷；刺史（州牧）、太守为二千石官，月俸为一百二十斛谷；光禄大夫、侍中五官中郎将、虎贲中郎将、羽林中郎将、使匈奴中郎将、护乌桓校尉、护羌校尉、盐官、铁官、都水官等为比二千石官，月俸为一百斛谷；尚书令、县令为千石官，月俸为九十斛谷；县长的月俸为三十至五十斛谷；其他官员的俸禄情况不再一一列举。这里的"谷"，指的是原粮，每石重约一百二十斤；如果以数量而言，一石相当于一斛，一斛有十斗，一斗相当于现在的两千毫升。

新阳侯阴就是皇太后阴丽华的三弟（阴丽华前两个弟弟之前去世），他口才很好，善于辩论，但对人傲慢，刚愎自用，朝臣对他评价都不好。阴就有个儿子叫阴丰，娶了郦邑公主刘绶（刘秀和阴丽华之四女），但刘绶心高气傲，嫉妒任性，动不动就发火生气，搞得阴家鸡犬不宁。阴丰也是娇生惯养长大，脾气急躁，无法容忍刘绶的所作所为，在多次警告无效的情况下，于一次争吵中竟然把刘绶给杀死了。刘庄大怒，他命令把阴丰逮捕后诛杀。阴就夫妻也畏罪自杀，刘庄下令取缔了新阳侯国（首府在今山东枣庄市西北之安阳）。

建武二十八年（公元52年），当刘庄还为皇太子时，马氏和贾氏被选进了太子宫，她们容貌身材属于中上等，马氏是前伏波将军马援的小女儿，贾氏是马氏的同父异母姐姐的女儿，当时马氏只有十三岁，刘庄二十四岁。刘庄登基后，封马氏和贾氏同为贵人。

马援被诬陷时，家族失势，他的堂兄马严十分忧愤，上书刘秀，以马援的两个姑姑都曾是汉成帝妃子的前例，请求把马援的女儿纳入宫中。于是刘秀把马贵人纳入了太子宫中。马贵人从小失去父母，她生性温柔贤淑，对人谦恭有礼，孝敬长辈，和上上下下都处得一团和气，处理起事情来条理清楚，刘庄很喜欢她。皇太后阴丽华从马贵人的身上，仿佛看到了年轻时的自己，因此当刘庄准备立皇后，征求她意见的时候，她说道："马贵人德冠后宫，就是她了。"

永平三年（公元60年）二月十九日，刘庄封马贵人为皇后，刘炟（dá）为皇太子。刘炟年仅五岁，为贾贵人所生，当时马皇后无子，刘庄让马皇后收养刘炟，说："人未必自己有亲生儿子，怕的是爱心和养育不到位。"马皇后精心抚育刘炟，视如己出。

刘庄思念开创中兴伟业的功臣们，他模仿汉宣帝在麒麟阁画功臣肖像的做法，命画工为二十八位功臣画像，他们是：邓禹、吴汉、贾复、耿弇、寇恂、岑彭、冯异、朱祐、祭遵、景丹、盖延、坚镡、耿纯、臧宫、马武、刘隆、马成、王梁、陈俊、傅俊、杜茂、铫期、王霸、任光、李忠、万脩、邳彤和刘植。俗称：云台阁二十八将，他们中有几人还未见到国家统一，便离开了人世，如：岑彭、冯异、祭遵、景丹、铫期、傅俊、任光、万脩、邳彤和刘植。如果排除资历、籍贯等因素，立战功最多者，当属耿弇，他平定四十六郡，攻取城池三百余座，战功显赫，他的围点打援、声东击西、引蛇出洞等战术为后世所效仿。

这个名单后又增加了王常、李通、窦融和卓茂四人，为三十二将。当时刘庄抑制亲戚，如马援和来歙功劳也很大，但其二人未被列入云台阁功臣名单。

建威大将军好畤侯耿弇

▲ 清 张士保《二十八将图册》之耿弇

佛教入中原

刘庄崇尚儒学，皇太子刘炟、王侯大臣子弟、功臣子孙，都勤习儒家经书，刘庄设立五经师傅，选拔通晓儒家经典的人担任。甚至期门、羽林卫士，都要懂得《孝经》中的句子。

刘庄气量不大，处理事情故意苛刻烦琐，用以显示精明。他喜欢派耳目窥视大臣们的私生活，希望能抓住大臣们的把柄。一些人为了迎合刘庄的这一爱好，把道听途说来的话上报给刘庄，甚至故意编造大臣们的黑料，公卿大臣多被诋毁。

刘庄还会对身边的近臣，如尚书以下官员，亲自出手殴打或投掷东西。有一次，刘庄突然对郎官药崧发火，拿起手杖就向药崧身上抡去，药崧赶紧跑着钻入了床下，刘庄更怒了，厉声说："出来！"药崧说："天子穆穆（庄严肃穆），诸侯皇皇（堂皇），未闻人君，自起撞郎。"刘庄闻听，认为确实有违古礼，这才罢手。

自光武帝时期宽松的政治环境突然收紧，文武百官变得拘谨甚至恐惧，争相严格要求自己，避免受到惩罚。

有一天夜里，刘庄梦见一尊金人，头上闪闪发光，在庭中飞来飞去。刘庄感觉很奇怪，第二天就询问群臣，博士傅毅说这是佛，这也是中原朝廷之上第一次出现"佛"这个字眼。

关于"金人"的最早记载，始见于西汉元狩二年（前121年）春季，当时汉武帝刘彻派遣骠骑将军霍去病，率领骑兵一万，自陇西郡出发北击匈奴，越过焉支山一千余里，杀死了折兰王、卢侯王，捉住了浑邪王的王子，缴获了休屠王宫中的祭天金人。金佛（金人）高一丈多，刘彻之前从没有见过这样造型独特的塑像，认为是尊大神，将其放置于甘泉宫，只烧香礼拜，不祭祀。这是佛教进入华夏之始。等到连通西域，张骞从大夏返回后，说是大夏旁边有身毒国（天竺国，今印度），这个国家有浮屠之教（佛教）。

汉哀帝元寿元年（前2年），博士弟子景卢（秦景宪）受大月氏王使伊存口授《浮屠经》，佛教开始在中原传播，但当时无论官民，无人相信。

这次刘庄夜梦金人，认为是吉兆，于是派郎中蔡愔、博士弟子秦景等出使天竺，求取佛经和佛像。蔡愔一行在去西域的路上，历经千辛万苦，跋山涉水，终于到达大月氏（大月氏建立的贵霜王国都城蓝氏城，在今阿富汗北部），在那里遇见天竺高僧竺法兰与迦叶摩腾，蔡愔等人力邀他们到中原传教。永平十年（公元67年），竺法兰和迦叶摩腾跟随蔡愔一行回到了洛阳，中原有僧人和礼佛仪式从此始。蔡愔又得到了佛经《四十二章经》及释迦牟尼的立像，用白马驮回。刘庄命画工画释迦牟尼像，放置于清凉台和显节陵（刘庄选定陵墓）中，佛经藏于兰台室内。因为佛经和佛像是由白马驮回来的，之后，刘庄命在洛阳城雍门（西门）西修建了白马寺。

楚王刘英是刘庄的弟弟，他是光武帝和许美人的儿子，因为许美人不受宠，所以楚国（首府彭城，在今江苏省徐州市）在诸侯国中是最小的。刘英年少时喜欢结交游侠、士人，他把一些名士的名字记录在了一个册子上，年龄大了后，喜欢黄老之学，学习佛教斋戒礼仪。刘英是中国历史上第一位有记载的信奉佛教的皇室贵胄。刘庄下诏天下罪犯可以用细绢赎罪，刘英自述其罪，派郎中令送黄色和白色细绢给封国国相，传话说："我身处封国，罪恶累积，欢喜（佛教术语，感念、感激的意思）大恩，奉上绢帛，以赎罪过。"

封国国相一般都由朝廷任命，国相就把绢帛和刘英的话转达给了刘庄。刘庄下诏说："楚王口诵黄老之言辞，崇尚浮屠之祭祀，斋戒三个月，与神对话，有何嫌疑，需要悔罪？把绢帛还给他，让他向佛教徒和僧人奉上佳肴。"

这也给刘英壮了胆，他此后大肆结交方士，制作金龟和玉鹤，刻上文字作为祥瑞。有人揭发刘英图谋不轨，报给了司徒虞延。虞延认为刘英是皇室至亲，不至于如此，就压下了报告。后来一个叫燕广的男子再次向朝廷揭发刘英和渔阳郡人王平、颜忠制作图谶，准备谋反。刘庄命有关部门调查，情况属实，按律当斩。刘庄不忍处决刘英，只是废除了他的王爵，贬他到丹阳郡泾县（在今安徽省泾县）生活，食邑五百户。刘英的儿子封爵的，女儿为公主的，都不变，刘英母亲许太后仍然为封国太后，留在楚国王宫继续生活。

刘庄严厉斥责虞延知情不报，虞延在恐惧中自杀而亡。刘庄任命钜鹿郡太守邢穆为司徒。刘庄命令继续追查参与刘英事件之人。

刘英惊恐不安，到了丹阳郡（郡府宛陵县，在今安徽省宣城市）后自杀了，楚国被撤销，恢复为楚郡。刘庄命以侯爵的待遇把刘英安葬在泾县。燕广检举揭发有功，被封为折奸侯。受牵连或被诬陷而被诛杀的、被发配边疆的，有一千多人，被关押的有数千人。侍御史寒朗查明其中的冤情，向刘庄指出了一些人口供中的不合逻辑之处，刘庄有所醒悟，他亲自审讯"犯人"，当场释放一千多人。巧合的是，当时已干旱了多日，突然下起了大雨，刘庄更认为这些人是被冤枉的。马皇后也劝刘庄，刘庄感到悲伤，半夜不安起来踱步。此后，被关押者多数被释放。

刘庄任命任城县令、汝南郡汝阳县（在今河南省商水县西北）人袁安（？—92年）任楚郡太守。袁安先到监狱审问受刘英事件牵连的"犯人"，凡没有真凭实据的，一概释放。府丞、掾吏大惊，叩头阻止，说："偏袒反贼，依法按同罪论处，这万万使不得。"

袁安说道："如果被惩罚，太守我一人承担，和汝等不相干。"

于是袁安奏报了朝廷，刘庄这时候也已经醒悟，他批准了袁安的奏章，四百多人得到释放。

袁安就是日后赫赫有名的汝南袁氏的先辈，袁绍和袁术是他的玄孙。袁安的祖父精研《孟氏易》（孟喜所创立的学派），曾经在东汉初年担任成武县（今山东成武县）县令，袁安自小承袭家学，初任汝阳县功曹，后以孝廉获得推举，升为阴平县长，再任任城县令。

投笔从戎

西域于王莽末年脱离中原以来，已经六十余年了，光武帝时期又采取止兵革、与民休息的策略，西域诸国重新被北匈奴控制，北匈奴也不断袭扰东汉边境。刘庄为了打击北匈奴，重新争取西域，于永平十六年（公元73年）二月，派出四路大军，攻打北匈奴。太仆祭肜和度辽将军吴棠率领河东郡、西河郡羌族部队、南匈奴左贤王信的部队等共一万一千多人，从高阙塞（位于阴山山脉，在今内蒙古乌拉特后旗呼和温都尔镇西的达巴图音苏木）进击；奉车都尉窦固和好畤侯耿忠，率领酒泉郡、张掖郡、敦煌郡士兵和卢水羌、匈奴骑兵共一万两千人，从酒泉（今甘肃省酒泉市）进击；驸马都尉耿秉和骑都尉秦彭，率领武威郡、陇西郡、天水郡募得的勇士及羌、匈奴骑兵共一万多人，从张掖郡居延塞（汉武帝时期筑，在今内蒙古额济纳旗东南）进击；骑都尉来苗、护乌桓校尉文穆，率领太原郡等七个郡的部队及乌桓、鲜卑骑兵，共一万一千多人，从平城塞（在今山西省大同市）进击。

窦固和耿忠率军抵达天山，攻打北匈奴胡衍王，大胜，杀敌一千多人。胡衍王逃走，窦固等人追击，追到蒲类海（在今新疆维吾尔自治区东部巴里坤湖附近），攻占了伊吾卢（在今新疆哈密市西北四堡），设置了宜禾都尉，留官兵屯田伊吾卢城。在这次战斗中，窦固任命的假司马（司马的副手）班超（公元32年—102年）杀敌颇多。

耿秉和秦彭率军攻打句林王，深入大漠六百多里，抵达三木楼山（又作沐楼山，在今内蒙古额济纳旗北六百里处），句林王逃得无影无踪，耿秉班师。来苗和文穆率军抵达了匈河水（今蒙古国西南拜达里格河），匈奴逃遁，也无获而还。

祭肜和信不和，出塞行进九百余里，抵达一座小山下，信说这就是涿邪山（今蒙古国巴彦温都尔山），不见敌人踪迹，于是班师。刘庄得知真相后大怒，把祭肜和吴棠下狱免职。祭肜曾经名震塞外，如今却因被骗无功而返，他感到非常郁闷，被释放数日后，大口吐血而亡。

窦固认为假司马班超很有才干，于是命令他和从事郭恂出使西域，做劝降工作。班超，字仲升，扶风郡平陵县人，是前文说过的班彪的小儿子，他的哥哥叫班固，妹妹叫班昭。他胸怀大志，而不注重细枝末节，对长辈孝顺恭谨，在家里时常常从事体力劳动，不以劳动为耻。班超口才好，善于辩论，且广泛涉猎典籍，出口成章，妙语连珠。永平五年（公元62年），他的兄长班固被朝廷召为校书郎（校勘典籍），班超和母亲也到了京师洛阳。因为父亲班彪去世将近十年了，他们家没了主要收入来源，家庭贫困，班超很懂事，为母亲分忧，常为官府抄写文书换取报酬，以补贴家用。这种每日伏案抄写的枯燥工作，显然不是班超的志向。有天写着写着，他突然停下来，把笔往桌上一掷，叹息道："大丈夫即使无他抱负，也应当效仿傅介子、张骞（两人均为西汉人）那样立功异域，以此封侯，怎么能在笔砚间抄抄写写呢？"

旁边的人都嘲笑班超。班超说："小子安知壮士之志哉！"成语"投笔从戎"出自此。

后来一个相士为班超看过相说："别看你现在只是一介布衣书生，但这是万里之外封侯的面相啊。"

这话很合班超的心意，他向相士详细询问具体情况。相士指着他说道："你长着燕子般的下巴，老虎般的脖子，能飞翔吃肉，这是万里侯相啊。"

有一次刘庄问班固道："你的弟弟在何处？"班固回答说："为官府抄书，换取报酬奉养老母。"于是刘庄任命班超为兰台令史（掌书奏及印工文书，兼校订宫廷藏书文字），这份工作的俸禄为六百石，就是每月七十斛谷。这份工作虽然能为班超带来稳定的收入，但也不是他的志向，他干得不尽心，后因犯事被免官。

窦固爱才，他了解班超的志向，这次出征匈奴，专门任命班超为假司马，随军同行，班超果然立功，所以又让他和从事郭恂出使西域。班超等人携带礼物，来到了鄯善国（首府扞泥城，在今新疆若羌县），鄯善王名广（姓氏不详），他对班超一行隆重接待，礼节周到，但没多久，就开始怠慢起来。班超问部属道："你们也觉察出广的态度变化了吧?"

部属回答说:"胡人的态度不能长久,这也正常,没有其他原因。"

班超摇摇头说:"这必然是有北房的使者来到了鄯善,广狐疑未定,不知道该归附我朝还是匈奴。有见识的人能预判到处于萌芽状态的事变,何况现在事态已经十分明显。"

班超胆大心细,他把鄯善国的接待人员召来,诈唬道:"匈奴使者已经来了几天了,如今在何处?"

鄯善国的接待人员以为班超知道了真相,惶恐回答道:"已到了三日,距此三十里远。"

班超为防消息外泄,把鄯善国的接待人员关押了起来,然后把随行的三十六人悉数召过来饮酒,酒至半酣,班超采取激将之法,对他们说道:"你我身在遥远的异国他乡,欲立大功,以求富贵。北匈奴使者到来几日后,而广的礼节已失,如今更准备把我等逮捕送交匈奴,到时候我们将死无葬身之地,骨头会被豺狼啃食,我们该怎么办?"

酒壮英雄胆,随行的部属群情激奋,纷纷说道:"今在危亡之地,是死是生我们都听司马的。"

班超说:"不入虎穴,不得虎子('不入虎穴焉得虎子'出自此),为今之计,只有夜里用火攻击北匈奴,他们不知道我们人数多少,必会极度惊恐,可把他们一举消灭。消灭了北匈奴来使,则鄯善王就会胆破,大功就告成了。"

众人也被班超大胆的想法吓了一个激灵,说道:"此事应该和从事(郭恂)商议一下。"

班超发怒道:"吉凶决于今日。从事乃一书生俗吏,听说此行动必然恐惧而造成事情败露,死得窝窝囊囊,非壮士也!"

众人回答说:"好!"

初更(晚七时至九时),班超率领部属冲向北匈奴使者的大营,天公作美,当时突然刮起大风,班超命十人持鼓藏在北匈奴使者的大营后面,对他们说:"看见大营火起,你们立即鸣鼓呼喊。"其他人持兵弩埋伏在大营门口。

班超顺风纵火,大营前后顿时擂鼓呐喊,喊杀声震天。北匈奴人惊恐失措,班超冲进大营，亲手斩杀了三人，部属斩杀了北匈奴使节及随从三十多人，其余一百多人全被烧死。

天明后，班超得胜而还，把战况告诉了郭恂，郭恂大惊失色，既而脸色比较难看。班超知道郭恂在想什么，于是抬手发誓道："从事虽然没去，班超也无心独占功劳！"郭恂这才露出了喜悦的表情。

班超召鄯善王广，把北匈奴使者的首级展示给他看，广震惊不已，鄯善国举国皆惊恐。班超向他宣示了东汉的威信赏罚，并告诫道："从今往后，勿要再和北匈奴来往。"广叩头道："愿意归属汉朝，再无二心。"于是把他的儿子交给班超作为人质。

班超一行凯旋，向窦固回禀。窦固喜出望外，上表奏报班超的功劳，并请求刘庄再派使节出使西域。刘庄很欣赏班超的勇气，并下诏对窦固说："像班超这样的官员，就是最合适的人选，为什么不派他去而另选他人呢？今任命班超为军司马，使他再续前功。"东汉，军司马俸禄为比千石，月俸为八十斛谷。

窦固再派班超出使更远的于阗国（在今新疆和田市），准备给他增派人手，班超说："我带领之前的三十多人足够了，如果遭遇不测，人多了反而会受拖累。"

当时于阗国王广德攻破了莎车，雄踞南道（古代中原通西域有南北二道，南道自玉门关和阳关以西，大体循今新疆南部塔里木河和阿尔金山脉、昆仑山脉之间的通道西行），而北匈奴也派人监视和护卫于阗国。班超西行，到达了于阗国，广德对班超一行爱搭不理。于阗国人迷信巫师，巫师说："神灵怒问为什么要向汉？汉朝使节有䯄马（䯄guā，黑嘴的黄马），速速取来献给我。"

广德派国相私来比向班超求马，班超私下得知了私来比的来意，他口头答应，让巫师自己亲自来取马。过了一会儿，巫师到来，班超手起刀落，把巫师斩首，然后把私来比绑了起来，鞭打数百下。班超把巫师的首级送给了广德，并责备他。广德看到巫师被斩，但班超等人并没有受到神灵的责罚，过去也听说班超在鄯善国诛灭北匈奴使者的事，他十分惶恐，当即命人杀死了北匈奴的来使，投降了东汉。班超重重赏赐了广德及于阗国的大臣，并对他们安抚了一番。

西域各国慑于东汉的强盛，纷纷臣服，并把王子送到洛阳作人质。西域和汉朝的联系中断了六十余年，到本年（公元73年）得以恢复。

定遠侯班超

▲ 班超像

第二章 明章之治　　043

十三将士归玉门

永平十八年（公元75年）八月六日，汉明帝刘庄在东宫前殿驾崩，年四十八岁。明帝遵循光武帝时期的各项制度执行，几无改变，他为人勤政节俭，天下太平，五谷丰登，人民安居乐业。他抑制外戚，后宫嫔妃的娘家人没有人被封侯或参与朝政。

年十八岁的皇太子刘炟即皇帝位，尊马皇后为皇太后，把父亲刘庄埋葬于显节陵（今河南省偃师市寇店镇李家村西南）。虎贲中郎将马廖，黄门郎马防、马光是马太后的弟弟，明帝在世的时候，一直没有提拔他们，刘炟继位之后，为了报答马太后的养育之恩，他任命马廖为卫尉，马防为中郎将，马光为越骑校尉。

因北匈奴影响力尚在，西域不时反复，明帝在去世前一年，再派窦固和驸马都尉耿秉（？—91年）、骑都尉刘张率领一万四千名骑兵，进攻西域，打败了驻扎白山（在今新疆哈密市北，天山山脉东段）的北匈奴呼衍王军队后，进军车师国（在今新疆吐鲁番市）。耿秉身材魁梧，熟读兵法及典籍，有勇有谋，他主动打前锋，锐不可当，连连取胜，车师国投降。窦固请求恢复西域都护及戊、己校尉的设置。刘庄同意，任命陈睦为西域都护，耿恭（生卒年不详）为戊校尉，关宠为己校尉，各率领数百人垦田戍边。

北匈奴单于派左鹿蠡王，率领二万骑兵，向耿恭驻守的疏勒城（在今新疆吉木萨尔县境内）发起攻击，封堵了疏勒城上游的河流，城内遂断水。耿恭命人在城内挖井，但挖了深达十五丈仍没有挖到水，天气炎热，将士口渴万分，到处找水，实在找不到了，就捡拾马粪用力挤压，挤出点马粪汁止渴。耿恭亲自加入挖井大军，用竹笼搬运泥土，过了一会儿，井底有井水涌出，大家喜悦万分，高呼万岁。耿恭命用器物盛水泼洒到城外，匈奴军看见后大为吃惊，认为有天神帮助汉军，于是撤围而去。

焉耆国（都城员渠城，在今新疆焉耆回族自治县）和龟兹国（在今新疆库车县）联合攻打陈睦，陈睦全军覆灭。北匈奴把关宠包围在了柳中城（在今新疆鄯善县西南鲁克沁城）。恰这时，东汉遭遇大丧，明帝去世，治丧期间，无法出兵援救。

车师发现汉朝力量薄弱，再度反叛，和北匈奴一起围攻耿恭。耿恭坚守疏勒城，顽强抵抗，数月之后，城池仍在，但粮秣用尽，他们就把铠甲和弓弩上的皮革煮来吃。耿恭和将士们同仇敌忾，生死与共，所以将士们都无二心，但伤亡也不断增多，最后只剩下了数十个人。北匈奴单于知道耿恭已经陷入困境，准备生擒他，他派使者冲耿恭喊话道："若投降，单于封你为白屋王，把公主嫁给你。"耿恭心生一计，引诱使者入城，然后将其杀死，在城楼上架起火堆，炙烤使者的尸体。单于大怒，增兵攻城，但依然不能攻下。

这时候，刘炟派征西将军耿秉率军驻屯酒泉郡，行太守事；派酒泉太守段彭和谒者王蒙、皇甫援率领从张掖、酒泉、敦煌及鄯善国征调的军队共七千多人，前去援救。恰好，耿恭派出的部下范羌到敦煌郡来运战士过冬的寒服，也来到了敦煌郡，于是他也跟随援军一同出发。

段彭率军攻打车师国，斩杀三千八百人，俘虏了三千多人，北匈奴军惊慌撤走，车师国又投降了东汉。而这时，关宠也积劳成疾，去世了。王蒙认为疏勒城地处偏远，天寒地冻，援救难度太大，准备放弃，但范羌不同意，坚决要求营救。无人敢率队前往，于是王蒙就交付范羌二千人，让他负责救援疏勒城。范羌率军迎着凛冽的寒风和飞雪北上，积雪已经达一丈多，他们艰难前行，历尽艰辛，终于抵达了疏勒城。当时已经是夜里，城中守军听见人马的喧哗声，以为是北匈奴又来进攻，大惊失色，范羌大声冲城内喊道："我是范羌，朝廷派军来迎接校尉了。"城中高呼万岁，打开了城门，两军相拥哭泣。

天明之后，耿恭等二十六人跟随援军撤出了疏勒城，向南撤退，北匈奴追击，他们且战且退。建初元年（公元76年）三月，回到了玉门关，这时，耿恭的二十六人仅剩下了十三人，他们衣服全破，面容枯槁。中郎将郑众安排他们洗澡，换上了新衣服，并上表为他们请功。耿恭回到洛阳之后，刘炟提拔他担任骑都尉。

刘炟担心班超势单力薄，难以自保，于是征召他回国。班超当时驻扎在疏勒国（在今新疆喀什市），疏勒人得知班超要回中原的消息后，举国忧愁恐惧，担心班超一走，疏勒国又会被龟兹所占。班超东归至于阗国时，于阗国的国王和侯爷抱住班超的马腿痛哭流涕，不让他走。班超担心于阗国王不放他走，又想完成志向，于是回到了疏勒国。这时候，疏勒的两座城池已经归降了龟兹国，和尉头国（在今新疆阿合奇县的哈拉奇乡一带）勾连在了一起。班超斩杀了叛徒，击败了尉头国，杀死了六百多人，疏勒国的局势重新稳定。

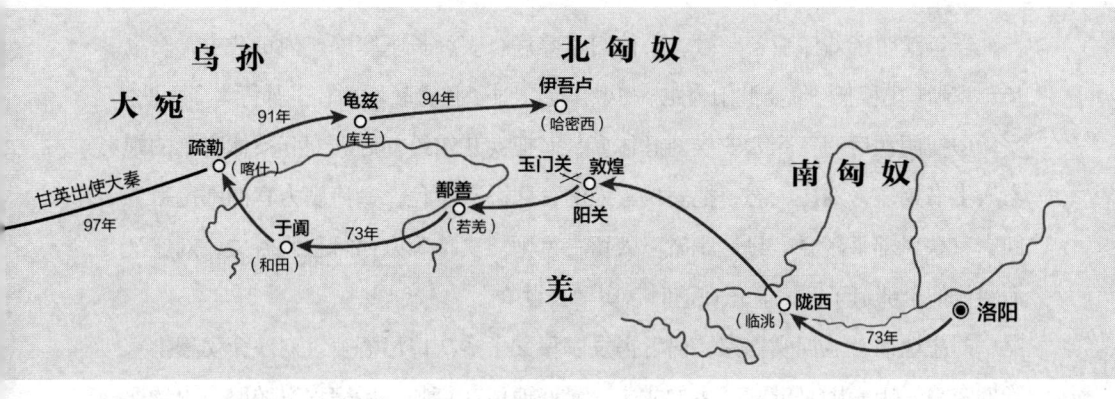

▲ 班超出使路线图

白虎观会议

当年汉明帝刘庄责备窦融，命他归家养病。窦融长子窦穆娶内黄公主，窦融长孙窦勋（窦穆长子）娶沘阳公主。窦融年老，对子孙管教不严，子孙行为多不法。窦穆假托阴太后诏，令六安侯刘盱休妻，而把女儿嫁给刘盱。刘盱被休妻子的娘家人上书揭发，刘庄大怒，把窦穆等人的官职悉数罢免，命诸窦为官的都携家眷回老家扶风郡平陵县，只让窦融一人留在京师。窦穆等人西行至函谷关，刘庄又命将他们全部追了回来。正在这时，窦融去世。

刘庄让谒者监视窦穆家，谒者揭发窦穆父子多次口出怨言。刘庄命窦穆携家眷回家乡，因窦勋是沘阳公主的丈夫，允许他留在京师。后窦穆以贿赂小吏的罪名而被郡府逮捕，窦穆和儿子窦宣都死在平陵监狱，窦勋也死在了洛阳监狱。永平十四年（公元71年），刘庄封窦勋的弟弟窦嘉为安丰侯，封邑两千户，继奉窦融后嗣。

窦勋的长女窦氏（？—97年）天生丽质，幼年时，因其非普通人臣妻子的容貌，见到她的人都认为她日后定将大富大贵，她六岁就能识字写文章。建初二年（公元77年），窦氏和妹妹都被送入长乐宫，汉章帝刘炟听说窦氏美貌和才气兼备，就在北宫章德殿接见窦氏，非常喜欢，封她为贵人。同年被封为贵人的还有梁氏姐妹（褒亲侯梁竦之女）。

窦氏生性聪敏，用心伺候马太后，和后宫姐妹关系融洽，举止得体，很讨马太后和刘炟的欢心，于第二年被立为皇后。窦皇后还未生子，刘炟封宋贵人之子刘庆为皇太子，此时（公元79年）刘庆年仅两岁。刘庆是刘炟的第三个儿子，长子为刘伉，次子为刘全，因为宋贵人的父亲宋杨的姑姑为马太后外祖母的缘故，所以刘庆才会被封为皇太子。刘炟又封刘伉为千乘王，刘全为平春王。

刘烜认为天下富裕，边境无事，执意要封舅舅们为侯爵，于是封马廖为顺阳侯，马防为颍阳侯，马光为当许侯。马太后得知后，写信劝告各位哥哥，马廖等上书请求辞去侯爵，就任关内侯（准侯爵），但刘烜不准。马廖兄弟没办法，就请求辞去所任官职，这次得到了刘烜的批准，让他们兄弟以"特进"的地位，回家休息。不久（公元79年），马太后去世，她是中国第一位女史学家及第一位著书立说的皇后，著有《显宗起居注》（汉明帝刘庄庙号显宗）一书，开了"起居注"这一史书体例之先河。刘烜命人把自己亲生母亲（贾贵人）的绿色绶带升为红色绶带，赐给车子一辆，奴婢二百，杂丝二万匹，黄金一千斤，钱两千万，对亲舅舅一族并没有封赏。

校书郎杨终上书说："宣帝曾经广征群儒，论定五经于石渠阁（未央宫内的藏书阁名）。如今天下无事，学者得以完成他们的成就，而一些分章析句来注解古书之人，破坏重要的义理。臣以为陛下应该仿效石渠阁的旧事，永远作为后世的准则。"

刘烜自小爱好儒学，他认为杨终所言很有道理，于是于建初四年（公元79年）十一月十一日，命太常召集将领、博士、郎官及诸位儒生于北宫白虎观开会，讨论五经的异同。当时的大儒丁鸿、楼望、成封、桓郁、班固、贾逵及广平王刘羡，都参加了这次大会。刘烜命五官中郎将魏应代表皇帝提问。丁鸿学问精深，在一些疑点问题上辩论得最清晰，诸儒生都称赞有加，当时人们赞叹说："殿中无双丁孝公。"（丁鸿字孝公）。

大会断断续续开了数月才结束，侍中淳于恭负责奏报会议情况，最后由刘烜亲自裁定，命班固编撰为《白虎议奏》（又称《白虎通义》《白虎通》）。《白虎通义》继承了董仲舒以后今文经学神秘的唯心主义思想。它以神秘化了的阴阳、五行为基础，解释自然、社会、伦理、人生和日常生活的种种现象，对宋明理学的人性论产生了一定影响。

班固

▲ 班固像

废立太子

陵乡侯梁松娶了光武帝的长女舞阳公主，梁松也是陷害马援的凶手，他有个弟弟叫梁竦（sǒng），精通《易经》，为当时的大儒。梁竦有两个女儿，都漂亮有才，刘炟喜欢纳姐妹花，梁竦的两个女儿被纳入了后宫，封她们为贵人。小梁贵人生下了儿子刘肇，但因为窦皇后无子，窦皇后就亲自抚养刘肇作为自己的儿子，小梁贵人虽然悲伤不已，但也无可奈何。

前文我们讲过，皇太子刘庆的生母为大宋贵人，马太后和大宋贵人有亲戚关系，所以马太后在世时，窦皇后尽管嫉妒大宋贵人，但也不敢造次。马太后去世后，窦皇后在后宫也更为得宠，话语权也更大，同时大小宋贵人也深受刘炟的宠爱，大宋贵人的儿子还身为皇太子，日后承继大位之后，窦皇后的地位就会岌岌可危，窦皇后为此茶饭不宁，内心对宋氏姐妹和皇太子刘庆非常厌恶。于是窦皇后和母亲沘阳公主日夜商议，阴谋陷害宋氏姐妹，废掉皇太子刘庆，改立刘肇为皇太子。窦皇后通知哥哥弟弟窦宪（？—92年）、窦笃（？—92年）、窦景（？—92年）等人在朝外收集宋家的罪证，甚至微小过失都不放过；收买宋氏姐妹身边服侍的人员，密切关注她们的动向，随时报告。

欲加之罪何患无辞，有一天大宋贵人生病了，她想以生菟丝子（是一味平补肾、肝、脾之良药）为药，命人通知娘家人弄些过来。消息很快传到了窦皇后的耳朵里，她立即抓住这一机会，告发宋氏姐妹准备以巫术诅咒皇帝刘炟，好让儿子刘庆早日继位。巫蛊之术是大忌，刘炟闻听大怒，让刘庆出宫居住在中臧府（掌官中金银布帛诸物）的承禄署。窦皇后继续不断在刘炟面前诋毁宋氏姐妹及刘庆，刘炟对他们日渐疏远。

建初七年（公元82年）六月，刘炟下诏说："皇太子有精神错乱、性格无常之症,从孩童时就是这样,至今更加明显,恐怕是遗传了他母亲的凶恶之风,不可用于侍奉宗庙,作为天下之主。大义灭亲,何况仅是贬降!今废刘庆为清河(首府清阳,在今河北省清河县)王。皇子刘肇由皇后抚养长大,在襁褓中接受教诲,疏导善性,必成大器,今立刘肇为皇太子。"刘肇当年四岁。

宋氏姐妹被关进了丙舍(正室两旁的房间),小黄门蔡伦(?—121年)负责考按实情。这个蔡伦,就是改进了"造纸术"的蔡伦,不过这时候,他的"蔡侯纸"还没有造出来。蔡伦字敬仲,当时大概二十岁,是桂阳郡(郡府郴县,今湖南郴州市)人,出身铁匠世家,从小在乡学读书,颇有才学,在汉明帝永平(公元58年—75年)末年入宫做了宦官,后汉章帝刘炟任命他为小黄门。窦皇后对宋氏姐妹赶尽杀绝,命令蔡伦捏造罪名上报,宋氏姐妹被送入了暴室。宋氏姐妹意识到窦皇后要置她们于死地,与其被打死,不如自裁,于是她们姐妹二人服毒而死。刘炟得知后也有些伤感,命掖庭令把她们葬在了洛阳城北樊濯聚。她们的父亲、议郎宋杨也被免职后打发回了老家平陵县。

刘庆当年年仅五岁,虽然年幼,他却懂得自保。为了避嫌,他口中不敢提及宋氏,刘炟对他很是怜爱,命令窦皇后让刘庆的衣服和刘肇相同。刘肇也很喜欢和刘庆在一起玩儿,入则共室,出则同舆。

刘肇被顺理成章立为皇太子,作为刘肇亲姥爷的梁竦也非常高兴,他们家族对外不敢显露,只是自家人聚在一起偷偷喝酒庆祝。消息传到了窦皇后那里,她感到不快和不安,梁姓家族的存在,对自己家族是个威胁,于是她又不断在刘炟面前诬陷梁氏姐妹。窦皇后的小报告起了作用,刘炟也对梁氏姐妹疏远起来。窦皇后再命人写匿名信,捏造事实,告发梁竦谋反,梁竦被押入了大牢,并死在牢内。梁竦的家眷被发配到了九真郡,梁贵人姐妹在忧愤中去世。屈打成招的供词涉及梁松的妻子舞阳公主刘义王,刘炟命把刘义王贬逐到了河南郡的新城(在今河南伊川县西南)。

东平(东平国首府无盐,在今山东省东平县东)王刘苍是汉明帝刘庄的同母弟弟,是当今皇帝刘炟的皇叔,曾经为辅政大臣,在朝中威望颇高。刘苍知进退荣辱,他几次要求返回封国,但没被批准。窦皇后对他颇为忌惮,因此,她鼓动有关部门,向刘炟上奏,请求让刘苍回封国。刘炟这才批准,并亲自送行,涕泪而别，并赏赐颇丰。几个月后，刘苍在封国去世。

马太后去世后，马氏一门势衰，作为马太后长兄的顺阳侯马廖性格太过宽厚，约束不了子弟。马太后的另外两个兄长：颍阳侯马防和许侯马光，拥有巨额财富，大肆兴建府邸，收养的食客达数百人，马防还大量饲养马牛羊等牲畜，甚至向羌人和匈奴人收取赋税。刘炟对他们的所作所为很不高兴，数次诘责，马氏权势一落千丈，食客大都是势利之徒，也纷纷离去。马廖的儿子马豫，为步兵校尉，他口出怨言，被有关部门连带他的叔叔们一起弹劾，建议让他们回到各自的封国。结果是，马豫和老爹马廖回到了封地后，马豫因故又被逮捕入狱，被拷打致死。马防被遣送回封地；马光稍微收敛，被留在了京师。马豫死后，刘炟又召马廖返回了洛阳。

马家失势，窦家的权势扶摇直上，窦皇后的哥哥窦宪为侍中、虎贲中郎将，弟弟窦笃为黄门侍郎，都在宫中供职，不断得到赏赐。窦宪更是有恃无恐，连王爷、公主及权贵之家，都对他非常忌惮，尽力逢迎。窦宪以低价购买沁水公主（明帝刘庄之女）的田园，沁水公主被迫答应。

一天，刘炟从此处田园经过，窦宪暗中吩咐园中之人隐瞒实情，但刘炟还是发现了端倪，他大怒，手指窦宪斥责道："你要深刻反思你的罪过，夺取公主田园时，岂不是还要胜过赵高指鹿为马？深思的话，使人惊恐。之前，先皇常令阴党、阴博、邓叠互相纠察，所以诸豪族贵戚不敢犯法。而今贵为公主，还被欺凌，夺取田园，何况平民百姓呢！国家抛弃窦宪，就如同抛弃孤鸟、腐鼠一般。"

窦宪大感震恐，窦皇后出面替哥哥求情，她脱掉皇后礼服，穿上后宫嫔妃的衣服，向刘炟深深谢罪。过了好久，刘炟才宽恕了窦宪，没有降罪于他，命把田园归还沁水公主，但也不再授予他重要职位。

白衣尚书

鲁国人孔僖（孔子后人，？—88年）和涿郡（郡府涿县，在今河北省涿州市）人崔骃（？—92年）同在洛阳的太学求学，学习《春秋》，两个人关系友善，经常在一起交流。有一天他们读到春秋时期吴王夫差的事迹，孔僖心中感慨，他把书放置一旁，感叹道："像这样的，就是画龙不成反而画成了狗啊。"

崔骃说道："是的。当年孝武皇帝（刘彻）始为天子的时候，才十八岁，崇信圣人之道，效法先王，只五六年的时间，被认为超过了文帝和景帝。其后恣肆无忌，忘记了他之前的善行。"

孔僖说："书传上像这样的例子太多了。"

隔壁的太学生梁郁插话说："如此的话，武帝也是狗了？"

孔僖和崔骃沉默不语。梁郁怨恨他们，于是向刘炟上书告发孔僖和崔骃诽谤先帝，讥讽当世，刘炟把此事交给有关部门办理。崔骃被传讯问话，孔僖急忙上书申辩道："孝武皇帝，政治好坏，汉史载明，坦如日月，是如实叙事，不是诽谤。皇帝为善，则天下之善都归于他；皇帝不善，则天下之恶亦归于他。且陛下即位以来，政治教化未失，而恩德有加，天下人都知道，臣等为何讥讽当世呢！"

刘炟认为孔僖所言句句在理，下诏不再追究此事，并任命孔僖为兰台令史。

东平国（首府无盐县，今山东东平县东南）人郑均（？—约96年），年少时喜欢黄老之学，他的哥哥在县衙担任游徼（执行巡逻任务的官员或兵卒），手中有一点小权力，有人不时给他哥哥送礼，他哥哥一概接受，郑均多次规劝哥哥，但他哥哥不听。郑均就外出务工，过了一年多，挣了些钱帛，回家交给了哥哥，并说道："钱物用完了可以再挣，为官者贪赃，则一生就可能葬送。"

郑均的哥哥被弟弟的言行打动，从此廉洁自律，成为一名好官。郑均为人敦厚，轻财好义，他哥哥去世后，他侍奉寡嫂侄儿，尽心周到。后郑均被朝廷征召，担任尚书，他多次进献忠言，刘炟很敬重他。再后来郑均因病请求辞职，去职还乡。刘炟特别下诏褒奖郑均，赏赐了谷千斛，并命令地方官员每年八月到郑均家中问候，赠予羊、酒。

元和二年（公元85年）二月，刘炟巡视东方，路过任城（在今山东省济宁市东南）时，还专门亲自莅临郑均家，赏赐郑均终身领取尚书的俸禄（年俸六百石），所以时人称之为"白衣尚书"。

章帝驾崩

班超仍在征服西域，刘炟对他绝对信任，任命他为将兵长史（大将军之下设置长史、司马，不设将军而命长史统兵者，称为将兵长史）。当时有官员向刘炟诬告班超贪图在外的生活，不再忠于汉朝，刘炟不予理会，并派八百人的队伍增援班超。班超放下包袱，放开手脚，他率领汉朝及疏勒国、于阗国的军队共二万五千人，向不肯臣服汉朝的莎车国发起攻击。这时候，龟兹国、温宿国等国军队增援莎车，兵力两倍于班超率领的联军，班超无所畏惧，以少胜多，斩杀和俘虏五千多人，莎车王投降，龟兹等国军队撤退。自此以后，班超威震西域。

烧当羌（羌人的一支，居于今青海省西宁市湟中区一带）酋长迷吾和弟弟号吾鼓动其他部落，反抗汉朝。陇西郡太守张纡（yū）命督烽掾（掌烽火报警）李章反击，李章生擒号吾。号吾为了保命，求情道："只是杀了我，无损于羌；如果把我释放，我必定让烧当羌悉数罢兵，不再侵犯边塞。"

张纡命令把号吾释放，诸羌果然罢兵，各回老巢。但护羌校尉傅育贪功，准备攻打烧当羌立功，因为烧当羌新降，他不便出兵，就挑拨羌人和匈奴人的关系，但被识破，羌人再叛。傅育率军攻击，被迷吾袭击，傅育被斩，汉军共损失八百八十人。刘炟遂任命张纡为护羌校尉，率领万余人，在临羌县（在今青海省湟源县）垦田，戒备羌人。

迷吾率众攻打金城，张纡命令迎击，迷吾不敌败走，请求投降。张纡假意接受，待迷吾率众到达临羌后，张纡设宴款待，但在酒中下毒，迷吾等人毒性发作后，埋伏在旁的士兵杀出，杀死了迷吾在内的八百余人。张纡率军攻打迷吾残部，斩杀及俘虏数千人。但羌人的叛乱并未就此根除，以后我们还要讲到。

刘炟任命司空袁安为司徒。他处事认真严谨，为人严整，受到人们的敬重。

在处理楚王刘英谋反事件时，袁安被推举为楚郡太守，他秉公办案，解救了不少无辜被牵连之人。之后袁安被任命为河南尹，再任太仆、司空，直至这次被任命为司徒。

章和二年（公元88年）二月三十日，刘炟在章德前殿驾崩，年仅三十三岁，谥号章，庙号肃宗，被葬于敬陵（今河南省洛阳市偃师区寇店镇郭家岭村西南）。刘炟生活朴素，待人宽厚，废除酷刑，平徭减赋，兴修水利，政治清明，人民安居乐业，后人把汉明帝和汉章帝统治时期合称为"明章之治"，是汉朝的又一个盛世。

皇太子刘肇即皇帝位，尊窦皇后为皇太后，因刘肇才十岁，窦太后临朝听政。窦太后最信任的是娘家人，她命哥哥窦宪以侍中的身份入宫掌管机要，出宫宣布诏令；任命弟弟窦笃为虎贲中郎将，负责保护皇宫安全；另两个弟弟窦景和窦瓌（？—98年）同为中常侍。窦氏兄弟皆处在亲信显要之位，控制朝中大权。

太尉邓彪为人忠厚谦让，不爱多管事，窦宪认为邓彪不会和自己争权夺利，会成为自己的傀儡，于是建议窦太后任命邓彪为太傅，赐关内侯，录尚书事，总领百官。果不其然，邓彪事事全依窦宪。

屯骑校尉桓郁精通《尚书》，为大儒，做了几朝的帝师，性情温和，懂得自保，窦宪认为桓郁不会威胁到自己，他为了博取名声，推荐桓郁在宫中讲授经书。

第三章 永元之隆

燕然勒石

窦宪性格急躁,睚眦必报。谒者韩纡负责审理窦勋(窦宪父亲)的案件,后窦勋死在了狱中,窦宪对韩纡恨之入骨。这次窦宪刚执掌大权,就立即实施报复计划,这时候韩纡已经去世了,窦宪就命人杀死了韩纡的儿子,砍下人头,到窦勋坟墓上祭奠。

过去的几年,北匈奴不断有贵族携带部众投降汉朝,北匈奴势力更加虚弱,南匈奴从南方,丁零从北方,鲜卑从东方,西域诸国从西方,不断向北匈奴发起攻击,北匈奴抵挡不住,把王庭向西迁至了西海(今蒙古国科布多东南之哈尔湖及德勒湖)。北匈奴国因饥荒发生了骚乱,向南匈奴投降的,每年都有数千人。

刘肇继位当年七月,南匈奴单于挛鞮屯屠何上书东汉朝廷,请求趁机派军队剿灭北匈奴。窦太后把挛鞮屯屠何的奏章交给大臣讨论,有赞成的,有反对的,她一时也难以决定。恰在这时,京师洛阳发生了一起轰动全国的命案。都乡侯刘畅(刘秀大哥刘縯的曾孙)到京参加汉章帝的葬礼。刘畅素来品行不端,他和步兵校尉邓叠是亲戚关系,靠着邓叠母亲元(姓不详)的关系,攀上了窦太后,窦太后对刘畅很欣赏,多次召见。这触动了窦宪敏感的神经,他担心刘畅会被留在宫中担任重要职务,从而分割了他的权力,就动了杀机。有次窦太后召刘畅到上东门(洛阳东城三门中最近北的城门),窦宪得到消息,命人埋伏在卫兵之所,见机刺死了刘畅。

窦宪嫁祸一向和刘畅关系紧张的刘畅弟弟——利侯刘刚(利国首府在今山东省博兴县东),派侍御史会同青州刺史抓获刘刚后,在青州刺史府所在的临淄联合审问刘刚。

尚书韩棱(西汉初年弓高侯韩颓当后代)、太尉府贼曹何敞和尚书宋由都为人正直，他们认为事有蹊跷，认定凶手就在京师，却到千里之外追凶，定有内情，因此向窦太后建言。窦太后也正怒火中烧，命何敞到临淄参与审讯。何敞是太尉府的人，司徒府和司空府得到消息，也派人和何敞一起前往临淄。这些人加入之后，审讯场面由不得侍御史和青州刺史这两个窦宪的嫡系掌控了。经过缜密的推敲，真相遂水落石出，窦宪的罪行暴露，并被报给了窦太后。窦太后大怒，认为窦宪胆大包天，公然派刺客刺杀了她宠信的人，而且朝野也在看着窦太后如何处理这起案件，窦太后无法徇私，命令把窦宪软禁到了内官。

窦宪害怕会被诛杀，主动请求率军攻打北匈奴，要立功赎罪。窦太后也正苦于找不到为窦宪开脱的方案，得到窦宪要出击北匈奴的消息后，她认为窦宪立功后，就可以堵住天下悠悠之口，到时候可以正式赦免窦宪。司徒袁安、司空任隗及韩棱等人上书反对派窦宪讨伐北匈奴，窦太后不听。

窦太后任命窦宪为车骑将军，任命执金吾耿秉为副帅，征发北军五校（屯骑、越骑、步兵、长水、射声）、黎阳（在今河南省浚县）大营、雍县大营（又称扶风都尉营）、边疆十二郡（上郡、西河、五原、云中、定襄、雁门、朔方、代郡、上谷、渔阳、安定、北地）的部队及羌族、匈奴等部队，北出边塞，攻打北匈奴。当时班固因母亲去世在家守丧，窦宪任命班固为中护军，到军队报到，参与军务（任命军职，可以不用遵守守丧三年的规定）。

永元元年（公元89年）六月，窦宪、耿秉率四千骑兵和南匈奴左谷蠡王师子率领的一万骑兵出鸡鹿塞（在今内蒙古自治区西部磴口县西北）；南单于屯屠何率领一万多名骑兵出满夷谷（在今内蒙古准格尔旗西北）；度辽将军邓鸿率领汉兵、羌胡八千骑兵，与匈奴左贤王安国率领的一万骑兵出稒（gū）阳塞（在今内蒙古自治区包头市昆都仑沟沿岸），三路大军约定会师涿邪山。

窦宪分派副校尉阎盘、司马耿夔、耿谭率领左谷蠡王师子、右呼衍王须訾及精骑一万多人，与北匈奴单于的军队大战于稽落山（今蒙古国西南部阿尔察博克多山）。经过鏖战，东汉军大胜，北匈奴军崩溃，四散奔逃，北匈奴单于逃遁。东汉军追击，直追到私渠北鞮海（今蒙古国巴彦洪戈尔城西南本查干湖），击杀名王以下一万三千多人，俘虏数万，捕获牲口一百余万头，诸位小王率众降者，前后八十一部落二十余万人。

取得如此胜利，窦宪和耿秉等人出塞三千多里，登上了燕然山（今蒙古国杭爱山），窦宪环顾广袤的大草原，志得意满，他认为自己比当年的卫青、霍去病打得更远，需要在历史上留下浓墨重彩的一笔，于是他命大才子、中护军班固写了一篇铭文，命人刻在了燕然山上，记载功劳，宣扬汉朝国威。

这就是成语"燕然勒石"的来历。一千九百多年后，即公元2017年7月27日至8月1日，中国内蒙古大学蒙古学研究中心与蒙古国成吉思汗大学合作实地勘察，发现了这片摩崖石刻。经过认真辨识，初步确认此石刻即班固所写的《封燕然山铭》。从而又印证了这段历史的真实性。

窦宪率大军班师，他命司马吴泛、梁讽携带金银财宝和绸缎去见北匈奴单于，游说他归降。当时北匈奴内部也乱得一团糟，吴泛和梁讽来到了北匈奴单于所在的西海王庭（今蒙古国科布多城东哈腊湖），宣扬了汉朝的国威及信誉，赠送给他金银财宝和绸缎等物，北匈奴单于跪拜领受。梁讽劝说北匈奴单于应该效仿呼韩邪单于，投降汉朝。北匈奴单于欣然答应，率众和梁讽等人南返，等抵达私渠北鞮海的时候，得知汉大军已经入塞，他又改变了主意，于是派他的弟弟右温禺鞮王，携带贡品，入朝充当人质。窦宪没能让北匈奴单于亲自到京师朝拜，内心不悦，奏报窦太后，送回了右温禺鞮王。

南匈奴单于挛鞮屯屠何在漠北送给了窦宪一尊古鼎，容量为五斗，鼎身刻有铭文"仲山甫鼎，其万年子子孙孙永保用"（仲山甫为周宣王时大臣），窦宪派人送到了京师。

窦太后褒奖取得大捷的窦宪等人，命中郎将持节，抵达五原郡，任命窦宪为大将军，封武阳侯，食邑两万户。窦宪以戴罪之身立功，有自知之明，他坚决推辞封爵，窦太后批准。

之前大将军位在三公之下，窦太后调整为大将军在太傅之下，三公之上。窦太后封耿秉为美阳侯，食邑三千户，对其他人的封赏不再一一细表。

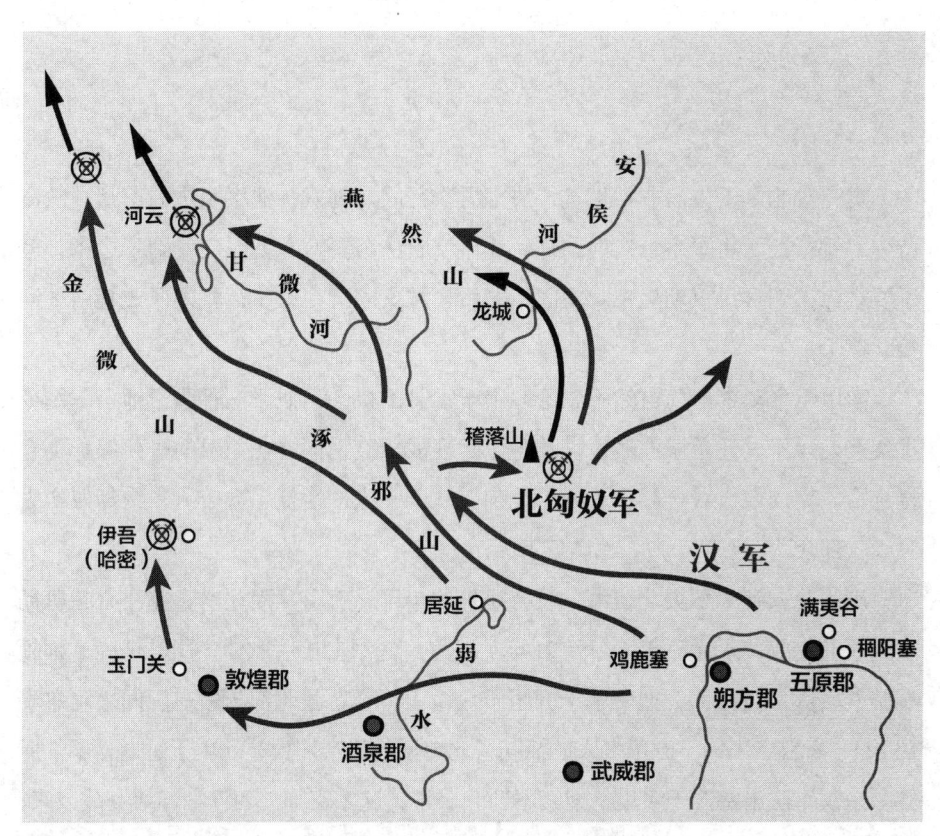

▲ 窦宪破北匈奴之形势图

第三章 永元之隆

窦氏覆灭

窦宪对北单于失信非常生气，决定再次征服北匈奴，他率军进驻凉州，任命侍中邓叠行征西将军事，作为副帅。北单于看情势不对，就派使者到了边塞，表示要亲自入朝拜见汉朝皇帝。窦固上书后，派班固行中郎将，和梁讽一起前去迎接北单于。

南单于挛鞮屯屠何自然不想给北单于喘息的机会，他派左谷蠡王师子率军夜里突袭北单于。北单于遇袭，慌乱中惊起迎战，被重创，在护卫的拼死保护下仓皇逃命。南匈奴大获全胜，杀死了北匈奴八千多人，活捉了数千人。南匈奴实力壮大，部众达三万四千户，军队五万人。

班固等人到了私渠北鞮海，没有找到北单于，就引兵而还。窦宪决心趁机彻底消灭北匈奴，永元三年（公元91年）二月，他派左校尉耿夔、司马任尚，率领精骑八百人出居延塞，把北单于围困于金微山（今新疆北部与蒙古国间之阿尔泰山脉），斩首名王以下五千多人，抓获了北单于的母亲阏氏，北单于远遁，不知所终。东汉军队出塞五千多里，搜索不到北单于，这才班师。西汉和匈奴交战以来，汉军从未出塞如此之远。朝廷封耿夔为粟邑侯。

北单于率残部逐渐西迁，西迁得足够远，消失在了中国的文字记载之中。三百年后，北匈奴重新强大起来，抵达了顿河、多瑙河流域，并以南俄罗斯大草原为基地，对罗马帝国发动战争，是致使罗马帝国最终灭亡的主要原因之一。北单于西逃，他的弟弟左谷蠡王挛鞮於除鞬自立为单于，率领数千人抵达了蒲类海，放牧生活。挛鞮於除鞬派使者抵达边塞，请求归降汉朝。朝廷根据窦宪的建议，封挛鞮於除鞬为单于，派中郎将任尚"持节"，驻防伊吾，和对待南单于一样。

窦宪消灭了北匈奴，立下稀世大功，威名大振。窦宪以耿夔、任尚为爪牙，邓叠、郭璜为心腹，班固、傅毅主管文书。各地刺史、太守、县令（长）多出于窦氏之门。司徒袁安和司空任隗眼见大权旁落外戚之手，虽然明里暗里抵触，但也无济于事。袁安和任隗在朝野拥有巨大声望，窦宪对他们也奈何不得。不久袁安去世，大儒、太常丁鸿继任司徒。

窦宪为大将军，他的弟弟窦笃为郾侯，窦景为汝阳侯，窦瓌为夏阳侯，窦氏子弟充满朝廷。穰侯邓叠、步兵校尉邓磊（邓叠弟弟）、邓叠老娘元、射声校尉郭举（窦宪女婿）、长乐少府郭璜（郭举父亲），结成了利益集团。元和郭举都受窦太后的信任，可以自由出入宫中，郭举还和窦太后有了私情，他们权势滔天，结党营私，竟然起了谋害皇帝之心。

刘肇对此也有察觉，却束手无策，在窦氏兄弟的控制下，刘肇平时接触到的男性只有宦官，而且朝廷百官大多是窦氏亲信，刘肇也依靠不住他们。刘肇留心观察周围的宦官，发现中常侍、钩盾令郑众（？—83年）为人机敏有心机，心向王室，不附和窦氏，刘肇遂把他引为亲信。郑众，字季产，是南阳郡犨县（犨chōu，今河南鲁山县东南）人。汉明帝时期，他在皇太子刘炟的府中做事，刘炟继位以后，任命他为小黄门，再任中常侍，刘肇继位后，让他兼任钩盾令（管理御花园）。刘肇此时已经十四岁了，他对大权旁落本就耿耿于怀，加之发现郭举等人的阴谋，遂决心铲除窦氏一党，他和郑众日夜秘密商议对策。这时候窦宪正驻防凉州，为防打草惊蛇，刘肇和郑众引而不发。

当时清河王刘庆和刘肇关系比较好，常宿宫中，刘肇想根据以前的例子铲除窦氏，想翻阅《汉书·外戚传》，不敢让别人去借，就让刘庆秘密向千乘王刘伉索取，半夜书到，被特别开启宫门送入。刘肇又让刘庆传话给郑众，让他收集汉文帝刘恒诛杀舅舅薄昭，汉武帝刘彻诛杀舅舅窦婴的旧事，作为理论支撑。刘庆欲报被窦氏废黜太子之位之仇，他积极帮助刘肇筹划、奔走。

恰这时，窦宪和邓叠班师回京，刘肇没有慌乱，他命大鸿胪持节到郊外迎接窦宪，军中将士根据军功大小各有不同封赏。永元四年（公元92年）六月二十三日，刘肇驾临北宫，下诏命执金吾、北军五校尉率军守卫南北二宫，关闭城门，逮捕郭璜、郭举、邓叠、邓磊、元等人，皆投入监狱诛杀。刘肇派谒者收缴窦宪的大将军印绶，改封为冠军侯。窦宪、窦笃、窦景、窦瓌都被遣送回他们各自的封国。

第三章　永元之隆

刘肇感念窦太后的恩情,不想公开处决窦宪,而给窦宪封国,并选派执法严厉的人充当国相,督察窦宪。窦宪、窦笃、窦景到了封国后,刘肇的命令也随即到了,逼令他们全部自尽。

河南尹张酺上书为窦瓌求情说,窦瓌有忠善尽节之心,约束宾客,没有犯罪。刘肇特批饶恕窦瓌一命。窦氏宗族、宾客因为窦宪的举荐而做官者,一律免官打回老家。太尉宋由也因和窦氏结党,而被免官回家,宋由自杀而亡。

当初,班固家的仆人曾经喝醉了酒,辱骂洛阳县令种兢,种兢对班固怀恨在心。这次种兢奉命捉拿窦家的宾客时,公报私仇,逮捕了班固,班固死在了狱中(六十一岁)。和帝得知班固已死,下诏谴责种兢公报私仇的恶劣做法,并将害死班固的狱吏处死抵罪。班固负责编纂的《汉书》尚未完成,刘肇下诏命班固的妹妹班昭接续完成。

刘肇赏赐刘庆奴婢三百人,其他车马、奇珍异宝无数;郑众也因功被任命为大长秋(皇后所有的官属的负责人)。刘肇记功赏赐,郑众推辞的多,接受的少,刘肇更认为他是个人才,因此常与他商议事情。东汉宦官弄权,也从郑众开始。后,刘肇进一步封郑众为鄛(cháo)乡侯(鄛乡,今河南南阳市南)。

刘肇当年才十四岁,却以雷霆手段,迅速解决了外戚窦氏专权的问题,显示了其英明果断的一面。刘肇虽然没有废黜窦太后的皇太后之位,但朝政大权已经牢牢掌握在了刘肇自己手中。

曹大家班惠班

▲ 班昭像

南匈奴内乱

之前刘肇根据窦宪的建议，封挛鞮於除鞬为单于，派中郎将任尚"持节"，送他们回到之前的王庭，不久窦宪被诛杀，这项计划也不再执行。永元五年（公元93年），挛鞮於除鞬叛汉，重燃战火，自行率众北返。刘肇派将兵长史王辅率领一千多精骑，和任尚合兵一处，追杀挛鞮於除鞬，以引诱手段并将其斩首，把他的部众歼灭。

北匈奴败亡，位于今内蒙古西辽河上游的鲜卑部落从东向西迁移，占据之前北匈奴拥有的大草原，牧马放羊，繁衍生息。当时没有逃走的北匈奴尚有十几万人，他们为了避免被消灭的命运，也自称鲜卑部落，习鲜卑风俗。鲜卑部落逐渐强大起来，这是一个比匈奴更有战斗力的民族，在东晋十六国时期，鲜卑部落入主了中原地区，这是后话。

也就在本年（公元93年），南匈奴单于挛鞮屯屠何（第三十任单于）去世，第二十九任单于挛鞮宣的弟弟、左贤王挛鞮安国继任为单于，成为第三十一任单于。按照次序，右谷蠡王挛鞮师子升任左贤王。挛鞮安国不得人心，他在左贤王位置上的时候就不被人称道。挛鞮师子是第二十六任单于挛鞮适之子，他作战勇敢，足智多谋，挛鞮宣和挛鞮屯屠何都很欣赏他的勇气和魄力，所以多次命他率军出塞袭击北匈奴，回师后都能得到颇多赏赐，就连汉朝皇帝也对挛鞮师子青睐有加。所以南匈奴人都尊敬挛鞮师子，而轻视挛鞮安国。挛鞮安国嫉恨挛鞮师子，准备找机会杀掉他，除去一个威胁自己位置的潜在对手。

新归降南匈奴的北匈奴人，过去打仗多次吃过挛鞮师子的亏，有的是直接被劫掠至此，他们对挛鞮师子心怀怨恨。挛鞮安国做投降北匈奴人的工作，和他们秘密谋划除掉挛鞮师子的方案。挛鞮师子察觉事情有异，就主动移动到距离王庭美稷西北一百多公里的九原郡（郡府九原，今内蒙古包头市）边界居住。每次挛鞮安国召集聚会议事，挛鞮师子都称病不去。

东汉度辽将军皇甫棱获知内情后，也赞成挛鞮师子不去参加聚会。挛鞮安国更加愤恨。皇甫棱因故被免职，执金吾朱徽被任命为行度辽将军。

挛鞮安国和东汉使匈奴中郎将杜崇不和，挛鞮安国上书状告杜崇，杜崇却让西河郡（管辖美稷县）太守把挛鞮安国的书信扣住，挛鞮安国和朝廷的沟通渠道受阻。杜崇和朱徽反击，联名上书说："南单于安国，疏远旧匈奴人，亲近新近归降的北匈奴人，准备杀害左贤王师子和左台且渠刘利等人。且新投降的北匈奴人阴谋挟持挛鞮安国，起兵背叛朝廷，请陛下命令西河郡、上郡、安定郡征调兵马，早做准备。"

刘肇把杜崇和朱徽的奏章交给文武大臣讨论，大臣们纷纷认为："蛮夷反复无常，虽然难以预测，但汉军重兵聚集，匈奴必不敢轻举妄动。为今之计，最好是选派一位有谋略的使者出使单于王庭，和杜崇、朱徽及西河太守合力，观察他的动静。如无它变，可令杜崇等人和安国召集其左右大臣，追查其部众中危害边境者，共同评议罪行，按危害程度再行惩处，该诛杀的就予以诛杀。若安国不从命，可令我方人员见机行事，事毕之后，论功行赏。有赏有罚，也足以威服百蛮。"

刘肇同意。于是朱徽、杜崇等人发兵直抵挛鞮安国的王庭。挛鞮安国在夜间得知汉军抵达，大惊失色，弃帐而逃，他认为是挛鞮师子引来的汉军，于是收拢士兵，和投降的北匈奴人，准备诛杀挛鞮师子。挛鞮师子消息灵通，他事先得到消息，带领部落人马躲入了五原郡的曼柏县城里。挛鞮师子的部众刚入城，城门也刚关闭，挛鞮安国的追兵就到了，但无法入城。朱徽派人调停挛鞮安国和挛鞮师子的矛盾，挛鞮安国被仇恨冲昏头脑，拒绝听从。曼柏城城池坚固，挛鞮安国指挥部队围攻不下，就率军屯扎在了五原。

杜崇、朱徽征调沿边各郡骑兵急追挛鞮安国，匈奴人非常恐惧，挛鞮安国的舅舅骨都侯喜为等人担心被汉军诛杀，于是刺杀了挛鞮安国，迎立挛鞮师子为新任单于（第三十二任）。挛鞮师子继位之后，新投降的五六百个北匈奴人担心被报复，他们偷袭挛鞮师子，但被负责保护挛鞮师子的汉军安集掾（掌安集军众）王恬打败。新归降的北匈奴人骚动不安，十五个部落二十多万人全部反叛，他们挟持奠鞬日逐王挛鞮逢侯为单于，烧杀抢掠一番，退向朔方城（今内蒙古杭锦旗北黄河南岸），准备撤向漠北。

刘肇得报，命光禄勋邓鸿为行车骑将军，率领包括乌桓、鲜卑人在内的四万大军讨伐。当时挛鞮逢侯率军正在围攻挛鞮师子和杜崇，闻报邓鸿大军已经抵达美稷后，挛鞮逢侯率军从冰面上穿过关隘，向满夷谷方向撤走。邓鸿等人率军追击，前后斩杀一万七千多人，挛鞮逢侯率残部退入漠北深处，汉军无法再深入，班师。班师回朝后，刘肇以邓鸿逗留不前、坐失军机之罪，将其下狱处死。这时候刘肇也得知了挛鞮安国反叛的内情，把朱徽和杜崇召回后，下狱处死。

顺便交代一句，西域没有了北匈奴的支持，实力衰弱，这时候西域都护班超也征服了西域五十多个国家，西域诸国全部再度归附汉朝，纷纷派子或亲属到京师作为人质。西到海滨，四万里之外的国家，都来到汉朝京师洛阳纳贡。

到永元十四年（公元102年），班超已经在西域整整三十年了，年龄也从知天命之年（42岁）到了古稀之年（71岁），他思念故土，上书刘肇，请求返回京师。刚开始刘肇没有答复，班超的妹妹班昭也上书为哥哥求情，她引经据典，晓之以理，动之以情，打动了刘肇，征召班超回京。当年八月，班超回到了洛阳，被任命为射声校尉。次月，班超逝世，他的长子班雄继承了他的定远侯爵位。

邓绥封后

永元九年（公元97年）三月，十八岁的汉和帝刘肇封阴贵人（？—103年）为皇后。阴贵人是光烈皇后阴丽华之兄阴识的曾孙女，她年少聪慧，擅长书法，十三岁（公元92年）入宫被封为贵人，深受刘肇的宠爱。本年（公元97年）八月，窦太后去世。当年窦太后陷害刘肇的亲娘梁贵人一家，造成梁贵人的父亲梁竦死在大牢之中，家属被发配到九真郡，梁贵人姐妹忧虑而死。窦太后在世时，没有人敢提及刘肇的身世，窦太后去世后，梁贵人的姐姐梁嫕（嫕yì，之前嫁给南阳郡人樊调为妻）上书刘肇说："臣妾的父亲梁竦冤死牢狱，尸骨还得不到掩埋；母亲年逾七十，和弟弟梁棠等远在绝域，不知生死。请允许我收敛父亲的骸骨，并允许母亲、弟弟得以回到老家安定郡。"

刘肇立即召见梁嫕，从她口中才得知了亲生母亲小梁贵人死亡的真相，他悲痛不已。三公请求废黜窦太后的尊号，不让她和先帝刘炟合葬。刘肇念及窦太后的养育之恩，不肯这么做，仍然把窦太后和刘炟合葬。刘肇追尊母亲小梁贵人为皇太后，并把梁氏姐妹葬在了刘炟坟墓西侧；又命人收葬了梁竦的尸体，埋在了梁太后之侧。刘肇命令召回梁姓家族，梁家回程路过长沙，强逼窦瓌（窦瓌改封罗侯，罗县位于长沙郡）自尽。刘肇封樊调为羽林左监，梁棠（梁竦长子）为乐平侯，梁雍（梁竦次子）为乘氏侯，梁翟（梁竦三子）为单父侯，都为"特进"，再赏赐巨万，宠遇耀于当世，梁氏从此开始兴盛。

当年受到窦皇后迫害，被废掉的皇太子、现清河王刘庆也上书隐晦地为被逼服毒自尽的亲生母亲大宋贵人申冤，刘肇下诏命返回老家的宋氏一族回京，并任命刘庆的四个舅舅宋衍、宋俊、宋盖、宋暹为郎。

自从美女邓绥（公元81年—121年）入宫以后，刘肇对她痴迷不已，冷落了后宫包括阴皇后在内的诸多佳丽。邓绥,南阳新野人,她的祖父是东汉开国名将、云台二十八将之首、太傅邓禹,她的父亲叫邓训,为护羌校尉,母亲阴氏,是光烈皇后阴丽华堂弟的女儿。邓绥自幼聪明,她奶奶很喜欢她,亲自为年方五岁的邓绥剪头发,奶奶年事已高,眼睛昏花,剪刀误伤了邓绥的额头,但小邓绥却咬紧牙关,忍着疼痛,不发一言。左右之人后来问她为什么不感觉到痛,她回答说:"不是不痛呀,奶奶喜欢我才为我剪发,我不能伤了奶奶的心,所以才忍住了。"

邓绥六岁能读《史书》(周宣王太史籀用大篆所写之识字课本。籀,zhòu),十二岁精通《诗经》《论语》。她的诸位兄长每次读经传的时候,她都虚心请教,她志在典籍,不过问家庭生活方面的事情。她母亲责怪她说:"你不学习纺织、刺绣这些女红类的活儿,而专心经书,难道要参选博士吗?"邓绥不愿违背母亲之言,于是白天学习女红,晚上诵读经书,家人称呼她为"诸生"(儒生)。邓训感到惊异,有意引导女儿知晓天下之事,于是事无大小,都与邓绥详细商议。

长大后的邓绥,身长七尺二寸(约为165.6厘米),亭亭玉立,美艳绝伦。永元七年(公元95年),年方十五的邓绥被选入宫中,次年被封为贵人。邓绥入宫后,跟随班昭(时在东观藏书阁续写《汉书》)学习经书,兼天文、算数。邓绥深明大义,小心侍奉阴皇后,放低身价,对宫人以礼相待。每次宴会的时候,后宫嫔妃都精心打扮,搽脂抹粉,争奇斗艳,而邓绥只着便服,衣服如有和阴皇后的颜色一样的,立即换掉。和阴皇后同时晋见刘肇的时候,邓绥不敢和皇后并肩坐或立;和皇后同行时则躬身表示卑贱;回答刘肇的问题时,邓绥总是在阴皇后回答之后再回答。

阴皇后身材矮小,举止有违背礼仪之处时,左右皆掩口而笑,只有邓绥表现出忧伤的表情,并替阴皇后掩饰、打圆场,好像自己有了过错一样。刘肇得知邓贵人劳心费神,顺眉屈体,感叹道:"修养德行之劳,竟是如此啊!"

后来阴皇后日渐受到刘肇疏远,为了避免受到阴皇后的妒忌,每次刘肇要邓绥侍寝的时候,她总是以身体有病搪塞,不肯过去。当时刘肇的几位皇子都夭折了,邓绥忧虑刘肇后继无人,多次挑选美女入宫侍寝。

阴皇后嫉妒心很强,宠遇渐衰,而邓贵人美誉日盛,她又妒又恨。有一次刘肇病得很重,阴皇后私下对人说:"我得到大权之后,不会让邓氏留后!"没有不透风的墙,这话传到邓绥耳朵里,她流着泪对左右说:"我竭诚尽心以事皇后,竟不为皇后所容,今我当跟随皇帝而去,上以报皇帝之恩,中以解宗族之祸,下不令阴氏有'人彘'之讥讽。"邓绥哭着哭着,拿起毒药就要服毒自尽,宫女赵玉赶紧阻止她,两个人僵持不下,赵玉心生一计,就欺骗邓绥说:"刚有使者来过,说陛下已经病愈了。"邓绥这才把药瓶放下。第二天,刘肇的病果然好了。

阴皇后的外祖母邓朱常出入皇宫,有人控告邓朱和阴皇后施用"巫蛊",诅咒刘肇。刘肇大怒,命中常侍张慎和尚书陈褒于掖庭审查案情。邓朱和她的两个儿子邓丰、邓毅及阴皇后的弟弟阴秩、阴辅、阴敞的口供相互牵连,遂被以"大逆不道"定罪。邓丰、邓毅和阴辅在狱中被拷打致死。刘肇准备废掉阴皇后的皇后之位,邓绥劝阻,刘肇不听,命司徒鲁恭持节,宣读诏书,废黜阴皇后的皇后之位,收缴皇后玺绶,迁居桐宫软禁,阴皇后在忧愁恐惧中去世。阴皇后的父亲阴纲自尽,阴秩、阴敞及邓朱的家属被流放到日南郡比景县(今越南平治天省宋河下游高牢下村)。

刘肇准备立邓绥为皇后,邓绥再三推辞,后来实在推辞不了,就答应了下来。永元十四年(公元102年)十月,刘肇立邓绥为皇后。

当初,太傅邓禹曾经对人说:"我率百万之众,未尝枉杀一人,后世子孙中必有兴旺发达者。"现在这话果然应验。

雁门太守行

永元十五年（公元103年），刘肇任命侍御史王涣（？—105年）为洛阳县令。王涣，字稚子，广汉郡郪（qī）县（今四川中江县东南）人，他的父亲王顺曾经担任安定郡太守。王涣年少时行侠仗义，爱打抱不平，惯常以武力解决问题，多结交喜欢打架斗殴的少年。长大后，王涣心怀抱负，他一改往日作风，开始崇尚儒学，钻研《尚书》，学习法律条文，大体上能掌握其主要意思，成为通达之士。

王涣是官二代，加之有了些美名，本郡（广汉郡）太守陈宠就选拔他做了郡功曹（主管考察记录业绩）。王涣恪尽职守，勇于决断，执法不避权贵。陈宠精通法律，不徇私情，兼通经学，为官名声非常好，被刘肇征召入朝廷担任大司农。有次刘肇问陈宠道："你是如何治理一个郡的？"

陈宠叩头，谦虚地回答说："臣任用功曹王涣负责选拔贤能，主簿镡显拾遗补阙，臣不过是宣布陛下的命令罢了。"

刘肇听后很高兴，也记下了王涣的名字，从此王涣开始显名。州里推举王涣为茂才（秀才，因避刘秀的讳而改为茂才），被任命为温县（在今河南省温县）县令。县里当时有很多奸诈狡猾之徒，危害百姓，王涣到任后，摸清了底细，谋定后动，把他们一网打尽，从此境内太平，商人也敢在道边露宿了。王涣担任温县县令三年，政绩卓著，被提拔为兖州（州府昌邑县，今山东省金乡县西北）刺史，他整治各郡，纠正偏差，使得教化和政令得以广泛推行。当时谶纬之言盛行，他因为对其中有些言语存疑，进行考证时触怒朝廷而被免官，判处刑罚。一年多后，王涣又被任命为侍御史。

永元十五年（公元103年），王涣以侍御史的身份跟随刘肇南巡，刘肇这次去了老家章陵、云梦（在今湖北省安陆市南）等地，一个月之后回京，回京后刘肇任命王涣为洛阳县令。王涣处事公正，宽严相济，有些疑难案件久拖不决，历经了几任县令仍难判决，有些案件在法律框架之内难以处理，他都能抽丝剥茧，厘清缘由，依法依规公正处理，消除大家的疑虑。他又使用诈术挖出潜藏的坏人，消除隐患，京师称叹，认为王涣有神机妙算之能。

元兴元年（公元105年），王涣因病去世。洛阳城的百姓、来往商人无不悲伤落泪。男女老壮竞相筹钱，买酒前去祭奠的有一千多人。

王涣的灵柩西归家乡，路过弘农郡（郡府弘农县，在今河南省灵宝市）的时候，众多百姓在路边支上桌子，摆上祭品，为王涣送行。官员询问百姓这么做的原因，百姓说过去拿米到洛阳城去卖，被士兵和有关部门以各种理由盘剥，损失过半，自从王涣担任洛阳县令后，不再发生这样的事情了，所以前来报恩。老百姓怀念王涣的恩德，在洛阳安阳亭的西边为他建造了祠堂。

有人作了一首《雁门太守行》（乐府古曲名）歌颂王涣，老百姓吃饭前，总要吟唱几句，来祭奠王涣。这首歌颂王涣的《雁门太守行》，也是现存最早的《雁门太守行》。

"蔡侯纸"和《二京赋》

我国的书写载体，经过了甲骨、竹简、帛缣等的演进，然后发展到纸。纸发明的意义是不但促进了书籍文献资料的猛增和科学文化的传播，而且促进书法艺术的发展、繁荣和汉字字体的变迁，是一项重大的成就，对中国历史也产生了重要的影响。至于什么时候才开始出现纸张，存在争议。1957年西安灞桥西汉墓中出土公元前2世纪的麻纸；1978年底陕西扶风西汉窖藏中出土宣帝时的麻纸三篇；1972年至1976年，甘肃居延额济纳河汉代烽燧遗址出土宣帝甘露二年（前52年）、哀帝建平年间（前6年—前3年）麻纸二片；东汉应劭《风俗通义》载光武帝刘秀自长安迁都洛阳时运有纸经。可见，我国造纸术最迟起源于西汉前期。

但当时的纸很不方便书写，中常侍、尚方令蔡伦决心对纸张进行改良，他挑选出树皮、破麻布、旧渔网等，让工匠剪断切碎，放在一个大水池中浸泡。过了一段时间后，其中的杂物烂掉了，而纤维不易腐烂，就保留了下来。他再让工匠把浸泡过的原料捞起，放入石臼中，不停搅拌，直到成为浆状物，然后再用竹篾把这黏糊糊的东西挑起来，等干燥后揭下来就变成了纸。蔡伦带着工匠反复试验，试制出既轻薄柔韧，又取材容易、原料广泛、价格低廉的纸。

元兴元年（公元105年），蔡伦向刘肇献上了自己改良的纸张，刘肇非常高兴，大赞蔡伦的才能，开始推行使用这种纸张，所以当时天下人称这种纸张为"蔡侯纸"。

蔡伦改进的造纸术，被列为中国古代"四大发明"之一，对人类文化的传播和世界文明的进步作出了杰出的贡献，千百年来备受人们的尊崇，被纸工奉为造纸鼻祖、"纸神"。

张衡（公元78年—139年），字平子，南阳西鄂县（在今河南省南阳市石桥镇）

人，世代为名门望族，他的祖父张堪，曾经担任蜀郡太守、渔阳太守。张衡自幼聪明好学，年少时就善写文章，游学于三辅（关中，今陕西省中部），进而来到京师洛阳入太学学习，遂通五经，贯六艺（礼、乐、射、御、书、数）。张衡虽然学得一身本领，才高于世，但他为人谦虚，并无骄傲自负的表现。他处事淡然，心性恬静，不喜欢结交世俗之人。他被推举为孝廉，却不去报到；官府授予他官职，他不就任。当时天下太平日久，上至王侯，下至地方官吏，奢靡之风盛行，张衡有感于此，模仿班固的《两都赋》，写成了《二京赋》，以讽谏世事。《二京赋》包括《西京赋》《东京赋》两篇，二京，指汉的西京长安与东京洛阳。《二京赋》构思巧妙，严谨精密，规模宏大，辞藻华美，历经十年，于元兴元年（公元105年）前后乃成。

《二京赋》是运用文学手法的社会剖析，其中有政治方面的讽谏、社会事物的描述、历史的反思、哲理的寓含、感情的抒发、意境的想象，诸景毕现，文思泉涌，洋洋洒洒，蔚为大观。

张衡与司马相如、扬雄、班固并称"汉赋四大家"，他也是我国古代著名的天文学家，发明了浑天仪和地动仪。关于张衡的事迹，我们以后还要讲到。

和帝驾崩

元兴元年（公元105年）十二月，汉和帝刘肇在章德前殿去世，享年二十七岁，谥号为孝和皇帝，庙号穆宗，葬于慎陵（今河南省孟津县东南）。汉和帝在历史上是一位有作为的皇帝，他以坚定的意志，一举铲除了把持朝政的窦氏一族，朝政遂总揽于己，他为人孝顺宽和，为政勤勉，选贤任能，理冤狱，恤百姓，平西域，定匈奴，永元十七年，垦田面积达732万顷，为东汉之最，户籍人口达5,325万人。刘肇主政期间东汉国力达到鼎盛，后世称之为"永元之隆"。

刚开始汉和帝接连夭折了十几个小皇子，为了辟邪，之后再生的皇子就秘密寄养于民间，严格保密，群臣都不知道。和帝驾崩之后，当时寄养在民间的有两个皇子，长子叫刘胜（？—113年），年龄稍大（史书上没有交代出生年月）；次子刘隆，出生仅仅一百多天。皇后邓绥认为刘胜年长了不好控制，于是她散播谣言说刘胜得了厥疾（指突然昏倒、手足逆冷等症状），这病久治难愈，无法继承大统。然后邓绥命人把刘隆抱回了皇宫，封为皇太子，随即登基，史称刘隆为汉殇帝。邓绥被尊为皇太后，临朝听政。

当时国家刚遭逢大丧，人心不稳，宫中管理也比较混乱，丢失了一小箱子珠宝，邓太后得知后寻思，如果用刑拷问，必会牵连无辜，于是她召集宫女，察言观色，偷珠子的宫女承受不住压力，当即自首。

和帝生前宠爱宫人吉成，但吉成对待她的侍婢们非常苛刻，侍婢们对她心存怨恨。和帝去世后，吉成的侍婢们决定报复吉成，向邓太后告发吉成施用巫蛊之术，诅咒太后。邓太后大怒，命令掖庭拷问，因为之前侍婢们已经在物证上做了手脚，吉成不承认，就被酷刑拷打，她经受不住，承认是自己所为。这时候邓太后已经冷静了下来，她认为此事蹊跷，吉成服侍在先帝左右，自己也待她有恩，平日里还和颜悦色，何至于现在却恶毒诅咒？这不合常理和人情。邓太后把吉成召来亲自问话，吉成据实禀告，果然是侍婢们所为。官人无不叹服，认为邓太后圣明。

　　这时候洛阳县令王涣去世，为了表彰王涣，邓太后任命王涣之子王石为郎中。

第四章

邓太后听政

安帝登基

邓太后临朝听政，任命张禹（公元38年—113年）为太傅，徐防（生卒年不详）为太尉，参录尚书事。张禹，字伯达，忠厚老实，生活节俭，清正廉洁。徐防，字谒卿，精通《易经》，为人小心谨慎，办事周密。幼帝刘隆尚在襁褓之中，所以邓太后命张禹居住在宫中，五天一回家，每次朝见的时候，有关官员先喊出张禹的名字，然后再喊三公的名字，座位在百官之上，不与三公同席。邓太后封刘胜为平原王；任命梁鲔（wěi）为司徒，陈宠为司空。

和帝刘肇弟兄七人，目前仅剩清河王刘庆、济北（首府卢县，在今山东省济南市长清区）王刘寿和河间（首府乐成，在今河北省献县东南）王刘开在世，邓太后嫌他们在朝碍手碍脚，命他们各回各的封国。因为幼帝刘隆尚在襁褓之中，鉴于之前已经夭折数位皇子，邓太后担心刘隆的身体，所以便把刘庆的长子、年十三岁的刘祜留在了京城，命他和嫡母耿姬居住在清河国设在洛阳的宾馆，以备不测。刘祜出生于永元六年（公元94年），他的生母为左小娥。左小娥很漂亮，善读史书，喜爱辞赋。左小娥去世后，刘祜被耿姬收养。

邓太后兄长、虎贲中郎将邓骘（？—121年）为车骑将军，仪同三司。仪同三司，第一次在历史上出现，三司就是三公，至于为什么叫三司而不叫三公，不得而知，仪同三司就是职务上虽然达不到三公，但各项待遇和三公相同，低职高配。邓骘的弟弟邓悝为虎贲中郎将；邓弘、邓阊为侍中。

当时全国三十七个郡、封国大雨成灾，邓太后下令减少太官（御膳房）、导官（掌御用和祭祀的米食干糒）、尚方（制造帝王所用器物的官署）、内署（掌内府衣物的官署）的服装、珍贵食材、奢侈华丽之物，除了祭祀祖宗，稻子、高粱、谷物不得精选细作，早晚只吃一顿肉。过去太官、汤官（掌酒）每年开支达二万万钱，自此每年裁减数千万。各郡和封国献的贡品，也都减少一半；上林苑追逐猎物的鹰和犬悉数卖掉；离宫、别馆存储的粮食、薪炭，要节约使用。又遣五六百名宫女和有罪入宫的奴婢回家，恢复自由之身。

继位仅八个多月的幼帝刘隆还是夭折了，史称刘隆为汉殇帝。这时候大臣们发现平原王刘胜并不像邓太后说的那样身有顽疾，而是身体无恙，很多大臣认为应该由刘胜继位。邓太后和邓骘、邓悝经过紧急商议，认为第一次没有立刘胜，现在再立刘胜，难免会引起刘胜的不满，为他们埋下隐患，于是决定立刘祜为帝，并征求了太傅张禹、太尉徐防和司空尹勤（原司空陈宠去世后，由尹勤接任）的意见，他们三人也表示同意。当天夜里，邓太后命邓骘持节，以青盖车（皇太子、皇子所乘，皇孙为绿盖车）把刘祜迎入宫中。准备妥当后，邓太后驾临崇德殿，向文武百官宣布帝位继承人选，先封刘祜为长安侯，过继为和帝的儿子，随后把刘祜拥上帝位，史称刘祜为汉安帝。

邓太后继续临朝听政，评定拥戴之功，封张禹为安乡侯，徐防为龙乡侯，尹勤为傅亭侯，邓骘为上蔡侯，邓悝为叶侯，邓弘为西平侯，邓阊为西华侯，采邑均为一万户。

为了压制自己家族，防止他们惹是生非，激起民怨，邓太后特别给司隶校尉、河南尹、南阳太守下诏，让他们秉公执法，不可包庇放纵邓氏亲属及门客。尚书郎樊准认为学习之风渐趋衰落，应该大兴儒学，广征儒生。邓太后同意，命令公卿、太守保举隐士和大儒，要求品行高尚，以激励后进，并从中挑选博士，务求其人。

刘祜的生父、清河王刘庆，在儿子登基四个月之后，却突然抱病而亡，年仅三十岁。刘庆之死，是否有隐情？是否为邓氏陷害？史书没有交代，我们不好妄自猜测。刘庆的次子刘虎威继清河王王位，邓太后命把清河国分出一部分土地，设立广川国（首府广川，在今河北省枣强县东北），封刘庆的三子刘常保为广川王。

当时天灾不断，古人迷信，认为是当权派触怒了上天，需要人消灾免祸。在一次天灾中，太尉徐防被免去了职务，三公因天灾被免职自徐防始。很快，又在一次水灾中，司空尹勤被免职。太尉之职，由太傅张禹兼任；提拔太常周章担任司空。

东汉以来，三公没有实权，实权掌握在皇帝手中，皇帝通过尚书发布命令，如果三公没有"录尚书事"，就只是个摆设，遇到天灾人祸的时候，皇室、国戚却把三公推出来顶罪。

大长秋郑众和中常侍蔡伦深受邓太后的宠信，郑众之前已经被封为鄛乡侯，邓太后增加他的采邑三百户，使郑众的采邑达到了一千八百户（公元114年郑众去世）；邓太后封蔡伦为龙亭侯，采邑三百户，让他们二人参与朝政。司空周章数次直言相劝，邓太后不听。

周章认为众大臣心属平原王刘胜，他和心腹密谋，准备关闭宫门，诛杀邓骘兄弟、郑众和蔡伦，废掉邓太后，把刘祜流放到一个边远地区为王，立刘胜为皇帝。但消息泄露，周章被免职后自杀，家无余财。邓太后提拔颍川郡太守张敏担任司空。

西羌再叛

当年（公元87年）护羌校尉张纡杀死了西羌烧当部落叛乱酋长迷吾。迷吾的儿子迷唐改变策略，用金银财宝和人质等结交别的部族，迅速扩充实力，对抗汉朝。张纡无法制服迷唐，朝廷任命张掖太守邓训接替张纡为护羌校尉。

邓训出身名门，是开国名将邓禹的第六个儿子，他到任后，一方面以德服人，另一方面以贿赂分化羌人。迷唐的叔叔号吾率领部落八百人投降了邓训。邓训集结了汉人、羌人、匈奴人联军共四千人出塞，袭击迷唐所在的雁谷（在今青海省湟源县西），迷唐不敌败走，部众瓦解。

邓训命长史任尚率军乘坐羊皮筏渡过黄河，奇袭迷唐军，杀死一千八百多人，俘虏了两千人，缴获牲口三万头。迷唐所部几乎损失殆尽，他率残部西逃一千多里。三年后，邓训去世，朝廷命蜀郡太守聂尚任护羌校尉。聂尚准备感化迷唐，让他主动投降，于是把迷唐的祖母送还给他。但迷唐见到祖母后，随即翻脸，聂尚所派的五名使者被迷唐剖腹杀害。聂尚被免职，朝廷另派贯友接任护羌校尉。

贯友也用金银财宝作为诱饵，分化西羌各部落，这招非常实用，诸羌矛盾再起，贯友逐个击破，杀死、俘虏共八百多人，迷唐退守赐支河曲（在今青海省黄南藏族自治州境内的黄河河段）。贯友去世后，朝廷任命汉阳太守史充接任护羌校尉。史充主动出击，结果大败，被杀数百人。朝廷召史充回京，命代郡太守吴祉担任护羌校尉。

迷唐又集结了三万多人攻击汉朝的陇西郡，杀死了大夏县（在今甘肃省广河县）县长。朝廷震怒，命刘尚行征西将军，越骑校尉赵世为副，率领汉军、羌军和匈奴军等军队共三万人讨伐迷唐。两军交锋，迷唐军被杀死及被俘虏一千多人，迷唐远逃，联军死亡也不少，无力追击，班师。当时的皇帝刘肇认为刘尚和赵世畏惧，所以不去追击，于是把他们免职下狱，任命谒者王信代替刘尚，任命谒者耿谭接替赵世。耿谭施以金钱，羌人不断有部落投降汉军。迷唐变得势单力孤，他审时度势，也投降了汉军，并到洛阳朝见。

这时候迷唐的残余部众不足两千人，他们饥饿困顿，就进入了金城郡（郡府允吾县，在今青海省民和回族自治县县南古鄯镇北古城）。汉和帝刘肇命迷唐率部回到之前居住的大小榆谷（在今青海省尖扎县西），但迷唐认为汉军已经在大小榆谷北修建了逢留大桥，威胁大小榆谷，于是他以部众虚弱为由拖延不走。护羌校尉吴祉为了让迷唐等人早日出发，就赐给他们金银财宝绸缎等物，让他们购买粮食牲畜，早日上路出塞。迷唐多疑，认为吴祉用心不良，于是他再叛汉朝，胁迫湟中的诸部落，抢掠一番，扬长而去，回到了赐支河曲，切断交通。

王信、耿谭、吴祉等人获罪，被召回，周鲔被任命为护羌校尉。周鲔和金城太守侯霸集结了三万人的混合部队，出塞攻打迷唐。侯霸非常勇猛，率军发动攻击，迷唐大败，部落六千多人投降汉军。部落酋长东号和儿子麻奴也投降了汉军，被安置在了安定郡（郡府高平县，在今宁夏回族自治区固原市）。迷唐率残部放弃赐支河曲西逃。过了许久，迷唐因病去世，他的儿子率领仅剩的数十户投降汉军。

前面是回顾西羌叛乱历史，后来邓太后临朝听政，西域各国反复，也不断背叛汉朝，朝廷征伐又耗费大量人力物力，于是决定撤销西域都护，派骑都尉王弘率关中军队，迎接西域都护段禧等人，屯田将士也一并撤回，王弘征调金城郡等郡的羌人骑兵一同前往。多年来，汉边关官员对羌人的压榨，让他们对汉人充满怨恨，加之这次调令比较急迫，他们以为是到西域屯田，可能这一去就回不来了，心里更是充满恐惧，所以一路上不断有羌兵逃亡。诸郡发兵阻截，被抓到的逃亡羌兵，受到严厉惩罚，甚至整个部落受到株连。麻奴兄弟、勒姐（羌人一支）、当煎（羌人一支）等部落纷纷出塞逃亡。先零部落（羌人一支）酋长滇零和酋长钟羌烧杀抢掠，封锁了陇坻（主要指甘肃东南部的天水一带）之道。

朝廷一方面下发诏书赦免羌人的谋反之罪，争取他们主动投降；另一方面，派车骑将军邓骘、征西校尉任尚（？—118年），率领北军五校营及诸郡征调的将士共五万人，准备在汉阳郡（郡府冀县，在今甘肃省甘谷县东）集结，防御羌人。邓骘率先抵达汉阳，其他部队还在路上，钟羌率数千人向邓骘军队发起攻击，双方在冀县展开大战，邓骘军不敌，被杀一千多人。

这时候，西域副校尉梁慬（？—112年）从西域返回，朝廷命他率部作为邓骘等人的后援。走到张掖郡的时候，和西羌诸部落一万多人遭遇，梁慬军大胜，杀死和俘虏七八千人，逃脱的不过十分之二三。梁慬抵达姑臧（治所在今甘肃省武威市）的时候，羌部落三百多位酋长前来投降，梁慬向他们宣讲了汉朝的威德，让他们返回故地。

永初二年（公元108年）二月冬，邓骘命任尚、从事中郎司马钧（？—115年，司马懿为其玄孙）率军和数万叛军在平襄（治所在今甘肃省通渭县西北）展开血战，任尚军大败，八千多人被杀。西羌声威大振，东汉朝廷已经无可奈何。

邓太后任命庞参为谒者，命他督导关中各军，严防羌军；命邓骘回京，留任尚留守汉阳郡，调度各军。邓骘还在回京的途中，邓太后派使者给他送上了大将军的任命书。

滇零自称皇帝，招揽各部，切断陇道，劫掠关中，向南攻入宜州，杀死了汉中太守董炳。梁慬率军本来在金城郡驻扎，听到羌兵抢掠关中的消息后，立即率军东援，挫败了羌军的几次攻势，羌军嚣张气焰得到了压制。

当煎部落和勒姐部落联合攻占了破羌县（今青海省民和回族土族自治县西北）；钟羌部落攻占了临洮县（治所在今甘肃省岷县），汉陇西南部都尉被生擒。

天灾不断，粮食严重减产，全国陷入缺粮状态，首府洛阳甚至发生了人吃人的事件，司徒鲁恭被免职，邓太后提拔大鸿胪夏勤为司徒。三公认为国库空虚，开支困难，建议无论官吏还是平民，凡缴纳钱币、谷物的，根据缴纳数量多少，可以被封为关内侯，或任命为虎贲、羽林郎、五官大夫、政府官吏等。邓太后批准。东汉王朝开启了第一次国家卖官的行为。

乌桓和南匈奴看到东汉王朝逐渐衰弱，也起兵背叛，侵扰沿边郡县。就连海盗强伯路等人也煽动青州（在今山东东北部）沿海地区人民起义了，攻打沿海九郡，杀死太守、县长，抢掠财物。

杨震拒金

天下饥荒，死者不绝于野，盗贼群起，四夷背叛侵扰，邓太后下令终止了一些游戏作乐节目，元旦朝会的时候，也不再奏乐，不再陈列车辇等物。

大将军邓骘也崇尚节俭，罢劳役，推荐闻名天下的贤士何熙、役（同"殳"，shū）讽、羊浸、李郃、陶敦（陶渊明先祖）等人到朝廷任职，又选任杨震、朱宠、陈禅等人到府中做事。

杨震（？—124年）是历史名臣，我们对他作一介绍。杨震字伯起，弘农郡华阴县（在今陕西省华阴市）人，他的八世祖杨喜，在高祖刘邦时期立功，被封为赤泉侯（赤泉侯国首府在今河南鲁山县）。赤泉侯国传了三世，因为犯罪，国除。杨震的高祖杨敞，在西汉昭帝时候为丞相，封安平侯。杨震的父亲杨宝，精通《欧阳尚书》(《尚书》学派之一，因欧阳氏传授，故名）， 西汉哀帝、平帝之时隐居授业，王莽曾经征召他到朝廷做事，但杨宝选择了逃遁。东汉光武帝刘秀敬重杨宝的气节，派车去接他，但他以年老多病为由，没有去，终老家中。

杨震年少时就非常好学，不满足于家学，还向太常桓郁学习《欧阳尚书》，博览群书，读书寻根问源，不但要知其然，还要知其所以然。诸儒生常称赞他："关西孔子杨伯起。"杨震常客居于湖城县（在今河南省灵宝市），不接受官府的征召长达数十年，众人都说他已经老了，差不多是时候该出去做官了，但杨震的志向更加坚定。有天鹳雀衔着三条鳣鱼（鳣 zhān，鲟鳇鱼），飞临到杨震的讲堂前，都讲（古代学舍中协助博士讲经的儒生）取鱼走近杨震，说道："蛇鳣者，这是卿大夫任职的象征；数量为三者，是效法三台（汉制：尚书为中台，御史为宪台，谒者为外台）啊。先生从此要升迁了！"

古人迷信，杨震概莫能外，他也认为这是上天的暗示，于是五十岁时，开始在州郡任职。大将军邓骘听说杨震大有贤名而选聘他，推举他为茂才（秀才），先后升迁四次至荆州刺史、东莱太守（此时州刺史的重要性没有太守高）。杨震到东莱郡（郡府黄县，在今山东省龙口市东南）上任途中，路过昌邑县（山阳郡郡府所在县，在今山东省金乡县西北），巧的是，这时候的昌邑县县令王密，是杨震在荆州刺史任上所举荐的荆州茂才。王密听说恩人途经自己的地盘，出于报恩和日后仕途升迁考虑，他准备了黄金十斤，于夜间去见杨震，要送给杨震。

杨震大为震惊，推辞说："故人知君，君不知故人，何也？"

王密回答说："夜间无人知道。"

杨震变色道："天知，神知，我知，你知，何谓无人知道！"

几句话说得王密满脸通红，他感觉非常羞愧，携带黄金狼狈而出。

不久，杨震转任涿郡太守。杨震清正廉洁，大公无私，不接受私事的请托。子孙常吃蔬菜，不乘车，步行走路。杨震的一些故人、长者也劝他广开门路，积蓄钱财，购置产业，为子孙着想。杨震不肯，说道："使后世称他们为清白官吏的子孙，把这笔财富留给他们，还不够丰厚吗！"

虞诩献策

西羌叛乱事态不断扩大,东汉朝廷耗费大量军力财力仍不能平灭,财政枯竭,邓太后下令按比例减少各级官员俸禄。大将军邓骘认为这样下去会难以为继,他准备放弃凉州(在今甘肃省),集中力量对付南匈奴,于是召集文武大臣商议此事。

邓骘就目前的形势做了通报,然后定调道:"譬如两件衣服都坏了,剪掉其中一件去缝补另一件,还能保持一件完整的衣服,如果不这样,两件衣服就没有一件可以穿的了。"

众大臣也没有更好的计策,于是纷纷点头附和。

散会后,郎中虞诩(?—137年)听说了这件事,就劝太尉张禹道:"我听闻公卿认为应该放弃凉州,我思虑再三,认为不妥。先帝开疆拓土,劳苦后定,而今却惧怕很小的花费,拱手放弃。既然放弃了凉州,我国的边界就会以三辅作为边塞,则皇家园陵就会暴露在外。此不可不慎重啊。俗话说'关西出将,关东出相',凉州士兵壮勇,确实超过其他州。今羌胡之所以不敢入侵三辅,成为我们的心腹之患,是因为凉州在其后。凉州人民所以披坚执锐,无有二心,是因为臣属于汉的缘故啊。今若弃其旧土,迁走人民,安土重建,必生异志。如今如果仓促间谋定,则贼人会借着天下饥敝和海内虚弱之际,豪雄相聚,推举主帅,以氐人、羌人为前锋,席卷而来,即使有孟贲、夏育(二位是古代著名勇士)这样的勇士为士兵,以姜太公为主将,恐怕也难以抵御。如此,则园陵旧京就不会再属于汉了。提议者拿两件破衣服做比喻,认为毁掉一件去修补另一件会保全一件;我认为这就是一个恶疮,会不断蔓延,没有极限。所以丢弃凉州并非良策。"

虞诩,字升卿,陈郡武平县(在今河南省鹿邑县)人,十二岁时便通晓《尚书》。虞诩早年丧父,侍奉祖母很孝顺,陈国国相很欣赏他,准备任用他到官府做事。虞诩推辞说:"祖母已经九十高龄,还得诩奉养。"国相这才作罢。虞诩的祖母去世后,服丧期过后,他接受太尉张禹的征召,被任命为郎中。

闻听虞诩一番话,张禹顿然醒悟,说道:"我没有考虑到这些,如果不是你提醒,要败坏国家大事了,然而又有何良策呢?"

虞诩回答说:"今凉州骚动,人情不安,说不定会突发非常事变。应该让四府(太尉、司徒、司空、大将军)九卿,各召凉州数人,召凉州刺史太守县令(长)子弟授为闲官,表面看是奖励他们忠于职守之功,其实是把这些子弟作为人质,防止事变发生。"

张禹同意虞诩的观点,再召集四府议事,他把虞诩的话复述了一遍,公卿大臣也为国家百年大计着想,纷纷表示赞同,邓骘也只得点头同意。于是朝廷开始任命凉州知名人士到各府任职,并任命刺史、太守、县令(长)的子弟为郎,以示抚慰。

邓骘计划受挫,对虞诩怀恨在心,准备找碴儿以法律制裁他。这时候河内郡朝歌县(在今河南省淇县)反贼宁季等聚集了数千人,攻杀县府官吏,一连数年,州郡都无法剿灭。邓骘于是任命虞诩为朝歌县长,希望借刀杀人,盼望宁季把虞诩杀了,解了他的心头之恨;即使虞诩不被反贼所杀,也可以治他剿匪不力之罪。

虞诩的朋友也看出来这是个阴谋,都替他担忧,虞诩笑着说:"志不求易,事不避难。不遇盘根错节,何以辨别利器呢!"这就是成语"盘根错节"的出处。

虞诩到任后,首先去拜见河内郡(郡府怀县,治所在今河南省武陟县西南)太守马棱。马棱问他道:"君是名儒者,当谋在朝堂之上,怎么来到了朝歌,我很是为你担忧!"

虞诩回答说:"朝歌者,和古韩国、古魏国交界,背太行,临黄河,距离敖仓(大粮仓,在今河南省荥阳市东北敖山北麓)仅有百里,而青州、冀州流亡到此的难民数以万计,贼人不知道开仓招徕流民,不知道抢劫兵器库的兵器,不据守成皋(春秋时郑国虎牢后改成皋,今河南省荥阳市汜水镇虎牢关村西北有成皋古城),断天下右臂,他们不足为虑。如今贼人气焰嚣张,难与争锋,兵不厌权(指作战时尽可能地用假象迷惑敌人以取得胜利),请放宽政策,不要束缚勇士们的手脚。"

　　虞诩回到朝歌后，设立了三个标准，招募勇士，让县府官员推举，以攻击掠夺者为上等；伤人盗窃者为中等；游手好闲，不从事家业者为下等，共征集了一百多人。虞诩为他们摆酒设宴，赦免了他们，命他们潜伏到反贼中去，作为政府的耳目。物以类聚，这一百多人陆陆续续加入了反贼的队伍，很快赢得了信任，这些人鼓动反贼抢掠，然后秘密通知官府设下伏兵等待，斩杀了数百名反贼。虞诩又在穷人中选取会缝制衣服的，让他们混入反贼的队伍，为反贼制作衣服，并把彩线缝在衣服一角，反贼穿着这种衣服一在闹市出现，便被擒住。

　　反贼对这种精准打击产生恐惧心理，溃散而去。时人都称虞诩有神灵相助，朝歌县也逐渐变得太平起来。

平定羌乱

南匈奴单于奲鞮檀（第三十三任单于）率军攻打汉朝边界。朝廷任命大司农何熙行车骑将军事，中郎将庞雄为副手，率两万多将士迎击南匈奴。大军行进到曼柏（在今内蒙古自治区达拉特旗东南）的时候，何熙突然生病了，无法再去往前线，他派庞雄、行度辽将军事梁慬、护匈奴中郎将耿种，率步骑兵一万六千多人攻打虎泽（在今内蒙古达拉特旗东），阵营相连，击鼓呐喊前进，声势浩大。

奲鞮檀看见汉军后大惊，诘问鼓动他造反的汉人韩琮道："你说汉人已经被饿死殆尽，现在为什么来了这么多人？！"

奲鞮檀自知不敌，他派人到汉军请求投降。汉军同意后，奲鞮檀脱帽光脚来到汉营，对庞雄等人下跪，自称犯了死罪。庞雄等人赦免了奲鞮檀，待之如初。奲鞮檀把抢掠的汉人百姓以及从羌族手里买来的汉人百姓，共一万多人，全部返还汉军。

征西校尉任尚率军久出无功，田地荒芜，朝廷命他率领吏民撤到长安。

称帝的滇零派军攻打褒中（在今陕西省汉中市西北），汉中郡（郡府南郑县，在今陕西汉中市东）太守郑勤战死，军民死亡三千多人。骑都尉任仁跟西羌军交战屡战屡败，他又管束部队不力，属下放纵妄为。朝廷下令把任仁逮捕，装入囚车，送交廷尉，判处死刑。护羌校尉段禧去世，朝廷再任命前护羌校尉侯霸（生卒年不详）接任，总部所在的狄道（治所在今甘肃省临洮县）已经难以据守，侯霸把总部西迁到了张掖（在今甘肃省张掖市）。

先零部落攻打河东郡（郡府安邑县，在今山西省夏县西北），威胁东部的河内郡，百姓张皇失措，纷纷渡河（黄河）南逃。洛阳在河东郡和河内郡之间的黄河之南，城内也是人心惶惶，朝廷命北军中候（掌监北军五营）朱宠，率领北军五营将士屯扎孟津（在今河南省孟津县东黄河渡口），防御羌军。为防羌军东进后再北进，朝廷命魏郡、赵国、常山国、中山国等郡国修筑坞堡六百一十多座。

羌军强盛，而边境各太守、县令（长）都由内地人士担任，并没有守土死战的决心，他们争相迁移办公地点，躲避羌军。朝廷也下令，命陇西郡、安定郡、北地郡、上郡迁徙郡府所在地，百姓留恋故土，不愿意迁徙，这些郡就派人毁坏掉庄稼，拆除房屋，推倒营垒，砸掉仓库，逼迫百姓搬迁。当时旱灾蝗灾不断，饥荒连年，驱赶又急，沿途死亡的，被丢弃的老人小孩儿，沦为他人仆人、妻妾的，数不胜数，队伍损失过半。

朝廷任命任尚为侍御史，率军攻打上党郡（郡府长子县，在今山西长子县西南）羊头山的羌军，大胜，杀死了二百多羌军。羌军撤退，屯扎在孟津的汉朝军队也撤了回去。

这时候青州也传来好消息，青州刺史法雄击溃了海贼张伯路，张伯路在逃跑中被杀。各级官员被裁减俸禄后叫苦不迭，形势有所缓和后，邓太后下令，各级官员恢复之前的俸禄。

东汉军队和西羌军队的战斗呈胶着状态。护羌校尉侯霸和骑都尉马贤，在安定郡战胜先零部落的一支部队，俘虏一千多人；他们又在枹罕（治所在今甘肃省临夏市西南）打败了西羌酋长号多。

侯霸病逝，朝廷任命汉阳太守庞参（？—136年）为护羌校尉，庞参派人诱降，号多权衡利弊，投降了汉朝，被封为侯。庞参把大本营从张掖迁回了令居（治所在今甘肃省永登县西北），河西通道打通。凉州刺史皮杨在狄道和羌军大战，汉军大败，八百多人被杀。

朝廷命屯骑校尉班雄率军进驻关中，防范西羌。朝廷任命司马钧行征西将军，率关中诸郡兵八千多人，庞参率羌胡七千多人，分兵攻打西羌皇帝零昌（滇零去世后，其子零昌继位）。庞参率军行进到勇士县（今甘肃省榆中县东北）东的时候，被西羌将领杜季贡（投降西羌的汉人）击败，大败而回。司马钧率军继续前进，攻打杜季贡据守的丁奚城（在今甘肃省环县西）。杜季贡非常狡猾，他假装害怕，率众逃走，引诱汉军。司马钧命令仲光率精锐部队收割羌军庄稼作为军粮，但仲光贪功，不听命令，径直去追击羌军，正中埋伏。司马钧对仲光违抗命令非常恼怒，不派军前去救援，结果仲光和三千多将士被杀。司马钧军元气大伤，无法再战，撤军。朝廷得知原因后，派人把司马钧和庞参逮捕入狱，司马钧在狱中自杀。朝廷任命马贤为护羌校尉，接替庞参；任命任尚为中郎将，接替班雄。此时已由朝歌县令转任怀县县令的虞诩向任尚献计，任尚依计攻破了丁奚城。

邓太后听说虞诩胸有韬略，是个帅才，就任命他为武都郡（郡府下辨县，在今甘肃省成县西三十里）太守。虞诩根据当时形势，率军采用"增灶"（孙膑曾经采用"减灶"的计谋，大破魏军）的办法，巧妙躲开了羌军的阻截，到达了下辨，又以少胜多，大破羌军。虞诩仔细研究地形地貌，修筑了一百八十多座堡垒，并招徕流亡的百姓，赈济贫民，开凿水道，保住了武都郡的平安。

度辽将军邓遵（？—121年，邓太后堂弟）率领南匈奴单于奢鞮檀，攻打西羌的灵州县（在今宁夏回族自治区灵武市一带），杀死西羌八百多人。任尚派军攻打零昌的老窝北地郡（在今宁夏回族自治区吴忠市西南金积镇），杀死了包括零昌皇后在内的七百多人，纵火焚城。任尚又动用重金，收买了西羌效功部落人号封，刺死了零昌，朝廷封号封为羌王；又收买了当阗部落人榆鬼等人，刺死了杜季贡，朝廷封榆鬼为破羌侯。

西羌进攻益州，中郎将尹就率军增援，但战斗不力，被召回京师问罪，朝廷命益州刺史张乔统领尹就的军队。张乔采用安抚劝降的办法分化羌人，被离间的羌军开始逐渐瓦解。

元初四年（公元117年）十二月，任尚和马贤联军攻打先零首席军师狼莫，双方在富平（在今宁夏灵武市）上河（黄河流经富平段）展开大战，汉军大胜，杀死羌人五千多人，狼莫仓皇而逃。慑于汉军的声威，西河郡（治府平定县，今内蒙古自治区准格尔旗西南瓦尔吐沟古城）羌族的虔人部落一万多人向邓遵投降，陇右（陇山以西地区，古代以西为右，故名）平定。

次年（公元118年），邓遵收买了羌族全无部落人雕何，刺死了狼莫，朝廷封雕何为羌侯。

自此，这场已经持续了三十多年的西羌叛乱正式平定，关中和益州也回归太平。为了平叛，朝廷花费二百四十余亿钱，府库空竭，人民死伤无数，深远地影响了东汉的政局。

邓太后封邓遵为武阳侯，食邑三千户。任尚不自量力，和邓遵争夺功劳，反被控虚报杀敌数目，贪污受贿千万以上。邓太后大怒，命人逮捕任尚，押送洛阳后，在闹市斩首，财产充公。

邓太后去世

连年天灾和战争，百姓生活困苦，邓太后也忧心忡忡，因此事事简约。一次大旱之后，她莅临洛阳府衙审理冤狱，查清实情，把屈打成招者无罪释放，并把洛阳县令逮捕入狱。神奇的是，邓太后在回宫路上的时候，突然天降甘霖。

邓太后喜欢儒学，进入皇宫之后就开始跟随班昭学习经书，兼习天文、算数等。临朝听政后，她这一习惯仍然没有改变，白天处理朝政，晚上诵读经书，她命儒生教授宫人、左右近侍学习经书。邓太后还命当时的知名儒生及五经博士校对经典书籍，修正其中的谬误。她的这些行为，颇得儒学之士的称赞。平望侯刘毅年少时就以文才知名，他认为邓太后多有德政，于是上书安帝刘祜，应该为邓太后早作起居注（我国古代帝王的言行录）。刘祜自然不敢反对，批示同意。

但邓太后临朝听政，大权掌握于外戚之手，还是引起了一些正直人士的抵触，郎中杜根（生卒年不详）就是其中一个。杜根，字伯坚，颍川郡定陵县（治所在今河南省舞阳县东北）人，生性方正诚实，急躁率直。杜根认为安帝刘祜已经年长，邓太后应该归还朝政，让安帝亲政，于是就联合另一名郎中上书直谏。

邓太后怒不可遏，派人把杜根等人押到大殿上，把他们装入用绢制成的袋子中，然后命令把他们当庭扑杀（摔死）。执法者认为杜根有正直的名声，就私下交代行刑者不要太过用力，行刑者手下留情，杜根才没有命丧当场，但也被摔得晕死过去。邓太后认为杜根等人已死，才稍消怒气，命人把他们扔到荒郊野外。另一名被扑杀的郎中已死，杜根却慢慢苏醒了过来。邓太后派人前来查看，杜根装死了三天，眼睛里都长出了蛆，杜根强忍着不敢声张，来人一看这种情况，认为杜根必死无疑了，于是就不再来了。杜根这才敢捡了些能入口的东西充饥，恢复了点体力后，他艰难地爬了起来，然后逃到了宜城山中。杜根康复之后，在一个酒馆做起了酒保，赖以维持生计。平原郡吏成翊世也上书劝谏邓太后还政于安帝，被判刑。

夷安侯越骑校尉邓康（？—134年），是邓太后的堂弟（邓康的父亲邓珍是邓太后父亲邓训的亲哥哥），少有品行，他认为邓太后久临朝政，邓氏宗室遍布重要岗位并不是好事，鉴于历史教训，他多次上书邓太后，要求尊崇刘氏皇族，减少邓氏的权柄，言辞恳切，但邓太后概不理睬。于是邓康称病不朝。邓太后派宫女以探望为名，查看邓康是真病还是装病。宫女出入，大都能对朝臣诽谤或赞誉，其中年长的宫女皆称中大人，偏偏这个宫女之前在邓康府中做过婢女，她来到邓康府中后，自称中大人。邓康听后，辱骂她说："你是从我家里走出去的，也敢如此造次吗！"宫女受到羞辱，心怀怨恨，回宫后向邓太后说邓康装病而且对太后出言不逊。邓太后大怒，把邓康免职，遣送回封国（夷安侯国首府在今山东省高密市），并开除了邓康的族籍。

永宁二年（公元121年）二月，邓太后病重。她意识到自己将不久于人世，勉励公卿百官要勤勉尽力，恪尽职守，辅佐朝廷。三月十三日，邓太后去世，年四十一岁，与和帝合葬于慎陵。邓太后临朝听政十六年，是中国历史上出色的女政治家之一，被后世史家誉为"皇后之冠"。邓太后很不幸运，她听政期间，发生地震十六次，水灾十次，冰雹四次，旱灾七次，蝗灾五次，严重影响了社会生产生活，加上羌人叛乱，造成民生凋敝，国库空虚。

二十八岁的刘祜接掌了朝廷大权，随即征召成翊世，任命为尚书郎。刘祜认为杜根已死，于是下诏布告天下，录用其子孙为官。杜根听说后，回到了乡里，到公车报到，被任命为侍御史。

有人问杜根："过去你遇到祸事，天下人都同情你的遭遇，而且你的故交好友也不少，何至自己为难自己，逃入深山之中？"

杜根回答说："流落于民间，并非绝迹之处，万一被认识者发现，会祸及亲友故交，所以我不这么做。"

到了顺帝刘保（刘祜之子）时，杜根升迁至济阴太守，后辞官归家，七十八岁去世。

第五章
宦官十九侯

邓氏覆灭

四十年前（公元82年），窦皇后为了让自己的养子刘肇坐上皇太子的位置，陷害皇太子刘庆的母亲大宋贵人，结果刘庆的皇太子之位被废，大宋贵人服毒自尽，刘肇被封为皇太子。长乐太仆蔡伦当年受窦皇后的指派，负责审讯大宋贵人，为了讨好窦皇后，他诬陷大宋贵人。现在邓太后去世，安帝刘祜（刘庆之子）亲政后，为祖母大宋贵人报仇，命蔡伦前去廷尉领罪。蔡伦也是个有性格的人，他曾经多次直言冒犯龙颜，如今他耻于在狱中受辱，于是沐浴更衣，服毒自尽。蔡伦的封国被撤销。

刘祜年少时比较聪明，但随着年龄的增长，刘祜的德行却变得越来越差，这让邓太后感到不满，隐隐有废黜刘祜的想法。刘祜的奶妈王圣，了解邓太后的想法，对刘祜很是担心，她想办法保住刘祜的帝位。当时邓太后征召济北王刘寿（刘祜五叔）的儿子刘懿、河间王刘开（刘祜六叔）的儿子刘翼入京。刘翼是个帅哥，仪表堂堂，邓太后对他青睐有加，让他作为平原哀王刘得的后嗣，留在京师洛阳。邓太后这么长时间没有还政给刘祜的意思，又做了如此安排，王圣看在眼里，急在心头，她担心事情有变，于是就联络了中黄门李闰、江京等人不时在刘祜耳边说邓太后的短处，这些话自然有夸大、诋毁的成分，刘祜听后，非常怨恨和恐惧，但实力不允许，他也只能隐忍不发。

当年，和帝刘肇封邓绥为皇后后，太尉张禹和司徒徐防，准备联名司空陈宠建议追封邓绥已经去世的老爹邓训侯爵，陈宠认为以前没有这样追封的例子，所以拒绝联署。刘肇追封邓训为平寿侯后，张禹和徐防又约陈宠，一起派儿子携带礼物向当时任职虎贲中郎将的邓骘祝贺，陈宠再拒绝。邓骘得到消息后，给陈宠父子记上了一笔，他掌权后，陈宠的儿子陈忠只能在尚书的位置上原地踏步。

邓太后去世后，陈忠报复，多次上书列举邓氏的罪状，希望刘祜对邓氏采取严厉惩处措施。邓太后去世后，以前受过邓太后处罚的宫女，认为报复的时机到了，于是也向刘祜诬告邓太后的兄弟邓悝、邓弘和邓闾（三人已于几年前去世），曾向尚书邓访查询废黜皇帝的旧事，准备废黜刘祜，拥戴刘翼为帝。刘祜闻听，再想起以前王圣等人所言，顿时怒火万丈，命有关部门上奏邓悝等人大逆不道之罪。看到奏章后，刘祜立即批示，剥夺西平侯邓广宗（邓悝之子）、叶侯邓广德（邓弘之子）、西华侯邓忠（邓闾之子）、阳安侯邓珍（邓悝兄长邓京之子）、都乡侯邓甫德（邓弘另一子）的侯爵之位，贬为平民百姓。因为邓骘没有参与兄弟们的"密谋"，所以免罪，但被免除了"特进"的身份，遣送回封国上蔡国（首府在今河南省上蔡县）。刘祜对邓氏进行彻底的大清洗，邓氏宗族凡在朝廷为官者，统统免去职务，打回老家南阳郡。没收邓骘等人的钱财和田宅；把邓访和他的家眷流放到边远郡县。

地方郡府和县府的官员看到邓氏已经失势，又落井下石，对邓家施加种种压力，邓广宗和邓忠都无法忍受，自杀而亡。刘祜把邓骘迁徙到边远的罗县（今湖南省汨罗市），改封为罗侯。邓骘和儿子邓凤接受不了这种心理落差，暗暗抗争，绝食而死。邓骘的几个堂弟：河南尹邓豹、度辽将军舞阳侯邓遵、将作大匠邓畅，也都自杀而亡。邓广德兄弟因母亲和阎皇后（刘祜皇后）是亲生姐妹，所以得以留在京城。

因邓康曾经劝谏邓太后，刘祜特征召邓康入京，任命他为太仆。刘祜贬平原王刘翼为都乡侯，命他返回他父亲的封国河间国。刘翼是个聪明人，他回到河间国后，闭门谢客，修身养性，才得以保住性命。

大司农朱宠为邓氏一族喊冤，触怒了陈忠，陈忠弹劾朱宠。刘祜把朱宠免职，打回老家。但越来越多的人为邓骘等人鸣冤。这时候刘祜的怒火也渐渐平息了，他前思后想，认为对邓骘等人的惩罚有些过了，于是不痛不痒地批评了地方政府，命令把邓骘等人的尸体运回，安葬于邙山，并下令，邓骘的堂兄弟们愿意回京师洛阳的，可以返回。

刘祜追尊父亲刘庆为孝德皇（只称皇，而非"皇帝"），生母左小娥为孝德皇后，祖母大宋贵人为敬隐皇后。这时候，刘祜的嫡母（妾所生的子女称父亲的正妻为嫡母，刘祜为刘庆的妾左小娥所生）耿姬（牟平侯耿舒孙女）尚在，刘祜尊她为甘陵大贵人（刘庆安葬于甘陵，甘陵位于今河北省清河县南），任命耿大贵人的哥哥牟平侯耿宝为监羽林左军车骑。刘祜封祖母大宋贵人的四个弟兄宋衍、宋俊、宋盖和宋暹为侯。宋家在朝廷担任卿、校、侍中大夫、谒者、郎吏者有十多人。史书上并没有交代刘祜的生母左小娥家族的具体情况。

刘祜的皇后为阎姬（？—126年），河南荥阳（在今河南省荥阳市）人，她的爷爷阎章通晓古代典籍，永平（公元58年—75年，汉明帝刘庄年号）年间在朝廷担任尚书。阎章把两个妹妹送进了皇宫，都被封为贵人。阎章后官至步兵校尉，他有子名阎畅，阎畅有四子名阎显、阎景、阎耀和阎晏；有两女名阎迎、阎姬。阎姬天生丽质，美貌和才华兼备，元初元年（公元114年）被选入掖庭（妃嫔居住的地方），被二十一岁的皇帝刘祜封为贵人，第二年被立为皇后。阎皇后嫉妒心特别强，又心肠歹毒，刘祜临幸宫女李氏，产下了皇子刘保，当时阎皇后没有产子，母以子贵，她担心皇后之位不保，竟然鸩杀了李氏。

之前，阎畅被任命为长水校尉，封北宜春侯，食邑五千户。但不久阎畅去世，他的长子阎显（？—125年，阎皇后哥哥）继承了父亲的爵位。刘祜亲政后，阎显、阎景、阎耀被任命为卿校（九卿及诸校尉），统领禁兵。不久，刘祜又封阎显为长社侯，食邑多达一万三千五百户。阎显、阎景的孩子们不过七八岁的孩童，也被封为黄门侍郎。从此，汉朝进入了另一个拐点，皇后家族开始当权，以前都是皇太后家族当权。

汝南名士

建光二年（公元122年），刘祜任命王龚（生卒年不详）为汝南郡（郡府平舆县，在今河南省平舆县西北）太守。王龚为人清廉正直，施政温和，爱才好士，他任命汝南郡慎阳县（今河南正阳县东北）人袁阆（阆láng，生卒年不详）为功曹。

袁阆在当时是知名之士，他推荐本郡（汝南郡）人黄宪（公元109年—156年）、陈蕃（？—168年）等人到郡里任职。黄宪字叔度，慎阳县人，他世代家贫，父亲为牛医。颍川郡（郡府阳翟县，在今河南禹州市）人荀淑（公元83年—149年，学识渊博，曹操著名谋士荀彧的祖父）曾经在慎阳碰到了年仅十四岁的黄宪，经过长时间的交谈，荀淑对黄宪说道："你，是我的老师啊！"

荀淑前去拜会袁阆，等不及说客套话，荀淑直接问袁阆道："你们这里有个颜回（孔子弟子），你认识他吗？"

袁阆笑着回答说："你一定是见到我们的叔度了！"

陈蕃，字仲举，汝南郡平舆县人，他的祖父曾经担任河东郡太守。陈蕃十五岁时独居一间小屋，但屋内屋外凌乱不堪。陈蕃父亲的一位叫薛勤的朋友来看望陈蕃，看到院落的状况后，皱皱眉，对陈蕃说道："孺子何不洒扫以待宾客？"

陈蕃的回答却成了千古名言，他答道："大丈夫处世，当扫除天下，安事一室乎！"

薛勤对陈蕃所说感到惊异，认为他有平定天下的志向。

黄宪和陈蕃同被太守王龚招聘，黄宪婉言谢绝，陈蕃到郡府任职。

汝南郡召陵县（今河南省漯河市召陵区）人许慎（生卒年不详），字叔重，生性纯朴，自幼好学，博览经书。当时的大儒马融非常推重许慎，当时的人也称赞许慎说："《五经》无双许叔重。"

许慎刚开始担任郡功曹,后被郡里推举为孝廉,又调任洨县县长,后再回朝担任五经博士,校书东观。许慎精研古文字,花费至少二十一年编撰了世界上第一部字典《说文解字》,使汉字的形、音、义趋于规范。建光元年(公元121年),许慎最后定稿,遣子许冲将《说文解字》献于朝廷。《说文解字》是中国最早的系统分析汉字字形和考究字源的语文辞书,内容共十五卷,其中前十四卷为文字解说,字头以小篆书写。此书编著时首次对"六书"做出了具体的解释,逐字解释字体来源;第十五卷为叙目,记录汉字的产生、发展、功用、结构等方面的问题,以及作者创作的目的。《说文解字》是最早的按部首编排的汉语字典。全书共分540个部首,收字9,353个,另有"重文"(即异体字)1,163个,共10,516字。许慎对汉语文字学做出了杰出贡献,被后世尊称为"字圣"。

此外,汝南郡人戴良、周举、周燮等人,也都是当时的名士,汝南袁氏等也是当时著名的世家大族。

班勇征西域

永元十四年（公元102年），西域都护班超年老还京，汉和帝命任尚接任西域都护，屯驻疏勒城。和帝去世后，西域各国背叛东汉，围攻任尚。任尚写信派人紧急向朝廷求救，朝廷派梁慬率河西四郡五千羌胡骑兵驰援任尚。

梁慬还在半路的时候，任尚已经解围。朝廷命任尚回京复命，任命骑都尉段禧为西域都护，西域长史赵博为骑都尉。段禧和赵博驻扎在龟兹国的它乾城（班超曾驻屯此处，在今新疆新和县西南）。梁慬认为它乾城城池不大，也不坚固，不容易防守，他准备占据龟兹城（在今新疆库车县），于是用欺骗手段，取得龟兹王白霸的信任，进入了龟兹城，要和白霸共同守卫龟兹。龟兹国的官员和百姓都看出来这是使诈，劝白霸不要这么做。但白霸不听，他们愤而背叛白霸，联络了温宿（都城温宿城，在今新疆乌什县）、姑墨（都城南城，在今新疆阿克苏市一带）两国，纠集了数万人马，围攻龟兹。这时候段禧和赵博也进入了龟兹城，他们和梁慬一起，率领八九千人，鏖战联军，历经数月，联军不敌退走。梁慬等人乘胜追击，斩杀一万多人，俘虏了数千人，龟兹遂告安定。

虽然龟兹保住了，但西域其他国家还在背离中，他们封锁了龟兹通往长安的道路，段禧等人的奏章都无法送达京师洛阳。朝廷文武官员认为，西域距离遥远，数度背叛，平叛耗费巨大人力物力，屯田费用支出也过高，财政负担沉重。永初元年（公元107年）六月，临朝听政的邓太后（此时皇帝为刘祜）撤销了西域都护，派军迎接段禧、梁慬、赵博等人连同在伊吾、柳中屯田的将士，一同回国。公元73年班超收复西域以后，到如今西域又失，仅三十五年。

汉军撤离西域，北匈奴（此时北匈奴王庭位于新疆阿尔泰山南麓）得到消息后，大举南下，西域向来恐惧匈奴，纷纷臣服，北匈奴又成为西域各国的主人。

北匈奴率领西域各国，时常袭扰东汉边关。

转眼十二年过去了，边关不堪其扰，元初六年（公元119年），敦煌郡（郡府敦煌县，在今甘肃省敦煌市）太守曹宗请示朝廷后，派行长史索班率军一千多人，屯驻伊吾，招安西域各国。车师前国和鄯善国再度归降了东汉。

当初，疏勒国王安国无子，他去世后，疏勒贵族拥立了安国舅舅之子遗腹为新任国王。当时遗腹的叔叔臣磐正在月氏国，月氏王很欣赏他，立臣磐为疏勒国王。疏勒国跟当时的龟兹国、于阗国为西域三大国。

元初七年（公元120年），北匈奴率领车师后王（公元前48年，汉分车师为前后两部）军就，攻打伊吾，杀死了索班等人，赶跑了车师前王，掌控了"北道"。鄯善国危在旦夕，曹宗请求朝廷派军五千攻打北匈奴，为索班报仇，并重新收复西域。朝廷大员多认为应该关闭玉门关，隔绝和西域的联系，随便他们怎么闹。邓太后拿不定主意，她听说军司马班勇有乃父班超之风，就召班勇（生卒年不详）上殿，征求他的意见。

班勇，字宜僚，是班超的第三个儿子，也是最小的儿子，他是班超驻守西域期间与当地女子（一说是疏勒王室女，一说是于阗汉女）所生，后随班超返京。班勇建议邓太后道："之前之所以时常发生叛乱，是因为治理失当，反为其害。今曹宗为之前的败仗感到羞耻，准备报仇雪恨，而不去琢磨之前出兵的旧事，未能考究出当时出兵的时机。要在西域建功立业，一万中难成其一，若兵连祸结，则悔之不及。况且如今国库并不充盈，出师而后勤补给不足，则会示弱于远夷，暴露短处于海内，臣愚以为不能答应曹宗出兵的请求。以前敦煌郡有士兵三百人，现今应该恢复，并重新设置护西域副校尉，屯驻于敦煌，如永元年间那样。还应该派西域长史率五百人进驻楼兰（在今新疆罗布泊西北），西向阻挡焉耆、龟兹交通，南向为鄯善、于阗壮胆，北向抵御匈奴，东向接近敦煌。如此则为适宜之策。"

反对班勇意见者不少，长乐卫尉镡显、廷尉綦毋（qíwú，复姓）参、司隶校尉崔据、太尉属毛珍都予以诘难，班勇一一反驳。

邓太后最后经过权衡，采纳了班勇的部分建议，在敦煌郡驻扎了三百士兵，设置了西域副校尉，驻扎敦煌。虽然东汉重新笼络牵制西域，但并没有派兵进驻楼兰。后北匈奴果然和车师国联合攻略边关，河西走廊大受其害。

延光二年（公元123年）夏季，北匈奴又和车师前国侵入河西走廊。此时邓太后已经去世两年，汉安帝刘祜否决有关官员提出的关闭玉门关、阳关的建议，听从尚书仆射陈忠的建议，任命班勇为西域长史，率军五百人进驻柳中（交通要道，地肥美，宜屯田）。

次年（公元124年）正月，班勇抵达了楼兰，鄯善国王前来归附，朝廷特加授班勇三条绶带。然而龟兹国王白英仍然犹豫不定，班勇宣示朝廷恩德信义，打动了白英，他率领姑墨和温宿国王，自我捆绑，向班勇投降。

班勇征发龟兹等国军队共一万多人，逼近车师前国王庭（交河城，在今新疆吐鲁番市西北），在伊和谷打败了北匈奴伊蠡王，伊蠡王逃走。班勇俘虏了车师前国部队五千多人，车师前国元气大伤，重开了交通线。班勇班师回到柳中，继续屯田练兵。

杨震之死

　　安帝刘祜感念宦官江京曾经到清河邸迎他入宫，并在铲除邓氏的过程中有功，于是封江京为都乡侯，宦官李闰为雍乡侯，并提拔他们担任中常侍。江京同时担任大长秋，他和中常侍樊丰、黄门令刘安、钩盾令陈达，及王圣、伯荣（王圣之女），沆瀣一气，内外勾结，肆意妄为，残暴不仁。伯荣随意进出宫廷，收人贿赂，为人奔走。

　　前文我们说过，杨震被任命为东莱太守，后入朝担任太仆、太常，再升迁为司徒。杨震对江京等人的所作所为憎恶不已，他上书刘祜说："乳母王圣，出身微贱，得到千载难逢的机遇，奉养圣体，虽然有抚育儿女的辛劳，但前后赏赐，也足够报答她的劳苦。她贪得无厌，不知收敛，受人所托，扰乱天下，损污我朝声誉，使天子蒙尘。女子、小人，近之喜，远之怨，实为难养。陛下应该立即把王圣遣送出宫，让她在宫外居住；断绝和伯荣的联系，不再和她往来。这样的话，恩德两隆，上下俱美。"

　　刘祜显然听不进去杨震的话，还把他的奏章出示给王圣等人看，王圣等人对杨震恨得咬牙切齿，伺机报复。

　　伯荣骄纵放荡，和已故的朝阳侯刘护的堂兄刘瑰通奸，刘瑰为了发达，遂娶她为妻，得以升官至侍中，袭朝阳侯爵。杨震又上书说："按照制度，父死子继，兄亡弟及，以防止篡位。今见诏书命刘瑰承袭堂弟刘护的爵位，而刘护的亲弟弟刘威尚在人世。臣闻天子专封封有功，诸侯专爵爵有德。今刘瑰并无功劳德行，仅因为娶了乳母的女儿，一时之间，升任侍中，又得以封侯，不合旧制，不合经义，行人喧哗，百姓不安。陛下应该借鉴旧例，顺应帝王的准则。"

　　刘祜仍然置之不理。尚书翟酺也上书劝谏，刘祜同样不予理会。

太尉刘恺因病离职休养，刘祜任命杨震为太尉、光禄勋刘熹为司徒。大鸿胪耿宝是刘祜的舅舅，但他品行不端，不考虑如何维护皇权，而是和王圣、李闰、樊丰等人结党营私，他为了推荐李闰的哥哥，亲自到杨震府上拜访。耿宝说："李常侍为国家所倚重，我想让明公征召他的兄长为官。"耿宝担心杨震不答应，又补充了一句："其实我这也不过是传达一下圣上的意思。"

杨震不同意，说道："如果圣上要让三公府征召，也应该是由尚书传达旨意。"

耿宝被拒绝，颜面扫地，大恨而去。

执金吾阎显是阎皇后的哥哥，他向杨震推荐亲信出任官职，也同样被拒绝。但司空刘授深谙人情世故，他得到消息后，立即征召李闰的哥哥和阎显的亲信，十天之内就提拔了他们。太尉不能用，而司空能用，这样一来，杨震更被耿宝和阎显等人记恨。

刘祜派使者为乳母王圣修建豪华府邸。樊丰和侍中周广、谢恽等人更是互相勾结，动摇朝廷。杨震深感忧虑，上书规劝刘祜，刘祜依然不听。而樊丰等人看到杨震的奏章都得不到刘祜的重视，于是更加无所顾忌，甚至还伪造诏书，征发司农钱谷，大匠工人建材，各家修建房屋庭院，园林池塘，征调的工人和花费无数。

杨震再上书直谏。杨震前后多次上书劝谏，从最初的语句平和到后来的言辞激烈，刘祜也逐渐对杨震不满。而樊丰等人虽然对杨震心存怨恨，但因其是高官名儒，也未敢予以加害。

这时，河间人赵腾上书，借天灾评论朝政得失。刘祜大怒，命人把赵腾收押，以欺君罔上，大逆不道定罪。杨震认为赵腾罪不至此，他上书说："臣听闻尧舜之世，谏鼓谤木，立于朝上（相传尧曾在庭中设鼓，让百姓击鼓进谏；舜在交通要道立木牌，让百姓在上面写谏言），商周圣王，听到小人怨言甚至辱骂，则会修身律己。今赵腾所犯是情绪激烈，措辞失当，诽谤之罪，与持刀杀人有所差别。请求免去赵腾的死罪，保全他的性命，以开凡夫庶民之言。"

刘祜听不进去。赵腾被押赴街市斩首。

过了段时间，刘祜前往东方巡视，樊丰等人更是肆无忌惮，动用大量人力物力，竞相扩修府邸。杨震命属下高舒调查此事。高舒召来大匠令史进行查问，大匠令史顶不住压力，如实交代了樊丰等人伪造诏书的事。杨震听高舒汇报后，非常震惊，拟好了奏章，准备等刘祜回京后立即上奏。

樊丰等人听到消息后，十分惶恐，恰这时太史（掌天文历法）告诫他们说星象异常变化，出现逆行，为不祥之兆。樊丰等人遂恶人先告状，派人骑快马向刘祜诬陷杨震道："自从赵腾被处死后，杨震心存不满。而且，杨震是邓氏门生故吏（邓骘引荐的杨震），对邓氏的处理，他怀有怨恨之心。"

刘祜十分恼怒，回到洛阳的当晚，就派使者收缴了杨震的太尉印绶。杨震闭门谢客。樊丰等人请耿宝弹劾杨震不服罪。刘祜下诏遣送杨震返回家乡弘农郡。

杨震收拾行囊上路，走到洛阳城西几阳亭（夕阳亭）的时候，想到自己一腔热血却被奸臣所害，他慷慨悲凉地对儿子和门人说道："死，是士者的本分！我承蒙皇恩，身居高位，痛恨奸臣狡猾而不能诛杀，厌恶妇女作乱而不能制止，有何面目再见日月！身死之日，以杂木为棺，布单能够盖住身子就行了。不回归祖坟，不要设祭祠。"杨震饮鸩而死，享年七十有余，共有五个儿子。杨震八世孙杨铉为隋文帝杨坚的六世祖。

弘农太守移良按照樊丰等人的指示，派官员在陕县拦下杨震的丧车，不准再继续西行，把杨震的棺材抬下车，放置到路旁。移良更把杨震的儿子贬去驿站当差，替信使送邮件。道路行人，都非常同情杨震及其诸子遭遇，伤感落泪。

高舒也同时获罪，但被免除死罪。

安帝驾崩

皇太子刘保受了惊吓,日夜啼哭,不能安睡,就到王圣家里躲避病灾。刘保的乳母王男、厨监邴吉认为王圣家里的房子新修缮过,犯了土禁,不能久住。王圣的二女儿王永、江京、樊丰本就和王男、邴吉关系不睦,于是王圣、江京、樊丰等人诬陷乳母犯了大逆不道之罪。刘祜震怒,命令把王男和邴吉处死,把他们的家属流放。

这时候刘保才十岁,他被乳母王男养大,对王男很依赖,王男被杀后,他思念王男,时常暗自落泪,哀伤不已。江京、樊丰担心刘保日后会对他们不利,于是就游说皇后阎姬,废掉刘保的皇太子之位。阎姬也担心刘保继位以后会追究自己毒死李氏(刘保生母)的罪责,于是和江京、樊丰等人沆瀣一气,虚构材料,恶毒诬陷刘保和太子宫的官员。

刘祜偏信阎姬一伙,召集文武百官,商议废黜皇太子刘保。此时已经升任大将军的耿宝迎合阎皇后一伙,表示应当废黜刘保的皇太子之位。但太仆来历、太常桓焉和廷尉张皓表示反对,他们说:"经书上说,年未满十五,罪恶不在他自身;而且王男、邴吉的阴谋,皇太子或许并不知道。应该选择贤良辅佐皇太子,教导礼仪。废黜事大,请陛下垂恩三思。"

刘祜置之不理。散朝回到家后,张皓又上书说:"当年贼臣江充伪造材料构陷皇太子刘据,孝武皇帝(刘彻)过了很长时间才发觉醒悟,虽然也曾弥补过失,但已经悔之晚矣。今皇太子年方十岁,还未受到足够教导,怎么能着急责备呢?"

刘祜完全听信阎姬等人的蛊惑,心意已决,将张皓的奏章束之高阁。延光三年(公元124年)九月,刘祜废皇太子刘保为济阴王,移居北宫德阳殿西钟楼下面。来历仍在做最后的努力,他联合光禄勋祋(duì)讽、宗正刘玮、将作大匠薛皓、侍中闾丘弘、陈光、赵代、施延和太中大夫朱伥等十多个人，来到皇宫鸿都门，集体证明皇太子并无过错。

刘祜和王圣他们担心这种局面蔓延，于是派中常侍向群臣宣布诏书道："父子一体，天性自然。现在以大义隔断恩情，是为了天下。来历等人，不识大局，而与群小聚合喧哗，外表看似忠直而内心希望得到后福，掩饰邪恶，违背大义，岂是侍奉君王之礼？朝廷广开言论之路，所以一切都不再追究；如若不迷途知返，当用刑律制裁。"

看到皇帝要动真格的了，劝谏者绝大多数都惊慌失色，薛皓首先叩头道："应该按照诏书所说去做。"

来历愤怒，当场诘责薛皓道："我们劝谏的时候是如何说的，为什么现在要违背它？大臣乘坐朝廷车子，处理国事，难道就如此多变？"

但其他人慑于皇权，一个个都起身离开，只剩来历一个人孤零零地站在鸿都门下，连续多日不肯离去。

刘祜大怒，尚书令陈忠和诸位尚书联合弹劾来历。刘祜下诏免去了来历兄弟的职务，没收了征羌国（来历封征羌侯）的租税，不再和来历母亲武安公主（刘祜姑祖母）见面。来历于是闭门谢客。

过了几个月，刘祜车驾南巡，抵达宛县（治所在今河南省南阳市）后，身体发病，于是车驾北返。延光四年（公元125年）三月十日，车驾走到叶县（在今河南省叶县西南旧县乡）的时候，刘祜病重不治，溘然驾崩于车上，享年三十二岁。安帝刘祜十三岁登基，邓太后掌握朝政，安帝做了十五年的傀儡皇帝；铲除邓氏不过三年多的工夫，却又一命归天。安帝德行声望不高，破坏制度，废黜皇太子，亲近小人，残害忠良（杨震），君道不彰，朝廷衰微。

阎皇后和阎显兄弟、江京、樊丰等人密谋说："今皇帝晏驾于路上，济阴王在京师，如果公卿大臣拥立他继位，会给我们带来大祸。"于是他们宣称"皇帝病重"，不让其他人拜见，他们装模作样，如常汇报工作，供应饮食。车驾急行四日后，抵达了京师洛阳皇宫。

当天晚上，阎皇后等人向天下宣布了安帝驾崩的消息，并尊阎皇后为皇太后，临朝听政，任命阎显为车骑将军、仪同三司。阎太后想长久掌控朝廷，所以想立一个年幼的皇帝作为傀儡，便于控制。安帝的两个弟弟均已去世且没有儿子，和帝也无子嗣在世，他们就把目光瞄向了章帝的后辈，发现章帝五子、济北惠王刘寿的儿子刘懿为合适人选，于是拥立刘懿继位为帝。

刘保虽然是安帝的亲生儿子，但因为被废黜，不被允许到安帝的棺木前哭吊，他悲痛不已，号啕大哭，拒绝吃东西，宫廷内外的官员都感到同情和悲伤。

顺帝登基

耿宝作为安帝刘祜的舅舅，在安帝在世时，位高权重，和安帝乳母王圣、樊丰等人结成一党，谋取利益，现在更身为大将军，大权在握，威胁到阎太后及其一党。安帝在世时，阎显倍受耿宝的压制，如今安帝已经驾崩，耿宝失去了靠山，阎显认为此时是除掉耿宝等人的好机会，也可趁机独揽大权。于是阎显命人控告道："耿宝及其同党中常侍樊丰、虎贲中郎将谢恽、侍中周广及王圣、王永等人沆瀣一气，作威作福，大逆不道。"

奏章很快就得到阎太后的批复，有关部门把樊丰、谢恽、周广逮捕后处决，家属流放；耿宝及侄子耿承（隆虑侯）贬为亭侯（侯爵最低等次），遣送回封国。耿宝经受不住打击，在路途中自杀而亡。王圣、王永被流放到雁门。

阎太后任命阎景为卫尉，阎耀为城门校尉，阎宴为执金吾，阎氏兄弟手握军权，控制了洛阳城。

几个月后，小皇帝刘懿大概因水土不服，得了重病，中常侍孙程（？—132年）心向刘保，他私下对济阴王（刘保）谒者长兴渠说："如果北乡侯（刘懿）有个三长两短，我们联合起来诛杀江京、阎显，事情可成。"长兴渠表示赞同，两个人积极准备。中黄门王康，曾经为太子府的官吏，及长乐太官丞王国都服从孙程。

阎氏一党也在准备自己的方案，江京对阎显说："北乡侯疾病缠身，不见好转，应该确定继承人选，为何不早日征召诸位王子，作为候选人！"阎显同意江京的看法，他们私下在积极物色人选。几日后，刘懿病逝。阎显禀告阎太后之后，秘不发丧，召诸王子入宫，关闭宫门，派兵把守。

孙程得到消息，和王康、王国及中黄门黄龙、彭恺、孟叔、李建、王成、张贤、史泛、马国、王道、李元、杨佗、陈予、赵封、李刚、魏猛、苗光等共一十九名宦官，秘密来到西钟楼下刘保住处，和刘保的乳母宋娥一起商讨铲除阎显等人的计划，他们每人撕下一片衣服盟誓，同荣辱共进退，拥立刘保登基。

延光四年（公元125年）十一月四日，洛阳城和十六个郡及封国发生地震，孙程等人认为是天赐良机，于是就在当夜，他们在南宫崇德殿会合，然后怀揣利刃，发动突然袭击，攻进了章台门。当时江京、刘安、李闰、陈达等人就坐在禁宫门下，孙程和王康手起刀落，斩杀了江京、刘安和陈达。因李闰久居宫内，有一定的威望，孙程想让李闰作为这次起事的领导者，于是就用刀刃逼着李闰说："今应当拥立济阴王，不得有任何动摇。"李闰急忙答应道："是，是。"于是大家架起李闰，来到西钟楼下迎接济阴王刘保，即皇帝位，史称刘保为汉顺帝。

孙程等人召来尚书令、仆射以下官员跟随皇帝刘保的辇车进入了南宫，孙程等人留守宫门，切断内外联系。刘保登上云台，召来公卿、百官，派虎贲、羽林将士屯扎南北宫的宫门。

当时阎显正在北宫，得到刘保已经即位的消息后，心似火燎，焦急万分，但不知所措。小黄门樊登劝阎显以太后诏书召越骑校尉冯诗、虎贲中郎将阎崇率军屯扎平朔门（北宫北门）以抵御孙程等人。越骑校尉和虎贲中郎将归北军中候统领，并不直接听命于阎显，所以阎显依樊登之计，把冯诗骗进了宫，并对他说道："济阴王登基，并非皇太后的旨意，天子玺绶在此，如你尽力效劳，封侯指日可待。"

阎太后命人把印信交给冯诗，激励他道："擒住济阴王者，封万户侯；擒住李闰者，封五千户侯。"

冯诗拥护代表刘氏正统的刘保，他假意答应道："仓促间进宫，率领的士兵太少。"

阎显不知是计，让冯诗征调部队，并让他到左掖门外迎接，派樊登监视。冯诗来到左掖门外后，立即斩杀樊登，飞驰回营，命令关闭营门。

阎景急匆匆从北宫赶回卫尉府，集合士兵后，抵达了盛德门。孙程诏传诸尚书率军捉拿阎景，当时尚书郭镇生病卧床，得到诏书后，当即起床，率领值班的羽林军出南止车门，恰好碰到了阎景等人。阎景拔刀指着郭镇说："让开！"

郭镇随即下车，拿出了诏书宣读，阎景大叫道："狗屁诏书！"

阎景挥刀砍向郭镇，郭镇闪身避开，举剑刺向了阎景，阎景中剑，从车上掉了下来，郭镇手下上前用大戟叉住他的胸部。郭镇命人把阎景捆绑起来押赴廷尉的监狱，当夜即处决。

刘保派军攻入了北宫，夺得了天子玺绶。刘保于是驾临南宫嘉德殿，派遣侍御史手捧皇帝符节，前往捉拿阎显及阎耀、阎宴。阎氏一族本就不得人心，手下人看到皇帝符节后，顿时纷纷扔下兵器投降，侍御史抓住阎显、阎耀和阎宴后，下狱处死，他们的家属被流放到遥远的日南郡比景县。刘保命把阎太后迁到离宫。顺便交代一下，三个月后，阎太后去世，刘保仍然让她与安帝合葬于恭陵（在今河南省孟津县送庄镇三十里铺村西南）。

刘保命令重开洛阳城门，各部队归位，并下诏给司隶校尉说："阎显、江京近亲，全体诛杀，其余人等宽大对待。"

在这场流血政变中，十九位宦官立下首功，刘保封孙程为浮阳侯，食邑一万户；王康为华容侯，食邑九千户；王国为郦侯，食邑九千户；黄龙为湘南侯，食邑五千户；彭恺为西平昌侯，孟叔为中庐侯，李建为复阳侯，他们食邑各为四千二百户；王成为广宗侯，张贤为祝阿侯，史泛为临沮侯，马国为广平侯，王道为范县侯，李元为褒信侯，杨佗为山都侯，陈予为下雋侯，赵封为析县侯，李刚为枝江侯，他们食邑各为四千户；魏猛为夷陵侯，食邑二千户；苗光为东阿侯，食邑一千户。世称他们为"十九侯"。刘保再赏赐他们车马、金银、钱帛不等。封郭镇为定颖侯。刘保再任命孙程为骑都尉。对李闰不赏不罚。

太傅冯石、太尉刘熹、司空刘授、司徒李郃因为攀附阎氏，全被免职。刘保任命桓焉（东晋枭雄桓温先祖）为太傅；朱宠为太尉，参录尚书事；朱伥为司徒；陶敦（东晋田园诗人陶渊明先祖）为司空。

刘保又把之前被废黜太子时受牵连被发配的籍建、高梵、赵熹、良贺、夏珍从朔方郡召到了京师，全部任命为中常侍。

杨震的门生虞放和陈翼到皇宫为杨震申冤，刘保下诏，任命杨震的两个儿子为郎，赏钱百万；命有关部门以杨震生前应该享受的礼仪把杨震改葬于华阴潼亭（今山西省潼关县东北）。杨震遗体下葬之日，远近亲友全来吊唁，突然有一只高达一丈多的大鸟落到了灵堂前。郡府把这个情况呈报给了朝廷，刘保感叹杨震的忠直，命并用中牢（一羊一猪）祭祀杨震。

延光四年（公元125年）秋季，班勇征调敦煌、张掖和酒泉三个郡的六千骑兵，及鄯善、疏勒、车师前国等各国的军队，攻打车师后国国王军就。军就大败，被生擒，他的部属被杀的被俘的有八千多人。班勇命令把军就和北匈奴的使节押赴索班牺牲之处，斩首祭祀，并把他们的人头送往了京师洛阳。

　　班勇扶立车师后国前王子加特奴为新任国王。班勇又率军杀死了东且弥国的国王，扶立东且弥国的一位贵族继任国王。至此，车师前国、车师后国、东且弥国、卑陆国、蒲类国、移支国等六个反抗东汉的国家，全部归降了东汉。

　　班勇征调西域多国部队，组建了联军，攻打北匈奴。北匈奴不敌，呼衍王逃跑，二万多北匈奴军队向班勇投降，活捉了北匈奴单于的堂兄。为了制造车师国和北匈奴的仇恨，防止他们串通起来抵抗东汉，班勇让加特奴亲自斩杀了北匈奴单于的堂兄。

　　除了焉耆国国王元孟，西域诸国都已经归附了东汉。汉顺帝刘保命敦煌太守张朗率河西四郡士兵三千人协同班勇，进攻焉耆国。班勇率西域诸国军队共四万多人，分兵两路进攻焉耆国，班勇率军走北道，张朗率军走南道，他们约好了日期，在员渠城下会师。

　　张朗是戴罪之身（史书没有交代是何罪），急于立功赎罪，他在约定日期之前，抵达了关隘，派军攻打焉耆国，斩杀和俘虏了两千多人，元孟恐惧，派人请降。张朗率军进入了员渠城，接受元孟的投降，然后班师。

　　刘保免去张朗之罪，因班勇比张朗晚到，刘保把班勇下狱，之后免于处罚，免职回家。后班勇在府中去世。

十九 侯就国

虞诩被刘保任命为司隶校尉,这是个很重要的官职,掌管纠察京师洛阳及附近郡县的官员。前文我们讲到过虞诩,他刚正不阿,有勇有谋,接任司隶校尉仅仅几个月的时间,就弹劾太傅冯石和太尉刘熹,二人被免去了职务;又弹劾中常侍程璜、陈秉、孟生、李闰等人,百官为之侧目,都认为虞诩太过苛刻。司徒朱伥、司空陶敦和太尉朱宠联合上奏,弹劾虞诩逮捕无辜。三公联合弹劾的事情比较罕见,一般情况下,被弹劾者非被免职不可,但刘保并没有追究虞诩。

中常侍张防深受刘保信任,但他卖弄权势,收受贿赂。虞诩多次弹劾张防,均没收到回音,他非常气愤,于是自己到廷尉监狱报告,并激烈弹劾张防。张防也极力在刘保面前争辩,结果虞诩被判诬告之罪,罚做苦工。张防派人对虞诩严刑拷打,虞诩皮开肉绽,但拒绝屈服。

宦官也分派,张防和孙程等人并不是一派的,而且孙程等人对张防平日的行为也颇为厌恶,所以孙程和张贤、孟叔、马国分别求见刘保,为虞诩求情。孙程晋见刘保的时候,张防就站在刘保的身后,但孙程依然直言劝刘保说:"陛下和臣等谋立之时,议论起奸臣,常常痛恨万分,深知他们会倾覆国家。如今陛下继位却亲信奸佞,何以非议先帝呢!司隶校尉虞诩为陛下尽忠,反而被拘捕;常侍张防身怀罪孽,又陷害忠良,今客星守羽林,星象师说宫中有奸臣。应该马上逮捕张防,以阻止天变。"

这时候张防已经紧张得出了一头汗,孙程冲他大声呵斥道:"奸臣张防,还不下殿!"

张防被震慑到,他不得已下殿,步伐急促凌乱地走向了东厢房。孙程再劝道:"陛下应该马上把张防收监,不要给他时间向乳母(刘保的乳母宋娥)求情。"

刘保这时也才十二岁，他拿不定主意，就征求尚书的意见，尚书贾朗向来和张防关系亲近，他力证虞诩有罪，刘保起了疑心，他对孙程说："你先出去，让我思考一下！"

事情紧急，虞诩的儿子虞颛（yǐ）想出一计，他和门生一百多人，穿孝衣，拿孝棒，在路上拦住了中常侍高梵的车子（古代权贵出门，要净街，送葬的可以不用回避），虞颛向高梵叩头，头都叩出了血，替父亲诉冤，请求高梵为父亲求情。高梵动容，进宫向刘保言明实情。

刘保发怒，命把张防流放边疆，贾朗等张防的同党或被处死，或被免职。当日就把虞诩无罪释放。孙程再上书陈述虞诩有大功，语言诚恳热烈。刘保感悟，再任命虞诩为议郎，数日后提拔为尚书仆射。虞诩向刘保推荐学识渊博、品行笃厚的议郎左雄。刘保任命左雄为尚书。

孙程等人带奏章上殿，竞相展示自己的功劳。刘保发怒，认为孙程等人目前对自己是个威胁，有关部门弹劾孙程等人道："孙程等祸乱朝廷，行为悖逆，王国等人是孙程的同党，久留京都的话，更会令他们骄纵无度。"

于是刘保下诏免去了孙程等人的职务，全部改封地为边远的县，命令十九侯动身前往封国就任，并敕令洛阳县令督促他们限期动身。

司徒掾周举劝说司徒朱伥道："天子在西钟楼下时，如果不是孙程等人，岂能登基！如今忘掉他们的大德，而追究他们的小过，如果他们在赴国途中有个三长两短，天下人会讥笑皇帝杀害功臣。今他们还没有走，应该上表劝阻。"

朱伥认为周举说的有道理，但他担忧地说道："今天子正在生气，我如果此时上表，必招来罪责。"

周举说："明公已经年过八十，位为台辅，不在今时精忠报国，却爱惜己身，欲以何求！禄位虽然保全，但也会陷于奸佞的非议；如果因为劝谏而获罪，尚可获得忠贞的名声。若举之言明公不足以采纳，我愿意请辞。"

朱伥被周举之言打动，向刘保上表，刘保采纳了朱伥的建议。我们前文提过，周举为来自汝南郡的名士，字宣光，博学多闻，京师有"五经纵横周宣光"之誉。

刘保改封孙程为宜城侯（宜城侯国首府在今湖北宜城市东南十五里楚皇城遗址），孙程回到封国后，怨恨不已，他把印绶、符策封好后，派人送交朝廷，然后偷偷跑回洛阳，在山中躲藏。

刘保得到消息后，下诏寻找孙程，把印绶、符策交给他，又赏赐了车马、衣物，派人把他又送到了封国。

两年后，刘保感念孙程等十九侯的恩德，认为他们已经受到惩罚会有所收敛，于是又把他们召回了京师洛阳。孙程和王道、李元被任命为骑都尉，其余人被任命为奉朝请。再四年（公元132年）后，孙程去世，刘保追封他为车骑将军，谥号刚侯。

十九侯中的九侯虽然后来犯错被遣送回封国，并削减了食邑，但没有被进一步治罪。十九侯最后都得以善终。

梁妠封后

刘保励精图治，也想有一番作为，天下发生灾害，他命令御膳房减少菜品；命令各地禁止进贡奇珍异宝；诏令推荐优秀人才入朝任职；惩处违法的亲王；设立伊吾司马，继续在伊吾屯垦，防御北匈奴和西域；重建安帝时期荒废的太学，修筑了建筑二百四十栋，一千八百五十间房，征召博士讲学，广招学生等。

刘保准备从后宫的贵人之中挑选一个封为皇后，但其中有梁贵人、窦贵人、伏贵人等四个贵人他都非常喜欢，虽经苦思冥想仍难以决定最佳人选，于是准备在神像前抽签决定皇后人选。

尚书仆射胡广（著名大儒）和尚书郭虔、史敞反对，他们联合上书说："我等敬阅诏书，诏书上说立后事大，陛下谦虚，不愿自己决定，准备借助抽签的方法，让神灵指路。但典章所记，祖宗旧事，皆没有这样的旧例。依赖神灵，任凭占卜，所得不一定是贤人；就算得其人，也不是靠德行选拔上去的。皇后人选应该再增加良家女子，以德行为第一，德行相同以年龄，年龄再相同以外貌，依据典经，按圣德决断。"

刘保认为他们讲得非常有道理，既然之前并无先例，自己也并不打算破例，他听从了胡广等人的规劝，取消了抽签仪式。

前文我们说过，安定郡乌氏县（在今宁夏回族自治区固原市东南）人梁统，是东汉初年军事家、法学家、思想家，被刘秀任命为九江太守，封陵乡侯，后卒于任上。梁统有梁松和梁竦等四子。梁松娶了光武帝刘秀之女舞阴公主，光武帝去世后，他接受遗诏辅佐明帝刘庄，官拜太仆，因为多次以私事请托地方办事而被免官，后因诽谤朝廷而被收押，死于狱中，他的高山侯国被撤销，梁竦等梁氏家族被流放到了九真郡，后明帝允许他们返乡。梁竦精通《易经》，擅长文字，他返乡后闭门不出,以读书著述为乐。明帝去世,章帝继位,章帝纳梁竦的两个女儿为贵人,小梁贵人生下皇子刘肇,窦皇后无子,刘肇被过继给了窦皇后。刘肇被立为皇太子后,窦皇后家族为了防止梁氏家族争权,诬陷梁竦谋反,梁竦被捕入狱,冤死狱中,亲属又被流放到了九真郡。大小梁贵人忧愤而死。

和帝刘肇继位后,和宦官郑众等人设计铲除了窦氏家族,刘肇得以亲政。刘肇追尊生母梁贵人为皇太后,谥号恭怀,追封梁竦为褒亲侯,封梁棠(梁竦长子)为乐平侯,梁雍(梁竦二子)为乘氏侯,梁翟(梁竦三子)为单父侯。梁松之子梁扈、梁高、梁屡也得到任用。

梁雍之子梁商(？—141年),字伯夏,年少时因门第关系被任命为郎中,再提拔为黄门侍郎,永建元年(公元126年)梁商承袭父亲乘氏侯的爵位。梁商有三子:梁冀(？—159年)、梁不疑(公元100年—156年)、梁蒙(生卒年不详);四女:梁妞、梁妠、梁媖、梁阿重。这里专门介绍梁妠(公元116年—150年),她出生于元初三年(公元116年),出生的时候,就有别于以往的日光祥瑞出现,显示出这个小女娃日后定会不同凡响。梁妠年少时就善于做些纺织、缝纫、刺绣等女红类的活儿,爱好读史书,九岁的时候就能背诵《论语》,攻读《韩诗》(韩婴所传,西汉时与鲁诗、齐诗并称三家诗),大致能通晓其中的大义。梁妠常常把列女图(西汉刘向作《列女传》)放置左右,以此自我监督,自我警醒。

梁商对女儿的日常表现深感惊异,他对弟弟说:"我们的先人保全了河西,并治理得秩序井然,救济的人无计其数(梁统曾经担任酒泉太守、武威太守,治政有方,威震凉州),虽然不追求高位,但积德必报,若庇荫子孙者,或者就应验在这个小妠身上吧!"

永建三年(公元128年),十三岁的梁妠和姑姑一同被选入宫中,相术师茅通为梁妠相面后,惊讶不已,拜了两拜,道贺道:"这就是所说的日角偃月(额骨中央隆起,形状如日,两眼如半弦之月),这是极贵之相,臣未尝见过啊。"太史占卜,又得到吉卦,于是刘保封梁妠为贵人。梁妠常被刘保召唤侍寝,但她经常推辞说:"阳以博施为德,阴以不专为义,螽斯(一种昆虫)子孙众多,福之所兴也。愿陛下雨露均沾,让妾身也免受诽谤之罪。"

刘保闻听欣喜不已,感到梁妠不但知书达理,而且不嫉妒专宠,由此更加宠爱她。

这次要册立皇后,有关部门认为乘氏侯梁商是先帝的外戚,根据《春秋》大义(《春秋公羊传》有"君王不娶于小国"之语),应该先迎娶大国女子,小梁贵人适配皇帝,宜居于皇后之位。这也正合刘保的心意。阳嘉元年(132年)正月,皇帝刘保册封梁妠为皇后。此时刘保十八岁,梁妠十七岁。

刘保封梁妠的姑姑为贵人,加封梁商为特进,增加了封国土地,赏赐了车马,不久又任命他为执金吾。

梁妠自幼聪明,深察前世得失,被立为皇后之后,她同样不敢有骄专之心,每当有日食月食的时候,她都会穿上素服检讨过失。

对　策

　　东汉官制主要是察举、辟召、特诏。察举制始于汉武帝时期，由丞相、列侯、刺史、守相等推举，经过考核合格即授予官职，主要科目有孝廉、贤良文学、秀（茂）才等。辟召，指的是公卿、刺史、太守的掾属，可以由他们自由招聘。特诏，指的是负有盛名之士，天子可下特诏，征召任用。

　　尚书令左雄（？—138年）上书建议道："孔子曰'四十不惑'，《礼记》称强仕（《礼记》曰：四十曰强，而仕）。请自今往后，孝廉年不满四十，不得察举，皆先到公府报到，测试诸儒生所学，文吏测试书札、奏章，副本送尚书审核；让他们参加实习，在工作中检验虚实，观察能力特点，以美化风俗。有不接受法令者，按律定罪。若有高材或品行高洁者，自可不拘年龄限制。"

　　左雄深受刘保信任，刘保接受左雄的建议。尚书郎胡广（公元91年—172年）、郭虔、史敞等人提出反对意见，刘保不理，诏令全国：各郡、各封国推举孝廉，限年龄在四十以上；儒生需会剖章析句，会写公文、奏章，才能应选。有像颜回那样年少有才华的人，可不受此限制。

　　不久，胡广就任济阴太守，和其他十多个太守，因举荐人才不实，被免职（此后胡广再被起用）。各郡、各封国推举的孝廉，最后只有汝南陈蕃、颍川李膺（公元110年—169年）、下邳陈球（公元118年—179年）等三十多人得到任用，被任命为郎中。陈蕃、李膺、陈球后都成为一代名臣，他们的事迹，我们以后再讲。

　　不断有地震、山崩、旱灾、蝗灾、火灾等天象异常之事发生，刘保认为这是上天示警，命大臣举荐"敦朴"（忠厚朴实）之人，就时政弊端、改进措施等方面对他们进行策问。

　　李固（公元94年—147年）对策道："今宋阿母（刘保的乳母宋娥被封为山阳

君）虽有大功，但多加赏赐，足以报答其劳苦，至于裂土开国，实违旧典。今梁商的女儿贵为皇后，按礼不在臣属之列，封他高爵，未尝不可，但其堂兄弟及诸子侄荣耀和高位并授，不应该这样。应该让步兵校尉梁冀及梁氏诸位侍中退居官禁之外，使权去外戚，政归国家。又，诏书所以禁侍中、尚书、近臣子弟不得为吏、察孝廉，因为他们身份特殊、地位特殊，形成自然的威权，容易受请托打招呼办事的缘故。而中常侍在陛下之侧，声势震动天下，子弟入仕，没有任何限制。即使中常侍不请托办事，不干预州郡工作，而谄媚之徒，必会望风而动，主动推举。今应当比照侍中、尚书等设立制度，禁止中常侍子弟为吏。"（西汉的时候，中常侍并非都是宦官，东汉的时候才全部使用宦官，刚开始中常侍只有四人，小黄门只有十人，后逐渐增加到中常侍十人，小黄门二十人）

李固的对策很长，我们只收录了部分内容，从这部分内容可以看出，李固为人刚直，不惧怕得罪皇帝的乳母、外戚、宦官等皇帝身边炙手可热的权势人物。李固，字子坚，是汉中郡南郑县（在今陕西省汉中市城固县）人，司徒李郃之子，他相貌奇特，少年好学，常步行到各地寻师，不远千里，他遍览典籍，结交英贤。四方有志之士，很多人仰慕他的风采而前来求学交流。京师圈内人都赞叹道："这是又多了一个李公（李郃）啊！"

马融（79年—166年）对策道："如今选举制度，四时禁令，承天顺民，都已齐备，可以了，不能再增加了。然而上天仍然有不平之显现，人民犹有嗟怨之声，百姓多次听闻恩泽之声而不见恩惠之实。民间嫁娶之礼节俭，则婚礼就能如时进行；丧祭之礼俭约，则逝者就能得到及时安葬；不剥夺农夫农忙时间，就会使他们得利。有妻子儿女挂念，有产业提振志气，舍弃这些而去犯法的，就必不会多。"

马融的对策言辞平和而切于政体，没有触及当权派的名字。马融，字季长，扶风郡茂陵县人，著名的经学家，将作大匠马严之子，东汉名将马援的从孙。马融不但长得玉树临风，一表人才，而且文笔优美，语妙天下，是个出类拔萃的杰出人才。当初，京兆人挚恂博学多才，以教授儒学知名，隐居于南山（在今秦岭周至县以南），不接受官府征聘，名重关西，马融曾经跟随他游学，博览经籍。挚恂惊叹于马融的才华，把女儿嫁给了他。

当年大将军邓骘当权之时，听闻马融大名，召他为舍人，但马融不去报到，客居于凉州武都、汉阳界内。后来西羌叛乱，盗贼蜂起，米谷价格飞涨，函谷关以西，饿死者不绝于道，马融陷于饥困之中，他想明白了，首先得活下来，才能考虑其他，于是接受了邓骘的征聘，被任命为校书郎中，到东观典校秘籍。后马融写了《广成颂》讥讽时政，得罪了邓氏，马融在东观十年原地踏步，得不到提升。马融借着兄长之子办理丧事之际，辞官回乡。邓太后闻听大怒，认为马融耻于目前的官职，而准备到州郡任职，遂下令禁止他为官。邓太后去世后，安帝刘祜召马融回到郎署，继续校书讲学。后马融出任河间王厩长史。安帝东巡岱宗，马融献上了《东巡颂》，言辞华美，而且捧得安帝舒舒服服，安帝欣赏其才华，召回朝廷任命为郎中。安帝驾崩后，阎太后为把持国政，在其兄阎显支持下，迎立北乡侯刘懿为帝，马融看不惯阎氏所为，于是称病辞职，回到郡里担任了功曹。这次刘保下诏让推举敦朴之人，城门校尉岑起推荐了马融。

太史令张衡对策道："自从初次推荐孝廉，到现在已经二百多年了（共267年），皆首重孝行；孝行之外，有余力了才学文章。去年（公元132年）的诏书，以能写文章，通文法为要求，虽有至孝的行为，也不能入选，此乃弃本逐末之法啊。近年以来，天上出现妖星，地上出现地震，这是上天的警示，是失望、痛心的表现。圣明之人，销祸于萌芽状态，如今既然出现灾祸，宜清明政治，心怀敬畏，则祸可以转为福了。"

前文我们介绍过张衡，他精通五经六艺，擅长写赋（汉赋四大家是指司马相如、扬雄、班固、张衡），心思机巧，致力于天文、阴阳、历法的研究。就在本次对策的前一年（公元132年），张衡制造出了世界上第一架测验地震的仪器——候风地动仪。

刘保亲览众人的对策，以李固的为第一。于是请宋娥出宫归家，诸位常侍皆叩头请罪，朝廷肃然。刘保任命李固为议郎，但宋娥和宦官对李固怀恨在心，罗织罪名，写匿名信诬陷李固。李固被逮捕。大司农黄尚请求梁商出面搭救，仆射黄琼也积极奔走营救。经过双方势力博弈、妥协，过了很长时间，李固终于得以释放，出京担任广汉郡雒县（在今四川广汉市北）县令。

马融被任命为议郎。张衡性格恬淡，不追求高官荣华，六年后（公元139年）去世，终年六十二岁。

内　斗

刘保任命岳父梁商为大将军。梁商年轻的时候就通读经书，深明大义，他知道自己寸功未立，仅凭皇后女儿担任此重要职务并非好事，因此他称病在家，拒绝上朝接受任命。梁商在家躲了一年，但刘保心意已决，认为此职务非他莫属，所以就派太常桓焉到梁商府中传达诏书，梁商不得不接受任命。

梁商谦恭好士，聘请巨览、陈龟为掾属，李固为从事中郎，杨伦为长史，他们几人皆为良吏，于是京师变得安定、平和。梁商也被称为良辅，刘保更加信任倚重他。

刘保任命梁冀（梁商长子）为河南尹，主管京畿地区。梁冀字伯卓，相貌特殊，两肩上耸，两目上竖，眼睛深凹无神，茫然直视，说话含糊不清，只能简单地写字算账。他嗜酒贪玩，喜欢弹棋、蹴鞠、走马斗鸡之类的游戏，还喜欢胳膊上架着老鹰，手里牵只狗闲逛，一副地痞无赖的做派。

梁冀就任河南尹后，残暴任性，做了不少犯法的事情。洛阳县令吕放是梁商的好朋友，他多次向梁商提及梁冀的种种不法行为，梁商因此责备梁冀。梁冀对吕放怀恨在心，派人埋伏在道上，伺机刺死了吕放。梁冀担心此事被父亲知道，于是他嫁祸于吕放的仇人身上，推荐吕放的弟弟吕禹为洛阳县令，又派人追捕"凶手"，并杀死了"凶手"的宗亲、宾客一百多人。

山阳君宋娥和十九侯当年拥戴刘保有功，地位尊崇，享受殊荣，为"功勋派"。"功勋派"对梁氏多有掣肘，梁氏一族如果想独揽大权，必须清除"功勋派"，梁商在朝廷大臣中寻找帮手。太尉王龚痛恨宦官专权，上书控诉，引起宦官反咬，王龚被定罪，梁商施以援手，在皇帝刘保面前替王龚开脱，王龚才得以平安。梁氏及同党控告宋娥和宦官沆瀣一气，欺君罔上，皇后梁妠也时常吹枕边风。

刘保发怒，命令收缴了宋娥的印绶，打回老家。十九侯中的黄龙、杨佗、孟叔、李建、张贤、史泛、王道、李元、李刚等九侯被指控和宋娥互相援引，谋求高官，增加封邑，刘保命把九侯遣送回封国，裁减四分之一的封邑。这时候，十九侯中的孙程、王康、王国、彭恺、王成、赵封、魏猛已经去世，只有马国、陈予、苗光保全了封邑。

宦官在宫中的势力依然很大，小黄门曹节（？—181年）深受刘保信任。曹节字汉丰，他的先祖本是魏郡（郡府邺县，今河北临漳县）大族，世代担任两千石的官职，后家道中落，迁徙到了南阳郡新野县，曹节因故到宫中做了宦官。顺帝刘保初年，曹节以西园骑士转任小黄门（服侍皇帝左右，联通内外，地位特殊，宦官按地位降序排列，大致为：中常侍、给事黄门侍郎、小黄门、黄门令、黄门署长、中黄门冗从仆射、中黄门、掖庭令、永巷令、御府令、祭祀令、钩盾令、内者令、尚方令等）。梁商让儿子梁冀和梁不疑（梁商次子）用心结交曹节，但这引起了其他宦官的妒忌，准备扳倒梁商等人。

中常侍张逵、蘧（qú）政、杨定会同亲信，诬告梁商及中常侍曹腾、孟贲等人道："准备征召诸位王子入京，商议废立之事，请逮捕梁商等人问罪。"

刘保识破了张逵等人的阴谋，说道："大将军父子，我所亲；曹腾、孟贲，我所爱。必定没有这回事，是汝等妒忌他们罢了。"

张逵等人看到刘保不采纳他们的建议，惧怕祸及自身，于是他们退下后，铤而走险，假传圣旨，把曹腾和孟贲收押到了宫中。有人飞报给了刘保，刘保震怒，急派宦官李歙（xī）前去释放曹腾和孟贲，并把张逵等人收押。

这里需要简单介绍一下曹腾（生卒年不详），字季兴，沛国谯县（在今安徽省亳州市）人，汉安帝刘祜时期，曹腾进入了宫中，为黄门从官。曹腾年纪不大，但为人忠厚，做事谨慎，阎太后很欣赏他，让他侍奉皇太子刘保读书学习。曹腾非常用心侍奉刘保，处处讨刘保欢心，两个人建立了深厚的友谊，对外是君臣，私下里是"兄弟"。

经过审讯，张逵等人被处决。事件蔓延到了地方，弘农太守张凤和安平国丞相杨皓受到牵连，他们也被处决。张逵等人的口供，不断牵扯出朝廷和地方大员，再这样追查下去，恐怕会牵连无辜，而且范围不好控制，梁商感到了恐惧，于是上书请求终止调查。刘保批准。

张道陵创道教

自汉和帝刘肇开始，逐渐形成了外戚和宦官两大政治集团，他们明争暗斗，重用亲信，排斥异己，激烈争夺政治权力，搞得朝廷内外乌烟瘴气，东汉王朝统治走向腐朽黑暗。两大集团及其亲信在全国各地巧取豪夺，豪强地主也大量兼并土地，"豪人之室，连栋数百，膏田满野，奴婢千群，徒附万计"，地方官吏亦"贪残专恣，不奉法令，侵冤小民"，以至于许多农民丧失土地，有的沦为豪强地主的佃农，蒙受剥削；有的无家可归，四处流浪；有的成为"盗贼"。

自然灾害频发，又加重了广大人民群众的苦难，他们渴望有一种超自然的力量能在突然间让他们摆脱苦难，过上安居乐业的幸福生活，"农桑失业，兆民呼嗟于昊天"，而这种超自然的力量就是他们口中念叨的"神灵（神仙）"。

对于封建当权者来说，在社会混乱，危机重重，威胁皇权的情况下，他们也期望利用某种宗教组织来麻痹人民，消弭危机，"借鬼神之威，以声其教"，同时也希望利用宗教来实现长治久安及自身的延年益寿乃至长生不老，在这种情况下，张道陵（公元34年—156年）创立了道教。

张道陵（一名张陵），是沛国丰县（在今江苏省丰县）人，曾经入太学学习，博通五经，汉明帝时期曾经担任巴郡江州县（在今重庆市）县令，顺帝时入鹤鸣山（一作鹄鸣山，位于今四川省大邑县）中修道，制作符箓道书，以迷惑百姓，并用符水为他人治病，信奉者日众，张道陵遂创立道教，因为受道者需要交纳五斗米，又称五斗米道。五斗米道又称天师道，张道陵为第一代天师。

当时蜀中图谶数术之学和黄老道术颇为盛行，蜀地居住有多个少数民族，其宗教习俗崇尚鬼巫，《后汉书·南蛮西南夷列传》中说"俱事鬼神"，賨人（賨cóng，巴人）"俗好鬼巫"，这些都为张道陵创教创造了条件。张道陵创教时建立了二十四个教区，其中二十三个教区分布在今川西北和陕南一带，说明五斗米道的早期活动范围主要是在今天的成都市及其周围蜀郡一带。

道家和道教是有区别的，先秦道家是以老子和庄子为代表的哲学派别。道教在创立的时候，把老子奉为教主，尊老子的《道德经》为主要经典，规定教徒必须习诵；之后又把《庄子》奉为经典，命名为《南华真经》。这说明，道家哲学是道教的思想渊源。

张道陵创立的道教，是一种具有主神崇拜特征的多神教，据《华阳国志》记载，张道陵自称"太清玄元"，除崇奉老子为教主外，还造出了许多神仙，《正一法文经章官品》称有"百二十官"，其道术主要是上章招神和符咒劾鬼，并以长生成仙为最高目标。

第六章

跋扈将军

边境叛乱

西羌烧当部落（青海湖东部）酋长那离率军攻打东汉的金城（在今甘肃省陇西县），时驻令居的护羌校尉马贤反击，斩杀那离，杀死和俘虏了一千二百多人，收获马、骡、羊十多万头。朝廷征召马贤担任弘农太守。

朝廷任命来机为并州刺史，刘秉为凉州刺史，但二人残暴刻薄，对羌人等掠夺不断，且冻部落、傅难部落遂反。且冻部落、傅难部落联合其他羌人、胡人，大举进攻三辅，杀害东汉地方官员。

刘保震怒，把来机和刘秉免职，召回洛阳问罪。刘保准备任用老将马贤（？—141年）讨伐叛变的羌人，大将军梁商认为马贤已老，不如起用太中大夫宋汉。刘保认为马贤之前多次战胜羌人，坚持任用马贤，任命马贤为征西将军，任命骑都尉耿叔为马贤副手。

马贤等人率领左右羽林军、北军五校尉所属军及诸州郡兵共十万人，浩浩荡荡，进驻汉阳郡。马贤停驻不前，大吃大喝，美女环伺。武都郡太守马融和安定郡上计掾皇甫规都发现马贤已显露败迹，他们分别上书刘保，要求换将，刘保均置之不理。

马贤认为时机差不多了，于是率领五六千骑兵出击，和且冻部落在射姑山（今甘肃省庆城县北）遭遇，两军大战。西羌军善于山地作战，他们以战死为吉利，以病死为不祥，所以十分勇猛，东汉军不敌，大败，马贤和两个儿子全都战死。东羌（居住于安定郡、北地郡、上郡、西河郡）和西羌（居住于陇西郡、汉阳郡及湟中一带）遂连成一片。

刘保褒奖马贤父子为国捐躯，赏赐给马贤家属三千匹布，一千斛粮食。之后，刘保又封马贤的孙子马光为舞阳亭侯。

巩唐部落进攻三辅地区，焚烧西汉园陵。武都郡太守赵冲（生卒年不详）率军出击，杀死巩唐部落四百多人，俘虏了两千多人。刘保发现赵冲是个人才，就任命他督导河西四郡兵，负责节度（节制调度，"节度"一词始出现）。

皇甫规（公元104年—174年）上书刘保说，羌人之叛乱，由边关将领数度侵扰羌人引起，羌人惊惧不安，所以才起兵反叛，皇甫规请求给他配备五千士兵，和赵冲首尾呼应，发动突袭，定可成功。刘保没有同意。皇甫规，字威明，安定郡朝那县（今宁夏彭阳县西南）人，皇甫规出身将门世家，是度辽将军皇甫棱之孙，扶风都尉皇甫旗之子，他通晓经学，熟谙兵法。

巩唐部落又攻击北地郡，北地郡太守贾福和赵冲率军迎击，但战败。

诸羌部落声势大振，八九千羌族骑兵侵扰武威郡，凉州陷入恐慌之中。刘保命把安定郡和北地郡的办公地点内迁至三辅地区，并任命执金吾张乔行车骑将军事，率领一万五千将士，进驻三辅。赵冲招揽安抚叛变的羌人，罕部落五千多户投降了赵冲。三辅压力减轻，刘保命张乔军队解散复员。赵冲和汉阳郡太守张贡趁烧何部落不备，发起攻击，杀死了一千五百人，获得牛骡羊等牲畜十八万头。赵冲乘胜进攻叛变的诸羌部落，杀死了四千多人。赵冲又对烧当部落据守的汉阳郡阿阳县（在今甘肃省静宁县）发起攻击，杀死了八百多人。

赵冲继续追击羌人，行进到了武威郡鹯（zhān）阴河（在今甘肃景泰、靖远二县间之黄河河段），赵冲指挥军队渡河。军队尚在渡河的时候，六百多名羌人复叛逃走，赵冲率军追击，突然陷入了羌人的埋伏之中，赵冲力战，终因寡不敌众战死，羌人也被杀伤了很多。刘保下诏封赵冲之子为义阳亭侯。

在羌人叛变的同时，鲜卑、蛮人及西域等地也发生了叛乱。鲜卑部落（位于今内蒙古中东部及北部）不断攻击渔阳郡（郡府渔阳县，在今北京市密云区西南三十里）、朔方郡（郡府临戎县，在今内蒙古磴口县东北布隆淖乡古城）等地。东汉护乌桓校尉耿晔、使匈奴中郎将赵稠分别率军反击，大败鲜卑部落。不久，鲜卑部落酋长其至鞬去世，鲜卑部落对东汉边境袭扰减少。

南匈奴（王庭位于西河郡美稷县，今内蒙古准格尔旗西北纳林乡古城）句龙王吾斯等人叛变，联合羌人等，集合了数万之众，抢掠并州、幽州、凉州和冀州等四个州。使匈奴中郎将马寔（shí）兵出奇招，派出刺客，刺死了吾斯，然后大

第六章　跋扈将军　　133

举进攻吾斯的手下，叛军群龙无首，大败，大都向马寔投降。

武陵郡太守上书朝廷，建议增加"武陵蛮"的赋税，和汉人一个标准，朝廷大臣很多人赞成这一提议。尚书令虞诩认为这是个馊主意，会激发民变，坚决反对。刘保不听虞诩建议，同意增加"武陵蛮"的赋税。

不出虞诩所料，"武陵蛮"拒绝改变从东汉初年以来延续了一百多年的赋税制度，当地方官员强制征收的时候，他们遂起兵叛变，杀死地方官员，率领两万多人的队伍包围了充县，另派八千多人攻打夷道县（今湖北枝城市西一里）。刘保任命李进为武陵太守，李进一方面派兵挫败"武陵蛮"，一方面又选拔良善官员前去安抚"武陵蛮"，"武陵蛮"受到感化，投降了朝廷，"武陵蛮"之乱平定。

象林郡（郡府象林，今越南广南省维川南）少数民族也起兵攻打县衙，杀死县长和有关官员。交趾刺史樊演征调交趾郡、九真郡郡兵征讨。两郡士兵恐惧路途遥远，一去不返，但不接受征调又是死罪，他们干脆起兵叛变了。交趾刺史和各郡太守联合起来讨伐叛乱，被围困长达一年多的时间，眼看粮食用尽，无力再战。

战况传到洛阳，刘保召集文武大臣商议对策。很多大臣都提议选派大将，征调人马，踏平象林之乱。从事中郎李固发表了不同意见，他认为应该遴选有勇有谋，又富有仁爱之心之人担任刺史、太守，对蛮夷采取分化瓦解、拉拢安抚的策略，方能奏效，并推荐了祝良（生卒年不详）和张乔（生卒年不详）。李固这一提议得到了大将军梁商和三公的支持，刘保也予以批准，任命张乔为交趾刺史，祝良为九真郡太守。

张乔到任后，张贴告示，抚慰诱降，"蛮夷"或降或散。祝良到任后，单人独骑，进入"蛮夷部落"的大营之中，以三寸不烂之舌，恩威并用，说服了"蛮夷"，投降者多达数万人。由此，岭南地区宣告平定。

质帝登基

　　大将军乘氏侯梁商病重，皇帝刘保亲自到府中探望，梁商感激涕零。刘保问他有什么遗言，梁商说："臣从事中郎周举，品德高尚，忠诚正直，可以担当重任。"刘保随后任命周举为谏议大夫。梁商临终前叮嘱儿子们要薄葬。梁商死后，儿子们准备按照他的遗愿，予以薄葬。但刘保不准，赏赐了贵重的陪葬用品。梁商死后，刘保任命梁冀为大将军，梁不疑为河南尹。

　　荆州刺史李固（为了平灭荆州盗贼，朝廷任命李固为荆州刺史）弹劾荆州南阳郡太守高赐等人贪赃枉法，高赐等人为了免于被处罚，就用重金贿赂大将军梁冀，希望梁冀替他们开脱。梁冀毫无原则，收下贿赂后，发出了一日千里的特急文书，请李固手下留情。但李固不畏惧权势，不但拒绝了梁冀，反而加紧收集证据。梁冀深恨李固，为了阻止李固继续调查，他远调李固为泰山郡（郡府奉高县，今山东省泰安市东北）太守。当时泰山郡变民甚多，梁冀也想借刀杀人，让李固死于变民之手。但李固到任后，继续之前的柔性策略，不到一年，变民纷纷解散，各谋生路。

　　刘保派杜乔、周举、周栩（xǔ）、冯羡、栾巴、张纲、郭遵和刘班八个人作为钦差大臣，赴各地视察，向朝廷推荐贤良能臣，同时弹劾贪赃枉法之辈。

　　杜乔等七人领命出发了，但张纲不肯离京，他命人把车子的轮子拆了下来，埋于洛阳都亭旁，说道："豺狼当道，安问狐狸！"遂弹劾大将军梁冀和河南尹梁不疑道："以外戚身份蒙受皇恩，居于辅政高位，但一心只想着贪污受贿，重用阿谀奉承之辈，陷害忠良之士，今呈上梁氏欺君罔上的十五件事，皆是臣所深恶痛绝之事。"

　　张纲的奏章上奏朝廷后，朝野震惊。当时皇后梁妠正得宠，梁氏子弟、亲戚及追随者遍布朝廷，刘保虽然认为张纲说得有道理，但出于多方面考虑，并没有听取他的建议。

杜乔视察兖州，据实向朝廷奏报泰山太守李固政绩为天下第一。刘保召李固回洛阳，任命为将作大匠。钦差大臣们弹劾的贪官污吏多是梁氏和宦官的党羽，梁氏和宦官在共同的处境下，联合起来，抵制查处，或拦截奏章不报，或蛊惑刘保不予批示。即使在正直官员的请求下，刘保做了批示的，查处起来也困难重重。

梁冀对张纲恨之入骨，把张纲调任为广陵太守，当时广陵变民头目张婴已经在此及周边地区横行十多年，梁冀想借刀杀人。张纲到任后，开诚布公，和张婴深谈，张婴受到感化，投降了张纲。朝廷论功行赏，认为应该授予张纲侯爵，但梁冀坚决反对，此事不了了之。一年后，张纲在太守任上去世。

羌乱还未平息，江淮间叛民首领范容等人又起兵，汉顺帝刘保着急上火，一病不起，于建康元年（公元144年）八月六日，驾崩于玉堂前殿，年仅三十岁。汉顺帝在血雨腥风的皇宫内乱中登上帝位，铲除了阎氏一党，派班勇再度征服西域，还算有些作为，但他宠信宦官和外戚，让无德残暴的梁冀继任大将军之位，埋下了隐患。汉顺帝共一子三女，即皇太子刘炳、舞阳长公主刘生、冠军长公主刘成男和汝阳长公主刘广。刘炳和刘生为虞贵人所生。

梁妠和梁冀拥戴年仅二岁的皇太子刘炳即皇帝位，史称汉冲帝。尊梁妠为皇太后，临朝听政。梁妠忧心时局，任命贤才李固为太尉，让李固和梁冀共同参录尚书事。

刘炳体弱多病，第二年正月，年仅三岁的刘炳病逝。梁妠同李固商议对策，她认为扬州、徐州一带叛民气焰正盛，如果此时公布汉冲帝去世的消息，会引起各诸侯王的猜疑和不安分，因此准备召各诸侯王入京后，再宣布汉冲帝驾崩的消息。

但李固反对，他说道："皇帝虽然年幼，仍然是天下之父，今日驾崩，人神感动，岂有做人子的反而一起掩盖呢？昔日秦始皇亡于沙丘，胡亥、赵高隐而不发，终于害死了扶苏，以至亡国。近世北乡侯（刘懿）薨，阎后兄弟及江京等人隐匿消息，遂有了孙程等人手刃之事。此天下大忌，不能这么做啊。"

梁妠认为李固的话很有道理，于是当晚发丧。冲帝是顺帝仅有的儿子，目前帝位空缺，需要重新遴选合适人选。汉顺帝是汉安帝唯一的儿子，安帝弟兄三个，三弟无子，二弟清河王刘虎威也无子，刘虎威去世后，当时的邓太后命乐安王刘宠之子刘延平，继承了刘虎威的王位。刘延平去世后，他的儿子刘蒜（？—147年）继承了清河王的爵位。刘延平的弟弟名刘鸿，继承了父亲渤海王刘宠的爵位，刘鸿有子名刘缵（缵zuǎn，公元138年—146年）。

梁妠把刘蒜和刘缵都召到了京师洛阳，做进一步的观察。刘蒜较刘缵年长，为人严肃稳重，举止有度，群臣大都属意他登上帝位，李固也是其中之一，他游说梁冀道："今当立帝，应该选择年长，圣明有德行之人，能亲政者，请将军仔细审察，详加考虑，斟酌周勃立文帝、霍光立宣帝；戒邓太后、阎太后之立幼弱。"

年龄大不好控制，且周勃曾经被投入监狱，霍光之后家族被屠，所以李固的话并没有起到很好的作用。梁冀和妹妹梁妠合计，还是立年龄小点的更有利，于是他们首先封刘缵为建平侯，就在当天，又拥戴年仅八岁的刘缵登上了帝位，史称汉质帝。刘蒜被遣送回了清河国（首府甘陵，今山东省临清市）。

皇太后梁妠崇尚节俭，勤于政事，日夜操劳，真心依靠贤才，重用李固等人，选拔任用忠良。李固的建议，大都被梁妠采用，宦官为恶者受到排斥，朝政走向清明。梁冀和李固本就不和，李固所为，影响到了梁冀的利益，梁冀对李固又妒又恨。

李固奏请梁太后免去了一百多名不法官员的职务，他们对李固怀恨在心，又受梁冀的指示，共同上书诬陷李固。梁冀拿着奏章去找梁太后，要求彻查，梁太后不准。

大將軍霍光

▲ 霍光像

跋扈将军

西羌连年叛乱，东汉朝廷为了平叛，军费开支达八十余亿钱，将军们贪污军饷，贿赂当权派，虚报战功，怠于军事，士兵无辜而死的，白骨相望于野。左冯翊（郡府高陵县，今陕西省西安市高陵区西南）太守梁并施以恩信，诱降叛羌，五万多户请降，陇右遂平。

扬州刺史尹耀和九江太守邓显率军攻打叛军头目范容，但被叛军击败，尹耀和邓显战死沙场。九江郡（郡治寿春，今安徽省寿县）叛军头目徐凤、马勉，烧杀抢掠，徐凤穿着紫红色衣服，佩戴着黑色丝带，自称"无上将军"；马勉戴皮帽穿黄色衣服，佩戴玉制的印，自称"皇帝"，盘踞当涂（在今安徽省怀远县南）山中，改年号，设置百官。九江另一叛民头目黄虎，率军攻打合肥。广陵郡叛民头目张婴聚集数千人，攻陷了广陵城（今江苏省扬州市）。

皇太后梁妠对叛民头痛不已，让文武百官推荐可以平叛的人选，三公联合推荐了文武双全的涿县（今河北省涿州市）县令滕抚。梁妠即任命滕抚为九江郡都尉，和中郎将赵序，协助御史中丞冯绲（gǔn），征讨叛民。滕抚十分勇敢，率军主动出击，斩杀马勉、范容、周生等一千五百人。徐凤逃走，被下邳人谢安率领宗亲擒获，斩下首级。梁妠封谢安为平乡侯，提拔滕抚为中郎将，负责徐扬二州军事。

滕抚攻击张婴，大胜，杀死和俘虏了一千多人。历阳郡（郡府历阳县，今安徽和县）叛民头目华孟，自称"黑帝"，气焰嚣张，杀害了九江太守杨岑。滕抚率军攻打华孟一伙，杀死了包括华孟在内的三千八百人，俘虏了七百人。梁太后大喜，任命滕抚为左冯翊太守。滕抚为人正直，不喜欢结交权贵，为宦官所嫉恨，按平定叛乱之功，滕抚应该封侯，但为宦官等权势人物所阻，太尉胡广屈从权势，按他们的意思捏造罪状上奏请求罢免滕抚。滕抚竟然被罢免，后死于家中。

永昌郡（郡府不韦县，在今云南省保山市东北）太守刘君世，攀附梁冀，他雇能工巧匠，用黄金打造了一条五彩斑斓的金蛇，准备献给梁冀。永昌郡属于益州，益州刺史种暠，为人正直，他曾经担任过侍御史（负责纠劾贪庸官吏），得知刘君世的行为后，派人逮捕了刘君世，写好弹劾书，连同金蛇，派人送到了朝廷。梁冀从此对种暠怀恨在心。

正好益州所属的巴郡有叛民造反，种暠和巴郡太守应承率军讨伐不利，不少官员和百姓受到伤害。梁冀借题发挥，构陷二人，并下令逮捕了他们。李固上书梁太后，营救种暠和应承。梁太后下令释放种暠和应承，贬为平民，金蛇没入司农（掌诸钱谷金帛）府库。梁冀贪恋金蛇，就向大司农杜乔要求观赏一下，杜乔拒绝了。又逢梁冀小女儿去世，梁太后下令公卿前去吊丧，其他人都去了，唯独杜乔没有去，梁冀从此又恨上了杜乔。

刘缵自幼聪慧，他对梁冀的骄横也看在眼里，但他毕竟年幼，不懂得韬光养晦。有一次在朝会的时候，他当着文武百官的面，盯着梁冀，说道："此跋扈将军也。"这是"跋扈"一词第一次在历史上出现，这个词现在的大致意思是：霸道、狂妄、专横暴戾、欺上压下。我猜想在汉代这个词的意思没有现在这么严重，否则刘缵也不可能当众这么说。梁冀觉得当众受到了羞辱，面红耳赤，把牙齿咬得嘎嘣响，心里暗暗道："这小娃绝对不能留。"

本初元年（公元146年）六月一日，时机成熟，梁冀命宫中亲信把毒药放入汤面中，伺候刘缵食用。刘缵丝毫没有察觉，吃下汤面后中毒，头痛发热，胃如火烧，他知道大事不好，急忙派人宣召太尉李固进宫。

李固入宫见到刘缵后，急问道："陛下这是怎么了？"

这时候刘缵还能言语，他说："朕食用汤面后，感到难受，现在腹中灼热，喝些水尚可活。"

当时梁冀也在旁边，阻止道："饮水恐怕会引起呕吐，不可饮水。"

说话的工夫，刘缵已然气绝身亡。

李固趴到刘缵的尸体上号啕大哭，然后要求追究御医救治不力之罪。梁冀忧虑追查下去自己就会暴露，对李固更为记恨。

帝位空缺，梁太后召集公卿列侯研究继承人选，太尉李固、司徒胡广、司空赵戒和大鸿胪杜乔都推荐清河王刘蒜，认为他与皇家血脉最近，有德行有能力，应该继承帝位。但梁冀一党仍然反对刘蒜继位，而且宦官也反对刘蒜。宦官对刘蒜印象不好，起因是有一次中常侍曹腾拜见刘蒜的时候，刘蒜对曹腾礼节不够，曹腾心眼小，认为刘蒜是看不起自己乃至看不起整个宦官群体，曹腾把这件事在宦官中传扬开来后，宦官都开始讨厌刘蒜。

当初，汉和帝刘肇长子、平原王刘胜没有子嗣，邓太后立乐安王刘宠之子刘得为平原王；刘得也无子嗣，邓太后立河间王刘开（章帝刘炟六子）之子都乡侯刘翼为平原王。邓太后特别喜欢刘翼，安帝刘祜时期，他担心邓太后要废掉自己的帝位改立刘翼，因此对刘翼心存芥蒂。邓太后去世后，刘祜贬刘翼为都乡侯，遣送回河间国。刘翼回到河间国后，闭门谢客。河间王刘开请求把蠡（lí）吾县（在今河北省博野县西南）分给刘翼，封他为侯爵，顺帝刘保批准，从此刘翼改称为蠡吾侯。

刘翼去世后，他的长子刘志（公元132年—168年）继承了爵位。刘志于阳嘉元年（公元132年）出生于蠡吾国，为刘翼的小妾郾明所生。之前梁太后想把妹妹梁女莹嫁给刘志，于是就召刘志入京，当刘志抵达夏门（洛阳城北西头第一个门）亭的时候，刘缵恰好毒发身亡。梁冀想到了刘志马上要成为梁家的女婿，如果能再继承帝位，肯定可以保持梁家长久富贵，于是他和妹妹梁太后商量后，准备立刘志为帝。

梁冀把这立刘志为帝的想法说出来后，受到了三公等人的齐声反对，梁冀非常不痛快，但又拿不出可以服众的理由。中常侍曹腾听说消息后，趁着夜色掩护，来到了梁冀府中，劝梁冀道："将军累世有椒房之亲（指皇帝的姻亲，和帝刘肇的生母为梁贵人），手握大权，宾客门生满天下，他们中时不时就会有人出差错。清河王（刘蒜）严明，如果立他为帝，则将军距离大祸临头之日就不远了；不如立蠡吾侯，富贵可长保。"

此言正合梁冀心意，宦官也支持自己，他坚定了想法。第二天朝会的时候，梁冀目露凶光，气势汹汹，言辞激烈，迫切要立刘志为帝。司徒胡广、司空赵戒等人一看梁冀要来真的了，都被镇住了，纷纷说："我们听大将军吩咐。"

只有太尉李固和大鸿胪杜乔坚持立刘蒜。梁冀厉声说道："罢会！"

李固的建议不被采纳，但他认为众人归心刘蒜，于是又写信给梁冀，希望能说服他。梁冀见信后暴跳如雷，他面见梁太后，诬陷李固，强烈要求免去李固的职务。梁太后受蒙蔽，下令免去李固之职。因为听话，梁冀报请梁太后任命胡广为太尉，赵戒为司徒，和梁冀一起参录尚书事。并提拔太仆袁汤为司空。

本初元年（公元146年）六月七日，梁妠派梁冀持节，用青盖车把十五岁的蠡吾侯刘志接入皇宫，登基为帝。因为刘志年纪尚小，梁太后依然临朝听政。

刘志就是历史上著名的昏君——汉桓帝。

李固之死

李固被罢免，震慑了满朝文武，他们人人自危，小心翼翼，生怕出差池，只有太尉杜乔（太尉胡广免职后，杜乔接替）一如既往，满身正气，朝野把希望寄托在他身上。

皇帝刘志立梁女莹（皇太后梁妠妹妹）为皇后。这纯粹是一场政治联姻，梁女莹相貌平平，无才无德。梁冀希望能让朝廷以超规格的礼仪迎聘梁女莹，但杜乔坚持按制度办事，他奏请梁太后，按照西汉孝惠皇帝刘盈纳皇后的旧事（刘盈迎娶亲外甥女为皇后），聘礼黄金二万斤，纳采（古婚礼六礼之一，男方向女方送求婚礼物）用雁、璧、乘马、束帛等物。梁冀对杜乔大为不满。

梁冀推荐泛宫为尚书，杜乔以泛宫曾经贪赃枉法为由，拒绝不用。前后种种，梁冀对杜乔怀恨在心。恰逢京师洛阳发生地震，梁冀拿此事大做文章，认为杜乔应该担责，于是梁太后免去了杜乔的职务，规避上天的惩罚。

宦官唐衡和左悺（guàn）向刘志告发道："陛下即帝位之前，杜乔和李固反对，他们以为陛下无法担当侍奉汉室宗庙的重责。"刘志十分恼怒。

过了不久，清河人刘文和南郡妖贼刘鲔（wěi）勾结，他们宣称："清河王当统天下！"他们准备拥立清河王刘蒜为帝。事情败露，刘文等人挟持了清河国国相谢暠，威逼道："当立清河王为天子，以您为三公。"谢暠不从，并对他们破口大骂。刘文等人大怒，杀死了谢暠。朝廷派兵逮捕了刘文和刘鲔，予以诛杀。

清河王刘蒜的存在对皇帝刘志和梁氏是个威胁，有关部门弹劾刘蒜参与谋乱。朝廷下诏，贬刘蒜为尉氏侯，迁徙到桂阳。刘蒜愤懑不平，自杀而死。

梁冀心肠歹毒，决心置李固和杜乔于死地，于是他借机诬陷李固、杜乔与刘文、刘鲔串通，请求把他们逮捕治罪。梁太后知道杜乔向来忠心，不准逮捕杜乔。

于是梁冀把李固逮捕入狱。李固的门生王调，戴上刑具，到宫门上书，为李固喊冤。赵承等数十人也携带腰斩用的刑具，到宫门为李固喊冤。梁太后内心很明白，下令释放了李固。

李固出狱当天，京师大街小巷群情振奋，高呼万岁。梁冀得到消息后震惊不已，他认为李固的名望与德行终究会危害到自己，于是他让从事中郎马融再上奏书，诬陷李固与刘文、刘鲔有牵连。梁太后不得已，下令再次把李固逮捕入狱。

大将军长史吴祐当面向梁冀证明李固冤枉，梁冀发怒，不听。吴祐对在场的马融说道："李公之罪，成于卿手。李公若被杀，卿有何面目见天下人！"梁冀大怒，起身进入了内室。吴祐也只得离去。

李固知道自己在劫难逃，他给胡广和赵戒写信说："我受国厚恩，是以竭力辅助，不顾死亡，欲扶持王室，比隆文帝、宣帝。不承想梁氏昏谬，公等曲意顺从，以吉为凶，成事为败，汉室衰微，从此始矣！公等受主厚禄，颠而不扶，倾覆大事，后世良吏，会如实记载，不会偏私！李固死了，但无愧大义，死而无憾！"

胡广和赵戒看到李固的绝命书后，既悲痛又惭愧，但顾惜己身，又无可奈何，他们皆长叹流涕。

建和元年（公元147年）十一月，李固被害于狱中，享年五十四岁。州郡逮捕了李固的长子李基和次子李兹，他们均被害于狱中。李固三子李燮得以脱逃。

梁冀又派人威胁杜乔道："应该速速自尽，妻子可以得到保全。"杜乔拒绝。第二天，梁冀派人到杜乔府门打探，没有听到哭声，知道杜乔并没有自尽，于是禀报梁太后之后，逮捕了杜乔，在狱中将其杀害。

梁冀命人把李固和杜乔的尸体暴露于城北大街，下令说："有敢来哭吊者，严肃问罪。"

李固的门生郭亮，还不满二十岁，但为人正直勇敢，他一手拿着奏章，一手提着刑具，到宫门上书，请求为李固收尸，但无人理睬，他就和董班守着尸体哭祭，不肯离开。亭长斥责他们说："汝等腐生，公然违抗诏书，想要吃官司吗？"

郭亮回答说："为大义所动，岂知姓名，为何以死亡相恐吓？"

亭长也是怀有怜悯之心之人，他叹息道："生活在当世，天高也不敢不低头，地厚也不敢不小步走路，耳目宜多听多看，口不可妄言啊！"

梁太后得到消息后，对郭亮和董班不予追究。

杜乔的旧属杨匡，人在外地，听闻噩耗后，哭着连夜急行赶到了洛阳，他穿上了旧日做部属时的衣服，冒充驿站小吏，守卫尸体，驱赶蚊蝇，前后长达十二天。都官从事发现后，把他捉住向上报告。梁太后认为杨匡有义气，不予追究。杨匡看到了希望，于是自带刑具，上官门上书，请求安葬李固和杜乔。梁太后批准。

杨匡和郭亮、董班分别护送杜乔和李固的尸体还乡安葬。事后，他们三人隐匿了起来，终身不仕。

梁冀排挤吴祐，任命他为河间国国相，吴祐愤而辞职，以九十八岁高龄在家辞世。

荀氏"八龙"

建和三年（公元149年）朗陵国（首府朗陵，在今河南确山县南）前任国相荀淑去世，享年六十七岁。荀淑，字季和，颍川郡颍阴县（在今河南省许昌市）人，战国思想家荀子（名况，字卿）的第十一世孙。荀淑年少时就品行高洁，博学多识而不好章句（分析古文的章节和断句），他的这一行为受到了一些浅陋迂腐的儒生的非议，但州郡县里称其为"知人"（能鉴察人的品行、才能）。

安帝时期，朝政征召荀淑，任命为郎中，后再升任当涂县长。后他主动辞职，回到了故乡。当时名士李固、李膺都认为他是一代宗师。

梁太后临朝听政后，发生了日食、地震等现象，她下诏命公卿推荐贤良方正之士，当时的光禄勋杜乔和少府房植推荐荀淑对策。荀淑出言讥讽权贵，为大将军梁冀所记恨，被排挤出京，出任朗陵国的国相。荀淑处理事务井井有条，公正廉洁，被称为"神君"。不久，荀淑再度辞职返回故里，读书写作，修身养性。每当产业增加时，荀淑就用以接济本族亲人和知交好友。

荀淑去世时，李膺担任尚书，他自称师父去世。当涂、朗陵二县修建了祠堂纪念他。荀淑有八个儿子：荀俭、荀绲、荀靖、荀焘、荀汪、荀爽、荀肃和荀专，都很有名气，时人称之为"八龙"。当初荀氏生活的地方叫西豪，颍阴县令苑康认为上古高阳氏（颛顼，五帝之一）有才子八人，如今荀淑亦有八子，所以把西豪改为了高阳里。

荀俭早年去世，其子名荀悦；荀绲有子名荀彧、荀衍、荀谌；荀爽有子名荀表、荀棐(fěi)。其中荀彧日后成为枭雄曹操的重要谋士；荀淑有个侄子名叫荀昙，荀昙有个孙子叫荀攸（公元157年—214年），荀攸也是曹操的重要谋士。这是后话。

李膺（公元110年—169年）是颍川郡襄城县（在今河南襄城县）人，太尉李修（安帝时太尉）之孙、赵国国相李益之子，他博览群书，生性清高，不喜交际，只把同郡的荀淑作为老师，同郡的陈寔作为朋友。有次荀爽去拜访李膺，并为其驾车，回来后，荀爽高兴地说："今天终于为李膺君驾车了。"

陈寔（公元104年—187年）字仲弓，颍川许县（在今河南省许昌市）人，他出身寒微，但从小就展露了一定的组织和领导能力，同龄小孩儿都听他的，是个"孩子头"。陈寔年轻的时候在县衙干体力活，后成为亭佐，而他这时候也有志于学问，发奋苦读。县令邓邵和陈寔交谈后，惊异于他的才学，于是送他入太学深造。后县令再召陈寔回县衙当差。后来陈寔成为郡里的西门亭长。

颍川郡长社县（在今河南省长葛市）人钟皓（公元88年—157年，三国时期军事家钟会为其玄孙），学识渊博，学以致用，前后九次受到官府征聘，到三公府中做事，他年长陈寔十六岁，辈分也比陈寔高，但他欣赏陈寔，引陈寔为好友。钟皓原为颍川郡功曹，被选入司徒府做事，向太守高伦辞行的时候，高伦问他："谁可接替你的工作？"钟皓回答说："西门亭长陈寔是合适人选。"于是高伦就任命陈寔为功曹。

中常侍侯览（？—172年）为人奸猾，善于察言观色，深受桓帝刘志的欣赏。侯览接受颍川郡某人贿赂，请托高伦安排此人官职，高伦任命他为文学掾。陈寔了解此人，知其才能不足，于是就怀揣任命文，来见高伦，说道："此人不宜用，但侯常侍又不能得罪，我想到了个两全其美的办法，不如这个任命文由我签发，这样太守就不用蒙尘。"

高伦称赞陈寔道："委屈你了。"任命文下发后，大家纷纷指责陈寔所用非人。陈寔不做解释。后朝廷征召高伦入朝为尚书，郡里大小官员及知名人士为他送行，高伦把上次任命之事的经过讲给了大家，大家纷纷叹服其德。

后来陈寔被任命为太丘县（在今河南永城市北太丘乡）县长，治理有方，百姓安定。再任沛国相国，被人诬告违法征收赋税，陈寔辞职归家。

桓帝刘志为蠡吾侯时，曾拜周福（生卒年不详）为师，向他求学，继位之后，任命周福为尚书。周福为甘陵郡临清县（在今山东省临清市西）人，字仲进。时任河南尹的房植（生卒年不详），字伯武，为甘陵郡郡东武城县（在今河北故城县）人，他以擅长经学知名。两个人在郡里齐名，乡人作歌谣道："天下规矩房伯武，因师获印周仲进。"

房植遵守礼法，为人正派，周福却品行不端，因此，虽然两人是同乡，却形同陌路。两家的宾客也互相讥讽，看不上彼此，遂各结交同类，逐渐结仇，甘陵郡也开始分为南北两部。"党人"这一称呼和"党人"的争执，自他们二人开始，由此也拉开了东汉持续二十多年的党锢之争的序幕。

折腰步

皇太后梁妠有喘气不顺，心口时常感觉有气堵的老病症，为了使刘志早日执掌朝政，防止出现变故，在建和二年（公元148年）正月，她为十七岁的刘志行加冠礼（古人二十岁行加冠礼，表示成年）。梁妠要把朝廷大权交给刘志，刘志不敢接受，他表示自己还年轻，需要皇太后掌舵护航，坚决不接受。梁妠作罢。

和平元年（公元150年）正月，梁妠病情加重，已无力处理政事，她颁布诏书，宣布归政于桓帝刘志，自己不再临朝称制。梁妠病情日渐严重，她乘坐御辇驾临宣德殿，召见宫内官员及梁氏诸兄弟，颁布遗诏道："我素有心下结气，近来加上浮肿，影响进食，身体疲乏，靠着宫内外劳心祷告才至今日。我私下揣度，日夜虚弱，不能再与诸位公卿相始终。扶立天子，遗恨不能长久地抚养他，见其终始。今将皇帝、将军兄弟托付给各位大臣，希望各位勤勉自励。"

两日后，梁太后病逝，享年四十五岁，临朝听政十九年，和顺帝刘保合葬于宪陵（在今河南洛阳市东北汉魏故城西北三十里铺一带）。梁太后注重教育，鼓励各地选送优秀学子到太学深造，太学博士、学生多达三万人，创了历史新高。然而士人浮华标榜（浮华不实，相互标榜）之风也因此而起。

安葬梁太后之后，刘志增加梁冀封邑一万户，共达三万户之多。弘农人宰宣生性奸邪，他为了取悦梁冀，上书道："大将军有周公之功，今既封诸子，则其妻宜为邑君。"于是刘志封梁冀的妻子孙寿（？—159年）为襄城君，兼收阳翟县（在今河南省禹州市）的租税，一年收入多达五千万钱；刘志又赏赐孙寿赤绂（赤绂。绂，fú），位比长公主（东汉皇帝的女儿称为公主；姐妹称为长公主；姑母为大长公主）。

孙寿非常漂亮，喜欢打扮得妖里妖气，而又惺惺作态，作"愁眉"（一种细而曲折的眉妆）、"啼妆"（薄施脂粉于眼角下，视若啼痕，故名）、"堕马髻"（发髻梳在一侧，呈下坠状）、"折腰步"（走路时摆动腰肢，扭捏作态）、"龋（qǔ）齿笑"（故意做作的状若齿痛的笑容），用以媚惑梁冀。梁冀被孙寿迷得神魂颠倒。孙寿生性刻薄善妒，管治梁冀有一套，梁冀对她既宠且惧。折腰步，现在称为模特步或猫步，孙寿也成为中国历史上第一个走猫步的女人。

仆人秦宫深受梁冀的宠信，被提拔为太仓令。秦宫长得很帅气，也深得孙寿的欢心，能自由出入孙寿的房间，每当秦宫过来的时候，孙寿就以有重要事情密谈为由，支开他人，和秦宫厮混。秦宫顿时炙手可热，权倾朝野，连刺史、太守外任的时候，都要向他拜辞。

梁冀和孙寿竞相在京师洛阳和附近郊县，耗费大量人力物力，大兴土木，大肆建造豪宅和园林，各种奇珍异石，名贵花木，飞禽走兽，不可胜数。城西的兔苑方圆数十里，命地方供应兔子，并剪掉固定部位的一片毛作为标识，敢伤害这种兔子的，会被处以死刑。有次一个西域商人初来乍到，把这种兔子当作一般兔子杀死了，结果惹来了麻烦，被牵连、被冤杀者多达十几人。

梁冀又在洛阳城西建造房子，用以收容奸邪之人和亡命之徒。又把良民抓来作为奴婢，多达数千口，起名叫"自卖人"。孙寿担心重用娘家人后，梁、孙二姓布满朝廷会引发朝臣的不满，于是劝说梁冀排斥、罢免梁氏子弟，对外显示谦让，实际上是为了安排孙氏子弟。孙氏子弟为侍中、中郎、校尉、守、长吏者十多人，皆贪得无厌、荒淫凶残，他们派人记录下辖县中的富人，然后找富人的碴儿，给他们定罪，抓他们入狱，让其家属出钱赎买，出钱少者甚至会被处死，借此搜刮钱财。

扶风人士孙奋是个富豪，但生性吝啬，梁冀瞄上了他。梁冀送给士孙奋四匹马，既而向士孙奋借钱五千万，但士孙奋只借给了他三千万钱。这惹恼了梁冀，他向郡县诬告士孙奋的母亲本是梁家负责看管财物的奴婢，偷盗了白珠十斛、紫金千斤后逃跑了。官府不敢怠慢，于是把士孙奋兄弟收押了起来，拷打致死，把士孙奋价值一亿七千多万钱的财产予以没收。梁冀又派人到各地，甚至塞外，广求异物，而这些人又乘机横征暴敛，强暴妇女，殴打官员士兵，每到一处，当地都对他们非常痛恨。

侍御史朱穆深感忧虑，他写信极力劝告梁冀。梁冀听不进去，但因为朱穆是他的旧部，他向来看重朱穆，所以也并没有加罪朱穆。

梁冀写了一封书信，派使者送给乐安郡（郡府临济县，今山东高青县高城镇西）太守陈蕃，有私事请托，陈蕃知道使者来意，托词不见。于是使者谎称是其他客人，请求当面拜见。陈蕃大发雷霆，命人笞（chī，用鞭、杖或竹板子抽打）杀之。陈蕃刚开始在郡中任职，后来被推举为孝廉，担任郎中，因母丧辞职。后被太尉李固推荐，到朝中担任议郎，又升任乐安太守。

当时皇子生病，朝廷下令各郡县到集市上采购名贵的药材。梁冀趁机派使者携带信件到各地，一并求购牛黄（牛黄可用于解热、解毒、定惊，天然牛黄非常珍贵）。京兆尹延笃下令逮捕了使者，说道："大将军是皇后亲人，皇子有疾，必会呈递药方，怎么会让使者远赴千里之外谋利呢？"于是把使者处死。梁冀不便明里发作，就命有关部门追查此事，以延笃有病的名义，把他免职。延笃在家以授徒为业。

梁氏覆灭

河南尹梁不疑（梁冀二弟）和大哥梁冀的志趣不同，他爱好经书，喜欢接待儒生，梁冀不待见他，把他从河南尹调整为光禄勋。河南尹和光禄勋的俸禄都是中二千石，光禄勋主管宫殿门户的值班警卫工作，而河南尹是京都的主官，权柄不同，河南尹位置更为重要。梁冀任命儿子梁胤为河南尹。梁胤这时才十六岁，相貌丑陋，穿上官服后显得不伦不类，路人无不嗤笑。

梁不疑耻于兄弟间的争斗，于是和弟弟梁蒙（梁冀三弟）辞职归家，闭门不出。梁冀仍怀疑两位弟弟与宾客有交往，派人便衣蹲守在他们的门口，记下来往者。南郡太守马融、江夏太守田明赴任时，来向梁不疑辞行，被记录了下来。梁冀指使有关部门诬告马融和田明，他们被判处流放朔方郡。马融自杀未遂，田明死于途中。

山崩、地震、旱灾、水灾、蝗灾等自然灾害不断；当政者腐败无能；加之匈奴、鲜卑、武陵郡和蜀郡蛮夷、西域等地的叛乱，虽然这些叛乱被平定了，但造成民生凋敝，甚至在京畿、冀州地区都发生了人吃人的现象。一天，天空又出现了日食，太史令陈授和梁冀不睦，他让小黄门徐璜向皇帝刘志呈递奏章说："日食之变，责任在于大将军梁冀。"消息很快传到了梁冀的耳朵里，他授意洛阳县令把陈授逮捕入狱，拷打致死。有人把消息禀报给了刘志，刘志从此开始厌恶梁冀。

皇太后梁妠临朝听政时，刘志的皇后梁女莹（梁妠妹妹）霸占了刘志，不让其他嫔妃接近。迫于形势，刘志只得忍气吞声。梁女莹生活奢侈无度，毫无节制。待到梁太后去世后，刘志对梁女莹的态度也开始起变化，敢和其他嫔妃同床了。梁女莹没有生子，但她嫉妒心超强，心肠歹毒，嫔妃怀孕后几乎都难以保全。梁冀手握大权，刘志不敢对梁女莹下手，只得使用冷暴力，让梁女莹侍寝的机会越来越少。梁女莹恼怒怨恨，病发身亡，在皇后位十三年（公元147年—159年）。

梁冀家族，前后七人封侯，三位皇后，六位贵人，两个大将军，称夫人、称君者七人，娶公主为妻者三人，其余担任卿、将、尹、校者五十七人。梁冀控制朝政已经二十多年了，他日益专横，宫内外遍插亲信，掌握皇帝刘志的一举一动，一言一行。四方的贡品，必先送到梁冀府中，待他挑选后，再送入宫中。到梁冀府上求官者更是络绎不绝，相望于道。

刘志又尊崇梁冀，特准其入朝的时候可以不必快步小跑，剑履上殿（可以佩着剑穿着鞋上朝），参拜时不报自己的名字，礼仪比照萧何；增加封邑为四个县，比照邓禹；赏赐府邸、金钱、奴婢、车马、衣服等，比照霍光。每次朝会的时候，梁冀和三公不同席，在三公之上另设席位，十天一入朝，处理尚书奏事。即使享受了如此殊荣，梁冀仍不满意，暗地里发牢骚。

吴树被任命为宛县（南阳郡郡府所在，今河南省南阳市）县令，辞行的时候，梁冀要求他关照自己在宛县的宾客。吴树到任后，却把梁冀宾客中作恶最多的数十人予以处死。吴树因为政绩突出，升任荆州刺史，他到梁冀府中辞行，梁冀强作欢颜，请他饮酒，但事先在酒中下毒，吴树出了梁府不久，毒发死在了车中。辽东郡太守侯猛，不肯向梁冀拜谢，直接去上任了，梁冀诬告侯猛，予以腰斩。

郎中袁著上书要求限制梁冀的权力，梁冀命人捉住袁著后将其活活打死。袁著的朋友郝絜、胡武也受到牵连，郝絜全家六十多人被杀，胡武服毒自尽。汉安帝刘祜的嫡母耿贵人去世，梁冀向耿贵人的侄子、林虑侯耿承索要耿贵人的珍宝，但被耿承拒绝，梁冀恼羞成怒，竟然把耿承及他的家属十多人杀害。崔琦因有才华受到梁冀的欣赏，他看不惯梁冀的所作所为，写了《外戚箴》进行劝诫，梁冀大怒，命人把崔琦杀害。

郎中邓香（汉和帝刘肇皇后邓绥的侄子）和妻子邓宣（史书上没有交代宣的姓，为了方便讲述，给她加上夫姓）生女邓猛（也作邓猛女）。邓香去世后，邓宣改嫁梁纪，梁纪是孙寿的舅舅，孙寿见邓猛长得非常漂亮，于是把她送入了皇宫。邓猛很讨刘志的喜欢，被封为贵人。梁冀欲升级为国丈，为下一步谋朝篡位做准备，于是他改邓猛为梁猛，为了使计划得逞，他派刺客刺死了邓猛的姐夫、议郎邴尊。梁冀一不做，二不休，派刺客准备刺死邓宣。刺客攀上了邓宣邻居、中常侍袁赦家屋顶,准备跳入邓宣家行凶。袁赦突然发现了刺客,他急忙擂响大鼓,召集人手,并派人通知了邓宣。刺客没有得手,邓宣赶忙入宫禀告了刘志。

刘志怒发冲冠,回想起过去种种屈辱,他决心不再做傀儡任人摆布,准备铲除梁冀等人。刘志趁着上厕所的机会,单独召见最亲信的太监、小黄门史(小黄门中掌书者)唐衡,问他道:"我们身边和大将军家不和者都有谁?"

唐衡回答说:"中常侍单超、小黄门史左悺之前去见河南尹梁不疑,礼数不周,梁不疑逮捕了他们的兄弟,送交洛阳监狱,二人亲自前去谢罪,才予以释放,因此二人对梁家不满。中常侍徐璜、黄门令具瑗私下时常抨击梁家蛮横霸道,只是对外不敢说。"

于是刘志把单超和左悺召进内室,对他们说道:"梁将军兄弟专擅朝政,胁迫内外,公卿以下,皆听他们号令。朕准备除掉他们,你们意下如何?"

单超等人倍受梁冀压制,等这一天等了很久了,但他们又不无疑虑地问道:"梁氏是国之巨奸,早就该诛杀了,只是臣等实力弱小,不知圣意如何?"

刘志颔首道:"确实如此,请常侍们秘密行动。"

权力的诱惑力太大,单超等人愿意冒险一试,他们说:"解决掉梁冀等人并不难,但唯恐陛下狐疑不定。"

刘志说:"奸臣威胁国家,理当定罪,还有什么疑惑的!"

他们于是召来徐璜、具瑗,定下了铲除梁氏的计谋,刘志把单超的胳膊一把拽了过来,上去狠狠咬了几口,单超胳膊流出了鲜血,五个人每人吸了两口,歃血为盟。

单超等人说:"陛下心意已决,勿复再言,恐为人所疑。"

梁冀在宫中耳目众多,单超等人的行为还是引起了梁冀的注意,他心有疑虑,延熹二年(公元159年)八月十日,他派中黄门张恽入宫值班,以防有变。情势危急,具瑗派人逮捕了张恽,理由是:"私自入内,意图谋逆。"

刘志驾临前殿,召集诸位尚书,宣布这次行动的目的,命尚书令尹勋持皇帝符节,率领尚书左右丞、尚书郎以下皆持兵器守卫宫门,把所有符节印信等权威信物送入宫中,命具瑗率左右廐骅(骑士)、虎贲卫士、羽林军、都候(主行夜巡逻的卫士官)剑戟士共一千多人,和司隶校尉张彪共同包围了梁冀的府邸。

府外喊杀声震天，梁冀府中乱作一团，一些势利之徒也纷纷翻墙投降，梁冀无力反抗。刘志派光禄勋袁盱持节，收缴了梁冀的大将军印绶，降封为比景都乡侯。梁冀及妻子孙寿当日即自杀。梁不疑、梁蒙之前已经去世。

刘志命令把梁冀之子梁胤、叔父屯骑校尉梁让，及宗亲卫尉梁淑、越骑校尉梁忠、长水校尉梁戟等梁氏家族和孙寿的孙氏家族人员送入大牢，后皆被判处死刑，在闹市斩首。又处死了其他公卿、列侯、校尉、刺史、太守等梁氏同党数十人，梁氏旧部宾客被罢免者三百多人，造成朝廷官员大面积空缺。

有关部门指控太尉胡广、司徒韩演和司空孙朗，不入宫保卫皇帝，在长寿亭止步不前。刘志免去他们的死罪，贬为平民。

当时事发突然，而且是在宫中发生，使者在大街上飞驰，公卿人人自危，官府内、大街上人声鼎沸，议论纷纷，数日后方才安定，当百姓知道是梁氏被诛后，无不拍手称快。

官府收缴梁冀的财物，经过变卖，共合钱三十多亿，充入国库，用以减免天下一半的租税。拆除了梁冀及孙寿的苑囿，分配给贫民。

当年，梁商（梁冀父亲）为了讨好顺帝刘保，把一个叫友通期的绝色美女献给了顺帝，新鲜感过后，恰好友通期又犯了个微小的过失，顺帝就把友通期还给了梁商。梁商不敢留，把友通期嫁出去了。梁冀早就对友通期的美色垂涎三尺，他派人把友通期偷了回来，把她安置在城西的一处宅院里。即使不久梁商去世，梁冀在服丧期间，仍然改换服装，到城西和友通期私会。梁冀金屋藏娇的风流事还是被孙寿知道了，有次趁着梁冀外出，孙寿率领不少家奴，到城西把友通期劫掠到了府中。孙寿命人把友通期的头发剪断，把脸挠伤，并用皮鞭抽打她，还准备上书告发此事。梁冀惊恐，向孙寿承认错误，表示不会再有下次，并磕头请岳母出面阻止，孙寿这才罢手。事情过了一段时间，梁冀难耐欲望，又和友通期幽会。友通期怀孕，产下一子名梁伯玉，梁冀担心孙寿发现，就把梁伯玉藏了起来。孙寿还是知道了此事，她火冒三丈，让儿子梁胤派人杀害了友通期。梁冀担心孙寿伤害梁伯玉，就把他藏在了墙的夹缝里，定期派人送饭。

本次梁氏各处府邸被抄，有人发现了夹缝里的梁伯玉，禀报了刘志，刘志感慨于梁伯玉的坎坷遭遇，赦免了他。

第七章 党锢之祸

五　侯

铲除梁冀等人以后,桓帝刘志封梁贵人为皇后,他厌恶梁姓,改梁皇后为薄皇后,后听说她是邓香的女儿,又把姓氏改回了邓姓。封邓香侄子邓康、邓秉为侯爵,任命邓氏宗亲担任列校、郎将。

刘志下诏封赏诛灭梁氏的有功之人,封单超为新丰侯,食邑二万户;徐璜为五原侯,具瑗为东武阳侯,各食邑一万五千户,每人赏钱一千五百万;左悺为上蔡侯,唐衡为汝阳侯,各食邑一万三千户,各赏钱一千三百万。五个宦官同日封县侯(汉制:列侯大者食县,小者食乡、亭),震惊朝野,世人称之为"五侯"。刘志提拔左悺、唐衡为中常侍。

刘志又封尹勋为都乡侯,霍谞为邺都亭侯,张敬为山阳曲乡侯,欧阳参为修武仁亭侯,李玮为宜阳金门侯,虞放为冤句吕都亭侯,周永为下邳高迁乡侯。这七人都不阿附梁氏,或平日弹劾过梁冀,或在铲除行动中立功。

三公全被免职,职位空缺,刘志任命大司农黄琼为太尉,光禄大夫祝恬为司徒,大鸿胪盛允为司空。黄琼字世英,江夏郡安陆县(在今湖北安陆市)人,前尚书令黄香之子,他跟随父亲久在台阁,熟悉朝廷的法律和运作,他从任议郎开始,逐渐升职,历任司空、太仆、司徒、太尉等职,遍历三公。他为人正直,因不肯任用梁冀推荐的人,得罪梁冀,被罢免,再复任大司农,此次梁冀被除,再被任命为太尉。梁冀主政二十多年,朝政积弊已久,天下渴望新政,黄琼居于三公的首位,检举了十多位贪暴的州郡长官,他们均被处死或流放,海内一致称道。

中常侍侯览想封侯,于是向刘志献上了细绢五千匹,刘志先封侯览为关内侯,又对外说侯览参与了谋划铲除梁冀的行动,再封侯览为高乡侯。刘志又封小黄门刘普、赵忠等八人为乡侯。从此,朝廷大权由外戚转到了宦官手中,朝纲更加混乱。

天灾不断，东郡白马（治所在今河南滑县城关镇东）县令李云上书针砭时政，抨击宦官，刺激到了刘志，他大怒，命令有关部门逮捕了李云，派中常侍管霸和御史、廷尉联合审讯他。弘农郡五官掾杜众同情李云因言获罪，上书表示要与李云同日死，刘志命令逮捕了杜众。大鸿胪陈蕃、太常杨秉、雒阳市长（管理市场）沐茂、郎中上官资分别上书，请求宽赦李云。刘志严厉批评了陈蕃和杨秉，并把他们免职；沐茂和上官资被降了两级。过了一段时间，刘志火气消了，再起用陈蕃为光禄勋，杨秉为河南尹。

宦官及其亲信势力越来越大，太尉黄琼自知无法抑制宦官势力，遂称病不起。单超生病了，病得还挺重，刘志为了让单超享受更大的荣耀，以酬谢他在铲除梁冀的过程中立下首功，于是派使者任命单超为车骑将军，地位相当于三公。宦官生前担任三公级别的高官，从单超开始（之前宦官孙程去世后，被追赠为车骑将军）。

单超兄长之子单匡，为兖州济阴郡（郡府定陶县，今山东菏泽市定陶区西北）太守，他依仗叔叔的势力，贪婪放纵。兖州刺史第五种个性耿直，他派从事卫羽负责查办单匡贪污案，共查获赃钱五六千万。第五种十分震惊，当即上报朝廷，同时弹劾单超。单匡惊恐，重金收买杀手任方，派他去刺杀卫羽。卫羽发现了任方，把他逮捕，关进了洛阳监狱。

单匡担心河南尹杨秉穷追此事，于是买通监狱看守，使任方越狱逃走。刘志获悉洛阳监狱竟然有犯人越狱，派尚书责问杨秉。杨秉辩解道："任方犯下罪行，是单匡指使，请派囚车把他抓回来，深入调查，则奸恶的行为必可立得。"但刘志不听杨秉的解释，判杨秉到左校做苦工。

当时泰山贼寇叔孙无忌一伙，抢掠徐州、兖州，泰山险峻，叔孙无忌又比较狡猾，州郡虽有精兵，却奈何他不得。单超遂以征剿不力为名，在刘志面前陷害第五种。第五种被免职，流放朔方郡。朔方郡太守董援，是单超的外孙，早就接到了单超的命令，准备杀害要到来的第五种。第五种昔日的部下孙斌得到消息后，联络宾客追赶第五种，追到太原郡（郡府晋阳县，在今山西太原市西南），终于追上，他们劫下第五种，拼死逃命，一日一夜行四百余里，才得成功脱逃。多年之

第七章 党锢之祸　　159

后，碰到大赦，第五种才不用东躲西藏，最后，老死家中。顺便交代一句，第五种被流放两年后，叔孙无忌被中郎将宗资击败。朝廷又任命皇甫规为泰山郡太守，他到任后，用计谋平定了叛乱。

单超病重不治去世，只剩下了四侯，他们变得更为骄横，天下人说他们："左回天，具独坐，徐卧虎，唐雨堕（大意是：回天，权力能回天；独坐，娇贵无与伦比；卧虎，无人敢冒犯；雨堕，雨之所堕，无不沾湿，是说其流毒遍于天下）。"

中常侍侯览和小黄门段珪在济北国（首府在今山东济南市长清区西南）边界购置产业，他们的下人及宾客为非作歹，劫掠过往旅客。济北国国相滕延，把他们统统抓捕，并处死了数十人，把尸体丢弃在了大路上。侯览和段珪气恼，向刘志诬陷滕延，朝廷征召滕延到廷尉报到，后免去了他的职务。

左悺的哥哥左胜为河东郡太守，下辖的皮氏县县长赵岐，以在左胜手下为官为耻，愤而辞职，返回故乡京兆。这时候的京兆尹唐玹是唐衡的哥哥，因为之前赵岐多次贬议唐玹，唐玹痛恨赵岐，这次抓住时机，诬陷赵岐图谋不轨，赵岐的家属和宗亲都被重判处死。赵岐四方逃难，隐姓埋名，在北海郡（郡府营陵县，在今山东昌乐县东南）街上卖饼谋生。北海郡安丘县（在今山东省安丘市）人孙嵩觉得赵岐气质不凡，不像普通人，于是他用车把赵岐拉回了家中，藏于夹壁之中。后来唐衡兄弟死后，遇到大赦，赵岐才敢从夹壁中出来。

凉州三明

这些年，西羌不断叛乱，名将、护羌校尉段颎（颎jiǒng，？—179年）反击，西羌损兵折将。平息西羌、蛮夷及地方叛民，朝廷花费甚巨，加之自然灾害不断，国库亏空，刘志命令削减公卿及以下官员的俸禄，并向亲王及侯爵借贷封国一半的赋税；又出卖关内侯、虎贲武士、羽林缇骑、营士、五大夫等职获钱各不等。

延熹四年（公元161年）冬，羌族先零部落、沈氏部落及其他部落，抢掠凉州和并州，护羌校尉段颎率领义从胡（汉武帝元狩二年，即前121年，霍去病定西河地，小月氏出山，与汉人杂居。共有七个大种，分布在湟中及令居，称"湟中月氏胡"。另有数百户在张掖，称"义从胡"）迎击。凉州刺史郭闳（hóng）想和段颎共享战功，他留阻段颎的军队，使其不得前进。义从胡离家征战日久，他们思念家乡，皆叛逃而去。郭闳上书朝廷，把责任全推给段颎，段颎被征召回京入狱，被判到左校做劳工。

朝廷任命济南国国相胡闳接任护羌校尉，但他没有威信和谋略，无法阻挡西羌的进攻，西羌势力遂气焰猖獗，攻陷大营坞堡，招揽结交其他部落，向周边各郡发起攻击。

刘志把泰山郡太守皇甫规调任为中郎将，持节监督关西诸军讨伐羌乱。皇甫规向叛羌发起攻击，杀死了八百人，先零等部落一向敬佩皇甫规的威名，纷纷来降者达十几万人。沈氏部落也前来归降，凉州交通线再度恢复。

皇甫规查明，安定郡太守孙隽收受贿赂，名声败坏；属国都尉李翕、督军御史张禀杀害不少降兵；凉州刺史郭闳、汉阳郡太守赵熹老弱，不称职。但这些人依仗朝中宦官等权贵人物支持，不守法度。皇甫规上书罗列他们的罪行，这些人或被诛杀或被免职。羌人久受这些人压迫，对皇甫规的举措欢欣鼓舞，又有十多万人前来投降。

皇甫规不结交宦官，又不结党，还查处了不少贪官，贪官往往上下一条线，因此，从官内到官外，从朝廷到地方，不少人污蔑皇甫规，说他并无战功，不过是贿赂了群羌，让他们出了一张假降的降书罢了。

刘志听信谗言，下诏责问皇甫规。皇甫规上书辩解，刘志不听，把皇甫规召回京城，任命他为议郎。依皇甫规的战功，应该加封侯爵，中常侍徐璜、左悺想借机敛财，于是派人不断向皇甫规询问战功情况，实际上是想让皇甫规行贿，皇甫规不肯贿赂。徐璜等人发怒，认为皇甫规"不懂规矩"，他们追究皇甫规收买羌人的事，交给有关部门定罪。皇甫规的手下劝他花钱消灾，但皇甫规坚决不肯。最后，皇甫规被以余寇没有清除的罪名，判处到左校做苦工。皇甫规的冤案震动朝野，公卿和太学生张凤等三百多人到宫门为他喊冤求情。恰好遇到大赦，皇甫规得以回家。

延熹六年（公元163年）鲜卑攻打辽东，刘志任命皇甫规为度辽将军。皇甫规到任数月后，推荐张奂（公元104年—181年）接替自己。

张奂曾经是梁冀的下属，他担任安定属国都尉（驻地在安定郡三水县，在今宁夏同心县东）时，南匈奴七千人马来犯，张奂临危不乱，招抚东羌共击南匈奴，南匈奴撤退。张奂又调任使匈奴中郎将，当时南匈奴休屠各部落和乌桓造反，火烧军门，张奂的手下都非常恐慌，准备逃亡，但张奂依旧不紧不慢，稳坐在大帐之中，泰然自若地和弟子们讲经，将士们这才稍安。张奂诱降了乌桓，让乌桓杀死了休屠各的渠帅，然后趁势击败了余众，匈奴人归降。后鲜卑侵犯汉朝边境，张奂率领南匈奴迎击，斩首数百。

梁冀被灭以后，张奂受牵连被免职，亲友故交没人敢出面替张奂讲情，皇甫规和张奂之前就交情不错，只有他先后七次上书保举张奂。张奂在家赋闲四年之后，被任命为武威郡太守。皇甫规认为张奂比自己更适宜担任度辽将军一职，于是向朝廷推荐道："张奂才干和智谋俱优，宜担任度辽将军，以满足众人期待，如果认为我适宜在军中效命，我愿意担任张奂的副手。"

军事非小事，刘志这次接受了皇甫规的建议，任命张奂为度辽将军，皇甫规为使匈奴中郎将。

这时候，西州官员百姓数千人前往皇宫替段颎申冤。刘志也清楚了段颎是被郭闳陷害，于是下诏询问具体情况。段颎只表示谢罪，不敢称自己冤枉，京师之人都称他为长者。朝廷重新起用段颎，任命为议郎，再任并州刺史。这时羌族滇那等部落五六千人侵犯武威、张掖、酒泉等郡，烧杀抢掠，凉州几乎沦陷。朝廷任命段颎为护羌校尉。段颎威名远播，他到任后，滇那、良多等部族首领三百五十五人率领三千多人前来归降。当煎、勒姐等部落仍然结营作乱，段颎率领一万大军攻打他们，斩首四千。段颎又率军追击，经过数次战斗，杀死两万三千人，俘虏数万人，一万多人投降。刘志大喜，封段颎为都乡侯。

皇甫规，字威明，是凉州安定郡朝那县人；张奂，字然明，是凉州敦煌郡渊泉县（今甘肃省安西县）人；段颎，字纪明，是凉州武威姑臧人。他们三人都是凉州人，字里都有个"明"字，因此被称为"凉州三明"。顺便交代一句，张奂长子张芝为著名书法家，有"草圣"之誉。

这时候，长沙、零陵变民起兵，"零陵蛮"和"武陵蛮"也跟着叛乱，前荆州刺史讨伐不力，刘志任命度尚为荆州刺史；又任命冯绲为车骑将军，率领十万大军讨伐叛乱，冯绲推荐应奉为从事中郎，随军出征。冯绲大军抵达长沙，汉人叛民慑于声威，随即投降。冯绲率军进攻"蛮人"，杀死四千多人，十万多"蛮人"投降，荆州宣告平定。大军班师，刘志重赏冯绲，冯绲拒绝，并推荐应奉担任司隶校尉。

冯绲班师后，桂阳叛民又起来叛乱，"武陵蛮"再叛，武陵太守陈举率军平息叛乱。冯绲向来不依附宦官，宦官抓住这次机会，以盗贼复发为名，免去了冯绲的职务。

司空刘宠和太尉杨秉（三公走马灯似的换个不停，其间变化不再单独交代）上书刘志，要求抑制宦官，查处地方贪官污吏，刘志同意。杨秉奏报了刺史、太守有罪者五十多人，或被诛杀，或被免职，天下肃然。

尚书朱穆当着刘志的面，严厉抨击宦官，刘志不理。朱穆跪倒不起，刘志怒喝左右道："拉出去！"朱穆被拖出。宦官展开报复行动，以刘志的名义，多次辱骂朱穆，朱穆性格刚直，抑郁不平，不久身上长出毒疮，病发身亡。

名士风流

郭泰（公元128年—169年），字林宗，是太原郡介休县（在今山西省介休市）人，家世贫贱，早年丧父，和母亲相依为命。郭泰的母亲想让他到县衙里做事，郭泰说："大丈夫岂能从事这种低下的劳动呢！"

于是郭泰拜别母亲，来到成皋（在今河南省荥阳市），向大儒屈伯彦求学。郭泰刻苦学习，三年之后学业已成，精通古代典籍。他身高八尺，相貌出众，身材高大壮实，长于谈论，声音洪亮，善于把控语言节奏。京师洛阳是人才荟萃之地，于是郭泰来到了洛阳游学，当时京城没有人知道他，直到有一天名士符融见到他，和他交谈后，对他的学识大为惊异，便把他推荐给了自己的老师、河南尹李膺。

李膺见到郭泰后，赞叹道："我见到的士人多了，还没有见过像郭林宗这样的，他聪明豁达，情趣高雅，思维缜密，学识广博，今日华夏，鲜见此辈！"

李膺和郭泰成了好朋友，于是郭泰开始名震京师。后郭泰要回故乡，官员和诸儒生争相送别，一直送到了河边，车辆达数千辆。唯有李膺和郭泰同船渡河，众宾客远远相望，认为他俩简直像神仙一般。

司徒黄琼（公元86年—164年）、太常赵典都征聘郭泰，有人劝郭泰进入仕途，他说："我夜观天象，昼察人事，上天要废弃的，支不起来！"于是一概不应聘。

郭泰宽衣博带，周游郡国。有一次在行路的时候，遇雨，他没有携带雨具，白头巾因为淋雨而下垂，众人望见，争相仿效，故意把头巾折下一角，称为"林宗巾"。

郭泰心思敏锐，善于识人，喜欢劝导勉励士人，陈留人茅容、申屠蟠、钜鹿人孟敏、鄢陵人庾乘等人，都在郭泰的勉励下，发奋读书，成为名士。

有人问名士范滂（公元137年—169年）道："郭林宗是何许人？"

范滂回答说:"隐居而不违背亲情,坚持原则而不弃绝尘俗,天子不得其为臣,诸侯不得其为友,然后就不知道其他了。"

同时期的大儒马融(前文有交代),教育和供养的学生,时常有千人以上,卢植(刘备和公孙瓒的老师)和郑玄(大儒)都是他的弟子。马融善于弹琴,喜好吹笛,凭个性行事,不受世俗的羁绊,不拘泥于儒家的繁文缛节。房间器具及服饰,大都装饰奢侈。他常坐在高堂之上,挂上绛色纱帐,前面授徒,后面列女子乐队,弟子按入门早晚相互传授,极少有能进入马融卧室者。

世人称这种恃才放达、不拘小节、不拘礼法的风度和习气曰"风流",《后汉书》说:"汉世之所谓名士者,其风流可知矣。"汉末名士的这些"风流"行为,到了魏晋时期得到了进一步的继承和发扬,构成了"魏晋名士"这一历史上独特而亮丽的风景线。

第一次党锢之祸（上）

益州刺史侯参，是中常侍侯览的弟弟，他残暴贪婪，赃款累积过亿。太尉杨秉弹劾侯参，刘志命用囚车把侯参押送京城。侯参自知死罪难逃，在路上自杀。刘志命人查验其随从的车辆，发现三百多辆装满了金银绸缎。杨秉趁机弹劾侯览，要求把他免职，遣送回老家。

刘志命尚书责问杨秉的掾属道："设置百官，各有职掌，三公统外，御史察内，今超越权限，弹奏内官，典籍、汉制，依据的是哪一项？请公开答复！"

杨秉的掾属应变能力也很强，他回答道："《左传》上记载'除君王身边之恶，唯有全力以赴'。文帝宠臣邓通懈怠傲慢，丞相申屠嘉追究邓通责任，文帝因此出面求情。汉朝旧制，三公之职，无所不统。"

尚书哑口无言，禀报了刘志。刘志为了给百官交代，暂时免去了侯览的职务，但不久之后，又让侯览官复原职。

"五侯"已经去世三位：单超、唐衡和徐璜，目前只剩下了具瑗和左悺。司隶校尉韩演趁侯览被免职的机会，弹劾左悺及其兄长、南乡侯太仆左称道："请托州郡走后门，聚敛巨额财产，为非作歹，放纵宾客，侵犯吏民。"左悺和左称畏罪自杀。

韩演又弹劾具瑗和他哥哥、沛国国相具恭贪污受贿，刘志命具恭到廷尉报到。具瑗主动到廷尉报到，并上交了东武侯印绶，争取宽大处理。刘志下诏贬具瑗为乡侯。单超、唐衡和徐璜的爵位继承人，也全部贬为乡侯，子弟中被分封的，全部收回封爵和土地。同时，尹勋等人的封爵也被收回。

河南郡宛陵县（在今河南省新郑市东北）大姓羊元群，曾经担任北海郡太守，藏污纳垢，声名狼藉，被罢官回家时，甚至将厕所里的精巧玩意儿都打包带走。

河南尹李膺得知后，上表弹劾羊元群。羊元群为了脱罪，向宦官们行贿，结果，李膺反被指控诬告。山阳郡太守单迁（单超弟弟）因为作奸犯科，被关押在廷尉监狱，廷尉冯绲对其严刑拷问，竟致单迁死亡。宦官们反应激烈，他们联合上书，诬陷冯绲。中常侍苏康和管霸，在全国各地低价购置大量田宅，州郡官员都不敢过问，但大司农刘祐不畏权贵，依法没收其田宅。苏康从民间遴选大量美女送入宫中，管霸有点才干和谋略，他们都深受刘志的宠信，田宅被没收后他们联合起来诬陷刘祐。

这几封诬告信都起了作用，刘志阅后大怒，判处刘祐、李膺和冯绲全部到左校做苦工。

刘志沉湎女色，宫女竟有五千多人，服侍人员又是宫女的两倍以上。刘志宠爱郭贵人，让她的待遇甚至超过了皇后邓猛，郭贵人和邓猛互相争风吃醋，在刘志面前竞相状告对方，郭贵人心肠更毒，她状告邓猛施用巫蛊之术。刘志大怒，废黜了邓猛的皇后之位，把她送入暴室，邓猛忧愁致病，不治而死。邓猛的叔叔、河南尹邓万世和虎贲中郎将邓会也被逮捕入狱，死在了狱中。在这场后宫斗争中，郭贵人虽然获胜，但刘志也开始对她厌倦。

皇后之位空缺，按常规次序需要从贵人（东汉后宫排名：皇后、贵人、美人、宫人、采女）中遴选一个作为皇后，但刘志此时非常宠爱采女田圣，想封她为皇后。司隶校尉应奉（接替韩演）上书说："皇后地位尊崇，是国家兴废的关键。汉成帝立赵飞燕，后代断绝。陛下应该思考一下《关雎》之所求（乐得淑女以配君子），远离五类禁忌（《韩诗外传》说，妇人有五不娶：丧妇长女不娶，为其不受命也；世有恶疾不娶，弃于天也；世有刑人不娶，弃于人也；乱家女不娶，类不正也；逆家女不娶，废人伦也）。"

太尉陈蕃认为田圣出身卑微，而贵人窦妙（？—172年）出身名门，她的父亲郎中窦武（？—168年），是东汉开国功臣窦融的玄孙，窦武本人擅长经学，德行好。因此陈蕃据理力争，主张立窦妙为皇后。刘志无法说服群臣，不得已，立窦妙为皇后，任命窦武为特进、城门校尉，封槐里侯。虽然窦妙已贵为皇后，但很少受到刘志的临幸，刘志喜欢的仍然是田圣等人。

陈蕃数次向刘志陈说李膺、冯绲、刘祐是被冤枉的，希望能让他们官复原职，言辞恳切，说到动情处，潸然泪下；应奉也上书替他们三人申冤。刘志免去了李膺、冯绲、刘祐的刑罚，过了一段时间，再任命李膺为司隶校尉，冯绲为屯骑校尉。

这时，小黄门张让（颍川人）深受刘志的宠信，他的弟弟张朔担任河内郡野王县（在今河南省沁阳市）县令，张朔贪污残暴，不走正道。河内郡归司隶校尉统辖，张朔听过李膺的威名，得知李膺上任司隶校尉，他非常害怕，急忙逃回京师，藏到哥哥张让家的夹壁之中。李膺得到消息，带人来到张让家中，破壁把张朔拎了出来，交给洛阳监狱收押，审讯完毕，签字画押后，即行处决。

张让鼻涕一把泪一把地找刘志哭诉弟弟是被冤杀的。刘志召李膺责问他为什么不请示便处决张朔，李膺回答说："当年孔子为鲁国大司寇，七日而诛杀少正卯。今臣到任已经十天，担心因延误而造成过失，料想不到会因为办事迅速而获罪，我自知罪责，但誓死不会退缩，请陛下给我宽限五日，追出元凶，然后即使被烹煮，也平生此愿足矣！"

李膺正气凛然，刘志不好再说什么，回头对张让说道："这是你弟弟的罪过，司隶校尉何罪之有！"

从此，各位黄门常侍皆恭谨畏怯，休假也不敢走出宫门，生怕回不来。刘志很奇怪，就询问他们原因，宦官们叩头流涕道："畏惧李校尉。"

当时朝廷日渐混乱，纲纪败坏，唯李膺刚正不阿，以声名自重，士人有被其容留接纳的，被称为"登龙门"。

太学生三万多人，以郭泰和贾彪（颍川人，名士）为首领，他们和李膺、陈蕃、王畅（名士）互相褒扬推重。学生们说："天下楷模，李元礼；不畏豪强，陈仲举；天下俊秀，王叔茂。"李膺字元礼，陈蕃字仲举，王畅字叔茂。这是一种新的、强大的上流社会风气，于是朝内朝外都迎合这种风气，竞相以品评人物作为一种时尚，自公卿以下，莫不畏惧被名士差评，纷纷着急忙慌地前去登门拜访。

汝南郡太守宗资，任命范滂为功曹；南阳郡太守成瑨，任命岑晊（zhì）为功曹，全权委托他们惩恶扬善，肃清郡府。宛县的富商张汎（fàn），与皇帝后宫某美女沾亲带故，又善于雕刻精美物件，他贿赂宦官，以此得到显赫位置，横行无忌。岑晊和贼曹吏（主盗贼事）张牧，征得成瑨同意，抓捕了张汎。不久遇到大赦令，成瑨担心张汎再作恶，非但不放张汎，反而把他处死，并把张汎的宗族宾客二百多人全部处死，然后才上报朝廷。小黄门赵津（晋阳人）贪暴放纵，为县里巨患。太原郡太守刘质，派郡吏王允（日后设计除掉董卓的王允）抓捕了赵津，虽然也遇到了大赦令，但依然坚决处决了赵津，使他不能继续为恶。

这可惹恼了宦官们，中常侍侯览让张汎的妻子上书喊冤，宦官们也诬陷中伤刘质，刘志大怒，把成瑨和刘质召入京师，押入大牢。有关部门秉承刘志旨意，判处成瑨和刘质在闹市斩首。

山阳郡（郡府昌邑县，在今山东金乡县西北）太守翟超（名士），任命同郡人名士张俭（公元115年—198年）为东部督邮（代表太守督察县乡，宣达政令兼司法等）。侯览老家在山阳郡防东县（在今山东省单县东北），他的亲属在家乡横行无忌，为祸乡邻，他母亲在洛阳病故后，拉回老家安葬，大起坟墓。张俭上书揭发侯览的罪行，但奏章被侯览截下；张俭又推平了侯览的宅院，没收财产，再上书揭发，仍然无法送达皇帝刘志。

趙飛燕

▲ 赵飞燕像

第一次党锢之祸（下）

下邳（今江苏省睢宁县古邳镇）县令徐宣（？—236年），是中常侍徐璜的侄子，十分残暴，曾经求娶前汝南太守李暠的女儿为妻，但被李暠婉拒。徐宣大怒，派人到李家把李暠的女儿抢了过去，并用箭把李暠女儿射死。东海国国相黄浮（汝南人）得到消息，怒不可遏，逮捕了徐宣及其家属，不分长幼，皆严刑拷问。黄浮的下属力劝，黄浮说："徐宣是国贼，今日杀了他，明天获死罪，也足以瞑目了！"黄浮命令把徐宣在闹市斩首示众。

宦官们在刘志面前告状，刘志命令把翟超和黄浮髡（kūn）钳（剃去头发，用铁圈束颈），送到左校服苦役。

太尉陈蕃和司空刘茂上书营救成瑨、刘质、翟超和黄浮，刘志不悦。有关部门弹劾陈蕃和刘茂，刘茂害怕，不敢再说赦免他们四人的话，陈蕃仍然坚持上书，但刘志不予理会。

宦官们更加痛恨陈蕃，陈蕃上报的奏章多被他们驳回，并假托皇帝的意思予以指责，长史以下多人被判处有罪，但因为陈蕃是名臣，宦官不敢加害。

汉明帝时期佛教进入中土以来，大臣和平民中虽有信仰佛教的，但没有皇帝信奉。桓帝刘志开了先河，他笃信佛教，在宫中铸了黄金浮图（浮屠、佛陀），亲自祭祀，朝野信奉佛教者越来越多。方士襄楷两次上书，为成瑨、刘质等人求情，为了打动刘志，他还在书中用了佛家用语。刘志召他入宫，尚书进行问询，襄楷说："古代本没有宦官，武帝末年，常游后宫，才开始设置。"尚书按宦官的意思，回奏道："襄楷辞理不正，违背经书，假借星宿，胡编乱造，为达到个人目的欺君罔上，请交给司隶定罪，押送洛阳监狱。"

刘志认为襄楷虽然言语激烈直率，但皆是天文之事，故网开一面，免去襄楷

第七章 党锢之祸

死罪，流放边疆两年。

符节令蔡衍、议郎刘瑜也上书营救成瑨、刘质，因措辞严厉，皆被免职。成瑨、刘质最后竟死在了狱中，他们都是名士，名扬天下，朝野为之痛惜。岑晊、张牧急忙逃跑，得以免祸。

河南郡人张成善于占卜，并以此结交宦官，宦官还把他推荐给了皇帝刘志，刘志有时候也让张成占卜算卦。因与官中打交道较多，他推测出近日朝廷要颁布大赦令，于是命他的儿子故意杀人，大赦令颁布后，他的儿子就可以安然无事，他就可以炫耀他的"神算"。

司隶校尉李膺得到张成教唆儿子杀人的消息，大怒，命人逮捕了他们父子。经过法定程序，正要处决他们父子的时候，朝廷颁布了大赦令，李膺气愤不已，不顾大赦令，依然处决了张成父子。

宦官鼓动张成的弟子牢修上书诬告道："李膺等人培植太学生，结交游学之士及诸郡生徒，互相吹捧，结成朋党，诽谤朝廷，惑乱人心，败坏风俗。"

看到奏章，结合前后几件事，刘志暴跳如雷，命令向各郡、各封国颁布命令，逮捕党人，布告天下，使天下人憎恶他们。文件需要经过三公会签，太尉陈蕃拒绝签名，他气愤地说："今天所要逮捕的，都是海内广受赞誉的知名人士，是忧国忧民、忠诚公正之臣，能够被原谅十世，岂有罗列罪名而收捕拷打的道理呢！"

刘志更加愤怒，命令把李膺等人收押于黄门北寺狱（宦官专权，设置此狱），在供词中，牵连到太仆杜密、御史中丞陈翔及太学生陈寔、范滂等二百多人。他们中有的人得到消息后，就逃走了，朝廷悬赏捉拿，官兵四方奔驰。

陈寔说："我不入狱，众人的日子就没个头。"于是就主动到监狱报到。

范滂被押入监狱，狱吏对他说："凡入狱者，都需要祭祀皋陶（gāo yáo，上古四圣之一）。"

范滂说："皋陶，是古代直臣，知滂无罪，将向上天申冤。如果一个人真有罪，祭祀他又有何益！"众人因此也不再祭祀。

陈蕃又上书极力劝谏，刘志厌恶他的激烈言辞，以陈蕃用人不当为由，免去了他的职务。刘志又找理由把司空刘茂免职。

当时入狱的党人，都是名满天下的贤才，皇甫规自认为是西州的豪杰，应该有资格入选而没有入选，他感到羞耻，于是上书自陈其罪，要求入狱。刘志哭笑不得，没有理会。

杜密和李膺齐名，人称"李杜"，所以同时入狱。杜密曾经担任北海国国相，在一次春日巡游中，走到了高密县（在今山东省高密市），恰好碰到了乡啬夫（古代乡官之一，主役赋等）郑玄，知其非寻常之人，就让他到郡府任职，不久，又送他入太学求学，郑玄终成一代大儒。

刘志任命岳丈、越骑校尉窦武为城门校尉（职掌京师城门守卫）。窦武年轻时就以精通经书著称，名扬关西，他多结交名士，清廉自律，憎恶坏人，不收受贿赂，妻子儿女吃饭穿衣都仅仅能满足需要而已，得到皇帝皇后的赏赐后，他都用于接济太学生及贫民，因此得到了众人的称赞。

陈蕃被免职后，大臣皆惊，没有人再敢替党人说话。贾彪说："我不西行，大祸不解。"于是贾彪从颍川西行到了洛阳，说服了窦武和尚书霍谞等人，他们答应出面营救党人。

窦武上书刘志，要刘志以史为鉴，放过贤才，并以近来祥瑞出现增强说服力。奏章递上去以后，窦武称病，上交城门校尉和槐里侯印绶。同时，霍谞也上书求情。

刘志看到他们的奏章后，怒气渐渐消了一些，派中常侍王甫到狱中审讯党人。党人头、手、足皆戴有刑具，并以布袋罩头，依次站在阶下，范滂插队排在了前面。王甫责问道："你们身为人臣，不思精忠报国，而结成私党，互相褒举，评论朝廷，虚构事端，图谋不轨，意欲何为？要如实作答，不得隐瞒！"

范滂回答道："仲尼有言'见善如不及，见恶如探汤'（意思是见到好的行为，就急急追求，只怕赶不上；见到坏的行为，就像手伸进开水里一样，赶紧避开），善善同其清，恶恶同其污，我们认为朝廷愿意我们这样做，没有料到竟被认为是结党。古之修善，自求多福。今之修善，身陷大戮。身死之日，愿埋滂于首阳山侧，上不负皇天，下不愧伯夷、叔齐（伯夷、叔齐不食周粟，饿死在首阳山）。"

范滂慷慨激昂，王甫也不免为之动容，命令解开党人的枷锁。李膺在供词中故意把宦官子弟牵连进来，宦官们恐惧，担心不好收场，就以天时为由，劝刘志大赦天下。

延熹十年（167年）六月八日，刘志下诏大赦天下，改年号为永康，二百多名党人皆遣送故乡，名册分送三公府留存，禁锢终身。

这场跨年度的党人事件终于结束，史称这次事件为"第一次党锢之祸"。"党锢"一词始见于《后汉书》，本义指古代禁止某些政治上的朋党参政的现象。

名士郭泰虽然善于评论人物，但并不发表激烈率直的言论，所以宦官当政时期，他并没有受到迫害，党锢之祸，名士纷纷入狱，郭泰得以幸免。

董卓登场

桓帝刘志征召度辽将军张奂到朝廷担任大司农，再命使匈奴中郎将皇甫规接任度辽将军。皇甫规为人深谋远虑，自以为多年在重要岗位上，恐怕会给自己带来祸患，因此数次称病，准备辞职归家，但不获批准。当时他的老友去世，灵柩要运回老家，皇甫规故意越界相迎，然后让人密报给并州刺史胡芳，说皇甫规擅自远离军营，违背军法，应该奏报朝廷。皇甫规希望朝廷以此免去自己的职务，岂料胡芳窥测到他的意图，说道："威明（皇甫规字威明）想退避府邸，故意激我啊，我当为朝廷爱才，怎么能中他的计呢！"于是不予过问。

鲜卑部落（王庭位于弹汗山，在今河北省尚义县南大青山）听说张奂调走，联络了南匈奴（王庭位于美稷县，在今内蒙古准格尔旗西北纳林乡古城）和乌桓（在今河北省北部一带）一同叛变，数路兵马，有的五六千骑兵，有的三四千骑兵，侵入汉朝边塞，掳掠边疆九郡。鲜卑部落再诱导东羌部落（金城郡以东地区羌部落）结成联盟。于是上郡（郡府肤施县，治所在今陕西省榆林市东南）沈氏部落、安定郡先零部落也起兵联合攻打武威郡、张掖郡，沿边诸郡大受其害。

朝廷深感忧虑，刘志又任命张奂为使匈奴中郎将，保持九卿的俸禄，让他督率幽州、并州、凉州兵马及度辽、乌桓二营，兼考察刺史、太守能力，并赏赐甚厚。匈奴和乌桓听说张奂又回来了，先后率众来降，前后有二十多万人，张奂诛杀了首恶，其他的予以安抚招纳。

鲜卑部落首领檀石槐不肯投降，率众出塞而去。檀石槐有勇有谋，不好制服，刘志派使者携带印绶准备封檀石槐为王，并与之和亲。檀石槐不肯接受汉朝的封爵及和亲提议，且对汉朝边界的滋扰更甚，他把鲜卑的国土分为三部：从右北平郡以东至辽东郡，东接夫余国、濊貊（huì mò）部落，有二十多座城邑，为东部；

从右北平郡以西，至上谷郡，有十多座城邑，为中部；从上谷郡以西至敦煌、乌孙国，有二十多座城邑，为西部。每部各设一大人领导。从此时鲜卑的国土面积看，其已尽有匈奴故地。

东羌先零部落攻打左冯翊的祋祤、云阳二县，然后向三辅发起进攻，攻陷京兆虎牙营和扶风雍营，杀死一千多人。西羌当煎部落也趁势叛变，被护羌校尉段颎打得大败，西羌安定了下来。

永康元年（公元167年）十月，先零部落再度进攻三辅，使匈奴中郎将张奂派司马尹端（生卒年不详）、董卓（？—192年）出击。尹端和董卓都是勇将，董卓更是勇猛异常，他们大破先零部落，斩杀酋长及一些贵族首领，共杀死和俘虏一万多人，幽州、并州、凉州宣告安定。

张奂论功应该封侯，但他不肯贿赂宦官，所以没有晋封侯爵，只获得赏钱二十万，任命子弟中一人为郎官。张奂推辞不受，请求把家属、族人迁徙到弘农郡华阴县。按照旧制边疆之人不得内迁，因张奂战功卓著，刘志特批，允许张奂内迁，所以张奂从此开始成为弘农郡人。

朝廷任命董卓为郎中。董卓字仲颖，陇西临洮人，他的八世祖为西汉政治家董仲舒，但家道逐渐没落，他的父亲董君雅，曾任颍川郡纶氏县尉，是个掌管缉捕"盗贼"的武官，也是个小官，他的母亲姓氏不详。董卓弟兄三个，他是老二，哥哥叫董擢（早卒），弟弟叫董旻。董卓性情粗鲁、凶悍，但富有谋略。董卓年轻时曾游历羌中，结交了不少羌族部落首领。董卓后来回家以耕田为生，羌族部落首领有来拜访他的，他不惜杀掉仅有的一头耕牛，大摆酒宴，与部落首领尽情饮酒作乐。部落首领很感谢董卓的盛情款待，回去后收集了一千多头牛羊等牲畜赠送给了董卓。董卓这下有了经济基础。他性格豪爽，广交各路朋友，打抱不平，以刚勇侠义知名。董卓曾为州里的兵马掾，常巡视边关。董卓体力过人，一左一右佩戴两副弓匣，左右驰射，杀伤力惊人，羌人、胡人都非常畏惧他。

董卓以六郡（汉阳、陇西、安定、北地、上郡、西河）良家子弟的身份被召入朝廷，任命为羽林郎。这次董卓被张奂任命为司马，立下战功，被拔擢为郎中，赐绢九千匹。董卓说"为者则己，有者则士"，把九千匹绢全部分给了部下。

灵帝登基

永康元年十二月二十八日（公元168年1月25日），汉桓帝刘志驾崩于德阳前殿，享年三十六岁。桓帝初期被梁冀控制，依靠宦官的力量，铲除了梁冀，却没有及时矫正积弊，朝政陷于宦官之手。宦官继续为恶，流毒四方，陷害忠良，大造冤狱，朝纲愈加败坏。桓帝沉溺于音乐和美色之中，后宫美女多达数千人，据野史记载，一次他来了兴致，竟然同时召集数千嫔妃，命她们脱光衣服，让自己的宠臣们跟她们做最亲密接触，而他本人，一边饮酒，一边欣赏，时不时还放声狂笑。桓帝后被埋葬于宣陵（在今河南省孟津县东南三十里铺北），庙号威宗。

皇后窦妙被尊为皇太后，桓帝没有子嗣，国家没有储君，皇太后窦妙临朝听政。窦太后嫉妒心强，为人残忍，她等不到桓帝下葬，就迫不及待地处死了桓帝宠爱的美女田圣等人。

因桓帝刘志来自河间王刘开（汉章帝刘炟第六子）一脉，窦武找来侍御史、河间人刘儵（tiáo）询问河间国中哪位王子、列侯最优秀。刘儵推荐了解渎亭侯刘宏（公元157年—189年）。刘宏本年十二岁，他的曾祖父为河间王刘开（刘志祖父），祖父为解渎亭侯刘淑，父亲为解渎亭侯刘苌，刘苌去世后，刘宏继承了父亲的解渎亭侯爵位，他的母亲为董氏。

窦武经和窦太后商量，决定立刘宏为帝。窦太后任命刘儵为守光禄大夫，和中常侍曹节持节，带领一千名中黄门、虎贲卫士、羽林军，前去迎接刘宏。

窦太后任命窦武为大将军；陈蕃当年力劝桓帝立窦妙为皇后，窦太后一直心存感激，重新起用陈蕃为太傅；窦太后命窦武、陈蕃及司徒胡广参录尚书事（三人谓之参）。当时国家遭遇大丧，新皇未登基，形势不明朗，诸位尚书恐惧，大都称病不上朝。陈蕃写信斥责他们说："今帝祚未立，政事一天比一天紧迫，诸位为

第七章 党锢之祸　　177

何受荼蓼（tú liǎo）之苦（荼味苦，蓼味辛），卧床装病，于义不足，焉得仁乎？"各尚书惶恐，纷纷起床前去办公。

建宁元年正月二十一日（公元168年2月17日），刘宏（十三岁）即皇帝位，史称汉灵帝，改年号建宁，大赦天下。刘宏追尊祖父刘淑为孝元皇，祖母夏氏为孝元后；追尊父亲刘苌为孝仁皇，尊母亲董氏（在世）为慎园贵人。

评定拥戴之功，封窦武为闻喜侯；窦机（窦武之子）为渭阳侯，任命为侍中；窦绍（窦武兄长之子）为鄠侯，任命为步兵校尉；窦靖（窦绍弟弟）为西乡侯，任命为侍中，监羽林左骑；曹节为长安乡侯。窦太后感念当年恩德，特封陈蕃为高阳乡侯，陈蕃推辞，窦太后不准；陈蕃十次上书推辞，窦太后看他态度坚决，也就不再坚持。

窦太后把大小政事，全权委托给陈蕃办理，陈蕃和窦武勠力同心，匡扶王室，他们征召天下名士李膺、杜密、尹勋、刘瑜等人到朝廷任职，共同参与处理政事。任命李膺为长乐少府，杜密为太仆，尹勋为侍中、尚书令，刘瑜为侍中。于是天下之士，都希望朝廷太平，人民安居乐业。

后宫之中，刘宏的乳母赵娆和诸位女尚书早晚都在窦太后身旁伺候，她们和中常侍曹节、王甫等人结成同党，百般奉承，竭力讨窦太后欢心。窦太后也被他们捧得云里雾里，非常宠信他们，多次颁布诏令，让他们加官晋爵，他们的爪牙也贪污暴虐。

陈蕃、窦武对这种现象忧心忡忡，常有剪除宦官的念头，一次朝堂上，他们会面，陈蕃秘密对窦武说："曹节、王甫等人，自先帝时就操弄国家权力，扰乱海内，百姓喧哗不安，归咎于此，今如不诛杀曹节等人，后必难图。"

窦武面露喜色，深表同意。陈蕃大喜，兴奋地一推几案，跳跃而起。于是他们和尹勋、刘瑜等人一起秘密商议铲除宦官的具体行动计划。

第二次党锢之祸（上）

建宁元年（公元168年）五月，发生了日食，陈蕃认为是天赐良机，于是劝窦武道："昔日萧望之辅政，被一宦官石显所困，近者李、杜诸公祸及妻子，况且今天又有数十个石显！我已年届八十，行将就木，愿助将军除害，如今可以利用日食的机会，罢免宦官，以阻止天变。"

窦武同意，于是游说窦太后道："按照旧制，黄门、常侍只在宫内行事，主管门户、宫内财物；今却让他们参与政事且授予重权，子弟遍布天下，专行贪暴，天下喧哗正是此故，应该悉数或诛或废，以清朝廷。"

窦太后没有料到父亲会突然提出这个问题，她吃惊不小，反问道："汉初以来就有宦官，一旦犯罪，就诛杀有罪者，哪能全部废除呢？"窦武一时也没有想到更好的答案。

当时中常侍管霸奢侈无度，在天下广置良田美业，他颇有才略，在宫禁内横行霸道；中常侍苏康在洛阳城内拥有数座豪华府邸，他曾经向桓帝选送了大量美女，窦太后比较恨他。窦武准备先拿他们二人开刀，向窦太后请示，窦太后同意，于是逮捕了他们二人，押送监狱处死。窦武又数次请求诛杀曹节等人，曹节正受窦太后宠信，她犹豫不忍，事情久拖不决。

陈蕃有些着急，上书窦太后道："今京师议论纷纷，道路喧哗，都在传侯览、曹节、公乘昕、王甫、郑飒等人，与赵夫人、诸尚书准备祸乱天下，附从者升官，不附从者中伤，一众朝臣如河中之木东西浮动，担忧俸禄，畏忌被害。陛下今不急诛此等，必生变乱，倾危社稷，其祸患难以估量。请陛下把臣的奏章宣示左右，并指示天下奸佞，让他们知道我痛恨他们。"窦太后不予采纳。

八月，太白金星移位，侍中刘瑜善于天文，他感觉情况不妙（古人迷信），上书窦太后提防；又写信给窦武和陈蕃，告诉他们星象不利，宜速决断大计。于是窦武和陈蕃开始行动，任命朱宇为司隶校尉，刘祐为河南尹，虞祁为洛阳县令。窦武奏请免去了黄门令（主管宫禁之中诸宦者），以自己亲近的小黄门山冰接替；再指使山冰弹劾长乐尚书郑飒，送至北寺监狱关押。

陈蕃对窦武说："此辈应予以当场诛杀，何须再审！"

窦武不接受陈蕃建议，命山冰和尹勋、侍御史祝瑨审问郑飒，供词牵连到曹节和王甫。尹勋、山冰立即上奏，请求捉拿曹节等人，让刘瑜秘密上奏。

窦武的心真大，九月七日他竟然出宫回家休假。长乐宫（窦太后居住地）掌管奏章的宦官感觉异样，就把奏章送给了长乐五官史（宿卫长乐宫门户）朱瑀。朱瑀私自拆开奏章，过目后怒骂道："宦官犯罪者，自可诛杀，我等何罪，却要被杀尽族灭？"朱瑀又怒又惧，悲呼道："陈蕃、窦武奏请太后废帝，为大逆不道！"

于是朱瑀连夜联络了曹节，并召集了向来关系要好、身体健壮的长乐从官史共普、张亮，中黄门王尊，长乐谒者腾是等十七人，歃血为盟，阴谋诛杀窦武等人。曹节对皇帝刘宏说："外间形势紧迫，请陛下驾临德阳前殿。"刘宏吓得浑身发抖，曹节交给他一把剑防身，让乳母赵娆等把刘宏护卫在中央，取来棨信（棨 qǐ，棨信，传信的符证），关闭诸宫门，召来尚书官属，用刀胁迫，命他们制作诏书，任命王甫为黄门令，持节到北寺监狱，逮捕尹勋和山冰。山冰怀疑这是伪诏，拒不奉诏，王甫心狠手辣，拔剑把山冰杀害；又杀害了尹勋，然后释放了郑飒。

王甫回宫后，率兵劫持了窦太后，夺取玺绶，命中谒者守卫南宫，关闭宫门和复道，切断南北宫的通道。派郑飒及侍御史、谒者等持节逮捕窦武等人。窦武不奉诏，骑马飞奔北军步兵营，并和步兵校尉窦绍（窦武侄子）射杀了使者，率领北军五营（屯骑、越骑、步兵、长水、射声）数千将士，进屯都亭，向将士动员道："黄门、常侍造反，尽力者封侯重赏。"

陈蕃听说窦武有难，率领属下和学生八十多人，拔刀冲入了承明门，来到了尚书门，捋起袖子呼喊道："大将军忠心卫国，黄门反叛，为何说窦氏无道啊！"

王甫正好出来，撞见了陈蕃，听到陈蕃的话，他责备陈蕃道："先帝新弃天下，陵墓还没有修好，窦武有何功劳，兄弟父子，一门三侯，又带走掖庭宫女多人，作乐燕饮，十日之内，财富聚敛巨万，大臣如此，是有道吗？明公身为宰辅，结成朋党,又到哪里去求贼!"

王甫命人逮捕陈蕃,陈蕃用剑指着王甫,怒发冲冠,厉声呵斥。但陈蕃的人少,终究不是王甫等人的对手,陈蕃被俘,押送至北寺监狱。黄门从官骓把陈蕃推倒在地,又踢又践踏他的身体,口中骂道:"死老魅(物老而能为精怪,曰魅)!还能减少我们的员额、削减我们的金钱吗?"当天,陈蕃在狱中被害。

恰这时,护匈奴中郎将张奂回京复命,曹节等人知道张奂不了解内情,于是制作假诏书,任命少府周靖为行车骑将军、持节,命他和张奂率领五营剩余将士讨伐窦武。此时天将破晓,王甫率领虎贲、羽林等将士千余人,出屯朱雀掖门,和张奂等人会合,既而抵达宫门,和窦武等人对峙。

因为控制了太后和皇帝,有了号令权,王甫的兵力越来越多,他命将士冲着窦武的将士大喊道:"窦武造反,你等都是禁兵,应当宿卫禁宫,何故随窦武造反呢?先投降者有赏!"

五营校尉府向来畏惧、服从宦官,于是窦武的将士们不断有人投降王甫,从清晨到早饭的时间,窦武属下将士所剩无几,窦武眼看大势已去,于是和窦绍逃走,王甫率军追赶,把他们包围,二人自杀而亡。王甫命人割下二人首级,悬挂于洛阳都亭。宦官军队又逮捕了窦武的宗族、门客、姻亲,全部诛杀。侍中刘瑜、屯骑校尉冯述,也全被灭族。宦官又诬陷虎贲中郎将刘淑(名士,之前上书要求罢免宦官)、前尚书魏朗参与了窦武的计划,二人自杀。

宦官把窦太后迁到南宫,把窦武其余家属流放到日南郡;窦武和陈蕃推荐的各级官员及门生故吏,皆被免官,禁锢终身。

宦官们自我加封,曹节任长乐卫尉,封育阳侯;王甫任中常侍兼黄门令;朱瑀、共普、张亮等六人皆为列侯;还有十一人被封为关内侯。于是群小得志,士大夫皆情绪低落。

陈蕃的老朋友朱震,当时担任铚县(在今安徽濉溪县西南)县令,得到陈蕃遇难的消息,他痛哭流涕,弃官前往京师收葬陈蕃尸体,然后把陈蕃的儿子陈逸藏于甘陵县(在今山东临清市东北)地界隐蔽之处。事情不幸败露,朱震全家被捕入狱,朱震遭受酷刑,但誓死不说出陈逸的藏身之处,陈逸得以幸免。后来黄巾起义,朝廷大赦党人,陈逸官至鲁国国相。

大将军府官属胡腾收敛窦武尸体，为其办理丧事，被禁锢。窦武的孙子窦辅年仅两岁，胡腾对外称其是自己的儿子，和令史（大将军府，令史及御属三十一人）张敞共同把窦辅隐藏在零陵地界，窦辅也得以幸免。后来，窦辅在曹操的丞相府做事，跟随部队征讨马超，被流矢击中身亡。

张奂被任命为大司农，被封侯。张奂知道真相后，懊悔不已，上书推辞，封还印绶，坚决不肯接受。

第二次党锢之祸（下）

建宁二年（169年）四月，汉灵帝刘宏的宝座上出现了一条青蛇。接着刮起了大风，天降冰雹，霹雳闪电，地动山摇，一百多棵大树被连根拔起。刘宏吃惊，下诏命百官分别上书如何应对灾祸。张奂上书说："从前周公葬礼不合规制，天乃动威。今窦武、陈蕃忠贞，还未得到善待，天地之变皆为此，应该速速安葬，并把他们的家属召回，解除受牵连者的禁锢。又皇太后虽居南宫，但礼仪无法尽到，朝臣莫敢言，远近失望。宜思及大义，回报大恩。"

刘宏觉得张奂言之有理，他询问诸常侍的看法，常侍们都表示反对，刘宏自己不能决定。张奂又与尚书刘猛等共同举荐王畅、李膺为三公人选，曹节等人更加讨厌张奂，于是下诏严厉责备了张奂。张奂等人自己主动到廷尉报到，过了数日，才被放了出来，并以三个月的俸禄抵罪。

郎中谢弼也上书为窦武和陈蕃申冤，并保举王畅、李膺，被宦官们流放广陵郡任郡丞。后谢弼辞职回老家东郡（在今河南濮阳市西南），东郡太守为曹节侄子曹绍，他捏造罪名，把谢弼逮捕，并在狱中杀害了谢弼。

当初李膺等人虽然被免去职务，终身禁锢，但天下士大夫皆认为其品德高尚，而认为朝廷污秽不堪，希望与他们结交的人络绎不绝，唯恐不及，他们互相称誉，列出称号：窦武、刘淑、陈蕃三人为"三君"（一代宗师）；李膺、荀昱、杜密、王畅、刘佑、魏朗、赵典、朱㝢八人为"八俊"（人中之英）；郭林宗、宗慈、巴肃、夏馥、范滂、尹勋、蔡衍、羊陟八人为"八顾"（以德行引人）；张俭、岑晊、刘表、陈翔、孔昱、苑康、檀敷、翟超八人为"八及"（导师）；度尚、张邈、王考、刘儒、胡母班、秦周、蕃向、王章八人为"八厨"（仗义疏财）。窦武、陈蕃当政时，起用李膺等人；窦武、陈蕃遇害，李膺等人再被免职。

宦官极度厌恶李膺等人，每次下发诏书，都重申党锢的命令。中常侍侯览尤其记恨张俭（前文有交代），侯览的同乡朱并是个奸邪之辈，被张俭弃用，他怀恨在心，按照侯览的指示，上书状告张俭和同郡二十四人为党人，危害社稷，而张俭是头领。涂抹朱并的名字后，朝廷下诏转发朱并的检举信，要求逮捕张俭等人。

大长秋曹节让有关部门奏称："钩党（相牵引为同党）者，前司空虞放及李膺、杜密、朱㝢、荀昱、翟超、刘儒、范滂等人，请诏令州郡拷问。"

刘宏方才十四岁，问道："何为钩党？"

曹节回答道："钩党者，即党人也。"

刘宏又问道："党人有什么恶行，而要诛杀他们？"

曹节回答道："他们相互保举，欲行不轨。"

刘宏再问道："不轨是想做什么？"

曹节说："欲图社稷。"

刘宏不明真相，吸了一口冷气，批准奏章。

朝廷收捕党人，同乡对李膺说："该逃命去了。"

李膺说："事不辞难，罪不逃刑，是大臣的气节。我年已六十，死生有命，又能逃到哪里！"于是李膺主动到指定监狱报到，被拷打致死，妻子儿女被流放到边疆，门生、故吏及其父兄，被禁锢。

汝南郡督邮吴导按诏书，前往汝南郡征羌县（在今河南省漯河市召陵区）收捕范滂，到了征羌后，他紧闭驿站大门，怀抱诏书，伏在床上抽泣，全县不知道究竟发生了什么。范滂听说后说："必定为我而来。"随即到监狱报到。县令郭揖大惊，把他放出来，解下印绶，准备和范滂一起逃亡，说："天下那么大，你何必在此。"范滂曰："我死了则祸事就可了了，何敢连累你呢，又会让老母流离失所！"范滂又和母亲洒泪分别。

党人案死者有一百多人，他们的妻子儿女皆流放边疆，天下豪杰及儒家学者有行仁义者，宦官统统指控为党人。过去有嫌隙者，也互相陷害，被控为党人。州郡奉旨捉拿党人，有的根本不在交办的名单之中，州郡也趁机报复，被杀、被迁徙、被废、被禁锢者又六七百人。

郭泰听闻党人先后被害，他表面不敢声张，私下悲恸地说道："《诗经》有云：

'人之云亡，邦国殄瘁'（贤人死亡了，国事危殆），汉室就要亡矣，但不知'瞻乌爰止，于谁之屋'（看那乌鸦将止息，飞落谁家屋檐头）啊！"

张俭没有选择投案或坐等，而是选择了逃亡，逃亡途中紧张窘迫，望门投止（这个成语出自此，原义是在窘迫中见有人家就去投宿；形容人在逃难或窘困时，暂求栖身处的仓促情况），经过的人家都敬佩张俭的名声品行，冒着家毁人亡的风险收留他。张俭辗转来到了东莱郡，藏到了李笃家。

黄县县令毛钦得到消息，率人操兵器前来李笃家拿人，李笃请毛钦入内落座，说道："张俭知名天下，他并非有罪才逃亡，纵使张俭可得，你难道忍心抓他吗？"

毛钦起身拍了一下李笃，说道："蘧伯玉（春秋时期卫国大臣，孔子朋友，'无为而治'的开创者）耻独为君子，足下如何独专仁义？"

李笃说："笃虽好义，明府今日取其半了！"

毛钦叹息而去。李笃领着张俭到了北海国戏子然家，然后再进入渔阳郡，遂出塞而去。

张俭逃亡过程中所投靠的人家，被杀者有十多人。张俭和鲁国人孔褒（孔子二十世孙）是故交，他就去投奔孔褒。孔褒外出，他时年十六岁的弟弟孔融（"融四岁，能让梨"的主人公，建安七子之一）在家，孔融收留了张俭。后来事情败露，张俭逃走，孔褒和孔融被收捕。有关官员搞不清该处理谁，孔融说："是我收留了张俭，我该伏诛。"孔褒说："张俭是来找我的，不是弟弟之过，该治我的罪。"官员询问孔氏兄弟的母亲，其母说："家事由长，我该认罪。"一门争相赴死，郡县无法判决，请示朝廷，朝廷命判决孔褒连坐。顺便交代一下，中平元年（公元184年）党锢解除，张俭返回故乡，他被任命为少府，再任卫尉，曹操专政后，他闭门不问世事，于建安三年（公元198年）去世，终年八十四岁。

当年，中常侍张让的父亲去世，灵柩运回老家颍川安葬，虽然前来吊唁者络绎不绝，但全郡知名之士，除了陈寔，没有一个人前来吊唁，这次诛杀党人，张让特命放过了陈寔。

南阳郡人、名士何颙（？—190年），素来和陈蕃、李膺交好，这次也被追捕，他更名改姓，隐匿在汝南郡边界地带。何颙和身在洛阳的袁绍是彼此尽力相助的好友，党事发生之后，何颙多次秘密潜入洛阳，和袁绍计议，为落难的士人提供援助，帮助他们逃脱追捕，保全了不少人的性命。

第二次党锢之祸到此告一段落。两次党锢之祸，都以士大夫集团的失败，宦官集团的胜利而告终，宦官从此更加为所欲为，残害百姓，荼毒生灵，为黄巾之乱和东汉的最终灭亡埋下伏笔。

前面提到的袁绍，大有来头。袁绍（？—202年），字本初，汝南郡汝阳县人，出身名门，他的高祖袁安在东汉曾经担任司空、司徒等要职；曾祖父袁京曾经担任蜀郡太守（后隐居），袁京的三弟袁敞曾经担任司空；祖父袁汤历任司空、司徒、太尉，册封安国康侯。袁汤有三个儿子：袁成、袁逢和袁隗（wěi）。袁逢生子：袁绍、袁术（？—199年）和袁基（？—190年），袁绍为袁逢的妾所生，过继给了袁成。因为家世荫庇，袁绍年轻的时候担任郎官，再任命为濮阳（在今河南濮阳县西南）县长，遭逢母亲去世，辞官回家服丧。三年服丧期满，他回忆往事，伤感于从小失去父亲，又为父亲服丧。服丧毕，他迁居到了洛阳。

袁逢、袁隗都比较有名气，从年轻时就担任显要官职，当时中常侍袁赦，认为袁家世代显赫，又和他同姓，有意推重袁家，作为自己的外援，所以袁家受到官中的宠信，显贵无比，富有、奢侈程度是其他三公之家所不能比的。袁绍英俊潇洒，体格健壮，庄重威严，礼遇士人，爱护名声。袁绍家族四世三公，宾客归心，袁绍放低姿态，用心结交，士人争相前去投奔他。士人无论贵贱，袁绍均以礼相待，各种来拜访的车辆，填满了街道。其弟袁术，字公路，也以侠气闻名。

第八章 变乱前夜

孙坚登场

宦官内斗加剧，长乐太仆侯览被指控专权骄横，灵帝刘宏下诏没收他的印绶，侯览自感罪孽深重，畏罪自尽。

刘宏派中常侍到河间国，把自己的母亲董贵人迎入京师，封为孝仁皇后（刘宏追尊父亲刘苌为孝仁皇），居住永乐宫；任命董贵人的哥哥董宠为执金吾（几个月后，董宠假传诏书办私事，被赐死），任命董贵人侄子董重为五官中郎将。

刘宏封宋贵人为皇后，史称孝灵宋皇后。宋皇后是汉章帝后宫宋贵人的从曾孙女，她的父亲为执金吾宋酆（fēng），封不其乡侯。

刘宏感念窦太后的拥立之功，亲自到南宫向窦太后祝贺寿辰，黄门令董萌趁机为窦太后述冤，刘宏深受触动，命令提高了窦太后的奉养标准。曹节、王甫担忧，诬陷董萌诽谤窦太后，董萌竟然被下狱处死。窦太后得知自己被流放的母亲在比景去世的消息后，忧思致病，于熹平元年（公元172年）六月病逝。曹节、王甫、赵忠等宦官不想让窦太后和桓帝合葬，但太尉李咸、廷尉陈球等人力争，窦太后终于和桓帝合葬于宣陵。

熹平元年（公元172年）十一月，扬州会稽郡（郡府山阴县，在今浙江绍兴市）句章县（在今浙江余姚市东南）许生、许昌（许昭）、许韶祖孙三代发动叛乱，许生自称"阳明皇帝"，聚集了数万之众，声势浩大。

刘宏命扬州刺史臧旻率丹阳郡太守陈寅出兵平叛。

吴郡（郡府吴县，今江苏省苏州市）司马孙坚（公元155年—191年）招募精壮勇敢者，共招募了一千多人，加入了州郡平定许生祖孙的叛乱之中。孙坚，字文台，吴郡富春（在今浙江省杭州市富阳区）人，他是春秋时期著名的军事家、政治家孙武的后人。孙坚的父亲名叫孙钟，种瓜为业，以孝闻名。孙坚天生容貌不凡，生性豁达，品行高洁。孙坚年轻时在县里当差。十七岁的时候，孙坚和父亲乘船前往钱塘（在今浙江杭州市城区），正好碰上海盗胡玉（大概是历史上第一个有记载的海盗）等人从匏（páo）里（地名）抢掠了商人的财物，正在岸上分赃。胡玉是悍匪，过往行人旅客全部停驻不敢上前，船也就地抛锚不敢前行。孙坚年少气盛，疾恶如仇，艺高人大胆，他对父亲说："此贼可击，请允许我进攻他们。"

他父亲急忙阻止道："他们不是你能对付得了的。"

孙坚不听，操刀上岸，用手不停向东西挥摆，像指挥军队前进一样，以迷惑胡玉等人。胡玉等贼人果然上当，他们以为官兵要围上来了，逃命要紧，抛下财物，撒腿就跑，孙坚挥刀紧追，斩首了一个海盗而还。他父亲大惊，没想到儿子小小年纪这么勇敢能战，岸上、船上的行旅之人也纷纷竖起大拇指，孙坚从此开始出名。郡太守也听说了孙坚的事迹，征聘他，并任命他为假尉（假，代理）。

臧旻、陈寅和孙坚率军对许生叛军发起了数次攻击，到了熹平三年（公元174年）十一月，历时整整两年的许生之乱被平定，许生等人被杀。臧旻向皇帝刘宏呈上战功表，刘宏下诏任命孙坚为临淮郡盐渎县（在今江苏省盐城市）县丞（一县副职）。

蔡邕写《石经》

熹平四年（175年）三月，议郎蔡邕（公元133年—192年）会同五官中郎将堂豀（xī）典、光禄大夫杨赐、谏议大夫马日磾（dī）、议郎张驯和韩说、太史令单飏（yáng）等人联合上书灵帝刘宏，奏请校正《六经》文字。这是一项充满正能量、惠及子孙后代的事业，刘宏当即批准。

蔡邕，字伯喈（jiē），陈留郡圉县人，他的六世祖蔡勋，好黄老之学，汉平帝时曾任郿县（今陕西眉县东）县令。王莽篡汉建立新朝后，蔡勋不仕新朝，携家属逃入深山。蔡邕的父亲蔡棱，品行端正，清正廉洁，谥号为贞定公。

蔡邕非常孝顺，他母亲因病卧床三年，他悉心照顾母亲，曾经连续七十天几乎没有好好睡过一个觉。他母亲去世后，他在墓地旁搭个简陋的房子住下，动和静都符合礼仪。菟丝顺服自然地绕着他的屋旁生长，屋旁又长出连理树（古代认为这是吉兆），远近之人都感到惊奇，前来观看。蔡邕和叔叔、堂弟生活在一起，连续三代没有分家产，乡邻都称赞他们仁义。蔡邕年轻时就博览群书，学识渊博，又拜太傅胡广为师，胡广博学多闻，史称其"学究五经，古今术艺毕览之"，蔡邕从胡广这里又学习了很多知识，消除了知识盲点。蔡邕爱好诗文、数术、天文，精通音律。

桓帝时期，"五侯"擅权，桓帝爱好音乐，善于弹琴，"五侯"听说蔡邕善于弹琴后，禀报了桓帝，命令陈留郡（郡府陈留县，今河南省开封市东南）太守督促蔡邕赶快赶往京师。蔡邕不得已上路，走到偃师（在今河南省洛阳市偃师区东）的时候，他称病返回。此后他闲居在家，刻苦研究古籍，不结交当权派。

建宁三年（公元170年），司空桥玄（公元110年—184年）征聘蔡邕，蔡邕时年三十八岁，他听说桥玄为人性格刚直，廉洁奉公，于是就到桥玄府上做了官属，桥玄很礼敬蔡邕。蔡邕后被调任河平县长，又被朝廷征召，任命为郎中，在东观校书，再被调任议郎。

蔡邕认为现有经书典籍距离圣人生活的年代久远，文字中存在多处谬误，又被浅陋、迂腐的儒士穿凿附会，贻误后世学子，于是才联合了本篇文章开头的几个人上书皇帝刘宏。校正完成后，由蔡邕亲自用红色的笔把六经写在了石碑上，字体采用隶书，一共写了四十六块石碑，然后派工匠镌刻，工程量浩大，前后历时九年才终于刻完。每块石碑高三米多，宽一米多，雕刻完成之后，被立于洛阳城南开阳门的太学门外，便于后世的儒家学者和学生阅读学习，并以此为正规版本。石碑刚立好的时候，来观看和临摹者摩肩接踵，每天的车子就有上千辆，塞满了街巷。

因石经立于熹平年间，所以称"熹平石经"；又因全部由隶书写成，所以又称"一字经书"。"熹平石经"开了立"石经"的先河，此后还有"正始石经"（公元241年）、"开成石经"（公元837年）、"广政石经"（公元944年）、"北宋石经"（公元1061年）、"南宋石经"（公元1143年）和"清石经"（公元1791年）等共七种石经。

在"熹平石经"刻制的过程中，宦官李巡也起到了积极作用。李巡不贪图名利，淡泊处世，具有一定的学识，他和宦官丁肃、徐衍、郭耽、赵祐等五人清廉忠诚，他们都生活在胡同里，不争权夺利，可谓宦官中的一股"清流"。李巡认为诸位博士考试分甲科、乙科，他们竞争排名高下，有人采取不正当竞争手段，互相告发，甚至有人通过行贿手段涂改兰台用漆涂写的经书，以迎合自己的文章。于是李巡就禀报灵帝，和蔡邕等人把《五经》刻在了石碑上。赵祐博学多识，博览经书，写书校书，都得到了诸儒的称道。

蔡邕正直有见地，几年之后（公元178年）七月的一天，彩虹现于南宫玉堂后殿庭中，《春秋谶》上有言："天投蜺（通'霓'），天下怨，海内乱。"刘宏召集官员，询问灾异的原因及消灾免祸的办法。蔡邕建言认为，宫中姓程的老宦官、太尉张颢、光禄勋伟璋、长水校尉赵玹、屯骑校尉盖升等人，皆有贪名，是小人得志，请刘宏多加留意。蔡邕的这份奏章被中常侍曹节窥视到，他又告诉了左右，这份奏章内容遂成了公开的秘密。被蔡邕检举的人，对他恨之入骨，伺机报复。

蔡邕和大鸿胪刘郃素来不和，卫尉蔡质（蔡邕叔叔）和将作大匠阳球有仇，阳球是中常侍程璜养女的女婿，程璜指使人诬告道："蔡邕、蔡质多次以私事请托于刘郃，但被刘郃所拒，蔡邕心怀怨恨，意图中伤。"

刘宏命尚书诘问蔡邕，蔡邕急忙上书申辩道："臣实愚憨，不考虑后果，陛下不念忠臣直言，不加掩蔽，诽谤随即而至，臣四十六了，孤立一身，如果能够留下忠臣的美名，死后也能荣光，恐陛下以后就听不到直言了。"

刘宏听信谗言，命令把蔡邕、蔡质押送洛阳监狱，有关部门判决他们叔侄二人死刑。中常侍吕强为人清正忠诚，守法奉公，刘宏按惯例封他为都乡侯，吕强坚决辞谢，刘宏不再勉强。吕强知道蔡邕无罪，他竭力为蔡邕求情，刘宏下诏判决免去死罪，罪减一等，本人及家属剃光头发，戴上刑具，发配朔方郡，遇到大赦不予赦免。阳球游说几个刺客沿途追杀蔡邕，但刺客钦佩蔡邕的正义之举，都不愿这么做。阳球又贿赂并州刺史和朔方郡太守，让他们毒害蔡邕，但他们对蔡邕加以保护，所以蔡邕得以免死。蔡邕后来居住在五原郡的安阳县（今内蒙古乌拉特前旗东南）。

蔡邕之前在东观的时候，和卢植、韩说等人续写《后汉记》，被流放后，没有能够完成，他上书刘宏，希望能够继续续写《后汉记》，并附上了自己所著的内容。第二年，刘宏大赦天下，蔡邕被特赦，刘宏命他回到陈留郡老家续写《后汉记》。从流放到被允许回归，共历时九个月，蔡邕很高兴，收拾停当后，就向五原郡太守王智辞行。王智设宴饯行，酒酣之际，王智让蔡邕起身舞蹈，蔡邕没有答应。王智是中常侍王甫的弟弟，向来恃贵骄横，过去别人都顺着他，这次被蔡邕拒绝，他觉得在众人面前丢了面子，怒骂蔡邕道："你敢轻视我！"蔡邕也不示弱，拂袖而去。

王智上书密告蔡邕在流放之时心怀怨恨，诽谤朝廷。蔡邕考虑到如果坐等下去，难免一死，于是开始亡命江湖，最后逃到了吴郡、会稽郡一带。蔡邕依靠泰山大族羊氏，得以在吴地生存了十二年。

吴地有人烧桐木做饭，蔡邕精通音律，闻听火烈之声，知道这是良木，就请求主人把未燃尽的桐木送给了自己，制作成了一把琴，果然音质美妙，琴的尾部犹有烧焦的印迹，所以时人称这把琴为"焦尾琴"。"焦尾琴"与齐桓公的"号钟琴"、楚庄王的"绕梁琴"、司马相如的"绿绮琴"并列为中国古代四大名琴。蔡邕又用柯亭竹子制作了音色优美的笛子，称为"柯亭笛"。

灵帝卖官

益州永昌郡太守曹鸾上书灵帝刘宏说:"所谓党人者,或德高望重,或士人英贤,皆宜做王室肱股之臣,参与治国大道,却久被禁锢,在涂泥之地受辱,即使谋反的大罪,蒙受皇恩还被特赦,党人何罪,为什么唯独不对他们宽恕?灾异频繁出现,水灾旱灾一拨接着一拨,皆由于此,应该迅速行动,以回应上天。"

太多人都是不愿意纠正自身错误的,天子也不例外,刘宏看到奏章后,大怒,命司隶和益州逮捕曹鸾,用囚车押送至京师槐里监狱,竟把曹鸾残忍地拷打致死。

汉桓帝刘志一共弟兄三人,三弟刘悝(kuī)被封为渤海王(渤海国首府南皮,在今河北省南皮县),刘悝向来行为邪恶,骄横不法,竟然发动叛乱。有关部门奏请废黜他的爵位,当时刘志下诏贬刘悝为瘿陶王(瘿陶县在今河北省宁晋县西南),食邑降为仅一个县。刘悝向得宠的中常侍王甫许诺,如果他能劝说刘志恢复自己渤海王的封号,愿意送上五千万钱感谢费。王甫见钱眼开,很快答应下来,但没能办成。

两年之后,刘志去世前念及手足之情,又恢复刘悝为渤海王。不久刘志去世。刘悝恢复王位,王甫借机提示刘悝应该付感谢费,刘悝知道这并非王甫游说之功,拒绝付款,王甫决心报复。中常侍郑飒、中黄门董腾和刘悝过从甚密,王甫派人秘密侦察后,以意图不轨之名,告知了司隶校尉段颎。郑飒被逮捕,关押到北寺监狱。王甫让尚书令廉忠诬告道:"郑飒等人密谋迎立刘悝为帝,大逆不道。"

刘宏去世前听说此事暴怒,下诏让冀州刺史查办,经过严刑拷打,刘悝被迫承认,刘宏命刘悝自杀。刘悝的王妃、妾室十一人,子女七十人,歌舞艺人二十四人及封国太傅、国相均被处死。王甫等十二人因为破获谋逆案有功被封侯,王甫被封为冠军侯。

宋皇后不受刘宏宠爱，后官得宠的嫔妃急于上位，群起诋毁、陷害宋皇后。而刘悝的宋王妃，恰恰是宋皇后的姑姑。王甫担心一旦宋皇后得势，自己就会被清算，于是和太中大夫程阿一起诬陷宋皇后使用旁门左道诅咒刘宏。刘宏被蛊惑，命令没收宋皇后的印绶。宋皇后自己到暴室报到，忧愁致死，共在后位八年。宋皇后的父亲宋酆和所有兄弟都被杀死。官中有的常侍、小黄门怜悯宋氏遭遇，凑钱收葬了宋皇后及其一家。

太学生都是正统经学士人，痛恨宦官当权，宦官当权派认为应该培养自己的知识分子，作为自己的嫡系，为他们摇旗呐喊，抗衡太学生。他们利用刘宏喜欢辞、赋、书、画的特点，游说刘宏创办了"鸿都门学"，学校开设辞赋、小说、尺牍、字画等课程，打破了专习儒家经典的惯例。"鸿都门学"的学生受到特别优待，都被州郡、三公征召，或出任刺史、太守；或出任尚书、侍中；有的甚至封侯赐爵。士大夫耻于和他们同列。刘宏还命尚方给鸿都学士乐松、江览等三十二人画像，尚书令阳球上书反对，刘宏不听。

孝仁董皇后为人贪婪，她认为卖官来钱快，教唆儿子刘宏卖官敛财，刘宏命人在西园修建了官邸，公开卖官。太守级别（二千石）的要交纳二千万钱，中下级别（四百石）的要交纳四百万钱。依照程序应该正式任命的官员，只任命一半或者三分之一，其余一半或三分之二全部用来售卖，专门设立了仓库，存放卖官的钱。有人直接到官门上书要求担任县令或县长，刘宏会根据这个县的大小、贫富，设定不同的价位出卖。有钱人能一次性交清买官钱的，一次性交清；不能一次性交清的，可以赊账分期，到任后再付双倍的钱（自然是搜刮民脂民膏得来的）。刘宏又想到售卖公卿类的高官，怕引起公愤，他密令左右私下叫卖，三公级高官一千万钱，卿五百万钱。孝仁董皇后也亲自卖官，得来的钱堆满了堂室。

刘宏卖官鬻爵，使得一大批无才无德之人，仅靠金钱开道就占据了高位，他们上任后，腐败无能，鱼肉百姓，造成民生凋敝，社会矛盾进一步激化。

阳球之死

"凉州三明":皇甫规、张奂与段颎,都是名将,在对羌人等战争中都屡立战功,但三人的对敌策略并不完全相同,皇甫规、张奂倾向"抚",而段颎则倾向"剿"。张奂和段颎还曾经为此发生过争执。

窦太后去世之后,有人上书说:"天下大乱,曹节、王甫幽禁杀害太后,公卿皆尸位素餐,没有人进忠言。"刘宏命司隶校尉刘猛追查抓捕上书之人,十天一报情况进展。刘猛认为上书中的话不用当真,因此也不尽心去办,一个多月了,还查不到上书之人,刘宏怒贬刘猛为谏议大夫(谏议大夫为光禄勋属官,司隶校尉俸禄比二千石,谏议大夫俸禄六百石)。任命当时已经调任为御史中丞的段颎接任司隶校尉。段颎这时完全丧失了名将风范,为了荣华富贵,屈节攀附宦官曹节、王甫等人,所以才会被任命为司隶校尉。他到任后,派人四处抓捕,结果包括太学生、游学学生在内的一千多人被抓。曹节等人又让段颎弹劾刘猛,刘猛被判去左校做劳工。

当年前司隶校尉王寓早年就依附宦官,他曾经请求太常张奂举荐他,但被张奂拒绝;王寓得势后,把张奂打为党人,被禁锢。段颎被任命为司隶校尉后,大权在握,因为和张奂有过争执,段颎准备命张奂全族从弘农郡再迁回敦煌郡,然后把他杀害。张奂为保住自己及全族人的性命,以下属的身份哀求段颎,段颎才放了他一马。此后张奂闭门不出,在家专心著书授徒,撰写的《尚书记难》有三十多万字。几年之后,张奂老死家中,终年七十八岁。张奂有三个儿子:张芝、张昶和张猛。张芝、张昶都擅长草书,张芝有"草圣"之誉,张昶有"亚圣"之誉。

当初李暠曾经担任司隶校尉,杀死了和他有宿怨的苏谦。苏谦的儿子苏不韦隐姓埋名,忍辱负重,替父报仇,潜入已经任大司农的李暠家中,杀死了他的小妾和幼子，李暠因去厕所侥幸逃过一劫。李暠抓不到苏不韦，含恨而亡。后来朝廷颁布大赦令，苏不韦这才回到老家，安葬了父亲。李暠是段颎的朋友，段颎派司隶从事张贤杀死了苏不韦全家六十多口人。

曹节、王甫的家族布满全国各地的重要岗位，皆贪暴不法。王甫的养子王吉，是沛国国相，残酷到令人发指，每次杀人，他都命人把尸体肢解，放到车上到各县宣示。夏天尸体容易腐烂，他命人用绳索把骨架绑住，到各县转一圈之后才允许家属收尸，见者无不惊骇。王吉在任五年间，竟然惨杀了一万多人。

尚书令阳球常气愤地拍着大腿说："倘若我做了司隶校尉，岂能容得下他们胡来！"这里再交代一下司隶校尉的职责，司隶校尉俸禄为比二千石，稍低于九卿的中二千石，汉武帝的时候开始设置司隶校尉，持节，相当于京师所在地附近诸郡的州刺史，同时负责察举百官。阳球，字方正，渔阳郡泉州县（今天津市武清区西南）人，家里是世代为官的世家大族。阳球剑法比较高，善于骑马射箭，他生性严厉，喜欢申不害、韩非的法家之学。有位郡府的官员侮辱了阳球母亲，他召集了数十个少年，杀死了这名官员，并灭了其全家，从此开始知名。阳球举孝廉出身，直至升迁至尚书令。任尚书令时，曾经要求取消鸿都门学，但不被采纳。

巧的是，不久阳球由尚书令调任为司隶校尉（之前段颎由司隶校尉升迁为太尉，不久因日食自我弹劾，赋闲在家）。王甫派门生在京兆地界搜刮财物多达七千万钱，京兆尹杨彪（名士杨修之父）收集证据后，向阳球举报。当时王甫休假在家，阳球抓住这个机会进宫，向刘宏告发王甫、段颎及中常侍淳于登、袁赦、中黄门刘毅、小黄门庞训、朱瑀等人。这么多人作奸犯科，刘宏感到愤怒，命令阳球调查。

光和二年（179年）四月八日，阳球率人开始抓捕行动，王甫、段颎、永乐少府王萌（王甫养子）、王吉等人被押送洛阳监狱。阳球亲临监狱，监督拷问过程，鞭打、棍打、火烧等全给王甫等人用上，惨叫声连连。王萌之前也曾经担任过司隶校尉，他哀求阳球道："我们父子应当伏诛，但请你思及我们曾经先后担任此官的情义，让我老父亲少受点罪。"

阳球怒骂道："尔等罪恶滔天，死有余辜，怎么还以任职先后向我求情！"

王萌看到生还无望，骂道："你之前侍奉我父子如同家奴，你敢反了你的主子吗？今日抓捕我，改天就是你！"

阳球命人用土塞住了王萌的嘴巴，一阵乱棍，把王甫、王萌父子杖毙。阳球怒斥段颎，给段颎留了个全尸，命他饮鸩自杀。阳球命人把王甫的尸体剁烂，陈尸在洛阳城北西头第一个门——夏城门，供官员和百姓参观，并张榜说："贼臣王甫。"然后把王甫的丰厚家产没收，家属放逐比景。

阳球准备大开杀戒，再诛杀曹节等人，他命令都官从事（司隶校尉属官，负责察举百官犯法者）道："先铲除权贵大奸，再铲除其他人，公卿豪族如袁氏辈，从事自去办就可以了，何须劳烦本校尉呢！"

权贵们得到消息后，胆破心惊，曹节等人休假（五天一休）都不敢离开官门半步。恰这时，顺帝刘保的虞贵人（冲帝刘炳母亲）去世，百官送葬路过夏城门，王甫的碎尸还在"宣示"，曹节慨然擦泪道："我们可以自相残杀，为什么让犬辈来舐鲜血呢？"

阳球本为中常侍程璜女婿，从曹节和王萌的话判断，阳球之前和宦官关系良好，阳球诛杀宦官应该和宦官内斗也有关系。

曹节有了主意，对诸常侍说："我们全部进宫，不要再回家了。"曹节等人径直入宫，对刘宏说道："阳球过去有残酷暴吏的恶名，之前曾经遭到三府弹劾被免职，以在九江郡平乱的微功，再度被起用，罪恶之人，容易妄为，不应该让他再在司隶校尉的位置上了，不能任其胡作非为。"

刘宏也感觉阳球的杀气比较重，于是调任阳球为卫尉。曹节命尚书找到阳球宣布任命书的时候，他正在巡察皇陵，诏书要求他即刻上任。阳球一下蒙了，他急忙进宫拜见刘宏，申辩道："臣本无清高之行，意外蒙受鹰犬之任，虽然刚诛杀王甫、段颎，都是狐狸小丑，不足以震慑天下，请再给我一个月的任期，必会让豺狼之人认罪伏法。"阳球一再叩头，额头上流出了鲜血。

宦官呵斥阳球道："卫尉想抗旨吗？"斥之再三，阳球这才拜谢而去。

曹节、朱瑀等人权势再盛，曹节兼任尚书令。

当初，现任司徒刘郃的哥哥、侍中刘儵参与窦武谋杀宦官之事，事泄被杀。永乐少府陈球出身儒学世家，和曹节等人不睦，他游说刘郃道："明公出自宗室，位登台鼎，天下瞻望。镇卫社稷，岂能与世浮沉，碌碌无为。今曹节等人放纵为

第八章　变乱前夜　197

害，久在皇帝左右，且明公兄长也被曹节等人所害，今可举荐阳球为司隶校尉，依次逮捕曹节等人，这样政令出自圣主，天下太平，可翘足而待也！"

刘郃担忧，说道："恶贼耳目众多，恐怕事情还未发动，先受其祸。"

尚书刘纳说："为国栋梁，倾危不扶，这样的丞相有什么用呢！"

刘郃遂决定行动，他们联络了阳球，谋划下一步行动。阳球的小妾是中常侍程璜之女，程璜从女儿那里得知了消息，不觉间消息已经走漏，被曹节等人获悉一二。曹节用重金贿赂程璜，同时又威胁他，如果不说出阳球等人的计划，将有生命危险。程璜顾惜性命，遂把阳球等人的计划和盘托出。

曹节等人警示刘宏道："刘郃和刘纳、陈球、阳球，交往频繁，书信不断，意图不轨。"

刘宏大怒，把刘郃免职，命令逮捕刘郃和刘纳、陈球、阳球，押送监狱处死。

何贵人封后

光和三年（公元180年）十二月，汉灵帝刘宏封何贵人（？—189年）为皇后。何皇后名字失载，南阳郡宛县人，她的父亲名叫何真，母亲姓氏不详，名兴，是何真的续弦。何家本是屠户，以屠宰为生，何真去世后，他的长子何进（？—189年，何皇后同父异母哥哥）担负起了养家的重任。何皇后天生丽质，身材修长，身高七尺一寸（约164厘米）。汉时，每年八月都要遴选美女入宫，何进贿赂了同是南阳郡人的中常侍郭胜，在郭胜的操作下，何皇后得以进入皇宫，并成功投送到了刘宏的龙床之上。何皇后被封为贵人时，何进被任命为郎中，随后升虎贲中郎将，再出任颍川太守。何皇后封后后，何进被任命为侍中，何皇后的母亲被封为舞阳君。

刘宏对何皇后很宠爱，熹平二年（公元173年）何皇后生下了一子名刘辩，延续了汉室血脉，所以被封为皇后。何皇后妒忌成性，性格暴躁，震慑后宫。王美人是赵国人，她的祖父赵苞，曾经担任五官中郎将，王美人体态丰满，颇有姿色，聪敏有才智，能写会算，当年以良家子的身份选入了皇宫。王美人怀有身孕后，惧怕何皇后，于是服药准备把胎儿打掉，但这个胎儿生命力比较顽强，竟然安然无恙，王美人又数次梦到自己背负太阳而行，光和四年（公元181年）生下了皇子刘协。何皇后得到消息后，果然命人鸩杀了王美人。刘宏得知后暴怒，准备废黜何皇后，郭胜等数位宦官竭力劝阻，这才作罢。董太后（刘宏母亲）哀怜孙儿，遂亲自抚养教导刘协。

刘宏怜悯幼子刘协失去母亲，加之思念王美人，他写了《追德赋》《令仪颂》，寄托哀思。刘宏具有一定的文学功底，喜欢辞赋，自己还曾创作了《皇羲篇》，共五十章。

刘宏动用大量人力物力，修建了毕圭苑和灵昆苑。刘宏命令在后宫开设商铺，让宫女们贩卖经营，他亲自穿上商人服饰，和诸宦官宫女厮混在一起，购买商品，饮酒作乐。刘宏还于西园耍狗，他头戴进贤冠（古时朝见皇帝的一种礼帽，前端高七寸，后部高三寸，长八寸），身披绶带，驾驶四头驴拉的车，他手持缰绳，左右驰骋，好不快活。之前朝廷设立了騄（lù）骥厩丞，负责接收各郡国进贡的良马，权贵之家趁机垄断渔利，一匹马的价格炒到了二百万钱。京师竞相效仿皇帝驾驶驴车，于是一头驴的价格涨得和一匹马差不多。

刘宏喜欢存私钱，他收罗天下奇珍异宝，每次郡国进贡，都先送入皇宫，名为"导行费"。中常侍吕强上书劝谏，刘宏不理。

光和四年（公元181年），大长秋、华容侯曹节去世，他虽然恶贯满盈，但竟然得以善终，刘宏追赠他为车骑将军。刘宏任命自己宠信的中常侍赵忠接任大长秋之职。

这时候巴郡（郡府江州县，在今四川重庆市）板楯部落、江夏郡（郡府西陵县，在今湖北武汉市新洲区）部落、苍梧郡（郡府广信县，在今广西梧州市）和桂阳郡叛民不断造反，鲜卑部落也不时侵扰幽州、并州地区。

交趾郡"乌浒蛮"叛变已经历时三年（公元178年—181年），刺史、太守出兵讨伐，不能取胜。交趾人梁龙等也起兵反叛，攻破郡县。刘宏任命兰陵县（今山东省苍山县西南）县令朱儁（jùn）为交趾刺史，率军讨伐。

朱儁（？—195年），字公伟，会稽郡上虞县（今浙江省绍兴市上虞区）人，自幼丧父，他母亲以贩卖丝织品供养他长大。朱儁很懂事，深知母亲的不易，对母亲特别孝顺，以极尽孝道闻名。朱儁进入仕途，为县门下书佐（掌文书缮写），他好义轻财，乡里人都很尊敬他。当时同郡的周规被三公府征辟，要去报到的时候，他从郡府的库房里借了百万钱作为购置衣帽的费用和盘缠，后被仓促催还，周规为人清廉，家庭贫困，一下子拿不出来这么多钱，很是窘迫。朱儁得知情况后，把母亲的丝织品偷偷拿去卖掉，替周规还了账。朱儁母亲失去了经济来源，对他很是恼怒，责备了他。朱儁赔笑说："小损失换来大收益，初贫后富，是必然的道理啊。"

上虞县县长度尚见到朱儁后，感觉很惊奇，把他推荐给了太守韦毅，朱儁于是到了郡里任职。尹端（曾任名将张奂司马，立有战功）接任太守后，任命朱儁为主簿（主管文书簿籍及印鉴）。后尹端讨伐会稽郡民许韶父子失利，被州官弹劾，论罪应该在闹市斩首。朱儁感念尹端知遇之恩，决定搭救尹端。他改换服装，携带数百金悄悄来到京师，向主管奏章的官吏行贿，于是得以修改了州里的奏章，最后尹端被判到左校做苦工。尹端喜于被轻判但不知道缘由，朱儁也不肯向外吐露。

后会稽太守徐珪推举朱儁为孝廉，又任兰陵县令，因在任上政绩卓著，被东海国国相上表表彰，刘宏任命朱儁为交趾刺史。朱儁接到任命书后，启程南下，路过会稽郡的时候，招募家兵及调发的军队共五千人，兵分两路，杀向交趾。到了州界后，朱儁按兵不前，先派人入郡内查看反民虚实，宣扬皇帝恩德和刑罚，以震慑其心，既而举七郡兵进逼，两军大战，梁龙被杀，投降者数万人，一个月的时间，叛乱平定。朝廷论功行赏，封朱儁为都亭侯，食邑一千五百户，赏赐黄金五十斤，任命朱儁为谏议大夫。

第九章
黄巾起义

黄巾起义

当初，钜鹿郡（郡府廮陶县，在今河北省宁晋县西南）人张角（？—184年），信奉黄帝和老子，以法术教授门徒，称为"太平道"。张角以"符水"（画符箓或烧符箓于水中）治病，让病人跪下自述己过，然后饮下"符水"。有些病人本身并没有什么病或者只是心病，经过反思和开导后，病就痊愈了；有些病人只是身体微恙，经过调整本可自愈，但这些人皆归功于张角及"符水"，一传十，十传百，信徒越来越多，把张角当作神仙信奉。

张角分派八名得意弟子到各地活动，以"善道"教化天下，以"良言"劝导百姓，受欺骗诱惑者越来越多，十余年间，信徒到数十万人，遍布青州、徐州、幽州、冀州、荆州、扬州、兖州和豫州八个州。有的信徒变卖家产迁移奔赴，道路上前去投奔张角的信徒络绎不绝，还没有到达目的地就病死者多达万人。郡县政府不能体察到其中蕴藏的隐患，反而称张角以善道教化，为民众所信任。

当时的司徒杨赐觉得这样下去局面会不可收拾，他上书灵帝刘宏，建议命令州郡遣散信徒各回本郡，以削弱张角众人的势力，然后再诛杀头领，可不劳而定。杨赐的奏章呈递上去之后，恰好他被免职，因此奏章就存放到了官中。

看到张角的实力一天天壮大，司徒掾刘陶是皇室宗亲，上书建议捉拿张角，但刘宏并不以为意，认为刘陶是闲操心，就让他发挥特长，注解《春秋》。

张角自称"大贤良师"，设置了三十六方，大方一万多人，小方六七千人，各设立了渠帅（首领）。张角认为朝廷政治腐败，贪官污吏鱼肉百姓，贫民大众苦不堪言，于是他有了改朝换代的想法，对外宣称："苍天已死，黄天当立，岁在甲子，天下大吉。"张角下令，在京师各府衙大门及州郡官府大门上，用白石灰涂写"甲子"二字。

大方马元义奉张角之命，集结了扬州、荆州数万名信徒，准备会师邺城（魏郡郡府所在地，在今河北省临漳县西南），然后发动起义。马元义数次往返京师，重金收买了中常侍封谞和徐奉，让他们作为内应，约定在来年（甲子年，公元184年）三月五日，内外同步发动。

第二年（光和七年，公元184年）春天，张角派弟子唐周作为信使，到京城传递信息，打探消息。但唐周到了京城后，为了荣华富贵，上书朝廷，揭露了张角等人的计划。

刘宏大惊，立即命人抓捕了马元义，在京师洛阳车裂了马元义。刘宏命令三公、司隶校尉，查验皇宫内及官员、百姓，有信奉"太平道"的，统统逮捕，格杀勿论，一千多人被杀。刘宏又命冀州追捕张角等人。

事已至此，张角发现事情已经败露，不能再等，于是昼夜不停，命人通知三十六方一起起兵。他们约定以头戴黄巾作为标志。二月，张角自称天公将军，张宝（？—184年，张角二弟）称地公将军，张梁（？—184年，张角三弟）称人公将军，所到之处，焚烧官府，抢劫掠夺城邑，州郡无力抵抗，官员大都逃亡。一个月内，天下响应，京师震动。安平（首府信都，今河北省冀州市）王刘续和甘陵（首府甘陵，今山东省临清市）王刘忠都被本国黄巾军擒获，投降了黄巾军。

刘宏任命何进为大将军，封为慎侯，率左右羽林军及北军五营（屯骑、越骑、步兵、长水、射声）将士，在都亭设防，修理器械，镇卫京师洛阳。在函谷关、太谷关、广成关、伊阙关、镮辕关、旋门关、孟津、小平津等洛阳近郊八个重要关隘，设立都尉。

刘宏召集文武百官召开会议，研判当前局势，北地郡（郡府高陵，在今陕西省西安市高陵区西南）太守皇甫嵩（？—195年）认为，应该团结可以团结的力量，解除党禁；取出皇宫藏钱及西园藏马，赏赐给军士。皇甫嵩，字义真，安定郡朝那县人，是度辽将军、"凉州三明"之一皇甫规的兄长皇甫节之子，皇甫节曾经担任雁门太守。皇甫嵩年少时就怀有文武志向节操，熟读《诗经》《尚书》，练习骑马射箭。最初被举荐为孝廉、茂才，当初太尉陈蕃、大将军窦武都征聘他，他均不去报到。灵帝刘宏听说了他，派公车征召他为议郎，又改任为北地郡太守。

是否解除党禁，刘宏征求中常侍吕强的意见，吕强说："党锢久积，人情怨愤，若不赦免，他们与张角合谋，变乱就会扩大，到时候悔之已晚，无可挽回。今请陛下先诛杀左右贪污之人，大赦党人，考核刺史、太守能力，则盗贼没有不平定的道理。"

刘宏也意识到，党人大都是饱学之士，他们胸怀韬略，如果和黄巾贼串通起来，后患无穷，刘宏越想越怕，接受了皇甫嵩和吕强的建议，下诏大赦党人，把他们的家属从边疆召回。

刘宏征调天下精兵，四府（三公府、大将军府）推荐卢植，于是任命卢植为北中郎将（此前并无北中郎将的称号，创制于此），率军讨伐张角。卢植，字子干，涿郡涿县（在今河北省涿州市）人，身高八尺二寸，声如洪钟，少时师从大儒马融，博古通今，精研学业但并不拘泥于章句，常怀济世大志，不好辞赋，喜欢饮酒，能豪饮一石。建宁（公元168年—172年）年间，刘宏征聘卢植为博士。熹平四年（公元175年）"九江蛮"造反，四府认为卢植有文武之才，推荐他率军平叛，刘宏任命他为九江太守。到任后，"九江蛮"果然归顺，卢植后因病去职。之后"南夷"造反，卢植又被任命为庐江太守，一年多后，被召回朝廷担任议郎，和谏议大夫马日磾（dī）、议郎蔡邕、杨彪、韩说等同在东观，校订《五经》，续补《后汉记》。刘宏认为这项工作非急务，于是改任卢植为侍中，又任命为尚书。

此次卢植被刘宏任命为北中郎将，持节，以护乌桓中郎将宗员为副将，讨伐张角。刘宏又任命皇甫嵩为左中郎将，朱儁为右中郎将，各统率一支军队，讨伐颍川郡的黄巾军。朱儁上表聘请孙坚为佐军司马。

孙坚之前立有战功，被任命为盐渎丞，几年后调任为盱眙丞，再调任为下邳丞相，孙坚历任三县，吏民对他称赞有加，皆归附于他。乡里故旧，好事少年，来投靠者数百人，孙坚非常优待他们，犹如亲生子弟，这次孙坚要应召讨伐黄巾军，在下邳的乡里少年皆愿随从。孙坚又招募了商旅及淮河、泗水一带的精兵，共一千来人，加入了朱儁的队伍。

当时中常侍赵忠、张让、夏恽、郭胜、孙璋、毕岚、栗嵩、段珪、高望、张恭、韩悝、宋典等十二人都被封侯，贵崇无比，刘宏常说："张常侍是我公，赵常侍是我母。"于是宦官更加无所忌惮、无所敬畏，竞相建造府邸，比拟宫殿。刘宏曾经想登上永安宫的侯台（为瞭望而修筑的高台），宦官担心刘宏看到他们的豪宅，让中大人尚但劝阻说："天子不当登高，登高则百姓虚散。"刘宏听从，从此不再登高。

中常侍封谞和徐奉勾结黄巾军事发后，刘宏责问诸常侍道："你们常说党人欲行不轨，皆喊禁锢，或者伏诛。如今党人为国所用，你们反而和张角勾结，是不是应该斩首？"

宦官惊骇，忙叩头道："此乃王甫、侯览所为！"王甫和侯览均已不在人世，查无对证。为了避开风头，诸常侍开始收敛，召回了在州郡任职的宗亲、子弟。

赵忠和夏恽诬陷吕强道："吕强与党人共议朝廷，数次阅读《霍光传》，他的兄弟在外为官者皆贪污受贿。"

刘宏不悦，命中黄门带兵召唤吕强。吕强看势头不对，怒道："吾死，乱起矣！丈夫欲尽忠报国，岂能对质狱吏乎！"遂自尽而死。

赵忠和夏恽仍不甘心，再诬陷说："吕强见被召见，还不知道将要询问什么就自寻短见，正说明有奸恶行为。"刘宏命令逮捕了吕强的宗亲，没收了他的财产。

侍中向栩上书讥讽宦官，张让诬告向栩和张角是一伙，准备作为内应，向栩被押送黄门北寺监狱后杀害。

郎中张钧上书说："张角所以能兴兵作乱，万民所以乐意归附，源头皆是因为十常侍（十二常侍，前面所列）放纵父兄、子（养子）弟、姻亲、宾客掌管州郡，搜刮财物，侵掠百姓，百姓之冤，无处申述，所以才走上不轨，聚为盗贼。应该斩首十常侍，把头颅悬挂于南郊，向百姓道歉，派使者布告天下，可不必派军出征而贼寇自然消散。"

刘宏见到张钧的奏章后，有些不悦，把奏章展示给常侍们看，常侍们大惊，皆脱帽光脚，叩头请罪，表示愿意主动到洛阳监狱报到，并献出家财资助军队。刘宏和常侍们相处日久，信任他们，又被常侍们的可怜相打动，命令他们戴上官帽，穿上鞋子，如常履职。

刘宏恼怒张钧道："此真狂子也！十常侍中难道没有一个善人吗？"

御史秉承旨意，诬告张钧是太平道门人，将其收押入狱后，被拷打致死。

曹操登场

左中郎将皇甫嵩和右中郎将朱儁共率四万大军，攻打颍川郡的黄巾军，他们分兵两路，各率一军，分兵前进。朱儁进兵，和黄巾军将领波才遭遇，两军大战，朱儁战败。皇甫嵩率军支援朱儁，进驻长社。

波才率领大军，把长社团团围住。黄巾军势大，皇甫嵩兵少，军中弥漫着恐惧气氛，皇甫嵩召集众将士，壮胆鼓劲道："兵有奇变，不在众寡。"黄巾军就地取材，用杂草搭成营帐，绵延数里。恰好刮起大风，皇甫嵩命令将士们拿起火把登城，挑选勇士组成敢死队，找准机会冲出重围，纵火焚烧黄巾军营寨，并大声疾呼，城头上将士们举火把呐喊回应，皇甫嵩命人擂响战鼓，他亲自率军出城攻击黄巾军。黄巾军大惊，四散溃逃。

恰好这时，骑都尉曹操（公元155年—220年）也率军赶到，他和皇甫嵩、朱儁合兵一处，再与黄巾军大战，大胜黄巾军，斩杀数万人。刘宏封皇甫嵩为都乡侯。

曹操，是沛国谯县人，姓曹，名操，字孟德（一名吉利，小字阿瞒），他的父亲名叫曹嵩，母亲为丁氏。一种说法是曹嵩是西汉开国功臣、相国曹参的后代；另一种说法是曹嵩本姓夏侯，是大将夏侯惇的叔父，因为成为中常侍曹腾的养子，所以改姓曹。曹腾我们之前提及过，他在汉桓帝继位的过程中立功，被封为费亭侯，升任大长秋，加位特进。曹腾在官中三十多年，侍奉过四位皇帝，未尝有过过失，他所举荐的虞放、边韶、延固、张温、张奂、堂谿典等人，也都是海内名人。曹腾为人心胸宽广，不计较弹劾他的益州刺史种暠，还称赞种暠能干。种暠后来当了司徒，对别人说："今天成为三公，都是曹常侍的恩德！"曹腾去世后，他的养子曹嵩继承了爵位，曹嵩历任司隶校尉、鸿胪卿、大司农等职，位列九卿。曹嵩善于敛财，之后还通过行贿宦官和向西园输送一亿万钱，被任命为太尉，位列三公，不过这是三年以后的事，现在还是大司农。

曹操年少时就机智敏锐，有权谋，能见义勇为，扶助老弱，但好飞鹰走狗，游荡无度，品行和道德修养都很一般，所以当时人们认为他很普通，并不把他当作什么特殊人才看待。曹操的叔父看不惯他的做派，多次打小报告给曹嵩。曹操很讨厌这位叔父，有一次曹操在路上见到叔父，就立即做出了嘴歪眼斜状。叔父感到很奇怪，问他原因，曹操磕磕巴巴地说："突然中风了。"他叔父赶紧去告诉了曹嵩。

曹嵩惊愕，把曹操叫过来看个究竟，发现曹操外貌如故。

这下曹嵩惊讶地问道："叔父说你中风了，已经好了？"

曹操暗自得意，回答说："我本来就没有中风，只是叔父不欣赏我，所以才欺骗您的。"

曹嵩对曹操的话深信不疑，从此以后，不管叔父再状告曹操什么，曹嵩都不再相信。曹操达到目的喜不自胜，从此更加肆无忌惮、我行我素了。

难能可贵的是，曹操多才多艺，热爱读书，可以说博览群书（曹操在历史上的文学成就能证明这一点），他尤其喜欢兵法，曾抄录古代诸家兵法韬略。

太尉桥玄和何颙看好曹操，认为他异于常人。何颙是名士，桥玄我们之前介绍过，他是名士也善于识人，他见到曹操后，感到惊异，对曹操说："天下将乱，非为世所重的杰出人才不能挽救，能安定天下的，正是你啊！请你自我约束，把握机会，我老了，愿意把妻子和儿女托付给你。"

何颙见到曹操，赞叹道："汉家将亡，安天下者，必此人也！"

桥玄又对曹操说："你还没有名气，可结交许子将。"

桥玄说的许子将（公元150年—195年），姓许，名劭，字子将，汝南郡平舆县（在今河南省平舆县）人，少有名节，善于品评人物，定期举办"月旦评"，他往往评价得很准，经他评价过的樊子昭、和阳士等人，一并显名于世，所以天下人提及推荐人才者，都推重许劭及名士郭泰。

曹操受到桥玄提醒，于是携带厚礼来见许劭，言辞谦卑，希望许劭评价一下自己。许劭鄙视曹操为人，不肯评价；曹操看软的不行，就来硬的，伺机威胁许劭，许劭不得已，随口说道："子，治世之能臣，乱世之奸雄。"

曹操闻听，大笑而去。

在家世的荫庇之下，二十岁的曹操被推举为孝廉，任命为郎中，又在尚书右丞司马防（司马懿父亲）的举荐之下，再被任命为洛阳北部尉（负责治安）。曹操初次来到自己的办公场所，修缮四门，命人制作了五色棍棒，衙门口左右各悬挂十多根，有违反律令的，不避豪强，一律棒杀。数月之后，灵帝宠信的小黄门蹇（jiǎn）硕的叔父，倚仗侄儿的特殊身份，无视夜行禁令，违规夜行，认为官府不敢把他怎么样，曹操得知后，毫不留情，当即命令将其棒杀。于是京师洛阳无论权贵之家还是平民百姓，皆收敛行迹，无人再敢违反律令。

当朝权贵忌惮曹操，但曹操背景深厚，他们也拿曹操没办法。经过商议，他们改变了策略，同在灵帝面前称赞曹操的才能，建议外放曹操担任一方主官，于是曹操被提任为东郡顿丘（在今河南省清丰县西南）县令。灵帝废黜宋皇后，宋皇后的哥哥、酆（yīn）强侯、执金吾宋奇也被诛杀。宋奇是曹操的从妹夫，权贵们趁机报复，曹操受到牵连，被免去职务。后因为曹操通晓古学，又被任命为议郎。

当年窦武和陈蕃谋杀中常侍曹节、王甫等宦官不成，反被宦官所害，曹操上书为窦武、陈蕃等人说情，说他们为人正直而被陷害，奸邪充盈朝廷，良士进步通道堵塞，言辞恳切，但灵帝不听。之后朝政日乱，强横奸诈之徒增多，各种律令多被摧毁，形同虚设，曹操深知朝廷已经病入膏肓，不可匡正，于是便不再进言。

黄巾大起义，曹操被任命为骑都尉，讨伐颍川的黄巾军，和皇甫嵩、朱儁合兵大破黄巾军，曹操因功被任命为济南国国相。济南国以郡为封国，国相相当于太守，俸禄也和太守一样是二千石。

曹操任济南国国相，行事和过去一样。济南国当时有十多个县，各县长官大都攀附权贵，贪赃枉法，声名狼藉。曹操的前几任国相不愿触及矛盾，对政事充耳不闻。曹操到任后大力整饬吏治，上奏免去了十分之八的县里长官，济南国官员惊恐，贪官污吏竞相窜逃他郡，"政教大行，一郡清平"。

朝廷又任命曹操为东郡太守，曹操认为，奸臣当道，他不能违背道义去取悦当权派，又恐给家族带来灾祸，于是他请求到朝廷宿卫，被任命为议郎。曹操常称病不去上班，后来干脆告病回到家乡。曹操在城外僻静处修筑居所，春夏学习典籍，冬天狩猎，自娱自乐。

黄巾失败

皇甫嵩和朱儁乘胜向东南进军，讨伐汝南郡和陈国（首府陈县，在今河南省淮阳县）的黄巾军，追波才部于阳翟（颍川郡郡府所在，今河南省禹州市）；击彭脱于西华（今河南省西华县西南）。孙坚率军乘胜深入，但在西华被包围，孙坚受伤坠马，趴在了草丛之中。将士们分头寻找孙坚，但不知所在，这时候，孙坚的坐骑骢（cōng）马（青白色的马，泛指健壮的骏马）飞驰回营，跪地悲鸣。将士们大惊，把骢马牵起，随它来到了一片草丛之间，发现了受伤的孙坚，把他救回了大营。孙坚在营中休养了十多天后，伤口稍愈，又披挂上阵。

朝廷军队屡战屡胜，黄巾军或逃散或投降，三郡平定。皇甫嵩汇报战况，把功劳归于朱儁。刘宏封朱儁为西乡侯，提任为镇贼中郎将。刘宏命皇甫嵩攻打东郡（郡府濮阳县，今河南省濮阳县西南）的黄巾军；朱儁攻打南阳郡的黄巾军。

北中郎将卢植率军攻打黄巾军首领张角，经过数次交手，张角接连战败，黄巾军被杀被俘一万人，张角退守广宗县（在今河北省威县东）。卢植命令修筑围墙，开凿壕沟，制造攻城云梯，猛烈攻城，眼看城池就要攻下来了，可就在这时，刘宏派来视察军队的小黄门左奉也来到了前线。卢植属下有人劝卢植贿赂左奉，让他回朝后多多美言。但卢植品德高尚，为人两袖清风，拒绝了属下的提议。左奉没捞到好处，果不其然，回到洛阳后，他向刘宏回禀道："广宗的贼人容易攻破，卢中郎坚守营垒，拒不进攻，大概是等待着老天灭亡贼人吧。"

刘宏闻听大怒，命令用囚车把卢植押送京师治罪，死罪减去一等处罚。刘宏任命河东太守董卓为东中郎将，代替卢植攻打张角。之前我们交代过董卓的身世，他随张奂攻打羌人立功后，被任命为郎中，再任西域戊己校尉，并州刺史，河东太守。

皇甫嵩率军与黄巾军大战于苍亭（在今山东省阳谷县东北），大胜，活捉了头领卜巳，斩首七千多人。董卓率军向镇守下曲阳县（今河北省晋州市西）的张角二弟、地公将军张宝发动攻击，但兵败被治罪。刘宏意识到皇甫嵩对阵黄巾军胜算较大，于是又命令皇甫嵩讨伐张角。

正在此时，黄巾军的领袖、天公将军张角在广宗县病故，他的三弟、人公将军张梁领导黄巾军继续抵抗。皇甫嵩军和黄巾军在广宗展开大战，黄巾军精强勇猛，皇甫嵩军无法取胜。第二天，皇甫嵩命令关闭营门，命将士休息，以观其变。黄巾军认为朝廷军队不过如此，于是有所懈怠，放松了警惕。皇甫嵩抢抓战机，在夜里开始排兵布阵，凌晨时分冲到了黄巾军的阵前，双方从凌晨血战到了下午，黄巾军大败，张梁被斩，黄巾军三万多人被杀，被逼入河淹死者达五万多人，三万多辆战车被焚毁。皇甫嵩命令把张角的棺材劈开，戮尸后把首级砍下，派快马送往京师。

皇甫嵩又率军攻打下曲阳的张宝，斩杀了张宝，杀死和俘虏了十多万黄巾军。皇甫嵩命在城南聚集敌尸，封土而成高冢。

刘宏得报后欣喜若狂，任命皇甫嵩为左车骑将军兼冀州刺史，封槐里侯，食邑为右扶风的槐里（在今陕西省兴平市东南）、美阳（在今陕西省武功县西北）两个县，合计八千户。皇甫嵩体恤将士，每次行军打仗，营帐全部建好后，他才去大帐休息；吃饭的时候，将士们吃完了，他才开始吃，所以将士们誓死效命，战无不胜。

南阳郡黄巾军首领张曼成拥有部众数万，杀死太守褚贡，并驻扎在郡府宛县一百多日。朝廷任命江夏都尉秦颉接任南阳太守，秦颉和荆州刺史徐璆联手，击败黄巾军，斩杀张曼成。张曼成余部推举赵弘为头领，黄巾军实力再盛，达到十多万人，攻陷了宛城。

朱儁和徐璆、秦颉联手，合兵共一万八千人，包围了宛城，从六月打到了八月，但无法攻下城池。朝中有人失去了耐心，有关部门申请把朱儁调回京城，另派将领攻城。司空张温为朱儁讲情，刘宏听从张温劝告，没有召回朱儁。朱儁急攻，终于斩杀了赵弘。黄巾军韩忠部又占据了宛县，抵抗朱儁。朱儁兵少不敌，就绕着城池修筑了营垒，堆起土山移近城池，朱儁命擂起战鼓，佯攻城池的西南角，黄巾军中计，大部转移到西南防御。朱儁亲自率领五千精锐，偷袭东北，登城而入。韩忠退保小城，惶恐请降。徐璆、秦颉及朱儁的司马张超等人都愿意接受韩忠投降。朱儁不同意，说道："行军打仗有时候外在表现形式相同，但形势却大不同。秦朝时期和楚霸王时期，民无定主，所以赏赐归附者是劝他们来降。今海内一统，唯独黄巾军作乱，纳降无以劝善，讨之足以惩恶。今若接受投降，更助长了叛逆，贼有利时则作战，不利时则请降，纵容敌人长期为乱，非良计也。"

朱儁指挥部队猛攻，但连续数次进攻，均无法攻克。朱儁登上土山眺望，恍然大悟，他回头对张超说道："我晓得了，今贼人外围被铁桶般围住，我们进攻又急，投降不被接受，想跑又跑不掉，所以死战。万人一心，犹不可当，况十万啊！不如撤去包围，集合兵力，韩忠见包围解除，势必主动出来，那时贼人的心就散了，击败他们就容易了。"

朱儁命令解围，韩忠果然中计出战，朱儁率军攻击，大胜，斩杀及俘虏一万多黄巾军。秦颉力斩韩忠。黄巾军再拥立孙夏为头领，退守宛县县城。朱儁命令攻城，孙坚率领部将程普、黄盖、韩当、祖茂等人奋勇争先，率先攀上了城墙强攻，众将士随后跟上，攻防战异常激烈，十一月，宛县被攻破。孙夏率残部逃走，朱儁追击到南阳郡西鄂县精山（在西鄂县东南），斩杀一万多黄巾军。之前三张已亡，黄巾军再遭遇此失败，遂破裂四散。其他州郡也不断捕杀黄巾军，每个郡都有数千人。

黄巾起义仅历经九个月便宣告失败，黄巾起义给了腐朽的东汉王朝致命一击，东汉走向了瓦解并最终灭亡。

宦官窃功

得知朱儁胜利的消息，灵帝刘宏大喜，派使者持节到前线任命朱儁为右车骑将军，命他班师回朝。朱儁回到洛阳后，刘宏任命他为光禄大夫，增加封邑五千户，改封为钱塘侯，加位特进。朱儁上表陈述战争经过，任命孙坚为别部司马。

皇甫嵩上表盛赞卢植的用兵方略，并称是凭借卢植的规划计谋相助，促成其功。刘宏遂任命卢植为尚书。

太原郡祁县（在今山西省祁县东南）人王允（公元137年—192年）熟读古籍，朝夕练习骑射，三公同时征召他，司徒测试成绩最优，被任命为侍御史。黄巾起义爆发，朝廷任命王允为豫州刺史，前往平叛。王允征聘荀爽（"荀氏八龙"之一）、孔融担任从事，上书任用被禁锢的党人作为幕僚。王允率军大破黄巾军别部，搜出了中常侍张让的宾客结交黄巾军的信件（此事可以看出宦官也留有后路），王允上书揭发。刘宏怒责张让，张让叩头请罪，刘宏竟然没有治罪于他。张让怀恨在心，捏造事情诬陷王允，王允被逮捕入狱。恰好遇到大赦令（战胜黄巾军，大赦，改年号为中平），王允官复原职，又被任命为豫州刺史。但张让仍然不肯放过王允，十多天之后，王允又因其他罪名被逮捕入狱。

司徒杨赐了解王允为人，不愿让王允遭受更多拷打与羞辱，于是派人对王允说："你因为张让之事，所以一个月之内两次被捕，他们凶残邪恶，难以估量，希望你能仔细考量。"言外之意，让王允自裁。有的爱冲动的从事们还一起流着泪，给王允拿来了毒药。王允厉声说道："吾为人臣，获罪于君，当伏诛以谢天下，岂用服用毒药求死！"王允把盛有毒药的器具投掷于地，出去上了囚车。王允被押至廷尉后，大将军何进、太尉袁隗、司徒杨赐联名上书求情，王允得以被判死罪减免一等。当天下大赦的时候，王允不在赦免之列，何进、袁隗和杨赐又上书说情，王允才得以释放。

皇甫嵩讨伐张角的时候，路过魏郡邺县（在今河北省临漳县西南），看到中常侍赵忠在邺县的豪宅超出规定，于是上奏将其没收。张让私下向皇甫嵩索要五千万钱，皇甫嵩不给。赵忠和张让向刘宏诬告皇甫嵩虽然战斗数次，但没有取胜，并无战功，然而花费很大，浪费惊人。刘宏命令召回皇甫嵩，免职，收缴左车骑将军印绶，削减封邑六千户。

张让等人给刘宏戴高帽，说之所以能平定黄巾之乱，全赖圣上英明神武，运筹帷幄，调度有方，贼人望风而逃，海内归心。刘宏龙颜大悦，以讨伐张角有功的名义，封张让等十二人全部为侯爵。胜利果实让毫无寸功的宦官窃取，令数万将士寒心。

张让和赵忠又出馊主意，忽悠刘宏修建宫殿，铸造铜人，国库空虚，刘宏自然不会拿出私钱，张让和赵忠建议把每亩的田赋增加十钱，刘宏同意。乐安郡（郡府高苑县，治所在今山东邹平县东北苑城镇）太守陆康（吴郡陆氏子弟）上书反对，认为夺取民物去造无用的铜人，是亡国之法。张让等人以冒犯君王的罪名，用囚车把陆康押解洛阳，将他囚禁在了廷尉。侍御史刘岱上书陈述解释，陆康才得以仅被免职，打回故里。

刘宏下诏让州郡采购良木美石运送京师，但千辛万苦运到京师后，黄门、常侍却吹毛求疵，或拒绝接收或压低价格，仅付给采购价的十分之一；州郡缴纳不足的，宦官就把已入库的再拿出来卖给州郡牟利。刘宏还命西园的骑士赴各地督导，震撼州郡，多数人不得不贿赂他们。刺史、太守及茂才、孝廉官职升迁，皆需要交纳资助军队、修建宫殿的钱，大郡达两三千万，其余各不等。官员上任，皆需要先到西园议价，谈妥方能赴任。一些清廉官员实在交不出来钱，要求辞职，宦官们经过调查核实后，也会强迫他们上任。

司马直要就任钜鹿太守，他素有清廉名声，宦官给他减价到了三百万钱，司马直不忍心盘剥百姓，以生病为由，强烈要求辞职，但没有获批。司马直前去上任，走到孟津的时候，激愤之余，他上书极力陈述时政弊端，然后服毒自尽。刘宏看到司马直的奏章后，受到触动，命令暂时停止收取修官钱。

三公这样的高位，往往也需要通过宦官或者刘宏的奶娘才能买到。廷尉崔烈向刘宏的奶娘程夫人行贿,并缴纳了五百万钱,终于被任命为司徒,位列三公。任命状颁布当天,刘宏驾临前殿,百官到场,刘宏对亲信们说:"后悔要的少了,应该要到千万。"程夫人在旁说道:"崔公,是冀州名士,岂肯买官!因为我的缘故,才肯这样,你难道还不知足吗?"从此,崔烈的声誉下降。

刘宏命令在西园修建万金堂,建成后把国库里的金银绸缎搬运到了万金堂中,他觉得不安全,又寄存到小黄门家和常侍家各数千万钱,又在河间购买田地或宅院,修建豪宅。刘宏命钩盾令宋典,在洛阳南宫修建了玉堂殿;命掖庭令毕岚铸造四个铜人和四口大钟,均重达两千斛,铜人放置于仓龙门、玄武阙外,大钟悬挂于云台及玉堂殿前。

与此同时,凉州兵乱及各地变乱正风起云涌。

刘备登场

各州郡兴兵讨伐黄巾军，幽州涿郡涿县人刘备（公元161年—223年）率领其部属跟随破虏校尉邹靖讨伐黄巾军有功，被任命为安喜县（在今河北省定州市东南三十里）县尉。

刘备，字玄德，涿郡涿县人，汉景帝刘启第九子中山靖王刘胜的后代，刘胜的第五子刘贞，于汉武帝元狩六年（前117年）被封为涿县陆城亭侯，因酎金（汉时诸侯贡纳朝廷，以助祭祀的钱财）之故，失去了侯爵，因此在涿县安家。刘备的祖父名刘雄，父亲名刘弘，都在州郡为官；刘雄被举为孝廉，官至兖州东郡范县（在今山东省梁山县西北）县令。刘备从小失去父亲，和母亲（姓名不详）以贩履（鞋）织席为生，他们居住的房子东南角篱笆边上有一棵五丈（约合现在16.65米）多高的大桑树，枝叶茂盛，远远望去像小车盖一样，往来者都认为此树非凡，涿县人李定路过这里，说："此家必出贵人。"

刘备小的时候，经常和同宗族小孩在树下玩耍，有次刘备指着大树，说道："我必当乘坐像这一样的羽葆（帝王仪仗中以鸟羽连缀为饰的华盖）盖车。"

他叔叔刘子敬听到后，对刘备说："你不要乱说，要灭我们满门了。"

刘备十五岁的时候，母亲让他外出求学，他和同宗刘德然、辽西人公孙瓒一起拜原九江太守、同郡名士卢植为师。刘德然的父亲刘元起是刘备的叔父，常资助刘备，待遇和刘德然同等。时间长了，刘元起的妻子闹意见了，说："各自一家，你怎么能长期这样做呢？"

刘元起说："我们宗族中有此儿，他并不是普通的小孩。"

公孙瓒和刘备交情甚好，公孙瓒年长刘备几岁，刘备把他看作兄长。公孙瓒（？—199年），字伯珪，是辽西郡令支县（今河北省迁安市西）人，贵族出身，外表英俊，声音洪亮，起初在郡里任书佐，侯太守很器重他，把女儿嫁给了他，侯太守仰慕卢植，为了女婿前途着想，又送公孙瓒到卢植处学习经书。

刘备不太喜欢读书，喜欢狗、马、音乐和华美的衣服。成年后，刘备身长七尺五寸（约1.76米，汉朝男子平均身高1.6米），手臂垂下能超过膝盖，大耳朵，眼珠后转能看见自己的耳朵，沉默寡言，善于结交比自己身份低的人，喜怒不形于色。

刘备喜欢结交豪侠，年轻人争相归附于他，其中就包括关羽和张飞。关羽（？—220年），字云长，本字长生，河东郡解县（在今山西省运城市盐湖区解州镇）人，流亡到涿郡。张飞（？—221年），字益德，涿郡人。关羽和张飞皆雄壮威猛，武艺高强，二人皆被称为"万人敌"，其中关羽尤为厉害。刘备和关羽、张飞非常投缘，刘备比关羽年长，关羽比张飞年长，他们同床而眠，恩若兄弟。公众场合，关羽和张飞终日站立在刘备两侧，保护刘备；一同随刘备辗转周旋，不避艰险。

中山国（首府卢奴县，治所在今河北省定州市）富商张世平、苏双等家财千金，因贩马常来涿郡，见到刘备后，惊异于他的外表，认为他日后必不同凡响，于是赠予刘备很多钱财。刘备志向远大，他认为天下将乱，应该积蓄力量，以备不时之需，于是用这些钱财招徕部众。黄巾起义爆发后，刘备率领部众跟随破虏校尉邹靖讨伐有功，被任命为安喜县尉，正式踏入仕途。

督邮（郡太守的重要属吏）代表太守督察县乡，来到了安喜县，刘备请求拜见，督邮不见。刘备感觉受到了羞辱，于是直接闯入了房间，在关羽、张飞的协助下，控制住了督邮，把他捆绑了起来，杖打二百，刘备解下印绶系在督邮的脖子上，又将督邮捆在了拴马桩上，然后弃官亡命。

不久，大将军何进派都尉毌（guàn）丘毅到丹杨募兵，刘备一行加入了队伍。走到下邳的时候，遇到黄巾军，刘备力战有功，被任命为下密县（今山东省昌邑市东）县丞。刘备在这个职位上干得并不顺心，于是再次辞官。

后来刘备被任命为高唐县（今山东省禹城市西南）县尉，再升任高唐县令。高唐县被黄巾军攻破，刘备前去投奔公孙瓒。

▲ 清 钱慧安 关周图

第十章

诛除宦官

凉州兵变

北地郡羌人先零部落反叛，枹罕、河关（在今青海省同仁市）二县变民响应，他们拥立湟中（在今青海省东北部）义从胡（汉魏时称胡羌等少数民族归附朝廷为"义从"）北宫伯玉（北宫为复姓）和李文侯为将军，攻杀了东汉护羌校尉泠（líng）征（总部设在令居，今甘肃省永登县西）。

凉州督军从事边章（？—186年）与凉州从事韩遂（？—215年）都是金城郡（郡府允吾县，在今甘肃省兰州市）人，在西州（在今甘肃省东部）素有威名，北宫伯玉等人率军挟持了边章和韩遂担任首领。北宫伯玉率军攻打金城郡，杀害了金城太守陈懿。凉州刺史左昌和新任护羌校尉夏育无力讨伐，十分狼狈。

当时凉州兵乱不止，征剿耗费大量人力物力，朝廷不堪重负，司徒崔烈建议丢弃凉州，议郎傅燮（西汉名将傅介子之后）谏言坚决反对。刘宏认为傅燮说得有道理，听从了他的建议，于是任命司空张温为车骑将军，执金吾袁滂为副手，率军讨伐北宫伯玉；任命中郎将董卓为破虏将军，和荡寇将军周慎随同出征，受张温统率。张温（？—191年），字伯慎，南阳郡穰县（在今河南省邓县）人，年少时就负有盛名，曾受到曹腾的提携。

张温率领步骑兵共十万多人，屯驻右扶风美阳县。边章、韩遂率军进攻美阳，两军交战，张温军队屡战屡败。突然有天夜晚，流星如火，光长十余丈，照射到边章、韩遂大营之中，驴马受惊，齐声鸣叫。叛军军心动摇，边章和韩遂认为这是不祥之兆，准备撤回金城。董卓得知消息后大喜，第二天和右扶风鲍鸿等人合兵一处，对叛军发动攻击，大胜，斩首数千人。边章、韩遂败走榆中（在今甘肃兰州市城关区）。

张温派周慎率领三万将士追讨。参军事孙坚对周慎说："贼人城中无粮，当外出转运粮食,我愿率一万人截断其运粮道路,将军以大军继后,贼人必困乏而不敢战,败走羌中,到时候合力讨伐之,则凉州可定。"

周慎不听,率军围困榆中城。边章、韩遂分兵进驻榆中东北的葵园峡,反而切断了周慎军队的粮道。周慎恐惧,急令丢弃辎重,全速撤退。

张温命董卓率领三万将士讨伐先零部落,在望垣县(在今甘肃省天水市西北)北,被羌胡军队包围,粮食断绝,进退不得。董卓急中生智,命军队在渭水中筑起一道堰,以捕鱼为掩护,军队悄悄地从堰下撤走。刚开始羌胡军真的以为董卓军队没有粮食吃,开始吃水里的鱼虾,后来慢慢发现不对劲,等明白过来派军追击的时候,董卓军队已经过河。董卓命挖开堤堰,河水奔腾,水流太深,羌胡军已经不能渡过,董卓军队撤退到了右扶风。

张温以皇帝诏书召见董卓,董卓轻视张温,过了许久才来拜见张温。张温非常不高兴,斥责董卓,董卓满不在乎,态度不恭。当时孙坚在座,他看不下去,上前靠近张温,趴到张温耳边说道:"董卓不担心被治罪,反而嚣张狂言,应该以'召不时至'的军法之罪,把他处斩。"

张温对董卓既怜惜又忌惮,说道:"董卓素有威名于河陇(黄河、陇山)之间,今日杀了他,西行之路,将无所依靠。"

孙坚说:"明公亲率王师,威震天下,何必依赖于董卓?观察董卓的所作所为,不在乎明公,轻上无礼,其罪一;边章、韩遂叛乱已经一年以上,应当抓紧进讨,而董卓认为不可,沮丧军心,其罪二;董卓受命无功,应召逗留,傲慢自大,其罪三。古之名将统率军队,没有不果断斩首不从命者而能够成功的。今明公喜爱董卓,不忍心诛杀,亏损军法,在此事啊。"

张温不忍,说道:"你且出去,否则董卓就该怀疑了。"

孙坚只得起身出门。

太尉张延(张良后代)和宦官不和,宦官发难,张延被免职。刘宏派使者持节,前往长安,任命张温为太尉。在京师以外任命三公,张温是首例。张延被宦官诬陷入狱,在狱中被酷刑折磨致死。刘宏认为张温讨贼无方,把他召回了京师,免职。

凉州叛军内部发生矛盾,韩遂攻杀了边章、北宫伯玉、李文侯,然后率领十多万人,包围了陇西郡。陇西太守李相如不战而降。

原凉州刺史左昌、宋枭、杨雍因为平叛不力，先后被免职，新任凉州刺史耿鄙征调六个郡的兵马，攻打韩遂。州郡招募勇士平叛，马腾应征入伍。马腾（？—212年），字寿成，是右扶风茂陵县人，东汉开国功臣、伏波将军马援的后代，他的父亲马平曾任天水郡兰干县（在今甘肃省通渭县境）尉，后失官留居陇西，与羌杂居，娶羌女为妻，生下马腾。马腾年轻时家贫，无营生产业，时常从山上砍伐木材，背到城里去卖，以赚取生活费。马腾身高八尺有余，身材健硕，阔面大鼻，性格温和，待人宽厚，为人所敬佩。

耿鄙的治中从事（掌州选署及文书案卷众事）程球，为人贪婪无度，贪污受贿，士人和平民都怨恨他，但耿鄙却很信任他。汉阳郡太守傅燮（得罪中常侍赵忠被外放）建议耿鄙先在大军中树立恩德，明确赏罚，然后再征讨贼寇。耿鄙不听，率军攻打狄道县，州别驾前线叛变，先杀程球，再杀耿鄙，投降了韩遂。

狄道县人王国和韩遂联合包围了冀县，城中兵少粮尽，但傅燮守城意志坚决。傅燮是北地郡人，叛军中北地郡的数千匈奴骑兵，感念傅燮当年对他们的恩情，在城外叩头，表示要护送傅燮回归乡里。傅燮的儿子傅干年方十三，他劝父亲道："国家昏乱，所以让父亲不容于朝廷，如今将士不足以自守，应该听从羌胡的劝告，返回故乡，等到有道之人出现再出来辅佐。"

傅燮慨然长叹道："你知道我一定会死吗？圣达节，次守节，殷纣暴虐，伯夷不食周粟而死，我遭逢乱世，不能养浩然之志，食禄，哪能避其难啊！我去往何方？必死于此！你有才智，要努力再努力！主簿杨会，以后是你的依靠。"王国派前酒泉太守黄衍游说傅燮，傅燮拒绝。叛军攻城，傅燮力战而死。

马腾率领部下反叛，加入了叛军，和韩遂共推王国为首领，进犯三辅。

刘焉据益州

黄巾军起义还未完全平定，起事的队伍又纷纷涌现，如：博陵张牛角、常山褚飞燕以及黄龙、左校、于氐根、张白骑、刘石、左髭（zī）丈八、平汉大计、司隶缘城、雷公、浮云、白雀、杨凤、于毒、五鹿、李大目、白绕、眭固、苦蝤，等等，不可胜数，大的团伙有二三万人，小的团伙也有六七千人。

张牛角和褚飞燕合兵一处，褚飞燕推举张牛角为首领，攻打廮陶县（钜鹿郡郡府所在，今河北省宁晋县西南），张牛角为流矢射中要害部位，他临死前，交代部下拥戴褚飞燕为首领，把褚飞燕改为张飞燕。飞燕其实名燕，因他身轻如燕，矫健如飞，所以都称他为飞燕，山区的起事民众都佩服他、归附于他，部众越来越多，最后竟达百万之多，朝廷称之为"黑山贼"（黑山在今河南省鹤壁市）。河北（黄河之北）诸县深受其害，朝廷无力讨伐。张飞燕吸取张角兄弟的教训，认为有足够的资本和朝廷谈条件了，于是到京师洛阳上书请降。灵帝刘宏喜出望外，任命张飞燕为平难中郎将，让他负责管理河北诸山区内事务，每年可以保举孝廉，可以派计吏到朝廷对接工作。

交州出产珍珠、珊瑚等珍宝，前后多任刺史贪恋财物，捞得盆满钵满以后，就要求调往别处，吏民怨声载道，遂起兵反叛，俘虏了刺史和合浦郡太守来达。

三府推荐京县（今河南省荥阳市东南）县令贾琮为交州刺史。贾琮到任后，调查民众起事的原因，都说："赋税过重，百姓莫不贫困，京师遥远，告冤无门，民不聊生，故聚为盗贼。"贾琮随即派人到各地张贴告示，告诉百姓安心劳作，又招抚逃散人员，减免赋税，处斩带头起事者，挑选良吏到郡县任职。一年的时间，平定变乱，百姓安居乐业。人们欢欣鼓舞，在街头巷尾传唱道："贾父来晚，使我先反；今见清平，吏不敢饭！"

江夏郡人赵慈聚众起事，攻杀了南阳太守秦颉。荆州刺史王敏率军平乱，斩赵慈。

荥阳县（在今河南省荥阳市区西北）起事民众起兵攻杀了中牟县长。中牟属于河南尹统辖，河南尹何苗（何进弟弟，何进父亲续弦和前夫之子）率军反击，大胜，被提任为车骑将军。

长沙郡人区星自封为将军，聚众一万多人，攻城略地。刘宏任命孙坚为长沙太守，前去平乱。孙坚到任后，亲率将士制定作战方略，一个月之内，平定了区星之乱。周朝、郭石率众起兵于零陵郡（郡府泉陵县，今湖南省永州市）、桂阳郡，和区星遥相呼应。孙坚越境讨伐，大胜，三郡平定。

当时庐江太守陆康的侄儿担任宜春（在今江西省宜春市）县长，被起事民众围困，陆康派使者向孙坚求救。孙坚整兵准备前去营救，宜春县属于扬州豫章郡，长沙郡属于荆州，主簿劝他说上次越境是因为贼人互相勾连，这次没有朝廷批准，越境出兵，恐怕朝廷会问罪。孙坚说："太守不讲那么多礼节，以征伐作为功劳，越界讨伐，以保全国土，以此获罪，何愧于海内呢？"于是发兵前去营救，变民闻风而逃。

刘宏嘉奖孙坚前后所立战功，封孙坚为乌程侯。

太常刘焉认为朝廷政治衰败，四方多事，于是上书建议说："四方兵寇丛生，是由于刺史权柄轻，不能制止叛乱，且任用了不适当的人，盘剥百姓，以致离叛。应该把刺史改为牧伯，挑选清廉声誉好的重臣出任，镇安华夏。"

刘焉（？—194年），字君郎，江夏郡竟陵县（在今湖北省天门市）人，西汉鲁恭王刘余（汉景帝刘启第四子）之后，东汉章帝刘炟时期他的先人迁徙到了竟陵。刘焉年轻时在州郡任职，因其为朝廷宗亲而被任命为郎中，后因他的老师、司徒祝恬去世，刘焉辞官守孝。守孝期满，刘焉为了躲避朝廷纷争，并未到洛阳报到，而是移居于阳城山（在今河南省登封市东），精研学问，教授学生。后刘焉被举荐为贤良方正，被司徒府征召，历任洛阳县令、冀州刺史、太常等职。

刘焉这次建议设立州牧，实际目的是出任交州牧，他认为这里地处偏远，可以躲避战祸。侍中董扶善谶纬之学，他私下劝刘焉道："京师将乱，益州分野有天子气。"于是刘焉改变想法，请求出任益州牧。

当时益州刺史郤俭贪污赋税，烦扰百姓，臭名远扬，而并州刺史张懿、凉州刺史耿鄙皆被变民杀害，于是刘宏批准了刘焉的请求，挑选列卿、尚书出任州牧。刘宏任命太常刘焉为益州牧，并捉拿郤俭问罪；太仆黄琬为豫州牧；宗正刘虞为幽州牧。一州长官的重要性，从此开始显现。董扶和太仓令赵韪皆辞去官职，跟随刘焉入蜀。

当时益州（州府雒县，在今四川省广汉市）人马相、赵祗在绵竹县（在今四川省德阳市）起事，自称黄巾，聚集了数千人，先攻杀了绵竹县令李升，吏民投奔，合一万多人；又进军攻破了雒县，杀死了郤俭；并进攻蜀郡（郡府成都县，在今四川省成都市）、犍为郡（郡府武阳县，在今四川省眉州市彭山区东），一个月的时间，连下三郡，部众达到了数万人。马相自称天子。益州从事贾龙率领数百人，在犍为郡东界，聚集吏民，得一千多人，然后攻打马相，数日后马相被赶走，州界恢复了清净。

贾龙派人迎接刘焉，刘焉把州府迁到了绵竹，招抚离叛，行事宽仁，暗做自立打算。

五斗米道（道教）教主张道陵（张陵）去世后，他的儿子张衡统领其教，张衡去世后，张衡之子张鲁统领其教。张鲁的母亲善巫术，又颇有姿色，常常往来于刘焉家，和刘焉有了不正当关系，于是刘焉任命张鲁为督义司马，与别部司马张修带兵攻打汉中（郡府西城县，在今陕西省安康市西北）太守苏固，张修杀死苏固。张鲁截断斜谷道（褒斜道之斜谷段，今陕西省眉县西南），在刘焉授意下，杀害朝廷使者。刘焉又杀死了州里的豪强王咸、李权等十多人，树立自己的威信。犍为太守任岐和贾龙反抗刘焉，被刘焉杀死。

刘焉的称帝之心更盛，他的长子刘范在朝中任左中郎将，次子刘诞任治书御史，幼子刘璋任奉车都尉，都在洛阳，只三子刘瑁和他在益州生活。汉灵帝刘宏派刘璋到益州给刘焉传达文书，刘焉遂把刘璋留在了益州。

刘虞定幽州

公孙瓒师从名士卢植，但他不爱学习，只略读了一些书传。公孙瓒回到郡里之后，被推举为孝廉，担任幽州辽东属国（治所昌黎县，在今辽宁省义县）的长史。

有次公孙瓒带领数十个骑兵巡视边塞，突然遭遇了鲜卑的数百个骑兵，公孙瓒一行退进了一座空亭子里。公孙瓒对属下们说："如果我们不冲过去，就会被杀光。"于是公孙瓒手持双刃长矛，率先杀出，杀伤数十个鲜卑骑兵，才冲了出去，得以幸免于难，但他的手下损失过半。公孙瓒升任为涿县县令。

张温讨伐凉州起事民众时，征发幽州乌桓骑兵三千人，前中山国国相张纯自荐为将，张温拒绝，张温认为公孙瓒作战勇敢，于是命涿县县令公孙瓒为将。乌桓骑兵行进到蓟中（在今河北省北部）的时候，因为县府拖欠粮饷，又撤了回去。

张纯因为被张温拒绝，心生怨恨，而同郡的张举本为泰山太守，因得不到张温的重用，也大为不满，于是他们联合乌桓酋长丘力居反叛，攻打蓟中，杀死了护乌桓校尉公綦稠、右北平太守刘政、辽东太守阳终等人，聚众达十余万人，屯驻于辽西郡肥如县（治所在今河北省卢龙县北）。张举自称天子，张纯称弥天将军、安定王，他们派人向州郡送文书，称张举将代汉，劝说刘宏退位，令公卿奉迎张举登基。

这时候南匈奴的屠各部落（匈奴休屠王支属后裔，也称"休屠""休屠各""休屠各胡"，俗称"屠各胡"）也起兵反叛，攻杀了并州刺史张懿。

刘宏任命宗正刘虞（？—193年）为幽州牧，前去平叛。刘虞是东汉宗室，是东海恭王刘强（光武帝刘秀长子，母亲被废后，他主动辞去太子之位，被封为东海王）的后裔，丹阳太守刘舒之子。刘虞举孝廉出身，曾为东海郡吏，后以孝廉身份成为郎，逐步升迁至幽州刺史。刘虞采取怀柔政策，以德治州，百姓和鲜卑、乌桓等皆被其感化，他们按时朝贡，鲜卑、乌桓不来骚扰边境，百姓欢悦。后刘虞因事免职，黄巾起事后，刘宏任命刘虞为甘陵国（首府甘陵县，今山东省临清市东北）国相，抚慰荒乱后的灾民，他以俭朴率下，再升任为宗正。

刘宏下诏命南匈奴出兵协助刘虞攻打张纯，单于羌渠（第四十任单于）命令左贤王率领骑兵部队前去幽州相助。匈奴人认为东汉已乱，恐怕日后会发兵不止，于是右部醯（xī）落部落起兵反叛，和屠各部落联合，达到了十多万人，攻杀了羌渠。南匈奴贵族又立右贤王羌於扶罗（羌渠之子）为新任单于（第四十一任）。

公孙瓒率领部下攻打张纯等人有功，被任命为骑都尉。张纯、丘力居等人侵犯青、徐、幽、冀四州，公孙瓒率军反击，双方在辽东属国石门（在今辽宁省朝阳市西南）大战，张纯大败，他丢弃妻子儿女，逃往了塞外，所掳掠的男女全数留下。公孙瓒率军追击，深入敌后，没有后援，反被丘力居的人马包围于辽西郡管子城。公孙瓒顽强守城二百多天，粮食吃完了就杀战马吃，战马吃尽了就吃弓和盾上的皮革，所有能吃的东西都吃完了，将士们体力不支，公孙瓒和将士们洒泪诀别，分头突围，能逃出去几个是几个，当时雨雪交加，死亡十之五六，丘力居的军队也饥困难耐，伤亡也比较大，他们往柳城方向撤退。刘宏任命公孙瓒为降虏校尉，封都亭侯，兼任辽东属国长史。

公孙瓒作战十分勇猛，时常带领数十名"神箭手"，皆乘白马，作为左右翼，号称"白马义从"。乌桓忌惮公孙瓒，互相传话，要避开白马长史。

刘虞到任幽州牧后，裁撤军队，广施恩信，派使者出使鲜卑，告诉他们利害关系，让他们送上张举、张纯的人头，会厚加赏赐。丘力居等人听说刘虞回来了，非常高兴，各派翻译前来，自行归顺。张举和张纯出塞而去，留下来的或降或散。刘虞奏报朝廷，并得到批准后，命令各部队复员，只留下公孙瓒的一万多军队，屯驻于右北平郡（郡府土垠县，在今河北省唐山市丰润区东）。

不久，张纯的宾客王政，杀死了张纯，把首级送给了刘虞（张举的下落，史书无交代）。刘宏大喜，正好太尉马日䃅因日食等原因被免职，于是他派使者到幽州，任命刘虞为太尉，封容丘侯。

公孙瓒立志用武力扫平乌桓，而刘虞准备以恩信招降，二人政见不同，遂产生了矛盾。

再说王国，他率军包围了陈仓县（在今陕西省宝鸡市东）。刘宏起用皇甫嵩为左将军，率领前将军董卓，各领两万人马，抵御王国。

董卓想尽快赶到陈仓城下，对皇甫嵩说："陈仓危急，请速救之。"

皇甫嵩说："不然，百战百胜，不如不战而屈人之兵。陈仓虽小，城防坚固，不是那么容易就攻破的。王国虽强，攻陈仓不下，其众必疲，疲而击之，全胜之道也，没必要去救！"

果然，王国军队攻打陈仓八十多天未下，将士疲惫，主动撤兵而去。皇甫嵩要进兵追击，董卓劝道："不可，兵法上说：'穷寇勿迫，归众勿追！'"

皇甫嵩说："不然。之前我不进击，是避其锐气；如今进击，是其已衰。我们要进攻的是疲惫之师，并非归众。王国率军撤退，没有斗志，以整击乱，非穷寇。"

皇甫嵩率军追击，让董卓率军殿后。皇甫嵩军连战连胜，大破王国军，斩首一万多人。董卓对战局连判失误，羞愧愤恨，从此开始怨恨皇甫嵩。

叛军大败，韩遂、马腾等人趁机废掉王国，逼迫前信都县令、凉州名士阎忠担任首领，统率各部。阎忠不愿助纣为虐，急火攻心，不久去世。韩遂、马腾等人争夺权力，发生内讧，势力开始逐渐衰弱。

灵帝驾崩

名士王芬（？—188年），解除党禁之后，被任命为冀州（州府邺县，今河北省临漳县西南）刺史。有天，王芬、陈逸（陈蕃之子）和术士裴楷在冀州刺史府聊天，裴楷说："天象不利宦官，黄门、常侍都要被灭族了。"

陈逸父亲陈蕃被宦官害死，陈蕃的朋友朱震冒着生命危险保护陈逸，东躲西藏，才使陈逸免于被捕。当陈逸听裴楷说宦官将被消灭后，大喜过望。王芬自然也十分痛恨宦官，说："若真是如此，我愿起兵。"王芬遂招揽聚合各路英雄豪杰，上书说黑山贼攻略郡县，准备以此作为借口，起兵诛除宦官。

恰好当时灵帝刘宏准备到河间国巡视故宅，王芬得到消息，和南阳人许攸（？—204年）、沛国人周旌秘密商议，准备动用武力劫持刘宏，诛杀诸位常侍、黄门，然后废掉刘宏，立合肥侯（刘氏皇族，名字失考）为帝。

王芬认为议郎曹操为当世英雄，就派人给曹操送了一封密信，告诉了他这项计划。曹操不同意，说："废立之事，是天下最不祥的事，古人有权衡成败，比较轻重去实施的，伊尹、霍光是也。伊尹、霍光怀有赤胆忠心，居于宰辅的地位，担负秉政重任，迎合众人期待，所以才能废立成功。今诸君只看到古人之易，却未睹今日之难，而去做非常之事，认为必能成功，岂不危险！"

王芬又邀约平原国（首府平原县，在今山东省平原县）高唐县人华歆（公元157年—232年）、平原县人陶丘洪（陶丘为复姓）参与谋划。陶丘洪准备参加，华歆制止了他，说："废立大事，伊尹、霍光都认为困难，王芬行事不够严密果断，不会成功。"陶丘洪这才停止。华歆和陶丘洪都是当时的名士。

刘宏正要动身前往河间国，恰好夜晚北方出现了赤气，从东向西，布满天空，太史劝告刘宏说："北方有阴谋，不宜北行。"此非小事，刘宏听从劝告。

刘宏命王芬罢兵，不久又征召王芬入京，王芬害怕，弃官而去，逃到平原国后，自杀而死。许攸等人逃亡。

黄巾起义之后，刘宏也开始关注军事，小黄门蹇硕身材健壮，懂些兵法，刘宏很信任他。刘宏命设置西园八校尉，任命蹇硕为上军校尉，虎贲中郎将袁绍为中军校尉，屯骑校尉鲍鸿为下军校尉，议郎曹操为典军校尉，赵融为助军左校尉，冯芳为助军右校尉，谏议大夫夏牟为左校尉，淳于琼为右校尉，皆受蹇硕统领。即使大将军何进，也要隶属于蹇硕。

蹇硕忌惮何进，想借刀杀人，于是和诸常侍游说刘宏派何进前去平定韩遂，刘宏批准。何进知道这是阴谋，上奏后派袁绍前去征调徐州、兖州二州的兵马，以等待袁绍回京后再以西进为借口，拖延行期，思虑对策。

大臣请求刘宏立皇太子，刘辩是刘宏和何皇后的嫡长子，按说当立刘辩，但刘宏认为刘辩行为轻佻，没有帝王的威仪，想立刘协为太子。刘协由董太后亲自抚养长大，董太后也劝刘宏立刘协为皇太子。但废长立幼又非小事，所以刘宏犹豫不决，长时间无法决定。

中平六年（公元189年）四月，刘宏病重，他把刘协托付给了蹇硕。四月十一日，刘宏驾崩于嘉德殿，享年三十四岁。蹇硕当时在宫内，他准备先杀何进，再拥戴刘协为帝，于是派人去请何进入宫商讨要事。何进随即乘车前往，蹇硕的司马潘隐和何进早年相识，交情甚好，他上前迎接何进，并目示他赶紧离开。何进会意，大惊失色，抄近路飞驰回营，率军进屯百官邸（各地在京城设立的府邸），称病拒绝入宫。何进手握兵权，蹇硕不敢轻举妄动。

在何皇后、何进及许多大臣的支持下，四月十三日，十四岁的刘辩继位为帝，史称少帝。刘辩尊母亲何皇后为皇太后；皇帝年幼，何太后临朝听政。何太后封九岁的刘协为渤海王；任命后将军袁隗（袁绍、袁术叔叔）为太傅，和大将军何进参录尚书事。

何进秉政，愤恨蹇硕曾图谋杀害自己，准备采取报复行动，杀死蹇硕。袁绍通过何进亲信的门客张津，游说何进诛杀诸宦官。何进看中袁家为百年望族，子弟久居三公之位，袁绍和袁术为天下豪杰推崇，有了袁氏助力，自己也更有底气，因此接受了袁绍的建议。何进又广征智谋之士，何颙、荀攸、郑泰、逄纪等二十多人都被任命为尚书，被何进视为心腹。

蹇硕也感觉气氛不对，疑惧不安，给中常侍赵忠、宋典等人写信说："大将军兄弟秉持朝政，今与天下党人谋诛先帝左右近臣，对我们要斩尽杀绝，只因我掌握禁军，所以才有所犹豫，今应该关闭宫门，急发诏书，捕杀何进等人。"

中常侍郭胜和何进是老乡，二人关系亲近，我们之前讲过，因此他替何进说话，和赵忠等人商议，不听蹇硕提议，反而把蹇硕的书信交给了何进。何进安排妥当，命黄门令逮捕了蹇硕，就地处死，把蹇硕统领的军队也握在自己手中。

骠骑将军董重（董太皇太后侄儿）是何进政治上的对手，宦官就把董重作为外援，和董重结交。董太皇太后不知进退，想干预政事，但每次都被何太后设法阻止。董太皇太后非常愤怒，骂道："你如此嚣张，不是仰仗你的兄长吗？我命令董重砍下何进的人头，易如反掌。"

何太后把董太皇太后的话转给了何进，何进恼怒，唆使三公联名弹奏道："董太皇太后派原中常侍夏恽等人结交州郡，搜刮财物，悉数送交永乐宫，按照旧例，封国王后不得留在京师，请把董太皇太后恭送回封国（河间国）。"

几日后，何进举兵包围了骠骑将军府，逮捕了董重，免去其官职。董重自杀而死。董太皇太后担惊受怕，突然身亡（一说自杀）。

接二连三铲除政治对手，民间认为何氏手段毒辣，从此内心对他们产生了看法。

诛除宦官（上）

袁绍再劝何进道："之前窦武准备诛杀宦官反被其害，因为消息泄露，五营兵士都畏惧宦官，而窦武却利用他们，自取其祸。今将军兄弟都统领劲兵，部属将官皆豪杰名士，乐于为将军效命，事情在掌握之中，这是上天保佑之机会。将军应该为天下除患，以名垂后世，机不可失。"

何进赞同袁绍之言，于是进宫禀告妹妹何太后，要求罢免宦官，以三署（五官署、左署、右署）郎填补缺职。何太后闻听要进行如此重大变革，非常惊讶，说道："宦官在宫中供职，自古及今，汉室旧例，不可废。且先帝刚抛弃天下而去，我岂能孤单凄苦地和男子共处宫中呢？"

何进说服不了妹妹，准备先除掉几个恶行累累的宦官。袁绍认为宦官亲近至尊，出入传达号令，如今如果不全部诛除，必为后患。何太后的母亲舞阳君和何太后的弟弟何苗平时多次接受宦官所送的财物，得知何进准备诛杀宦官，都在何太后面前为宦官说情，替他们开脱，又说："大将军专杀左右，擅权以弱社稷。"何太后也觉得哥哥何进过于激进。

宦官在宫中掌权已经数十年，封官封侯，显贵受宠，联结内外。何进是屠夫出身，内心本就自卑，加之新近担当辅佐大任，对宦官素来敬畏，虽然准备在天下扬名，但内心却不能决断，所以事情久久不能决定。

袁绍等人又为何进出谋划策，建议多召四方猛将及诸位豪杰，让他们率军赶赴京城，以胁迫何太后。何进一听，认为人多力量大，当即表示同意。主簿陈琳（"建安七子"之一）表示反对，他说："谚语说'掩目捕雀'（比喻用不可能做到的办法欺骗自己），微小的东西尚不能用欺骗以得志，何况国家大事，可以靠欺骗手段成功吗？今将军统皇威，握兵权，龙骧虎步，随心所欲，除掉宦官如用洪炉的火焰去燎毛发般简单。应当迅速发动雷霆攻击，当机立断，则上顺天意，下应民心。如反而舍弃利器，征召外援，多支军队聚会，强者为雄，这就是所说的倒拿兵器，授人以柄，必不会成功，只会增添祸端。"何进听不进去。

典军校尉曹操听说后，苦笑道："宦官，古今都有，但君王不应当给他们过多宠信和权力，更应像现在这样。既然要治他们的罪，应当诛杀元凶，一个狱卒就够了。何至于纷纷召来外面的军队，如果要对他们斩尽杀绝，事情必会败露，我已经预料到了他的失败。"

之前，灵帝征召董卓到朝廷担任少府（九卿之一，管理皇室私财和生活事务），董卓不愿意放弃兵权，上书道："我率领的湟中义从胡将士皆向臣说：'粮饷缺乏，官方的赏赐断绝，妻子儿女忍饥受冻。'他们牵扯我的车子，使我不能动弹。羌胡心肠歹毒，外貌丑陋，臣不能禁止，为防意外，我需要留下来安抚他们，后续有什么情况，我再行禀报。"

董卓已显露不臣之心，但时局混乱，朝廷对其也无可奈何。灵帝病重的时候，派人前去传达诏书，任命董卓为并州牧，让他把兵权交给皇甫嵩。董卓又上书道："我承蒙天恩，掌兵十年，大小士卒与我亲昵日久，感激我收罗豢养之恩，愿意为我誓死效命，我乞求率领他们抵达并州，效力边疆。"

皇甫郦劝叔叔皇甫嵩道："天下兵权，在叔叔和董卓手中，今嫌隙已结，势不能并存。董卓被诏令交回兵权，但他上书狡辩，这是违命；他观察京师政局已乱，所以敢停留不前，此乃心怀狡诈。这二者，都是刑律说不能宽赦的。而且他残酷无情，将士不附。今叔叔为元帅，仰仗国威讨伐他，对上显示忠义，对下除去凶害，没有不成功的道理。"

皇甫嵩说："违命虽然有罪，擅杀大臣亦有责，不如上奏其事，请朝廷裁决。"于是皇甫嵩奏报朝廷。

刘宏下诏责备董卓，董卓依然不奉诏，驻兵河东郡观察时局变化。

正在这时何进要征召董卓进京，侍御史郑泰劝道："董卓强暴残忍，薄恩寡义，欲望无穷，如借助他扶助朝廷，授之以大事，将放纵他的邪念，必危及朝廷。大将军以皇亲贵戚之重，据有首辅之权，可以按自己的意思独断，诛除有罪之人，确实不宜借助董卓以为支援。且事情久了就会生变，殷鉴不远，应该速速决断。"

尚书卢植也劝何进说，董卓凶悍难制，必生后患，不应该召董卓。何进心意已决，一概不听。于是郑泰辞官而去，他对荀攸说："何公不易辅佐。"

何进府掾王匡、骑都尉鲍信，都是泰山郡人，何进命他们回乡招募兵丁。王匡不吝惜钱物，喜欢施舍他人，因此也有一定的名气，他年轻的时候和蔡邕交情甚好。鲍信少有大志，宽厚待人，沉着果断，怀有谋略。

何进命东郡太守桥瑁（？—190年）进驻成皋（又名虎牢，今河南省荥阳市汜水镇）；命武猛都尉丁原（？—189年）率领数千人在河内郡造声势，烧毁孟津渡口，火光照入洛阳城中，皆以"诛宦官"为口号。桥瑁为原太尉桥玄的侄子。丁原，字建阳，泰山郡南城县（今山东省平邑县南）人，出身贫寒，为人粗疏，威武勇猛，善于骑马射箭，接受任务不畏艰难，临阵杀敌冲锋在前。并州刺史张懿被胡人杀害后，丁原接任并州刺史，后任骑都尉，驻扎河内郡。丁原任命猛将吕布（？—199年）为自己的主簿，对他非常亲近和厚待。丁原因张杨（？—198年/199年）威武勇猛，任命他为武猛从事；又因张辽（公元169年—222年）武力过人，召他为从事。黄巾起义，天下大乱，当时上军校尉蹇硕征召各地勇士守卫洛阳，丁原派张辽、张杨到洛阳任职；蹇硕被杀后，他们依附了何进。这次何进又派张辽到河北招募士兵，派张杨到并州招募士兵。

董卓接到诏令后，认为正合他心意，立即出发，并上书道："中常侍张让，窃取圣宠，浊乱海内，我听说扬汤止沸莫若去薪，决破脓疮虽痛，胜于侵蚀肌肉。当年赵鞅兴晋阳之兵以逐君侧之恶人，今我鸣响钟鼓进入洛阳，逮捕张让等人以清除邪恶污秽。"

何进闹得动静这么大，何太后仍然不同意诛杀宦官，何苗劝哥哥何进道："我们当年从南阳来到京城，贫贱无依，靠着宦官提携才有了今天的富贵，国家大事，哪有那么容易的，覆水难收，请深思熟虑，应该和宦官和睦相处。"

董卓率军抵达渑池县（在今河南省渑池县西）。何进面临大事，心惊肉跳，狐疑不定，派谏议大夫种邵传达诏书，命董卓停止前进。董卓不受诏，抵达距离洛阳不远的河南，种邵迎接慰劳，传达回军命令。董卓怀疑洛阳有变，命军士用兵器胁迫种邵。种邵以皇帝使节的身份怒叱之，军士不敢造次，退下。种邵遂上前质问董卓，董卓理屈词穷，回军到了夕阳亭（洛阳西）。

诛除宦官（下）

袁绍担心何进改变计划，到时候恐怕连自己在内都会被宦官所害，于是他威胁何进道："交手已成定局，形势已露端倪，将军不早点决断，还在等什么？事久生变，恐怕会步窦氏后尘！"

一语惊醒了何进，于是他任命袁绍为司隶校尉，持节，可以有自主决定权；又任命从事中郎王允为河南尹。袁绍派人侦察宦官行迹；又督促董卓上书，说要进军平乐观（洛阳城西）。

何太后感到事态严重，害怕了，于是悉数罢免了中常侍、小黄门，让他们或回归故乡，或返回私宅，唯独留下何进亲信守卫。诸常侍、小黄门皆前去拜见何进谢罪，听凭何进处置。何进说："天下动乱，正是由你们引起，今董卓大军将要抵达，你们早点各回封国！"

袁绍劝何进抓住机会，现在就处决了他们，劝之再三，何进不许。袁绍又向州郡下发文书，宣称是何进的意思，让他们逮捕辖区内宦官的亲属。

何进等人的谋划已经有一段时间了，逐渐泄露，宦官恐惧，思索应对办法。张让养子的妻子，是何太后的妹妹，张让向儿媳妇磕头，老泪纵横道："老臣获罪，应当携家眷回归家乡，但老臣深受几世皇恩，今天当远离宫殿，又感觉恋恋不舍，我想再最后入宫一次，再为太后陛下端端茶、倒倒水，然后纵使死去，也没有遗憾了。"

何太后的妹妹向母亲舞阳君求情，并转达了张让的话，舞阳君入宫游说何太后，于是何太后又召诸常侍入宫。

光熹元年（公元189年）八月二十五日，何进径直进入长乐宫，请求何太后尽诛诸宦官。张让、段珪在一起嘀咕道："大将军称病，不临丧，不送葬（之前何进为防意外，称病没有出席灵帝的丧葬仪式），今天突然大步流星地入宫，意欲何为？难道要复制窦氏的事！"

张让等派人偷听何太后和何进的谈话，终于明白了事情的真相，他们惊骇不已，对何进恨之入骨，决定先下手为强，于是率领数十个党羽，手持兵器，从侧门悄悄入内，在宫门埋伏。何进刚出宫，正往前走，张让追赶上来，谎称太后有事情要再度召见。何进再度入宫，刚进宫门，张让等人命令关闭宫门，他们凶相毕露，用手指着何进，责问道："天下纷乱，也不能把罪过全部推到咱家身上。先帝曾与太后有过不愉快，几乎就要被废黜，咱家涕泪解救，各出家财千万为礼，才使圣上改变主意，咱家只为托付全家罢了，而今却要灭了咱家全族，是不是过于狠毒！"

尚方监渠穆不等何进答话，拔出宝剑，斩杀何进于嘉德殿前。张让、段珪等人伪造诏书，任命前太尉樊陵（和宦官关系较近，花钱从宦官处买的太尉，因天灾免职）为司隶校尉，少府许相（攀附宦官）为河南尹。尚书接到诏书后，看到这两个关键岗位都换上了宦官信任的人，感到怀疑，说道："请大将军出来共同商议。"

中黄门把何进的人头扔给尚书，答道："何进谋反，已经被诛了。"

何进亲近部将吴匡、张璋在宫门外听说何进被害，准备领兵杀进宫内，但宫门紧闭。虎贲中郎将袁术和吴匡等人，用刀猛砍宫门，中黄门持兵器在门内守卫。宫门厚实，一时半会儿攻不进去，当时天色已晚，袁术火烧南宫青琐门，准备逼出张让等人。

张让、段珪等人入宫禀报何太后，言说何进谋反，火烧皇宫，进攻尚书门，他们不由分说，架起何太后、少帝刘辩、陈留王刘协（由渤海王改封陈留王）及宫内官员，从复道逃往北宫。卢植手执长戈，在复道窗下，仰面呵斥段珪，段珪害怕，放开了何太后，何太后纵身跳下复道，摆脱了宦官的控制。

袁绍和叔父袁隗假传圣旨，召来樊陵、许相，当场处决。袁绍和何苗率军屯扎在朱雀门下，逮捕了赵忠等人，立斩。吴匡等人素来怨恨何苗不和何进同心，而又怀疑他和宦官同谋，于是命令军士说："杀大将军者即车骑将军（何苗），你们能为大将军报仇吗？"

何进向来对军士仁慈，他们皆流涕道："愿意战死！"

吴匡随即和奉车都尉董旻（董卓弟弟）率军攻杀了何苗，把他的尸体丢弃在了草丛中。袁绍等人遂攻入了北宫，关闭宫门，率军捕杀宦官，不论老少，一个不留，统统斩杀，共两千多人，有极个别表现不错的宦官（前文提到过）也被冤杀，有的因没有胡须而被误杀，有的为了免于被杀，脱掉裤子证明非宦官，才被放过。袁绍命令继续进攻，有的爬上了端门（北宫正南门），攻入天子寝殿。

张让、段珪等人十分恐惧，遂带着刘辩和刘协，共数十人，逃出了穀门，向北方疯狂逃命。入夜时分，他们一行抵达了小平津（今河南省孟津县东北黄河渡口），皇帝六玺（秦汉皇帝除传国玺之外，还有六玺）没来得及携带，公卿大臣无人跟随，只有卢植和河南中部掾（汉制：诸郡置五部督邮以监属县；河南尹置四部督邮，中部为掾）闵贡连夜赶到了河上。闵贡厉声斥责张让等人道："还不速速自决，还要我亲自动手吗！"说罢，手起剑落，斩杀了数人。

张让等人惊恐万分，但已无路可逃，为了留个全尸，他们叉手（两手在胸前相交，表示恭敬）拜了两拜，叩头向少帝刘辩辞别道："臣等这就赴死了，请陛下珍重。"言毕，张让等人投入了滚滚黄河之中，瞬间被吞没。

闵贡扶着惊魂未定的刘辩和刘协，夜晚顺着荧光徒步南行，准备返回宫中，行走了数里，讨到了一户人家的牛车，他们挤到了上面，抵达了洛舍（邙山之北）。

第二天，他们又找到两匹马，刘辩骑上一匹，闵贡和刘协合乘一匹，从洛舍南行。这时候，文武官员不断有人赶来。

第十一章

董卓废帝

董卓废帝

董卓率军抵达了显阳苑（洛阳西），远远望见洛阳城火起，他知道洛阳有变，率军疾进，天还未亮就抵达了洛阳城西，听说皇帝在城北，就和陆续赶到的大臣一同前往，奉迎刘辩于北邙阪（邙山北）下。刘辩看到凶神恶煞般的董卓带着军队到来，被吓得哭了起来。群臣对董卓说："皇帝命令退兵。"

董卓说："诸公身为国家大臣，不能匡正王室，致使天子颠沛流离，还让我退什么兵。"董卓上前和刘辩搭话，刘辩吓得身体发抖，磕磕巴巴，前言不搭后语。董卓于是问刘协祸乱原因，刘协回答得很流畅，自始至终，无所遗漏。董卓大为满意，认为刘协比刘辩更为贤明，而且刘协是由董太皇太后亲自养大的，董卓认为自己和董太皇太后都姓董，是同族，因此有了废黜刘辩立刘协为帝的想法。

当日（二十八日），刘辩返回了皇宫，大赦天下，改年号为昭宁。经过查找，发现传国玉玺丢失，其余玉玺都在。任命丁原为执金吾。

这时候骑都尉鲍信也从泰山募兵返回京城，他劝袁绍说："董卓拥有强兵，心怀异志，今不早图之，日后必为他所制，如今他新近抵达，军士疲惫，发动偷袭，定能生擒他。"

袁绍惧怕董卓，不敢发动，鲍信为了自保，于是引兵又回了泰山。

董卓当初来洛阳时，步兵和骑兵加在一起，不超过三千人，他自知兵少，担心不能使远近服从，因此每隔四五日，他就派部分士兵夜里偷偷溜出城隐蔽起来，第二天这部分士兵又旌旗招展，大张旗鼓地进城，让别人都以为这是凉州新兵又至，洛阳城没人知道真相。不久，何进和何苗的部下，包括从河北返回的张辽等人都归附了董卓。

董卓想废立皇帝，但他发现武猛都尉丁原不但本人勇武难制，而且其手下大将吕布更是威猛无敌。这样的劲敌，直接动武不见得能赢，董卓很伤脑筋，苦思对待丁原的办法。通过打听，董卓得知吕布唯利是图，可以收买，他大喜，派人用重金收买吕布，让他杀死丁原。吕布果然动心，收下了董卓的礼物，然后趁丁原不备，斩下丁原的人头去见董卓。董卓异常欣喜，提拔吕布为骑都尉，对他非常宠爱信任，两人立誓结为父子。董卓又吞并了丁原的部众，实力大增。董卓想拥有三公的高位，于是胁迫朝廷，以天灾的理由，免去了司空刘弘的职务，由自己担任。

董卓久闻蔡邕的大名，征召他入京任职。此时蔡邕已经在吴地流放十二年了，他得到征召令后，不愿意和董卓共事，于是称病不去。董卓大怒，派人传话说："我能灭人家族！"蔡邕恐惧，这才前往洛阳报到。董卓任命蔡邕为祭酒，对他很是敬重，以考绩优异为由，补为侍御史，再转治书御史，升任尚书，三日之内，连升三级。最后被任命为侍中。

董卓认为自己已经拥有了足够的实力，于是准备废黜刘辩的皇帝之位，拥戴刘协为帝。袁氏在朝廷很有影响力，董卓对袁绍说："天下之主，应该由贤明之人担任，每次念及灵帝，令人愤恨。陈留王似乎可以，今准备立他，不知道是否能比当今圣上强些？人有时候会在小事上表现得聪明，在大事上表现得呆傻，我也不知道如何做才得当，如果都不合适，刘氏就不能留种了。"

袁绍知道董卓胆子大，但没想到他能说出如此大逆不道的话，他说："汉室君临天下已经将近四百年了，恩泽深厚，百姓拥戴。当今圣上正年轻，没有不良行为宣示天下，明公欲废嫡立庶，恐怕众文武不会听从你的提议。"

董卓火冒三丈，按剑责骂袁绍道："竖子敢如此说话！天下之事，岂不在我一人，我想干的，谁敢不从！你是不是想试试我的刀是不是够锋利！"

袁绍大怒道："天下刚健者难道只有董公！"

袁绍拔出佩刀，向众位官员作了个揖，径直走了出去。

董卓认为自己刚入京城，袁氏又是世家大族，所以不敢加害袁绍。袁绍认为京城不宜久留，于是把符节悬挂在上东门上，投向了冀州。

董卓召集文武百官，仰着头说道："皇帝昏庸懦弱，不可以侍奉宗庙，不可为天下之主，今准备依照伊尹、霍光的旧例，改立陈留王为帝，你们意下如何？"

威压之下，公卿皆惶恐不已，无人敢接话。董卓内心得意，又提高嗓门说道："昔日霍光做决定，田延年按剑，有人敢阻挠大计，以军法从事！"

在座者无不震动。只有卢植说："过去，太甲（被伊尹放逐）昏乱不明，昌邑王（刘贺，被霍光废黜）罪状超过千条，所以才有废立之事，当今圣上正年轻，无失德行为，非前例可比。"

董卓勃然大怒，一甩袖子离席而去，要杀卢植。卢植和蔡邕交情不错，蔡邕替卢植求情，议郎彭伯也劝董卓道："卢尚书是海内大儒，众人仰望，今先杀了他，天下震恐。"

董卓这才打消了杀死卢植的念头，但免去了卢植的官职。卢植以年老为由请求回到家乡，但他担心仍然不能免祸，就选择走险峻的轘辕道（轘辕 huán yuán，今河南省偃师市东南）。董卓果然派人追来，追到怀县（今河南省武陟县西南）不见卢植，回去复命。卢植逃入了上谷郡隐居起来。

董卓以废立之事征求太傅袁隗的意见，袁隗不敢提出异议，表示同意。

昭宁元年（公元189年）九月一日，董卓在崇德前殿召集会议，威逼何太后，下诏废黜少帝刘辩之位，诏书说："刘辩在为父亲服丧期间，没有孝子之心，威仪不像人君，今废为弘农王，立陈留王刘协为帝。"

袁隗上殿解下刘辩的皇帝玺绶，交给刘协（史称刘协为汉献帝），扶刘辩下殿，向刘协称臣。何太后哽咽流涕，不敢大声放悲，群臣也都含悲忍泪，不敢说话。

董卓又提议说："何太后逼迫董太皇太后，以致其忧死，违背婆媳之礼。"于是把何太后迁居于永安宫，赦天下，把年号改为永汉。董卓不肯放过何太后，过了两日，派人用鸩酒毒死了何太后。董卓命把何苗的棺木挖出剖开，肢解了何苗的尸体，丢弃于道边，又杀了舞阳君（何太后母亲），把尸体随意丢弃到了苑内篱笆之中。

董卓控制了朝政，为了笼络人心，命文武大臣送子弟入宫为郎，以补宦官之职，在宫中供职。董卓又安抚皇室，刘虞有良好名声，董卓派人到幽州，任命太尉刘虞为大司马，封襄贲侯；董卓亲自担任太尉一职，兼前将军，加符节、斧钺、虎贲，封郿侯；任命太中大夫杨彪为司空；任命豫州牧黄琬为司徒。

为了安抚天下，争取民心，董卓率领诸位公卿上书，要求为陈蕃、窦武及诸位党人平反，统统恢复爵位，派遣使者到他们的祠堂吊唁，提拔任用他们的子孙为官。

不久，朝廷又任命董卓为相国（萧何之后，汉不再设置相国一职，今又恢复），赞拜不名（臣子朝拜帝王时，赞礼官不直呼其姓名，只称官职），入朝不趋（入朝不疾步而行），剑履上殿。不臣之心昭然若揭。

讨伐董卓

尚书周毖和城门校尉伍琼，游说董卓改革桓帝、灵帝时期的政治弊端，擢用天下名士，以顺应百姓期望。董卓认为他们说得很有道理，命周毖（？—190年）、伍琼（？—190年）和尚书郑泰（生卒年不详）、长史何颙（？—190年）等人，淘汰奸邪之人，提拔被埋没的人才，征召隐士荀爽（公元128年—190年）、陈纪（公元129年—199年）、韩融（生卒年不详）、申屠蟠（生卒年不详）等人。

荀爽在"荀氏八龙"中排名第六，字慈明，他自幼聪明，勤奋好学，潜心钻研经籍，有"荀氏八龙，慈明无双"之评。董卓任命荀爽为平原国国相，荀爽本想逃避，但官员逼迫太急，他只得去上任。荀爽走到宛陵县（丹阳郡郡府所在，今安徽省宣城市）的时候，又被提拔为光禄勋，他到洛阳上任刚三天，又被任命为司空，从被征召到位居三公，只用了九十三天。

董卓任命陈纪为五官中郎将，韩融为大鸿胪。颍川郡人钟皓、荀淑、陈寔、韩韶等皆以清高有德行闻名于世，合称为"颍川四长"。陈纪与父亲陈寔和弟弟陈谌并称"三君"；韩融为韩韶之子。

申屠蟠贯通《五经》，兼通图谶和纬书之学，他接到征召令后，有人劝他应征，他笑而不答，董卓没有硬来。年七十多岁时申屠蟠寿终于家中。

董卓任命尚书韩馥（？—191年）为冀州牧，侍中刘岱（？—192年）为兖州刺史，孔伷（zhòu，生卒年不详）为豫州刺史，张邈（？—195年）为陈留太守，张咨（？—190年）为南阳太守。韩馥为颍川郡人，刘岱为汉室宗亲，孔伷善于清谈高论，张邈为名士，"八厨"之一，张咨为颍川人。

董卓的嫡系牛辅（？—192年）、李傕（jué，？—198年）、郭汜（？—197年）、张济（？—196年）、樊稠（？—195年）、华雄（？—191年）等人，并不在朝廷担任显要职位，而在军中担任将校，牢牢掌握军权。

董卓性情残暴，专制朝廷，据有军队、珍宝，威震天下，欲望无穷，他对宾客说："我的面相，尊贵无比（董卓话中的意思是非人臣之相）！"侍御史扰龙宗有事情向董卓汇报时，没有解下佩剑，董卓大怒，当场把他击杀了。当时，洛阳城中皇亲贵戚，宅第相望，金银绸缎，家家充盈，董卓放纵凉州士兵，入室掠夺，抢夺财物，欺凌妇女，权贵之家也没逃过此劫，京师顿时乌烟瘴气，人人恐慌，朝不保夕。

董卓悬赏捉拿袁绍，周毖、伍琼劝他说："废立大事，非常人所能及，袁绍不识大体，恐惧出逃，并没有其他志向，今抓捕过急的话，势必会逼他反叛，袁氏在朝树恩已四世，门生故吏遍布天下，若他网罗豪杰，聚众起事，还会引发其他变乱，则山东（崤山以东）就非明公所有了。不如赦免了他，任命他为一郡太守，袁绍必然欢喜免罪，则无后患了。"

董卓点头表示赞同，于是任命袁绍为渤海郡太守、封为邟（kàng）乡侯。

董卓任命袁术为后将军，曹操为骁骑校尉。袁术畏惧董卓，出逃南阳。曹操认为董卓这样的人，高兴不了多久，必然失败，因此他改换姓名，逃回故乡。曹操逃亡过程中，在成皋路过父亲曹嵩故人吕伯奢家，关于此事有三种说法：第一种说法是吕伯奢不在家，他儿子和宾客劫持曹操，抢夺马和财物，曹操反击，手刃数人。第二种说法是吕伯奢不在家，他的五个儿子皆在家，宾主礼毕。曹操疑心大，怀疑吕伯奢儿子要擒住自己请赏，于是在夜里剑杀八人而去。第三种说法是曹操听见厨房器具的响声，以为吕伯奢的儿子图谋自己，遂在夜里杀了他们，他这个时候也不确定人家一定是要捉拿自己，所以悲怆地说道："宁我负人，毋人负我！"

曹操继续前行，经过中牟县（在今河南省中牟县），亭长怀疑他是逃亡之人，于是拘捕了他去见县令。当时县府已经收到了董卓的拘捕令，但只有功曹心里清楚被捕之人就是曹操，功曹认为天下纷乱，不应该拘捕英雄俊杰，因此请示县令后，释放了曹操。曹操本想逃回老家谯县，但想到陈留太守张邈为人以侠义闻名，又和自己是好友，志趣相投，于是转投陈留。果然张邈收留了他，把他保护了起来。曹操散家财，招募义兵，又在陈留孝廉卫兹（？—190年）的资助之下，共招募了五千多人，夏侯惇（？—220年）、夏侯渊（？—219年）、曹仁（公元168年—223年）、曹洪（？—232年）、乐进（？—218年）、李典（生卒年不详）等人也前来投靠，曹操实力大增。

董卓乱政，天下英雄豪杰大都义愤填膺，他们摩拳擦掌，准备起兵讨伐董卓。渤海郡属于冀州管辖，冀州牧韩馥本为袁氏门生，但他担心袁绍起兵会给自己带来麻烦，便派了几位从事到渤海，监视袁绍。

东郡太守桥瑁伪造了三公的文书，发给州郡，揭露董卓的罪行，并说："我们被逼迫，无法自救，期望你们发义兵，解国之危难。"

韩馥得到文书后，征询诸从事道："今应该帮助袁绍，还是应该帮助董卓？"

治中从事刘子惠说："今兴兵为国家，何谓袁、董！"

韩馥感觉惭愧，面色很不自然。刘子惠接着说："兴兵也是很危险的事情，不可首先发动，我们应该观察其他州的举动，有发动的，我们就附和。冀州并不弱于其他州，他人的功劳不会在您之上。"

韩馥同意，于是给袁绍写信，指责董卓的罪状，听凭袁绍兴兵。

初平元年（公元190年）正月，关东（函谷关以东）州郡皆起兵讨伐董卓，他们公推袁绍为盟主。袁绍自称车骑将军，以朝廷名义，授予各位将领官号。

袁绍和河内太守王匡驻屯河内郡；冀州牧韩馥留在邺城，供应军粮；豫州刺史孔伷驻屯颍川郡；兖州刺史刘岱、陈留太守张邈、广陵太守张超（张邈弟弟，？—196年）、东郡太守桥瑁、山阳太守袁遗（？—192年）、济北相鲍信（公元152年—192年）及曹操皆驻屯陈留郡酸枣县（今河南省延津县西南）；后将军袁术驻屯南阳郡鲁阳县（在今河南省鲁山县）。部众各有数万人之多，兵多将广。袁绍手下大将有颜良（？—200年）、文丑（？—200年）等；韩馥手下大将有麹义（生卒年不详）、张郃（？—231年）、高览（生卒年不详）等；张邈手下大将有典韦（？—197年）等；张超手下大将有臧洪（公元160年—195年）等；鲍信手下大将有于禁（？—221年）等；袁术手下大将有纪灵（生卒年不详）、桥蕤（？—197年）等。

豪杰多归心袁绍，只有鲍信眼光独到，看好曹操，他对曹操说："谋略高明，世所少有，能拨乱反正的，正是你。如果不具备做某种事的才能，虽然暂时强大，但最后也必会失败。你大概就是老天派下来拯救天下的！"

董卓担心勤王军利用已被废为弘农王的刘辩对付自己，于是把刘辩囚禁于阁楼之上。董卓仍不放心，命令手下谋士、弘农王郎中令李儒向刘辩进献鸩酒，说道："服用此药，可以驱邪避灾。"

刘辩心里明白，颤抖着说："我没有病，这是要杀我啊！"

刘辩不肯喝，李儒不答应，逼他喝下，刘辩不得已，说："容我安排一下后事。"于是刘辩和妻子唐姬及宫人饮宴告别，刘辩依次和大家碰杯后哀声唱道："天道易兮我何艰！弃万乘兮退守蕃。逆臣见迫兮命不延，逝将去汝兮适幽玄。"

刘辩令唐姬起舞，唐姬抬袖而歌道："皇天崩兮后土颓，身为帝兮命夭摧。死生路异兮从此乖，奈我茕（qióng）独兮心中哀！"

唐姬涕泪呜咽，在座者皆抽噎。刘辩对唐姬说："你是藩王妃子，势不能再做吏民的妻子，请自我保重，从此长辞了！"

刘辩说完，饮下鸩酒而死，年仅十八岁。

迁都长安

董卓准备以天子名义征调天下兵马，讨伐山东义军，尚书郑泰认为没必要这么大动干戈，他说："政在德，不在众。"

这话董卓不爱听，他不悦地说："如你所言，要兵何用！"

郑泰说："不是这样，我的意思是山东之乱无须动用大部队罢了。明公出自西州，年轻的时候就成为将帅，熟悉军事。袁绍是公卿子弟，生长在京师；张邈是东平国忠厚长者，端坐的时候，目不斜视；孔伷喜欢高谈阔论，善于褒贬。他们并非军旅之才，临阵对决，非明公的对手。何况他们的职位，没有朝廷任命，尊卑无序，如倚仗人多势众，就会各怀心思，驻足观望，不肯勠力同心，进退与共。且山东和平日久，民不习战；关西则时常遭逢羌寇，连妇女都能持刀用箭，天下所畏惧的，无非是并州、凉州的将士及羌、胡义从，而明公可以以他们作为爪牙，譬如驱使虎豹扑向羊群，鼓动烈风以扫枯叶，谁敢抵挡！无事征兵惊扰天下，使得害怕服兵役之人相聚，为非作歹，放弃德治而用武力解决问题，自损威严。"

董卓这才眉开眼笑。郑泰虽然是替董卓说话，但他指出的盟军存在的问题也比较中肯。

虽然郑泰给董卓壮胆，董卓仍然认为盟军兵多势大，应该避其锋芒，加之长安距离凉州较近，他更容易施展手脚，所以他准备迁都长安。董卓征求意见的时候，公卿大臣大都不同意迁都，但畏惧董卓，都不敢发表反对意见。董卓想拉拢名将朱儁，于是任命朱儁为太仆，作为副相国。使者到朱府颁发任命书，朱儁不肯接受，说道："国家西迁，必让天下失望，使山东实力增强，我不认为迁都行得通。"

使者说："召唤君接受任命书君拒绝，没有征求君迁都的事，君却陈述自己的看法，为什么？"

朱儁说："副相国，非我所能胜任的；迁都非良策，这是紧急的事。辞掉我不能胜任的，言说我认为紧迫的，这是我应该做的。"

董卓也不再勉强。董卓召集文武大臣议事，说道："高祖定都关中，历时十一世；光武定都洛阳，也已经历时十一世。按《石包谶》上所说，宜迁都长安，以应天人的期望。"

百官沉默。司徒杨彪（司徒黄琬任太尉，杨彪接任司徒）说："移都改制，天下大事。当时关中遭王莽破坏，所以光武帝改都洛阳，历年已久，百姓安乐，今无故舍宗庙，弃园陵，恐怕惊动百姓，会发生变乱，就如糜粥之沸于釜中。《石包谶》乃妖邪之书，岂能相信！"

董卓说："关中肥沃富饶，所以秦国以此吞并六国，且陇右盛产木材，杜陵有武帝（刘彻）留下的陶器制作作坊，全力修复，很快就能恢复生产。百姓不足与议，若有不从的，我命大军驱赶，可令他们到天涯海角。"

杨彪说："惊动天下容易，安定天下困难，请明公详加考虑。"

董卓有些不耐烦，严厉地问道："你企图破坏国家大计吗？"

太尉黄琬接话说："此国家大事，杨公之言，应该考虑一下。"

董卓阴着脸不说话。司空荀爽见董卓心意已决，恐怕董卓陷害杨彪等人，插话说："相国难道乐意这么做吗？山东兵起，非一日能扑灭的，所以准备迁都，再行图之，此秦、汉地利之势。"

董卓这才怒气稍消。黄琬退朝后，又上书反对迁都。不久，董卓以天灾为理由，免去了黄琬、杨彪的职务，任命光禄勋赵谦为太尉，太仆王允为司徒。

伍琼和周毖坚决反对迁都，董卓大怒道："我初入京城的时候，你们劝我任用名士，我听从，但他们到任后，却举兵图卓，你们二人出卖了我，我没有负你们！"

董卓命把伍琼和周毖逮捕，处死。杨彪、黄琬感到恐惧，向董卓道歉道："小人恋旧，并非要阻止国家大事，请您宽宏大量，不要治罪。"董卓这时候也后悔杀了伍琼和周毖，又任命杨彪和黄琬为光禄大夫。

京兆尹盖勋和左将军皇甫嵩都是名将，当时二人都在关中地区，皇甫嵩更是拥兵三万，驻扎在扶风郡（郡府槐里县，在今陕西省兴平市东南十里），董卓不放心，想剥夺他们的兵权，于是征召盖勋为议郎。盖勋明白董卓的意图，找到皇甫嵩商量，希望能一起起兵讨伐董卓。不多久董卓征召皇甫嵩为城门校尉，皇甫嵩的长史梁衍也劝他起兵，和东方盟军东西合击董卓。但皇甫嵩忌惮凶悍的董卓，不敢答应，收拾收拾，就去京城报到了。盖勋感觉自己实力不够，也到京城报到。董卓任命皇甫嵩为越骑校尉。

初平元年（公元190年）二月十七日，汉献帝刘协正式动身，迁都长安。董卓命把洛阳城内富户集中起来，以莫须有的罪名把他们处死，没收了他们的财物，死者不可胜数。董卓派军队驱使数百万洛阳城内民众往长安迁徙，洛阳到长安，需要穿过崤山、华山，路途遥远、艰难，士兵驱赶促迫，民众自相践踏，饥饿的时候互相抢掠，尸体堆满了道路。

董卓移入洛阳毕圭苑（东汉时期御花园之一），命令焚烧皇宫、庙宇、官府、民居，二百里之内，房屋荡然无存，鸡犬不留。董卓又命吕布挖掘皇帝及公卿坟墓，盗取随葬珍宝。董卓抓获山东士兵后，以猪油等膏状物涂抹在十余匹布上，用布裹住山东士兵身体，点燃布匹，山东士兵被活活烧死。

三月五日，刘协车驾抵达长安，先居住在京兆府中，待宫室修葺后，刘协移驾未央宫。司徒王允西迁时，把兰台、石室中的图书秘籍带了过来，到了长安后，分类上呈，经籍得到完好保存，王允立了大功。董卓在洛阳时，将长安大小事务交由王允处理。王允忍辱负重，曲意奉承董卓，董卓对王允非常信任，不生疑心，所以王允能在危难之中辅助王室，沟通内外，有老臣风度，自天子到朝臣皆倚仗王允。

董卓报复袁绍，杀死了包括太傅袁隗（袁绍叔叔）、太仆袁基（袁绍堂兄弟）在内的袁家五十多口人，老幼全不放过。

刘表据荆州

董卓擅权乱政，专横跋扈，长沙太守孙坚听说后，捶胸叹息道："张公（张温）当初听我的话，朝廷不会有此浩劫啊！"于是孙坚起兵讨伐董卓。

荆州（州府汉寿，今湖南省常德市东北）刺史王叡（？—190年，西晋太保、"卧冰求鲤"之王祥的伯父）也举兵讨伐董卓。王叡和孙坚一起平灭零陵、桂阳等地叛乱的时候，王叡认为孙坚不过是个会舞刀弄枪的武夫，肚里没有多少墨水，因此心里看不起孙坚，言语上也对他颇为轻视。

王叡和武陵（郡府临沅县，今湖南省常德市）太守曹寅不睦。王叡举兵后，扬言要先杀曹寅。曹寅恐惧，伪造了案行使者（临时奉诏令办理或调查处理某事，事毕即罢）、光禄大夫温毅的檄文，交给孙坚，陈述王叡罪过，让孙坚逮捕王叡，立即处斩，奏报经过。

孙坚接到檄文后，率军偷袭王叡。王叡听闻兵至，登上城楼观望，喝问意欲何为。孙坚前锋回答道："兵士久战劳苦，欲面见刺史，请求拨付费用。"

王叡说："刺史岂会吝啬？"王叡命令打开库房，让他们自己进来查看，看看需要点什么。

城外的兵士进城后，王叡发现了孙坚也在队伍里，惊问道："兵士求赏，孙太守何以在其中？"

孙坚冷笑道："拿到使者檄文，要诛杀你！"

王叡惊呼道："我何罪？"

孙坚说："你罪在无知！"

王叡被逼无奈，饮下金屑酒而死。

孙坚吞并了王叡的部队，然后继续前进，抵达南阳的时候，部众已达数万人。

南阳太守张咨不肯供应军粮，孙坚谎称有病，把张咨引诱出城后斩杀，南阳郡上下无不惊恐，孙坚无求不获。孙坚继续前行，抵达了鲁阳，和在此地驻扎的后将军袁术会师。孙坚仰慕袁氏荣光，归附了袁术，袁术占领了南阳郡。袁术表奏孙坚行破虏将军、领豫州刺史。

荆州刺史王叡被杀，董卓推荐北军中候刘表（公元142年—208年）接任荆州刺史，刘协自然同意，下诏任命。刘表，字景升，山阳郡高平县（在今山东省微山县西北）人，西汉鲁恭王刘余（汉景帝第四子）后代，他身高八尺多，仪表堂堂，态度温和，身材魁伟。刘表自小就有名气，后位列名士群"八及"之一，党锢之祸时，他得以逃走幸免，党禁解除之后，他被大将军何进征辟为掾属，再被任命为北军中候。

刘表接到任命书后也犯愁了，当时江南同宗族聚在一起做贼寇的比较多，袁术又屯驻鲁阳，堵塞道路。于是刘表单枪匹马进入了南郡宜城县（今湖北省宜城市东南），邀请南郡望族蒯氏的蒯良（生卒年不详）、蒯越（？—214年）及襄阳（在今湖北省襄阳市）望族蔡氏的蔡瑁（生卒年不详）在一起座谈，虚心征求他们的意见。刘表不无担忧地说："宗贼甚多，而众不附，如果他们被袁术招抚，则祸必降临。我想要征兵，担心招不来人，你们有什么良策？"

蒯良说："众人不归附，是仁不足；归附而不能统领好，是义不足；如果仁义并施，百姓归附如水向低处流一般顺畅，何患征不到兵呢？"

蒯越说："袁术骄而无谋，宗贼头领多贪暴，为手下所不服，若派人送给他们些好处，来投者必然众多。您可以诛杀其中暴虐之人，安抚任用其他人，一州之人都乐意留在这里生活，他们听说您的威德，必负老提幼前来归附。兵征过来了，老百姓又归附了，南据江陵，北守襄阳，荆州八郡（南阳、南郡、江夏、零陵、桂阳、武陵、长沙、章陵）可传檄而定。袁术即使前来，也会知难而退。"

刘表大喜，连说："妙哉！妙哉！"

刘表让蒯越诱使宗贼首领投降，共约五十五人来降，刘表把他们全部诛杀，安抚接收他们的部众，势力壮大，遂把州府从汉寿迁到了襄阳。刘表镇抚并用，荆州在长江以南的四个郡（长沙、武陵、零陵、桂阳）全部平定。

南阳人文聘（字仲业，生卒年不详）、黄忠（字汉升，？—220年），巴郡人甘宁（字兴霸，？—215年）等猛将不断来投奔，刘表实力更为壮大。

盟军内讧

董卓派大鸿胪韩融、少府阴修、执金吾胡母班（名士群"八厨"之一）、将作大匠吴循、越骑校尉王瑰前去游说袁绍等山东各路军队罢兵。袁绍指使王匡杀了胡母班、王瑰、吴循，袁术杀了阴修，只有韩融因为名气大、年龄大、德行高获免。

董卓率军镇守洛阳，袁绍等盟军各路兵马惧怕董卓凶悍和凉州兵团的战斗力，谁也不敢先主动出击。曹操说："我们举义兵以诛暴乱，各路兵马已会合，诸位还有什么可犹豫的？假使董卓依仗王室，坚守京师，向东方用兵，尽管他所行无道，仍然足以成为我们的忧患。今他却焚烧官室，劫持天子西迁，海内震动，不知道该怎么办，这是天亡董卓的时机，一战可定天下！"

曹操遂引兵西进，准备夺取成皋（成皋是洛阳东门户）。陈留太守张邈派部将卫兹（曾资助曹操）率军协助曹操。

曹操进抵荥阳汴水，遭遇了董卓的大将徐荣（？—192年），双方展开激战，从早打到晚，曹操军大败，卫兹战死。曹操坐骑被流箭所伤，突然倒地不起，曹操滚落马下，追兵将到，情况危急。曹操大将曹洪（曹操堂弟）急忙下马，把自己的战马交给曹操，曹操推辞。曹洪坚定地说道："天下可无洪，不可无您。"曹操感动，不再多说，翻身上马，曹洪步行保护，来到了汴水岸边，水深无法通过，曹洪沿着河岸寻找，终于找到了一条小船，两个人趁着夜色逃走。

徐荣也损兵折将，他感到一个小小的曹操，士兵不多，竟然能坚持战斗一天，可见山东盟军并不弱，想要攻下酸枣绝非易事，所以他知难而退，收兵而去。

曹操率军返回了酸枣，发现虽然盟军已经多达十多万人，但将帅们日日摆酒聚会，不图进取。曹操责备他们，并献上了计策，他说："如果诸君能听从我的计策，请袁绍将军率领河内郡军队，向孟津进发，酸枣诸将守成皋，占据敖仓，封住轘辕关（在今河南省登封市西北）、太谷关（河南省偃师市西南。洛阳八关：函谷关、伊阙关、广成关、太谷关、轘辕关、旋门关、孟津关和小平津关），完全控制其险要。请袁术将军率领南阳军队进军丹水县（在今河南省淅川县西）、析县（在今河南省西峡县），入武关（关中四关：函谷关、大散关、武关、萧关），震慑关中。各军修筑起高深的壁垒，加强防御，不出兵交战，多设疑兵，展示天下群起之势，待其内变，顺势诛逆，可立即平定。今我们为大义起兵，迟疑不进，有负天下人的期望，我私下为诸君感到羞耻！"

张邈等人纷纷拒绝曹操的提议。

曹操兵本就不多，上次和徐荣交战又损失一些，于是他和大将夏侯惇、曹洪等人到扬州（州府历阳县，在今安徽省和县）募兵。扬州刺史陈温和曹洪关系向来不错；丹阳太守周昕是陈蕃的弟子，识大体，他们给予曹操四千士兵。曹操率领招募的新兵返回到了龙亢县（在今安徽省怀远县西北七十五里龙亢镇），士兵恐惧西征，发生哗变，夜里焚烧曹操的帐篷。曹操惊起，持剑杀死了数十个士兵，余下的皆溃逃，曹操得以出营，清点人数，没逃的只剩五百多人。曹操等人继续前行，又募得一千多人，然后驻扎到了河内郡。

过了不久，酸枣诸军粮尽，拔营而去。兖州刺史刘岱和东郡（属兖州）太守桥瑁交恶，刘岱竟然杀死了桥瑁，然后直接任命王肱为东郡太守。

青州（州府广县，在今山东省青州市西南）刺史焦和（生卒年不详）也出兵要和盟军会合讨伐董卓，但老家没有安排妥当，他刚渡过黄河，黄巾军残余势力就攻打青州，焦和只得回军。青州向来殷实，军队实力不俗，但焦和怯敌，每次望见敌人，还未交兵，便逃之夭夭。青州遂陷入萧条，荒凉残破。焦和不久病亡，袁绍任命臧洪为青州刺史。臧洪是广陵郡射阳县（在今江苏省宝应县东北射阳镇）人，太原太守臧旻之子，他身材魁梧，雄壮有气节。

韩馥、袁绍和山东诸位将领商议，认为刘协年幼，又远隔关塞，不知道是否还活着，而幽州牧刘虞为皇室长者，准备立为皇帝。

曹操表示反对，他说："我们举兵之所以远近莫不响应，是因为我们占据大义。今幼主微弱，受制于奸臣，没有昌邑王（刘贺）亡国样的危险，而一旦改立皇帝，天下不安！诸君北向，我自西向（刘虞在北，刘协在西）。"

韩馥和袁绍又给袁术写信道:"当今皇帝非灵帝亲子,准备依照汉初周勃、灌婴废立少帝,迎接代王(汉文帝刘恒)的例子,奉迎刘虞为帝。"

南阳户口数百万,袁术有不臣之心,不希望国家有长者为帝,于是以公义为托词,拒绝了韩馥和袁绍的提议。

争取不到袁术的支持也不要紧,韩馥和袁绍派原乐浪郡太守张岐等人带着他们的拥戴信,前往幽州,给刘虞献上尊号。刘虞接见了张岐等人,严厉叱责道:"今天下崩乱,主上蒙尘,我蒙受重恩,未能报仇雪耻。诸君各据州郡,应该勠力同心,尽心王室,却有了谋逆的想法,来玷污坑害我!"

刘虞坚决推辞。韩馥等人不死心,退了一步,请刘虞领尚书事,代表朝廷拜官封爵,刘虞不肯,扬言要投奔南匈奴,使他们断绝想法。韩馥、袁绍等人不得已,这才罢手。

孙坚斩华雄

破虏将军孙坚准备攻打董卓,他派长史公仇称带人回州郡督运军粮,孙坚在鲁阳城东门外设置帐幔,为其设宴送行,属吏齐聚。董卓派遣步骑兵数万人前来进攻,轻骑兵数十人已经先到。孙坚当时正斟酒谈笑,发现敌兵后,他命令部下整顿行阵,不得乱动。敌人骑兵逐渐增多,孙坚缓缓起身,引导属下入城,董卓军队搞不清孙坚葫芦里卖的什么药,不敢追击。待属下全部入城完毕,孙坚对左右说道:"刚才我看见敌人之所以没有立即起身,是恐怕我军自相践踏,你们无法入城。"董卓见孙坚军队军容严整,不敢攻城,引军而还。

孙坚北上,进驻梁县(在今河南省汝州市西南)东,这时董卓大将徐荣率军来攻,孙坚大败,孙坚仅与数十骑突围而出。孙坚经常戴红色头巾,追兵也抓住他这一特点,猛追不舍,孙坚摘下头巾交给亲信部将祖茂(生卒年不详)戴上。于是董卓军队又开始追逐祖茂,孙坚趁机从偏僻的小道逃走。

祖茂逃无可逃,非常窘迫,他突然想出一计,到了一处墓地,他翻身下马,把红色头巾挂在墓冢的烧柱(平民在坟前立一根木柱来代替墓碑)上,他趴在了附近的草丛之中。董卓骑兵望见红头巾,蜂拥而至,包围了数重,但当他们发现是根柱子后,就打马扬鞭而去。

孙坚聚拢残兵败将,行进到了阳人城(在今河南省汝州市西)。董卓派五千步骑兵迎战,任命猛将、东郡太守胡轸(凉州人)为大督护(军中统帅),以吕布为骑督,以华雄等人为都督。胡轸性急,出发前宣布说:"今此行,要斩获一青绶(指获得高级官印),才算成功。"诸将听闻后,感到厌恶。

胡轸率军抵达了广成,距离阳人城数十里,日暮,士兵和战马都非常疲劳,应当停留,住宿休整。董卓之前给胡轸的命令就是要在广成停驻,喂好战马,让士兵饱餐战饭，夜里进兵，天将亮的时候再攻城。诸将厌恶忌惮胡轸，准备让孙坚坏了他的好事，于是吕布等人建言说："阳人城中贼人已经逃走，应当追击，不然就让贼人逃掉了。"

胡轸一听，担心抓不到敌人自己无法建功，于是命令不停歇，连夜进军。阳人城中早已守备森严，胡轸军队偷袭，无法攻破城池，这时候将士饥渴难耐，人马极度疲乏，且夜幕降临，又没有构筑深壕高垒的防御工事。胡轸料想孙坚等人不敢出城，他命令卸下铠甲，就地休息。吕布又使坏，大喊道："城中贼人杀出来了！"官兵毫无防备，皆惊起，铠甲也顾不上穿了，马也顾不上找了，四散奔逃。孙坚探得城下大乱，率军出城攻击，力斩都督华雄等多名将士，他怕中埋伏，不敢继续追击。此战中，孙坚部将程普表现尤其英勇。

胡轸军队跑了十几里之后，发现并无敌人追来，这才慢慢聚拢，当时天色已明，便返回了城下，他们收拾铠甲，捡拾兵器。阳人城城防坚固，深沟高垒，胡轸军攻取不下，于是回军。

孙坚大胜，有人对袁术说："孙坚若攻取洛阳，更加不可控制，这正所谓除去了狼而又得虎。"

袁术怀疑孙坚，所以不再供应孙坚军队粮食。大军不可一日无粮，孙坚着急，连夜从阳人城飞驰百十里到了鲁阳来见袁术，他在地上画图，陈述自己的计划，说道："所以全然不顾自身安危，上为国家讨贼，下报将军家门私仇。我和董卓并没有血海深仇，而将军却听信谗言怀疑我！大功将成而军粮接济不上，此吴起所以哭泣于西河，乐毅所以遗恨于功败垂成啊。请将军三思。"

孙坚一番话说到了袁术的心坎里，他和董卓有不共戴天的深仇大恨，孙坚进攻董卓，也是为他报仇雪恨，于是他显得局促不安，立即命令调拨军粮。孙坚称谢，和袁术道别，返回了阳人城。

董卓忌惮孙坚的战斗力，同时又有些欣赏孙坚，于是他派大将李傕前去游说孙坚，要和他和亲，并请孙坚提供子弟中愿意出任刺史、太守者，董卓愿意上奏后任用。孙坚大怒道："董卓逆天无道，今如不能诛灭他三族以示四海，我死不瞑目，岂会和他结成姻亲！"

孙坚进军大谷口（在今河南省偃师市西南），距离洛阳仅有九十里。董卓亲率大军迎击孙坚，双方在邙山皇家陵园间展开大战。孙坚全军气势如虹，锐不可当，董卓军不敌，他准备西入长安，于是败退渑池，集结大军，驻扎于陕县（在今河南省三门峡市西），阻挡孙坚西进。

孙坚进入洛阳，进攻留守的吕布，吕布败走。孙坚见到洛阳空虚，数百里无烟火，伤感流涕，打扫残破不全的汉室宗庙，用太牢（猪牛羊）祭祀。

孙坚军发现城东南甄官井上，天亮的时候出现五色气，举军惊讶，无人敢去打水。有人禀报给了孙坚，孙坚命人下井一探究竟，竟然发现了汉朝的传国玉玺，上刻着"受命于天，既寿永昌"，方圆四寸，上面刻有五条龙，而且缺了一角（西汉皇太后王政君不满意王莽索要玉玺，把玉玺投掷于地，摔掉了一角）。原来张让等宦官挟持少帝逃走的时候，分散逃走，掌玺宦官把传国玉玺投入了甄官井中。孙坚把传国玉玺随身携带。

孙坚派军攻新安、渑池。董卓对长史刘艾说："山东军多次吃了败仗，皆畏惧我，所以不能有什么作为，唯有孙坚竖子，颇有能力，你告知诸将，要多加小心。当年张温不用我的计谋，周慎不用孙坚的计谋（前文有交代），所以终致失败。孙坚当年不过是小小的佐军司马，所见竟与老夫略同，其才可用啊！但他却追随袁氏小儿，难免一死。"

董卓派东中郎将董越（？—192年）驻扎渑池，中郎将段煨（？—209年）驻扎华阴，中郎将牛辅（董卓女婿）驻扎安邑，其余诸将分驻各县，抵御山东军队。董卓安排停当之后，启程前往长安。董卓抵达长安后，公卿皆到郊外迎接。

再说孙坚，自觉现有兵力难以继续攻取长安，于是整修皇家陵园后，返回了鲁阳。

袁绍占冀州

前文我们已经讲过，当年大将军何进要诛杀宦官，派张杨、张辽等人外出募兵，张杨来到了并州募兵，没多长时间，何进被宦官杀害，张杨就留在了上党郡，拥有部众数千人。张杨听说袁绍屯驻河内郡，于是前去投靠，和流亡的南匈奴单于栾鞮於扶罗，在漳水（流经邺城北郊）岸边驻扎。

冀州牧韩馥嫉妒英雄豪杰归心袁绍，私下裁减供应袁绍的军粮，目的是使袁绍缺粮，部下叛离。这时恰逢韩馥的大将麹义背叛，麹义是凉州人，能征善战，韩馥率军讨伐，被麹义打败。于是袁绍和麹义联络，两人结盟。

袁绍的谋士逄纪（？—202年）对袁绍说："将军举大事而仰仗别人供给粮食，不占据一州，不能自我保全。"

袁绍也早有占据冀州的想法，说道："冀州兵强马壮，我军饥饿困乏，假设不能成功，必无处容身。"

逄纪说："韩馥庸才，可秘密与公孙瓒联系，引导他南下夺取冀州，韩馥必惊骇恐惧，这时候您再派辩士前去拜见韩馥，说明利害，陈述祸福，韩馥面对危机，必肯把位置让给您。"

袁绍听从逄纪计策，派人给公孙瓒写信。公孙瓒垂涎冀州，果然率军前来，对外说讨伐董卓，而实际上是准备袭击韩馥。韩馥和公孙瓒交战，失利。当时董卓西行入关，袁绍也回军延津（酸枣县北），他指使外甥高幹（？—206年）及韩馥的亲信颍川郡高参：辛评（生卒年不详）、荀谌（荀彧弟弟，生卒年不详）、郭图（？—205年）等人，游说韩馥道："公孙瓒率燕代之兵，乘胜南下，而诸郡响应，其兵锋锐不可当。车骑将军袁绍引军向东，其意图不可预测，我们都为将军感到危险。"

韩馥被吓到了，忙问道："既然如此，我该如何是好？"

荀谌问道："将军衡量一下，宽仁大度，为天下所归附，将军和袁绍比如何？"

韩馥说："不如。"

荀谌接着问道："临危决断，智勇过人，将军和袁绍比如何？"

韩馥说："不如。"

荀谌又问道："世代广施恩德，天下家家受益，将军和袁绍比又如何？"

韩馥说："不如。"

接着，荀谌亮明了自己的观点，他说："袁绍是当世英雄豪杰，以上讲的三点，将军皆不如袁绍而久居其上，他必不会甘心久居将军之下。冀州，是天下之要地，袁绍如果和公孙瓒合力夺取，将军危亡立刻就到来了。袁绍，是将军的故交，且为讨卓同盟，当今之计，若把冀州牧让给袁绍，他必厚待将军，公孙瓒也就不敢和袁绍争了。将军成全了让贤的美名，而自身又会如泰山般安稳。"

韩馥生性胆小怕事，果然中计，答应把冀州牧之职让给袁绍。韩馥长史耿武、别驾闵纯、治中李历听说后，劝韩馥道："冀州将士百万，库存粮草能支持十年。袁绍不过孤客穷军，仰我州鼻息，譬如婴儿在股掌之中，断绝哺乳，立刻饿死，为何要把一州之地交给他？"

韩馥说："我是袁氏门生，且才干不如本初（袁绍字本初），衡量自己德行而让位贤能，古人所称道，诸位为何不满意呢？"

先前，韩馥的从事赵浮、程涣，率领一万强弩军进驻孟津，他们听说韩馥要让出冀州的消息后，急忙回军。当时袁绍驻扎在朝歌县清水河畔。赵浮军一万多人乘坐数百艘战船，军容整齐，擂响战鼓，耀武扬威，夜晚从袁绍大营旁驶过北进。袁绍在岸边观看，不由倒吸一口冷气。赵浮等人抵达邺城后，劝韩馥道："袁绍军无斗粮，各支军队已经离散，虽有张杨、於扶罗新近归附，还不是袁绍的死党，不会效全力，不足为虑。小从事我等愿率目前兵力抗拒袁绍，十天工夫，袁绍军必土崩瓦解。请将军高枕而卧，何忧何惧！"

韩馥不听，于是辞职，搬出州府，搬到了原中常侍赵忠的故宅，派儿子找到已驻扎黎阳县的袁绍，把印绶交给了袁绍。

袁绍北上，将要抵达邺城，韩馥的从事十多人，争弃韩馥而去，耿武、闵纯提刀阻拦，无济于事，于是也不再阻拦。袁绍进入邺城后，立即杀死了耿武、闵纯。袁绍遂领冀州牧，代表皇帝任命韩馥为奋威将军，但只任命了个光杆将军，不给他部队，也不给他配备官属。

袁绍任命沮授（？—200年）为奋武将军，对他信任有加，让他监领诸将。沮授为冀州钜鹿郡广平县（在今河北省曲周县东北）人，少有大志，长于谋略，曾任冀州别驾，被推举为茂才，并当过两次县令，后又任韩馥别驾，被韩馥表奏为骑都尉，他多次贡献良策，但不被韩馥采纳。魏郡人审配（？—204年）、钜鹿人田丰（？—200年）都因正直，在韩馥手下不得志，袁绍任命田丰为别驾（为州刺史、牧的佐官，因其地位较高，出巡时不与刺史、牧同车，别乘一车，故名），审配为治中（亦称治中从事，为州刺史、牧的高级佐官之一，主众曹文书，位仅次于别驾）。袁绍又把许攸、逄纪、荀谌任用为谋士。

韩馥的大将高览、张郃也归降了袁绍，之前反叛的韩馥前大将麹义，也归附了袁绍。这样一来，韩馥手下的三位大将尽归袁绍所有。袁绍既得宝地，又得谋士、上将，实力倍增，风光无限。

袁绍任命朱汉（？—191年）为都官从事。朱汉先前曾受韩馥的轻视，对韩馥心怀怨恨，他错误地认为袁绍准备除掉韩馥，于是就调兵包围了韩馥的府邸，他拔刀入府内。韩馥跑上楼，朱汉抓住了韩馥的长子，捶折两脚。这时袁绍得到消息，立即逮捕朱汉，诛杀。但韩馥已经被吓破了胆，他不想待在邺城，请袁绍准许他去投奔陈留太守张邈，袁绍同意。后来袁绍派使者拜见张邈商议事情，其间还和张邈耳语，韩馥在座，认为是对己不利，不一会儿，他起身如厕，在厕所自杀。

荀彧投曹操

济北国国相鲍信对曹操说："袁绍作为盟主，用公权谋取私利，他本身就是个祸源，这时又出了个董卓。如果反对他，但实力不够，只会带来灾难。应该到黄河以南躲避他，以待其变。"

曹操认为鲍信所言极对。当时黑山起事民众头目于毒、白绕、眭固等率领十多万人，攻打东郡，东郡太守王肱无法抵挡。曹操率军援助东郡，在濮阳和白绕部展开大战，曹操大胜。袁绍代表皇帝任命曹操为东郡太守，郡治迁到了东武阳（在今山东省莘县南）。有天有下属禀报曹操，颍川人荀彧背离袁绍，来东郡投奔曹操，曹操大喜。

荀彧（公元163年—212年），字文若，颍川郡颍阴县人，"颍川八龙"第二龙荀绲的长子。荀彧年少时，南阳名士何颙见到他后感到很惊异，说道："这是辅佐帝王的人才啊！"荀彧成年后，魁梧英俊，喜欢熏香，久而久之，身带香气。荀绲当时为济南国相，迫于宦官的势力，为荀彧迎娶了中常侍唐衡（此时已去世）的养女。荀彧年少时就有才名，这段婚姻难免受人讥讽。

永汉元年（公元189年），荀彧被推举为孝廉，被任命为守宫令（属少府，掌皇帝用纸笔墨及尚书诸财用、封泥）。董卓祸乱京城，荀彧为了自保，请求外出任官，被任命为亢父（在今山东省济宁市南）县令。天下大乱，荀彧辞职回到家乡，他对父老乡亲们说："颍川，是四战之地，天下有变，常为军事要冲，应该速速离开，不宜久留。"老乡们多留恋故土，不肯离去。这时担任冀州牧的韩馥是颍川人，他派骑兵来接他们到冀州，很少有人愿意去，独荀彧率领宗族去了冀州。

袁绍取得冀州牧之位后，待荀彧以上宾之礼，荀彧的三弟荀谌及同郡的辛评、郭图，均为袁绍所用。荀彧观察袁绍，认为袁绍终不是成大事之人，他听说曹操有雄才大略，目前在东郡担任太守，于是荀彧前去投靠曹操。

此时曹操手下武将有夏侯惇、夏侯渊、曹洪、曹仁等人，但还缺少谋士，他亲自出门迎接荀彧，拉着荀彧的手，进入大厅。经过交谈后，曹操感慨地说道："你是我的子房（张良字子房）啊！"任命荀彧为奋武司马。

董卓欺凌天下，曹操询问荀彧，荀彧说："董卓暴虐过甚，必在乱局中终结，不会有什么作为。"之后，荀彧又向曹操推荐了戏志才、荀攸、钟繇、郭嘉、陈群、杜袭、司马懿等人，这是后话。

李鞡於扶罗背叛袁绍，挟持张杨，进驻黎阳。

董卓派大将李傕、郭汜等出关东，所过之处烧杀抢掠，留在颍川的荀彧同乡多被杀戮。董卓任命张杨为建义将军、河内太守。

曹操驻军顿丘，于毒得到消息，率军攻击东武阳。曹操率军向西进军，攻打于毒大本营。诸将都认为应该回军救援东武阳，曹操说："孙膑救赵而攻魏，使贼人闻我向西，他们必还，武阳之围自然解除；如果贼人不回军，我们能攻破贼人的大本营，贼人必不能拔武阳。"

于毒听说后，放弃武阳回军。曹操进抵内黄（在今河南省内黄县西北），大败眭固及李鞡於扶罗。

孙坚之死

袁术据有的南阳之地，户口数百万，但他没有凭此发愤图强，而是骄奢淫逸，无限度地征收税赋，百姓苦不堪言，不断逃离。

袁术和袁绍不和，各拉拢同党作为援手，都想吞并对方。袁术和公孙瓒结盟，而袁绍和刘表结盟，互相在对方背后搞事，不过英雄豪杰多归附袁绍。袁术不解，怒道："群丑不归附我，却归附我家的家奴（袁术是嫡子，袁绍是庶子）！"袁术又给公孙瓒写信说："袁绍非袁氏子孙。"袁绍听说后大怒。两个人的矛盾已经不可调和。

袁术派孙坚攻打刘表，刘表派大将黄祖迎击，双方在樊城（在今湖北省襄阳市，与襄阳城隔汉水相望）、邓县（樊城西北）之间展开大战，孙坚大胜，乘胜追击，渡过了汉水，遂包围了襄阳（荆州州府所在，今湖北省襄阳市）。

刘表紧闭城门不战，夜里派黄祖悄悄出城征调兵马。黄祖将要返回襄阳的时候，孙坚迎面截击，黄祖再败，逃入岘（xiàn）山（襄阳东南）之中。孙坚杀得兴起，趁夜追击黄祖，黄祖手下突然从竹木间射出了一支冷箭，正中孙坚要害，孙坚翻身落马，不治而亡，时年三十七岁。孙坚当年所推举的孝廉、长沙人桓阶（？—221年）拜见刘表，恳请要回孙坚的尸体予以安葬。刘表赞赏他的义举，批准把孙坚的尸体交给桓阶。

孙坚兄长之子孙贲（？—210年）率领众将士，护送孙坚灵柩，前去向袁术报到。袁术任命孙贲为豫州刺史。

孙坚一共有五个儿子，分别是孙策、孙权、孙翊、孙匡、孙朗，另有三个女儿。最小的儿子孙朗由小老婆所生，其他四人为正妻吴氏所生。

孙策（公元175年—200年），字伯符，当初孙坚举兵的时候，孙策才十多岁，他已懂得结交知名人士，声誉远播。舒县（庐江郡郡府所在，在今安徽省庐江县西南）人周瑜（公元175年—210年），字公瑾，他的堂祖父周景、周景之子周忠，都在东汉官居太尉。周瑜的父亲周异，官居洛阳县令。周瑜身材伟岸健壮，容貌俊美，精通音律。周瑜听说了孙策的名声，就从舒县来拜访孙策。两个人同龄，一见如故，推心置腹，相见恨晚，义结金兰。周瑜劝孙策迁居舒县，方便切磋交流，周家在舒县是大族，也方便照顾孙策母子。孙策同意，和母亲迁居舒县，周瑜让出路南一座大宅子给孙策母子居住。周瑜登堂拜见孙策母亲，两家时常走动，互通有无。

　　孙坚战死的时候，孙策才十七岁，他把父亲的灵柩安葬于曲阿县（在今江苏省丹阳市）。孙策本应袭爵乌程侯，但孙策将爵位让给弟弟孙匡。孙策渡江居住于江都县（今江苏省扬州市西南），结交豪杰，立誓复仇。

割席分坐

中郎将、董卓大将徐荣向董卓推荐同郡老乡、前冀州刺史公孙度（？—204年）担任辽东太守，董卓批准。公孙度，字升济，辽东郡襄平县（在今辽宁省辽阳市）人，少时随父居玄菟郡，他起初在郡里担任小吏，后被推荐为有道（指有道德、才艺的人），担任尚书郎，再升任冀州刺史，后以谣言被免官。

公孙度到任辽东太守后，依法诛杀了郡中豪族大姓一百多家，震慑了全郡。他又率军东伐高句丽（首府国内城，在今吉林省集安市），西击乌桓，威名渐盛。公孙度对他的亲信属吏柳毅、阳仪等人说："汉祚将绝，当与诸位谋求建国，封王封侯。"公孙度把辽东郡分为辽西郡和中辽郡，各任命太守分掌。公孙度渡海作战，夺取青州东莱郡诸县，设立营州，并任命刺史。

公孙度自封为辽东侯、平州牧，建造了汉高祖（刘邦）和汉光武帝（刘秀）的祭庙，承制，在郊外祭祀天地，象征性地示范耕田，乘坐鸾辂，出门前有禁卫军，后有羽林军，派头俨然帝王。但天高皇帝远，中原正乱，各路英雄豪杰谁也无暇顾及公孙度。

公孙度名气越来越响亮，中原人士为了躲避战乱，很多人来辽东投靠他。其中包括北海人管宁（公元158年—241年）、邴原（生卒年不详）、王烈（公元141年—218年）等名人。管宁，字幼安，北海国朱虚县（在今山东省临朐县东南）人，身高八尺，美须眉，他和平原郡高唐县人华歆（字子鱼）、同郡人邴原（字根矩）是好友，三人曾经结伴到外地游学，他们都很敬重陈寔的才学和品行。管宁与华歆、邴原合称为"一龙"。

管宁、华歆早年拜太尉陈球为师，与卢植、郑玄是同门。管宁和华歆曾在一个菜园里锄地种菜，突然在土里发现一片金闪闪的金子，管宁依旧挥锄种地，把黄金视作瓦砾石头，华歆却捡起来看了看，然后又扔掉。从这件事，人们判断管宁要优于华歆。

又一次，管宁和华歆同坐在一张席子上读书，有达官贵人从门口经过，管宁不为所扰，如旧读书；华歆却丢下书本，跑出去观看。管宁认为华歆和他志趣不投，等华歆回来后，管宁割开席子和他分坐，说道："你不是我的朋友。"这就是"割席分坐"或"割席断交"的故事。

后华歆被推举为孝廉，任命为郎中，因病辞职。何进辅政的时候，征召华歆等人，任命他为尚书郎。董卓裹胁献帝刘协西迁长安，华歆请求出任下邳县令，因病不能成行，他就从蓝田去了南阳，袁术知道他的名气，就把他留了下来。

邴原到远方游学，八九年才返回家乡。当他要返家的时候，师友都认为邴原不饮酒，所以只送了些谷物和肉类，为他送行，邴原说："我原本能饮酒，但唯恐荒废学业，所以戒酒了，今天远别，可以把酒言欢。"于是他们同坐共饮，一天不醉。

管宁和邴原皆有道德志向，公孙度给他们专门安排了宾馆，打扫干净，静等他们到来。管宁见到公孙度以后，却在山谷中建起房子居住，当时避难者基本都住在襄平南，只有管宁居住北方，表示无还乡的打算。后来，来辽东避难者渐渐跟随管宁居住，一个多月的时间，就形成了一片村落。管宁每次面见公孙度，都只谈经书典籍，不谈世事；回到山里后，专讲诗、书，习礼仪，不是学者，管宁不见。因此，公孙度认为管宁贤明，民众受其道德感化。

邴原性情刚直，爱好谈论和评议人和事，引起了官员的不满，管宁对邴原说："潜龙以不见成德（隐藏的龙以隐藏得深而成就品德），发表不适宜的言论，是招来灾祸的原因。"管宁教邴原秘密逃走。公孙度得知后，也不派人寻找。

王烈才能学识过人，年轻时的名气还盖过管宁、邴原，他善于教育诱导。乡里有人偷了一头牛，被主人逮住，盗牛贼乞求说："该怎么处理，我都认，但请别让王烈先生知道。"

王烈知道后，派人去劝导盗牛者，并送给他六丈布匹。有人问王烈为什么这么做，王烈说："他怕我知道他的过错，是因为还有羞耻之心，既知羞耻，则善心将生，所以赠给他布，劝他向善。"后有一老人不小心在路上遗失了一把剑，被一个路过的人捡到,他一直守在路边,等候丢失剑的人过来寻找。到了傍晚时分,丢剑老人着急地沿路寻找,找到了这里,这个人就把剑还给了老人。老人很奇怪,就把这件事告诉了王烈,王烈派人调查,路边守候之人竟然是以前的盗牛者。有纠纷者,希望王烈裁决,有的走到半路就返回去了,有的看见王烈的房子后立即返回,皆互相承认错误,不敢使王烈知道他们闹纠纷的事。

公孙度准备任命王烈为长史,但王烈坚决推辞,认为做商人自损形象(古代重农轻商),公孙度也就不再坚持。

界桥之战

青州黄巾军进攻渤海郡，有三十万之众，准备和黑山军会合。降虏校尉公孙瓒率领二万步骑兵，在渤海郡东光县（在今河北省东光县东）南郊迎击青州黄巾军，大胜，斩首三万多人。黄巾军丢弃辎重车辆数万辆，纷纷渡黄河逃命，公孙瓒等黄巾军渡过一半的时候，再命令部队掩杀过去，黄巾军再败，死者数万，鲜血染红了黄河水，公孙瓒俘虏了七万多人，缴获车辆铠甲财物不可胜数，威名大振。

幽州牧刘虞之子刘和在长安任侍中，汉献帝刘协希望回旧都洛阳，他命刘和从武关出逃，让刘和通知刘虞发兵迎驾。刘和抵达南阳后，袁术扣留了他，希望以刘和作为人质，让刘虞协助自己，袁术只口头说一起西进，让刘和给刘虞写信。

刘虞收到信后，派数千骑兵前去迎接刘和，然后去迎接刘协。公孙瓒此时已有野心，劝刘虞别发兵，刘虞不听。公孙瓒担忧袁术得知后怨恨自己，也派堂弟公孙越率领一千骑兵来见袁术，私下告诉袁术不放刘和，收编幽州骑兵。从此以后刘虞和公孙瓒之间嫌隙更深了。不久，刘和逃出后北行，又被袁绍扣留。

当时关东各州郡都想兼并地盘，扩充自身实力，袁绍和袁术也早已没有了手足情分，袁术派孙坚攻打董卓的时候，袁绍却以周昂为豫州刺史，攻夺孙坚的阳城。袁术派公孙越协助孙坚攻打周昂，公孙越身中流箭而死，孙坚击退了周昂。

公孙瓒得知堂弟公孙越战死，既悲且怒道："我弟弟的死，袁绍是罪魁祸首。"他率军进驻磐河，准备进攻袁绍为弟弟报仇。公孙瓒上书朝廷，列举袁绍十条罪状，遂发兵攻打袁绍。冀州多地慑于公孙瓒威名，望风而降。

袁绍畏惧，为了安抚公孙瓒，把他兼任的渤海太守的印绶授予了公孙瓒的堂弟公孙范，任命他为渤海太守。但公孙范到任后，随即背叛袁绍，率领渤海将士协助公孙瓒。公孙瓒任命严纲为冀州刺史，田楷为青州刺史，单经为兖州刺史，太守、县令（长）也都任命了新人。

这时候，刘备已经率领关羽、张飞等人投奔了公孙瓒。公孙瓒命刘备和田楷攻打青州，刘备立功，被任命为平原国国相。

冀州常山国真定县（在今河北省石家庄市东北）人赵云（？—229年），字子龙，身高八尺，容貌甚伟，气宇轩昂，他率本郡吏民投奔公孙瓒。公孙瓒问赵云道："我听说你州人民都愿意跟随袁绍，为什么你能迷途而知返呢？"

赵云回答说："天下汹汹，未知孰是孰非，民有倒悬之困境，我州认为，应该到仁政所在之处，并非不重视袁绍，而私下里很了解将军。"

刘备见到赵云后，感到赵云相貌不凡，是个英雄，遂用心结交。赵云认为刘备是汉室宗亲，气量非凡，待人真诚，非池中之物，于是跟随刘备到了平原国，为刘备主管骑兵。

袁绍亲自率军攻打公孙瓒，双方在界桥（在今河北省威县东）南二十里遭遇，展开血战。公孙瓒大军三万多人，排列方阵，分出突骑（用于冲锋陷阵的精锐骑兵）万匹，护卫两翼，乌桓突骑作为中军，旌旗招展，铠甲耀眼，锐不可当。袁绍命大将麴义率领精兵八百，强弩千张，作为前锋打头阵。袁绍率领数万步兵紧随其后。公孙瓒轻视麴义兵少，放任骑兵飞腾而去，准备马踏麴义部队。麴义早年在凉州，熟悉羌人等骑兵战法，他命令士兵伏在盾牌下一动不动。待公孙瓒的骑兵距离自己只有几十步的时候，麴义一声令下，突然强弩齐射，喊杀声震天动地，近距离射击，突骑中箭必倒。公孙瓒军大败，包括严纲在内被杀死一千多人，公孙瓒北撤。

麴义率军追击，追到界桥，公孙瓒收敛败军，再战麴义，再败。麴义追击到公孙瓒的军营，拔掉大营前大旗，公孙瓒余众皆败走。

当时袁绍率军在麴义后数十里，听闻公孙瓒已败，他大喜过望，放松警惕，卸下马鞍，让马休息，只有数十名强弩手和一百多名大戟士保护他。公孙瓒军二千多名骑兵散兵，突然杀到，把袁绍重重包围，箭如雨下，别驾从事田丰搀扶袁绍，想让他躲入一空墙后面。袁绍不去，他脱下头盔投掷于地，豪壮地说道："大丈夫当阵前战死，怎能反逃垣墙间？"袁绍命令强弩竞发，公孙瓒的骑兵多人倒地，他们并不知道被包围者是袁绍，往后退去。这时候麴义来迎接袁绍，公孙瓒的骑兵这才逃走。

之前，袁绍和公孙瓒都争取兖州刺史刘岱，刘岱谁也不敢得罪，对他们态度都很友好，袁绍把妻儿送到了昌邑；公孙瓒也派从事范方率骑兵帮助刘岱。公孙瓒取得小胜后，命令范方让刘岱交出袁绍妻儿，如果不交，待战胜袁绍后，将攻打兖州。

刘岱连忙和官属商议，争论激烈，接连几日都无法下结论。刘岱听说东郡人程昱，智谋过人，就把他召来征求对策。程昱说："若舍弃袁绍这个近邻，而奢求远方的公孙瓒帮助，此乃'假人于越（越人善水）以救溺子'啊，远水解不了近渴，公孙瓒不是袁绍的对手，今虽然吃了败仗，然而公孙瓒终究要被袁绍打败。"

程昱（生卒年不详），字仲德，兖州东郡东阿县（今山东省阳谷县东北）人，身高八尺三寸，美须髯。黄巾起义的时候，他率领吏民保全了东阿。刘岱当初征召他，他不应召。

刘岱听从了程昱的建议，不交出袁绍妻儿，范方也率骑兵返回，走到半路，得到公孙瓒在界桥大败的消息。

王允计除董卓

董卓和皇甫嵩有仇，他征召皇甫嵩为城门校尉，找罪名把皇甫嵩抓捕入狱，以借机杀了他。皇甫嵩的儿子皇甫坚寿和董卓关系一向不错，他拜见董卓，叩头流涕为父亲求情，董卓这才放过了皇甫嵩，任命皇甫嵩为议郎，再任御史中丞。

董卓西入长安，命河南尹朱儁留守洛阳。朱儁和山东诸将联络，准备作为内应，后怕被董卓得知派军袭击，于是弃官逃奔荆州。董卓任命杨懿为河南尹，防守洛阳。朱儁得知消息后，又率军进入洛阳，杨懿退走。朱儁认为洛阳已经成为废墟，于是向东移动，驻扎中牟，向各州郡发文，号召共同讨伐董卓。徐州（州府郯县，在今山东省郯城县）刺史陶谦，派三千精兵响应，其余州郡也派兵不等，相助朱儁。

董卓派中郎将牛辅率军进驻陕县，牛辅派李傕、郭汜、张济率领数万步骑兵攻打朱儁。朱儁不敌，留驻关下，不敢再前进。李傕等人率军对陈留郡、颍川郡抢掠，见人就杀，不留活口。

我们之前讲过，董卓和卫尉张温有仇，董卓报复张温，他趁着天变之际，使人诬陷张温和袁术勾结，然后把张温逮捕，在街上将其乱棒打死。

董卓任命他的弟弟董旻为左将军，侄子董璜为中军校尉，执掌兵权，董家宗族及亲戚遍布朝廷。董卓小妾所生的幼子，还在怀抱之中，就已晋封侯爵。董卓僭越，车子、衣服跟天子相差无几，把"三台"（尚书台、御史台、谒者台）完全控制在自己手中。董卓又在长安东二百六十里的地方修筑了郿坞，高厚皆达七丈，号称"万岁坞"，里面存储了可用三十年的粮食。董卓称："事成，雄踞天下；不成，守此足以终养天年。"董卓残忍嗜杀，诸将言语稍有差池，就小命不保，搞得人人自危。

司徒王允看到董卓祸毒太深，篡逆迹象显露，就和司隶校尉黄琬、仆射士孙瑞、尚书杨瓒等人秘密商议，准备除掉董卓。

董卓任命吕布为中郎将，封都亭侯。董卓自知自己待人无礼，仇人不少，怕别人发动袭击，暗害自己，所以他无论走到哪里，都让吕布贴身保护。董卓脾气火暴，心胸狭隘，脾气上来了就不考虑后果，曾经因为一件小事，拔起手戟（一种供手持或投掷的兵器，类似两把匕首成90度角交叉连体）掷向吕布。吕布是何等身手，迅速避开，然后向董卓道歉，董卓这时候火气也下来了，怒气顿消。

但事情过后，吕布越想越窝火，自己是天下敬仰的英雄，竟然受到董卓如此羞辱，如果躲闪不及，岂不命丧当场，因此他对董卓暗生怨恨。董卓常常让吕布把守内室门，因此吕布能接触到董卓的侍女。英雄难过美人关，一个非常漂亮的侍女（貂蝉为《三国演义》虚构人物）引起了吕布的注意，他和这个侍女有了私情，但时间长了，他又怕被董卓发现，内心时常紧张不安。

王允和吕布都来自并州，王允认为吕布是并州的健儿，素来对他非常要好，吕布也不把王允当外人。有一次吕布拜见王允的时候，述说了他差点被董卓杀死的情况，王允趁机煽风点火，激起吕布的怒气，然后告诉了他自己准备铲除董卓的计划，让吕布作为内应。吕布尚存疑虑，说道："我和他是父子关系！"

王允宽慰他说："你自姓吕，本非骨肉，今整天忧死，无暇其他，何谓父子？投掷手戟的时候，哪有半点父子之情！"

吕布狠狠点了点头，答应配合王允。

初平三年（公元192年）四月二十三日，汉献帝刘协刚病愈，在未央殿大会文武。董卓穿上朝服，乘车入内，董卓沿道路两旁布满卫士，左边步兵，右边骑兵，保护严密，让吕布等人前后护卫。

王允让士孙瑞亲自书写诛杀董卓的诏书授予吕布。吕布令同郡的骑都尉李肃，和勇士秦谊、陈卫等十多人，穿上卫士服，冒充卫士，守护在北掖门内等待董卓。

董卓刚进北掖门，李肃以迅雷不及掩耳之势以戟向董卓胸口刺去，董卓衣服里面穿着铠甲，无法刺入；李肃再刺，董卓用手臂遮挡，手臂受伤，坠落车下，他回头高呼："吕布何在！"

吕布朗声道："有诏讨贼臣！"

董卓不知道求饶，反而大骂道："庸狗，敢如此妄为！"

吕布大怒，手捧长矛向董卓刺去，吕布臂力过人，长矛穿透铠甲，直插董卓胸口，董卓立时倒毙。李肃等人上前斩下董卓头颅。主簿田仪和董卓的仆人上前，准备保护董卓，吕布又杀三人。吕布从怀中拿出诏书，向在场人员喊话道："奉诏讨伐董卓，其余人等一概不问。"

在场的官兵都被吓傻了，呆若木鸡，一听吕布这么说，立即高呼万岁。老百姓听说董卓已死，都跑上大街载歌载舞，妇女卖掉珠玉和值钱衣物，购买酒肉，拿到街上分给大家伙儿，街上到处都是庆贺的百姓。董旻、董璜等董姓宗族，不分老幼，凡在郿坞的，均被群臣或砍死或射死。

董卓尸体被丢弃到大街上，任人参观，当时天气已经开始热起来了，董卓身体肥胖，经过曝晒以后，油脂流了一地，看守尸体的官员，弄了个灯炷，插到董卓肚脐眼里点燃，灯芯明亮，燃烧了一天。袁氏门生把董氏家的尸体收集起来，堆在一起点燃，然后把骨灰撒到路上。郿坞中有黄金两三万斤，银八九万斤，锦罗绸缎、奇珍异宝堆积如山。

刘协任命王允录尚书事；吕布为奋威将军、假节（汉、魏、两晋、南北朝时，掌地方军政的官往往加使持节、持节或假节）、仪同三司，封温侯，和王允共同主持朝政。董卓事败，将军张辽率领所属部队投靠了吕布，被任命为骑都尉。

董卓被刺死时文武百官正在未央殿集合，左中郎将、高阳侯蔡邕在王允旁边坐着，他听到董卓的死讯后，不由自主地小声惊叹了一下。王允听得真切，他勃然大怒，认为蔡邕同情董卓，和董卓是一伙的，他叱责蔡邕，把蔡邕交付廷尉治罪。蔡邕死在了狱中，终年六十一岁。

之前，黄门侍郎荀攸与议郎郑泰、侍中种辑等人商议刺杀董卓，事情败露，郑泰投奔袁术，荀攸入狱，种辑侥幸得脱。董卓被杀后，荀攸免罪，弃官回家。

王允之死

吕布建议王允杀尽董卓的部属，以绝后患。王允说："他们无罪，不可。"吕布建议把董卓的财物赏赐给公卿、将校，王允也没有同意。王允一向以剑客看待吕布，认为他不过一介武夫，政治上并不成熟。吕布自负刺杀董卓立下大功，经常自我炫耀，愿望几次落空，吕布对王允渐渐不满。王允性格刚直而有锋芒，憎恶坏人坏事，当初畏惧董卓，所以曲意逢迎，董卓既已消灭，王允认为就再也没有什么忧患了，颇为骄傲自得，待人态度严肃，做事不懂得权宜之变，部属开始对他有叛离之心。

开始王允和士孙瑞商议，准备下诏赦免董卓的部属，既而王允不无疑虑地说："部属不过是听从主人罢了，如果今天认为他们恶逆（古代刑律十恶大罪之一）而特赦他们，恐怕会引起他们的猜忌，所以并不能使他们安心。"于是不再颁布特赦诏书。

王允准备遣散凉州兵，有人对王允说："凉州人向来忌惮袁绍而畏惧关东，一旦解除他们的武器，则必人人自危。可以让皇甫嵩为将军，统领其众，让他留在陕县以安抚凉州军，然后慢慢和关东军共同谋划，以观其变。"

王允说："不然。关东举义兵者，都是我们的人，今若据险屯驻陕县，虽安凉州兵，却容易引起关东军疑心，万万不可。"

当时京城百姓中传言王允要诛杀全部凉州人，董卓的凉州部将皆惊恐不安，相互联络，拥兵自守，他们说："蔡邕只是因为受到董公厚待，尚且连坐，今不赦免我等却罢我们的兵，兵权今日解除，明日就会成为鱼肉。"

吕布命李肃率军前往陕县宣读诏书，诛杀牛辅等人。牛辅等人不甘心束手就擒，向李肃发起了攻击，李肃不敌，败退弘农郡。吕布以战败为由，处死了李肃。

按说胜败乃兵家常事，李肃又和吕布是五原郡同乡，吕布不该这么草率地处决李肃。有资料说李肃也是一员勇将，甚至是"飞将军"李广的后人，李肃和王允关系也比较近，又在诛杀董卓的过程中立功，吕布嫉妒李肃，担心他掩盖了自己的光芒，所以杀死了李肃，这大概是个比较合理的解释。但历史真相究竟如何，史书上没讲，我们也已无从考证。

面对如此局面，牛辅没有了主心骨，怯弱不安，常把辟兵符（古代迷信指可避免兵器伤害的符箓）、杀人的刑具放置在身旁，给自己辟邪壮胆。牛辅每次见客人前，都先让相士给客人相面，看是否有反气；再让筮者占卜吉凶，然后才相见。老友中郎将董越从渑池前来投靠牛辅，牛辅照样不信任他，让筮者占卜。筮者过去受到过董越的鞭打，对董越怀有仇恨，暗中做了手脚，得"兑下离上"的卦象。筮者说道："火胜金，外谋内之卦象。"于是，牛辅不由分说，命人杀死了董越。牛辅疑神疑鬼，恰大营中又发生了夜惊，官兵自相残杀。牛辅大惊，以为众人叛己，于是取来金银财宝，和亲信支（pū）胡赤儿等五六人一起逃走，出城北渡黄河，支胡赤儿等人贪图金银财宝，把牛辅斩首后，把人头送往长安。

待到李傕、郭汜、张济等人从陈留郡、颍川郡烧掠回来，牛辅已经被杀，他们无所依靠，就派人到长安城中，请求赦免。王允说："一年之内不能下两次大赦令。"不同意。李傕等人更加恐惧，不知所措，准备就地解散，从小道返回家乡。

讨虏校尉贾诩（公元147年—223年）建议道："听闻长安城中议论说要尽诛凉州人，而诸君弃众单行，一个亭长就能把诸君擒住。不如率众西行，收拢散兵，攻打长安，为董公报仇，事情成功了，拥天子以征天下；事情不成功，再走也不晚。"贾诩，字文和，武威郡姑臧县人，少时，凉州名士阎忠认为他有张良、陈平之才。长大后，贾诩被推举为孝廉，赴京出任郎官，后因病去官。董卓入洛阳，贾诩以太尉掾被任命为平津都尉，再任讨虏校尉。

李傕、郭汜、张济等人认为贾诩所言有理，他们互相结盟，率军数千人，日夜西行。王允认为胡文才、杨整修皆是凉州有影响力的人物，让他们东去见李傕等人，解释一下，但王允却不给胡文才、杨整修好脸色，冲他们说："关东鼠子，欲何为邪？你们过去把他们唤来！"胡文才、杨整修见了李傕等人，不但不劝和，反而劝说他们进攻长安。

李傕等人一路收拢散兵，扩充队伍，抵达长安的时候，部队已经达到十几万人，他们和董卓部将樊稠、李蒙、王方等人合围长安城。长安城城墙坚固，无法强攻，围城第八天的时候，城中发生了变化，吕布军中的蜀兵反叛，他们打开城门，李傕等人遂率军入城，纵兵掳掠。

吕布率军迎战，但奈何对方人多势众，吕布无法取胜，他率领数百骑兵，把董卓的人头系到马鞍上，突围而逃，路过青琐门（古皇宫宫门有门楣格两重，里重为青色，称青锁，因此宫门又称青琐门）的时候，吕布勒马停驻，招呼王允说："明公可以一起走吗？"

王允说："若蒙社稷庇佑，上安国家，是我所愿；如若无法实现，则不惜以死报国。天子幼少，依仗于我，临难苟且，我不忍心。尽力感谢关东诸公，请多以国家为念。"

太常种拂力战而死。李傕、郭汜等人进驻南宫掖门，杀害了太仆鲁馗、大鸿胪周奂、城门校尉崔烈、越骑校尉王颀（qí）等人。吏民被杀者多达一万多人，尸体堆满街道，场面惨不忍睹。王允带着小皇帝刘协，登上宣平城门（长安城东城墙最北边的门）躲避兵乱。李傕等人抵达城门之下，他们望见刘协，下马伏地叩头，刘协冲李傕等人问道："你等放兵纵横，欲何为乎？"

李傕等人回答说："董卓忠于陛下，而无故为吕布所杀，臣等为董卓报仇，不敢作逆，事毕自会到廷尉报到领罪。"李傕等人围住门楼，要求王允出面对质，王允不得已下楼。

刘协按照李傕等人意思，大赦天下；任命李傕为扬武将军，郭汜为扬烈将军，张济、樊稠等人为中郎将。李傕等人又杀害了司隶校尉黄琬。之前，王允任命同郡人宋翼为左冯翊，王宏为右扶风，让他们拱卫京师长安。李傕等人准备谋害王允，他们怕宋翼和王宏起兵，于是让刘协下诏召二人回京。

王宏派人对宋翼说："李傕、郭汜以我二人在外，所以未伤害王公。今日接受征召，明日全族俱灭。这该如何是好？"

宋翼说："虽然祸福难料，然而王命不能违抗。"

王宏的使者说："当初关东义兵鼎沸，欲诛董卓，今董卓已死，其党羽也容易制服。若举兵共讨李傕等人，与山东相应，此乃转祸为福之计。"

宋翼不听，王宏实力不足，无法单独行动，于是一同应召入京。果然，等宋翼和王宏抵达后，李傕等人命人把王允、宋翼和王宏一起逮捕诛杀。王宏临死前怒骂道："宋翼竖儒，不足议大计！"

王允终年五十六岁，他的三个儿子王盖、王景、王定及同族十多人一同被杀，只有他哥哥之子王晨、王凌逃回乡里。

李傕等人命把王允的尸体丢弃于市，无人敢收葬。王允昔日部属、平陵县令赵戬弃官把王允尸体收葬。因为王允揽功，刺杀董卓后，没有给立功的士孙瑞封侯，这次士孙瑞因祸得福，没有招致李傕等人的报复，得以活命。

李傕等人准备以贾诩为左冯翊，并封侯，贾诩推辞；又准备任命他为尚书仆射，贾诩再推辞；于是任命贾诩为尚书。经李傕等人提议，刘协任命前将军赵谦为司徒；太尉马日磾为太傅，录尚书事；车骑将军皇甫嵩为太尉；命太傅马日磾、太仆赵岐持节镇抚关东。

刘协任命李傕为车骑将军，兼司隶校尉，持节，封池阳侯；郭汜为后将军，封美阳侯；樊稠为右将军，封万年侯；张济为骠骑将军，封平阳侯。李傕、郭汜、樊稠管理朝政，张济出镇弘农郡。不久，司徒赵谦被免职，以司空淳于嘉为司徒，光禄大夫杨彪为司空，录尚书事。

当初董卓进入长安，游说韩遂、马腾加入其队伍，共同对付山东诸军。韩遂、马腾和董卓同割据凉州，他们接受董卓的建议，率军向长安进发。恰逢董卓被刺死，李傕等人进入长安，为防万一，李傕等任命韩遂为镇西将军，命他率军返回金城郡；任命马腾为征西将军，驻扎郿县。

这时候荆州刺史刘表派使者到长安进贡，李傕等人为了拉拢刘表，奏报刘协后任命刘表为镇南将军、荆州牧，封陈武侯。

第十二章 徐兖幽之争

青州兵

青州（州府临淄县，今山东省淄博市临淄区）黄巾军攻打兖州，杀死了任城国（首府任城县，今山东省济宁市东南）国相郑遂。兖州刺史刘岱准备迎击，济北国（首府卢县，今山东省济南市长清区西南）国相鲍信劝他说："今贼人达百万之众，百姓皆震恐，士卒无斗志，不可和他们对阵。然而贼军没有辎重，只是以抢掠来保障后勤供应，今您不若集合士众之力，先为固守；贼人欲战不得，攻又不能，他们必然离散，然后您再择精锐，占据要害之地发起攻击，可破贼兵。"

刘岱不听，率军和黄巾军大战，结果兵败被杀。

曹操部将陈宫对他说："兖州今无主，而天子诏令断绝，我请求前往兖州游说，迎接明公前去接任，明公可以据此以收天下，此霸王之业啊！"陈宫（？—199年），字公台，东郡人。

曹操大喜，命陈宫前往。陈宫来到了州府昌邑县，游说兖州别驾、治中道："今天下分裂而兖州无主，东郡太守曹操，名望才能为世人所重，若迎接他接任州牧，必使人民安定，安居乐业。"

鲍信也属意曹操，他和州吏万潜等人至东郡，迎接曹操接任兖州刺史。曹操就职后，遂率军攻打黄巾军，两军在寿张县（在今山东省东平县西南）东展开大战，初战曹军失利。黄巾军人多且精悍，曹军人少且羸弱，曹操亲自鼓舞士气，严明赏罚条件，找机会设置奇兵，日夜会战，出战皆有擒获，黄巾军遂败退。遗憾的是鲍信战死，尸体无处找寻，曹操悬赏寻找鲍信尸体，但终究无人能找到，于是曹操命人用木头雕刻了一尊鲍信的雕像，曹操哭祭后，下葬。鲍信去世后，他的部将于禁归附了曹操。

刘协任命金尚（生卒年不详）为兖州刺史，金尚率部前来上任，被曹操击走，金尚前去鲁阳投奔袁术。

曹操追击黄巾军到济北国，黄巾军请求投降，曹操得到降兵三十多万，男女老幼家属共一百多万口，曹操从中挑选精锐，组建军团，称为"青州兵"。

曹操征聘毛玠为治中从事。毛玠（？—216年），字孝先，陈留郡平丘县（在今河南省封丘县东南）人，年轻时曾经担任县里小吏，以清廉公正著称。毛玠建议曹操道："今天下分崩，天子流离，生民废业，饥馑流亡，公家没有能超过一年的存粮，百姓无安稳固定下来的打算，难以持久。用兵义者胜，守住位置需要财力支撑，宜奉天子以令不臣，鼓励耕田种植，积蓄军备物资，如此则霸王之业可成也。"曹操认为毛玠讲的非常有道理，采纳了他的建议。

曹操派人拜见河内太守张杨，准备借道西进长安。张杨拒绝。谋士董昭劝张杨说："袁、曹虽然看起来是盟友，其实并不能长久。曹操今虽然弱小，但他是天下之英雄，明公应该结交他，今天你们因此事有缘，应该把他的意思上报，并上表推荐他，若事情成功，则你们的交情加深。"董昭（公元156年—236年），字公仁，济阴郡定陶县人。

张杨听从董昭建议，把曹操的事情上奏，并举荐曹操。董昭亲自执笔，替曹操写信给李傕、郭汜等人，献上殷勤。

李傕、郭汜见到了曹操的使者，他们认为关东准备自立天子，曹操虽然派使者来京师晋见，但并非他的本意，他们商议后，准备扣留曹操的使者。黄门侍郎钟繇（繇yóu，公元151年—230年）劝李傕和郭汜说："方今英雄并起，各矫诏专制，唯有曹兖州心向王室，如果怀疑他的忠诚，则并不是鼓励他人效仿之道。"李傕和郭汜收回成见，报以善意。

钟繇，字元常，出身颍川钟氏，他的曾祖父钟皓为名士，他的父亲钟迪和叔叔钟敷皆因党锢而受牵连。钟繇自幼相貌不凡，聪慧过人，被察举为孝廉，任尚书郎、阳陵县令，因病离职，后又被三府征召，担任廷尉正、黄门侍郎。

扬州刺史陈温病逝，陈温和曹操关系不错，当初曹操起兵的时候，陈温曾给他兵卒。袁绍命堂兄袁遗接任扬州刺史。当时驻军鲁阳的袁术强夺扬州，率军攻打袁遗，袁遗溃败，在败退中被杀。袁术任命陈瑀（生卒年不详）为扬州刺史。陈瑀是下邳淮浦县（今江苏省涟水县西）人，前太尉陈球之子，陈家在下邳颇有影响力，陈瑀有堂兄名陈珪，陈珪有子名陈登。陈瑀把扬州州府由历阳迁到了寿春（治所在今安徽省寿县）。

曹操进驻鄄城县（在今山东省鄄城县北）。刘表和袁术有隙，他切断了袁术的粮道，袁术引军北上进入陈留郡，准备夺取曹操的兖州，帮助金尚复任，他率军进驻封丘县（在今河南省封丘县）。太行山一带的黑山贼和驻扎在黎阳一带的南匈奴单于挛鞮於扶罗（第四十一任）都投靠了袁术。

袁术命部将刘祥进屯匡亭（在今河南省长垣县西南）。曹操率军攻打刘祥，袁术领军来救，双方展开大战，袁术军大败，曹军斩杀和俘虏了很多敌军。袁术退保封丘，曹操率军包围了封丘，还未等曹操攻城，袁术急忙率军出城冲出一条血路，败走襄邑县（在今河南省睢县），再败走宁陵县（在今河南省宁陵县）。曹操率军追击，连连获胜，袁术再败走九江郡。

扬州刺史府和九江郡郡府均设在寿春，扬州刺史陈瑀这时候却背叛了袁术，拒绝接纳袁术，袁术退走九江郡阴陵县（在今安徽省定远县西北），他在淮河北岸收拢军队，再向寿春进发。陈瑀恐惧，退走老家下邳。袁术遂占据扬州刺史府，自称扬州牧兼徐州伯。

车骑将军李傕准备把袁术作为自己的盟友，于是代朝廷起草诏书，任命袁术为左将军，封阳翟侯，假节。东汉将军封号排名：大将军（不常设），骠骑将军，车骑将军，卫将军（前四个将军地位相当于三公），左、右、前、后将军（蔡质《汉仪》）。

曹操率军返抵定陶县。

袁绍平于毒

公孙瓒任命田楷为青州刺史，袁绍军和田楷军拼杀两年，互有胜负，谁也吃不了谁，将士们疲困不堪，粮食用尽，双方掠夺百姓，致使赤地千里，青草树皮都要被吃尽。

袁绍任命长子袁谭（？—205年）为青州刺史，田楷攻打袁谭，不能取胜。双方准备继续战斗，恰逢朝廷派太仆赵岐等人"持节"到关东镇抚、和解，赵岐让袁绍和公孙瓒罢兵。公孙瓒在和袁绍的对抗中处于下风，于是他趁机写信给袁绍示好，又和袁绍和亲，袁绍这才答应，双方罢兵。

之前，公孙瓒命刘备率部和田楷共同抵抗袁绍军，刘备数次立下战功，公孙瓒任命刘备暂时代理平原县县令，后任平原国国相，刘备任命关羽、张飞为别部司马，分别统领部下。

袁绍率军驻扎薄落津（在今河北省广宗县东北），大会宾客部属。这时候魏郡发生兵变，黑山军首领于毒（黄巾军三十六渠帅之一）等数万人攻陷了魏郡郡府邺城，杀死了太守等官员。袁绍率军南返，进入朝歌鹿肠山（在今河南省淇县西）苍岩谷中，攻打于毒，双方大战五天，袁绍军大胜，斩杀于毒及其部众一万多人。

袁绍率军沿着鹿肠山北进，攻打黑山军另一首领左髭丈八（黄巾军三十六渠帅之一）等人，左髭丈八不敌被杀。袁绍继续攻打刘石、黄龙、左校、郭大贤、李大目、于氐根（以上均为黄巾军三十六渠帅之一）、青牛角等人，杀死了数万人，摧毁了他们的城堡据点。

袁绍和吕布（李傕、郭汜攻破长安，吕布先投袁术，再投张扬，又投袁绍）率军与黑山军首领张燕（褚飞燕，黄巾军三十六渠帅之一）及匈奴四营屠各部落、雁门乌桓部落大战于常山国（首府元氏，在今河北省元氏县）。张燕拥有数万精兵，

第十二章 徐兖幽之争

数千匹战马，战斗力强悍。双方大战十多天。吕布和部将成廉、魏越及袁绍部将韩猛等人勇猛冲杀，张燕军死伤众多，但袁绍和吕布军也筋疲力尽，双方无力再战，于是皆罢兵撤退。

吕布自认为有功于袁绍，对袁绍手下诸将傲慢无礼，又放纵手下横行不法，公开抢掠，袁绍很头疼，寻找解决办法。吕布有所察觉，因此请求到洛阳驻守。袁绍也巴不得吕布离去，但又恐吕布日后成为自己的祸患，于是以朝廷的名义任命吕布为司隶校尉，派壮士护送吕布前往洛阳，暗中吩咐壮士半路找机会刺杀吕布。

但消息走漏，被吕布获取，夜里，吕布派人假冒自己在帐中弹筝，秘密逃走。袁绍派的壮士感觉机会来了，于是全副武装，在夜晚对吕布营帐发动突袭，把营帐被褥全部砍烂，但没有发现吕布本人。天明后，袁绍听说吕布还活着，恐怕他攻打自己，于是命令关闭城门自守。吕布自知无法攻下城池，于是又率领部众前去归附河内太守张杨。

曹操屠徐州

徐州（州府郯县，在今山东省郯城县）刺史陶谦和所属各郡太守、各封国丞相，尊名将车骑将军朱儁（时驻中牟，在今河南省中牟县东）为太师，然后向各州刺史（州牧）传发檄文，共讨李傕、郭汜等人，准备奉迎汉献帝返回洛阳。

听说陶谦推举朱儁作为盟主准备进攻长安，李傕很着急，太尉周忠和尚书贾诩认为朱儁效忠朝廷，可以征召他入长安，陶谦等人必无所作为。于是李傕命下诏，征召朱儁。接到诏书后，朱儁的将士们不想入关，想联合陶谦等攻打李傕等人，奉迎汉献帝东还。但朱儁认为，李傕、郭汜和樊稠等人皆平庸之辈，且争权夺利，势必闹分裂，到那时他再起兵剿灭他们，定会成功。因此朱儁拒绝了陶谦，接受征召到了长安，被任命为太仆。

徐州刺史府治中王朗（郯县人，通经书）和别驾赵昱，劝陶谦道："《春秋》大义，求诸侯不如勤王，今天子被劫掠在西京，应该派使者前去表示尊奉王命。"

陶谦认为很有道理，于是派赵昱携带奏章抵达了长安。汉献帝刘协很高兴，下诏任命陶谦为徐州牧，加安东将军，封溧阳侯；又任命赵昱为广陵郡（郡府广陵县，在今江苏省扬州市）太守，王朗为会稽郡太守。

当时徐州比较富裕，粮食充足，很多流民前来投靠。但陶谦缺乏识人之明，亲信奸佞小人，疏远忠诚正直之人，法治不彰，行政不堪，徐州逐渐走向混乱。名士许劭（公元150年—195年），是汝南郡平舆县人，在汝南定期举办"月旦评"，并曾经评价曹操"治世之能臣，乱世之奸雄"，我们之前讲过，他为了逃避朝廷的征召，来到徐州下辖的广陵郡。陶谦听说过许劭的大名，对许劭很是优待。但许劭经过观察，对他门徒说："陶恭祖（陶谦字恭祖）对外喜欢求取好名声，但内里并非真正这样，他如今待我虽厚，日后必会逐渐冷落。"于是许劭转投扬州刺史刘繇。后来陶谦逮捕诸多流亡之人，人们才佩服许劭的先见之明。

当初，曹操的父亲曹嵩通过贿赂宦官买官，被任命为太尉，位居三公，但黄巾起义爆发后，曹嵩被免职，他回到了故乡沛郡谯县。董卓之乱，曹嵩避难到琅邪国（首府开阳县，在今山东省临沂市北），接任兖州刺史的曹操命泰山太守应劭前去接曹嵩到兖州生活。曹嵩在朝中搜刮了不少金银财宝及其他贵重物品，辎重多达一百多车。陶谦别将驻守东海郡阴平县（在今山东省枣庄市峄城区西南），他的手下官兵对曹嵩的金银财宝垂涎三尺，决定半路抢劫，于是他们追赶曹嵩的车队，在兖州泰山郡的华县（在今山东省费县东北）和费县（今山东省费县西北）之间，袭击车队，杀死曹嵩及幼子曹德等人，把财宝洗劫一空。

曹操得到消息后悲愤万分，迁怒于陶谦，于初平四年（公元193年）秋季，率军对徐州进行大规模攻击。陶谦和公孙瓒是盟友，曹操和袁绍是盟友，袁绍派部将朱灵率领三个营的士兵来相助曹操。曹军前锋曹仁率领骑兵攻打陶谦的部将吕由，大胜；曹军大将于禁率军攻下了广威；曹军连下徐州十多座城池，会师于彭城国（首府彭城县，在今江苏省徐州市），和陶谦率领的军队展开大战，陶谦大败。曹操攻下了傅阳县（在今山东省枣庄市南），陶谦退守郯县。曹操大开杀戒，把男女数十万口赶入了泗水，河水为之堵塞。

曹操攻打郯县，郯县城防坚固，曹操攻取不下，转而去攻打下邳国（首府下邳县，在今江苏省睢宁县西北），攻陷了取虑县（在今安徽省灵璧县东北）、睢陵县（在今江苏省洪泽县西）和夏丘县（在今安徽省泗县），皆屠城，鸡犬不留，城乡见不到行人。

陶谦派遣使者向公孙瓒部属、青州刺史田楷告急求助，田楷和平原国国相刘备，率军援助徐州。

当初刘备被公孙瓒任命为平原国国相，他到任后，诚心待人，用心结交，很得民心。平原国人刘平轻视刘备，耻于在刘备领导之下，他收买了刺客，刺杀刘备。刺客到了刘备府上，刘备不知道他的来意，以宾客之礼接待刺客，刺客意识到刘备是个厚道的父母官，并非邪恶之人，不忍心刺杀刘备，于是他把来意告诉了刘备后离去。从这件事可以看出，刘备得人心如此。当时人民缺乏食物，聚集在一起抢掠肆暴。刘备对外御敌，对内赈济，常常与士人、百姓等同席而坐，同桌而食，不讲究尊卑。众人归心。

当时刘备战将有关羽、张飞、赵云等，兵有一千多人，另有幽州乌桓杂胡骑兵，又募得了流民数千人。抵达徐州后，陶谦见到了刘备，认为他是难得的个人才，于是把丹阳郡士兵四千人配给了刘备，希望他能投向自己，共保徐州。刘备被陶谦的举动打动，脱离了田楷，转投陶谦。陶谦大喜，向朝廷上表推荐刘备担任豫州刺史，驻扎在小沛（在今江苏省沛县）。

其实当时豫州刺史另有其人，就是朝廷任命的郭贡，驻扎在谯县；豫州和徐州相邻，所以陶谦推荐刘备担任豫州刺史。当时已经天下大乱，诸侯随心所欲任命官员，向朝廷上表只是个形式，不管朝廷同不同意，刘备的级别是上去了，一跃而成了封疆大吏，意义非凡。刘备任命陈群（？—237年）为别驾，陈群是颍川郡许昌县（在今河南省许昌市东）人，是名士陈寔的孙子，才智过人。顺便交代一句，刘备在小沛结识了美女甘夫人（有史料说名叫甘梅），把甘夫人纳为妾。甘夫人是沛国人，家世不详，后甘夫人为刘备生下了儿子刘禅。

这时，攻打徐州的曹操军队，因为缺粮撤军。袁绍派遣相助曹操的诸位将领都率军返回。朱灵也立有战功，他说："我阅人无数，还没有能比得上曹公的，他是真明主啊！今我已遇到，我何必再回去呢。"于是朱灵留下来归附了曹操。

公孙瓒霸幽州

　　幽州牧刘虞和降虏校尉公孙瓒政见不合，处事方式不同，矛盾逐渐不可调和。公孙瓒和袁绍斗争不止，刘虞制止不了，刘虞不赞同其穷兵黩武，又担心公孙瓒坐大后自己约束不了他，因此减少公孙瓒的粮食等辎重供应。公孙瓒得知缘由后大怒，更故意多次违反刘虞命令，还不时侵犯百姓。刘虞没有办法，于是派使者到长安呈递奏章，状告公孙瓒暴掠之罪。公孙瓒也上书朝廷，告发刘虞克扣粮饷，致使军队战斗力下降。两个人的奏章你一封我一封，不断送往长安，互相诋毁。长安距离幽州遥远，朝廷鞭长莫及，只是批评一下这个，教育一下那个；安抚一下这个，宽慰一下那个，态度模棱两可，两个人都不得罪。

　　公孙瓒和刘虞都意识到了，他们的问题还得他们自己解决，朝廷不会调走任何一个，于是公孙瓒在蓟县（幽州州府所在地，在今北京市西南）城池以南另筑小城屯驻，防备刘虞。刘虞数次邀请公孙瓒当面议事，公孙瓒恐怕不利于自己，称病不去。

　　刘虞密谋讨伐公孙瓒，他征求东曹掾魏攸的意见，魏攸说："今天下都期盼明公出头主持大局，您不能没有文臣武将，公孙瓒文武双全，可以成为您可以依靠的力量，虽有小恶，请您宽宏大量，姑且容忍。"

　　刘虞认为魏攸说的有道理，于是就放弃了攻打公孙瓒的想法。不久魏攸去世，刘虞对公孙瓒的怨恨又起，集合各部约十万大军进攻公孙瓒。当时公孙瓒的部队分散在外，仓促间准备破开东城逃走。刘虞的军队缺乏训练和严明的纪律，不善战，刘虞爱惜百姓房屋，下令不许焚毁，命令将士道："不要伤及其他人，只杀一伯珪（公孙瓒字伯珪）而已。"

　　多种因素叠加，刘虞军队无法攻破公孙瓒的城池，公孙瓒觉察到了刘虞军队的弱点，他精选了勇士数百人，借着风势纵火，然后勇猛冲杀，刘虞军队大败，四散奔逃。刘虞向北逃奔到了居庸县（在今北京市延庆区）。公孙瓒率军追击，包围了居庸县城，围攻了三天，城池被攻破，刘虞和妻子儿女被擒，公孙瓒押送他们返回了蓟县。刘虞是皇室宗亲，又在天下拥有极高声望，公孙瓒不敢私自处置刘虞，把他软禁了起来，还让他签发州里公文。

不久，朝廷派使者段训到达幽州，代表朝廷增加刘虞的封邑，并命他督六州事；任命公孙瓒为前将军，封易侯。公孙瓒认为除去刘虞的机会到了，于是他诬告刘虞之前和袁绍串通，准备称帝，逼迫段训以朝廷的名义在蓟县街市上斩杀了刘虞及其妻子儿女。故常山国丞相孙瑾、张逸、张瓒等人，同情刘虞，对公孙瓒破口大骂，也被杀死。公孙瓒命人携带刘虞的人头送往京师长安，刘虞以前的部属尾敦半路把人头抢夺下来，予以埋葬。刘虞仁爱，无论幽州的百姓还是流民，无不伤心落泪。刘虞的部属田畴立志为刘虞报仇，他率领宗族数百人，躲入了徐无山（在今河北省玉田县东北）中，积蓄力量。

公孙瓒遂尽收幽州之地，成为北方一霸。公孙瓒雄心更盛，他自恃强大，不体恤百姓，牢记冒犯自己的人，却忘记对自己有恩的人，睚眦必报，名气善行在他之上者，他必枉法陷害；才能突出者，他必陷此人于困厄境地。有人问公孙瓒为什么这么做，公孙瓒说："衣冠之士自认为靠他们的天分自当富贵，不感恩别人的恩惠。"所以公孙瓒所宠信的多是商贩、庸俗之人，公孙瓒或与他们结为兄弟，或缔结姻亲，这些人作威作福，欺压百姓，百姓怨声载道。

曹操失兖州

当年曹操躲避董卓，在逃亡的过程中，投向了自己的好友、名士、陈留太守张邈，张邈收留了他，并把他保护起来。后张邈和曹操、袁绍起兵讨伐董卓，袁绍被推举为盟主，脸上不由得露出了骄傲的神色。张邈早前也和袁绍关系要好，张邈直言正色地指责了袁绍。袁绍由此怨恨张邈，又听说张邈和吕布关系不错，于是他指使曹操杀死张邈。

曹操自然不会盲从袁绍，他责备袁绍道："孟卓（张邈字孟卓）是我们的好朋友，说得对或错都应该宽容他，今天下未定，不应该自相残杀。"

张邈得知后，内心跟曹操更加亲近。之前曹操进攻陶谦前，他对家人说："我如果回不来，你们要去投靠孟卓。"曹操班师之后，见到张邈，垂泪相对，他们的关系就是如此要好。

陈留郡圉县人高柔，对局势有自己的判断，他对乡里人说："如今英雄并起，陈留为四战之地，曹将军虽然只占有一个州，但他有吞并四方的志向，不会安心坐守一州之地。而张府君（指张邈）以陈留为资本，也会寻找机会另作他图，我打算和诸君避开此地，你们以为如何？"

众人都认为曹操和张邈关系亲善，而高柔年纪小（二十岁左右），不信他的话。这时候高柔的堂兄、并州刺史高干（袁绍外甥）招呼高柔到河北，于是高柔和宗亲前去河北投靠。

陈留郡浚仪县（在今河南省开封市）人边让，博学多才，能言善辩，名闻天下。孔融、蔡邕等人都非常敬佩边让，大将军何进征召边让，多次提拔，让他担任九江太守。天下大乱后，他辞去官职，回到了家乡。陈留郡属于兖州地盘，边让自恃才高，看不上曹操，多次说轻蔑之言，侮辱曹操。曹操听说后，派人杀了边让。边让名重天下，曹操却不能容，这让兖州士大夫大为愤怒和恐惧。曹操部署陈宫是兖州人，性格刚直，勇敢刚烈，他担心有一天也会不容于曹操，暗生背弃之心。

吕布离开袁绍前去投奔河内太守张杨的时候，路过陈留郡，前去拜访张邈，两个人过去交情就不错，这次也相谈甚欢，临别的时候拉手盟誓。袁绍得知后，非常愤恨。张邈担心曹操终究会听从袁绍的指令，谋害自己，心中忐忑不安。

曹操命司马荀彧、寿张县令程昱守卫兖州的大本营、州府所在地鄄城；东郡太守夏侯惇留守濮阳。曹操亲率大军，再次对徐州发起攻击，一路攻城略地，抵达了琅邪郡、东海郡，所过之处都施以毁灭性的打击。曹操又在郯县东打败了刘备。陶谦震恐，打算逃回自己的老家丹阳郡。

正在这个时候事情有了变化。陈宫了解张邈的疑虑后，这次趁着曹操攻打徐州之际，他和从事中郎许汜、王楷及张超（张邈弟弟）在一起商议，准备背叛曹操，占据兖州。陈宫游说张邈道："今豪杰并起，天下分崩，君拥有陈留郡的千里沃土，位于天下要冲，抚剑四顾，也足以为人中豪杰，而今却反制于人，不觉得可惜吗？今兖州大军东征，州中空虚，吕布为壮士，英勇善战，一往无前，权宜之计，可以把他迎接过来，共同接掌兖州，观察天下形势，等待时事之变化，这也是纵横天下的一步妙招啊！"

陈留郡归属兖州，虽然陈留郡处于独立状态，但张邈担心曹操早晚会把陈留郡吞并，加之之前的疑虑，张邈认为陈宫所言非常在理，于是点头同意。

曹操命陈宫率军留屯东郡（郡府东武阳县，在今山东省莘县西南），陈宫遂派人前去迎接吕布，并承诺拥戴吕布为兖州牧。于是吕布率众前往，吕布抵达后，张邈派其死党刘翊欺骗荀彧说："吕将军前来帮助曹使君攻打陶谦，应该速速供应军粮。"

留守官员感到疑惑，荀彧心思缜密，立刻明白了张邈准备作乱，他命令陈兵防备，又派人骑快马飞驰报告夏侯惇。夏侯惇率轻骑急速支援州城鄄城，正好和吕布相遇，双方交战，夏侯惇是员猛将，杀红了眼，战斗力爆表，吕布窥得濮阳空虚，于是退却，旋即攻入了濮阳，缴获了夏侯惇军队的辎重。吕布派几员战将假装投降夏侯惇，夏侯惇轻信，没有防备，被吕布战将偷袭得手，夏侯惇被擒，

第十二章　徐兖幽之争

吕布的战将向夏侯惇索要金银财宝。主帅被擒，夏侯惇军中震恐，当时夏侯惇的部将韩浩率众部署在夏侯惇的大营门口，他召唤诸位官员、将领，各自约束部队不得擅动，各营才停止骚动，安静下来。韩浩随即来到夏侯惇的大营，斥责劫持夏侯惇的吕布战将道："汝等叛逆，胆大包天，竟敢挟持大将军，还想活着回去吗？我受命讨贼，怎么会为了一个将领而纵容汝等！"韩浩演技过人，他当即流着泪对夏侯惇说："怎奈国法当前啊，对不住大将军了！"他招呼将士攻击劫持者。

韩浩的表现完全出乎吕布的几位战将的预料，一看韩浩等人要舍弃夏侯惇，即使杀死夏侯惇，几个人也会被分尸当场，他们怕了，于是放下武器惶恐叩头道："我们不过是想得到些钱财就走了，并不想伤害大将军。"夏侯惇安全后，韩浩命令逮捕劫持者，对他们连连斥责，命令处斩。曹操听说后，对韩浩大加赞扬，并命令日后一旦发生劫持事件，不要顾忌人质，只管攻击。从此，不再有劫持曹军事件发生。

曹操率领大军攻打陶谦，留守的兵力比较少，而留守将领和州郡的高级官员，大都和张邈、陈宫勾连，夏侯惇到得鄄城后，连夜诛杀了数十名和张邈、陈宫有勾连的将领、高官，形势才稳定下来。

豫州刺史郭贡率领数万大军抵达了鄄城城下，有人说郭贡是来相助吕布的，城中震恐。郭贡召唤荀彧到大营问话，荀彧准备出城前往，夏侯惇阻拦道："君现在是一州的主心骨，此去危险，不可。"

荀彧说："郭贡和张邈等人，素来并无交情，如今这么迅速赶来，必定和张邈等人没有约定；在他们还没有串通之前游说他，纵然不能为我所用，也可使其中立，如果先怀疑他不去相见，他必然发怒，就会和张邈等人联合起来。"

于是荀彧出城去见郭贡，郭贡也是试探荀彧，他见荀彧泰然自若，谈笑风生，认为鄄城内必有重兵把守，攻取不易，于是引军而去。

当时的兖州拥有九个郡国约八十四个县，除了东郡的鄄城县、范县、东阿县三个县仍归属曹操外，其余各县全部背叛曹操，响应吕布、张邈等人。

曹操险些被俘

吕布军中有投降者说，陈宫准备亲自率军攻打东阿，吕布部将氾嶷（fàn yí）将率军攻打范县。鄄城等三座城池无论官员还是百姓，都非常恐惧。荀彧对程昱说："今兖州皆叛，唯有此三城保全，陈宫等人率重兵将临，如果不想办法把老百姓的心笼络住，三城必动摇。君是东阿人，在当地拥有声望，请返回家乡劝说百姓，可保此城！"

于是程昱前往东阿，路过范县的时候，他劝县令靳允道："听说吕布抓住了您的母亲、弟弟、妻子和儿女，孝子不能不动容。今天下大乱，英雄并起，必有命世之才，能平息天下之乱，智者应该详细考察比较，做出选择。得主者昌，失主者亡。陈宫反叛迎接吕布，而百城皆应，似乎能有所作为，然凭君观察，吕布是何许人也！吕布，性情粗野，寡情少恩，强硬无礼，匹夫之勇罢了。陈宫等人借助吕布的势力，对他假意尊敬，并不能长久相处，他们兵虽多，终将一事无成。曹使君智略超群，是天选之子。请君务必坚守范县，我守东阿，则可立田单之功（燕国名将乐毅率领五国军队攻打齐国，齐国名将田单坚守即墨，以火牛阵大破燕军，收复失地七十余城，拜为相国，封为安平君）啊！是坚守还是违背忠心屈从邪恶而使母子俱亡？请君仔细考虑！"

程昱的一番话打动了靳允，他内心很是煎熬，如果坚守城池不降，母亲及其他亲人或许就会遭殃，经过痛苦思索，他痛哭流涕道："不敢有二心！"当时氾嶷已经兵临范县，靳允假装投降去见氾嶷，趁机埋设伏兵刺杀了氾嶷，回城后整顿兵马固守。

程昱又派骑兵摧毁了仓亭津（在今河南省范县东南）渡口，陈宫抵达后，无法渡河。程昱抵达东阿后，东阿县令枣祇率领官员百姓据城坚守。兖州从事薛悌参与荀彧、程昱的谋划，终于保全了鄄城、范县和东阿，等待曹操。曹操得知兖州有变，率大军返回，见到程昱后，他拉着程昱的手说："如果不是靠您出力，我就回不了家了。"于是上表任命程昱为东平国丞相，驻扎范县。

吕布攻打鄄城，夏侯惇等人死守，吕布无法攻克，于是到濮阳屯驻。曹操说："吕布不去据守东平，切断亢父、泰山郡之间要道，据险威胁我，却据守濮阳，我知道他会无所作为。"

于是曹操率军攻打吕布。曹操避吕布锋芒，夜袭屯扎濮阳西的吕布别将，大胜。曹操还没来得及回军，吕布赶到，他催动赤兔马，挥舞方天画戟，冲入曹军阵营，双方展开血拼，从早晨打到日头偏西，经过数十回合拉锯战，难解难分，相持不下。夏侯惇勇猛冲杀，但被流箭射中了左眼，从此左眼失明。

曹操招募勇士冲锋陷阵，夏侯惇的司马典韦主动应征。典韦（？—197年），是陈留郡己吾县（在今河南省宁陵县西南）人，身材魁梧，臂力过人，有志向和侠义心肠，张邈举兵讨伐董卓的时候，典韦投靠了张邈，后归附了夏侯惇，数立战功，被任命为司马。典韦率领数十名应征者，皆穿两层衣服两层铠甲，抛弃盾牌，只持长矛和撩戟（类似标枪）。曹军西面形势吃紧，典韦赶去支援，吕布军弓弩乱发，箭如雨下，典韦毫无惧色，直接无视，他冲其他勇士说："敌人相距十步的时候，再告诉我！"

勇士喊道："已经十步了！"

典韦说："五步的时候再说。"

勇士恐惧，大喊道："敌人已经到了！"

典韦手持十多根戟，大呼而起，被典韦刺中者无不应声倒地。吕布军心震动，后撤，当时天色已晚，曹操也命令撤军。曹操非常欣赏典韦的勇猛，命他率领数百名亲兵，环绕曹操大帐警卫，保护曹操安全。

濮阳大族田氏投靠曹操，打开了濮阳城门，曹操入城后命令焚毁东门，宣示其占领濮阳，不退军的决心。吕布军队迎击，曹军大败，混乱中，曹操被吕布的一名骑兵抓获，但这名骑兵并不认识曹操，反而问道："曹操何在？"曹操本已魂飞魄散，认为必死无疑，忽听骑兵不认识自己，立即镇定了下来，回答道："骑黄马逃走者是曹操。"于是骑兵放了曹操前去追赶骑黄马者。

曹操冒险从东门大火中冲出，抵达了大营，曹操亲自到各军鼓舞士气，命令准备反攻武器，然后对吕布军又发动了攻击，双方相持了一百多天，谁也无法胜出。这时发生了蝗灾，当时正是秋季，丰收的季节，田地里的庄稼却被蝗虫啃光，老百姓饥饿，吕布的粮食也吃完了，于是各自退兵。

曹操退还鄄城。吕布到济阴郡乘氏县（今山东省巨野县西南）寻找粮食，乘氏人李进率众抵御，吕布军饥乏难耐，无心恋战，于是驻扎到了山阳郡。

袁绍趁机派人游说曹操，以保护曹操家眷的名义，让曹操把家眷送到邺城，实则是想控制曹操。曹操丢失兖州，军粮也将尽，准备答应。程昱正好来到，听说此事后认为不可，劝曹操道："我认为将军是面对今天的局面感到恐惧了，不然不会这么不慎重考虑。袁绍有吞并天下之心，但他的智力达不到。将军您扪心自问，能甘心做他的手下吗？将军有龙虎之威势，怎么可以做韩信、彭越之事？今兖州虽然不保，不是还有三座城池吗？能战之士，不下万人，以将军之神武，采用荀彧、程昱的谋略，霸王之业可成啊！愿将军深思熟虑！"

曹操猛然醒悟，打消了送家眷去邺城的想法。

之前曹操派大将曹仁率军夺取济阴郡句阳县（在今山东省菏泽市北），经过苦战，攻陷了句阳城，生擒了吕布的部将刘何。刘何是吕布的嫡系将领，在并州的时候就追随了吕布。

曹操命大将曹洪先前开路，收集粮食供应军队，曹洪先占据了东平，吕布退走后，曹洪又占领了东阿，再回军收复了济阴、山阳、中牟、阳武、京、密等十多个县城。曹操任命曹洪为鹰扬校尉，再提拔其为扬武中郎将。

刘备接徐州

徐州牧陶谦病重，他对别驾糜竺（生卒年不详）说："非刘备不能保全徐州。"不久，陶谦去世。糜竺按照陶谦的遗命，率领州中官员到小沛迎接刘备。

突然天上掉下来这么个大馅饼，刘备准备动身前往接管徐州。别驾陈群劝刘备说："袁术实力还很强，今东去，必和袁术争锋，吕布若袭击将军后方，将军虽然得到徐州，事情也最终成功不了。"

刘备犹豫了，对糜竺说："袁公路近在寿春，此君四世五公，君可以把徐州交给他。"

徐州典农校尉陈登（公元163年—201年）说："今汉室衰弱，海内倾覆，立功立事，在于今日。袁公路骄傲放纵，非治理乱世之主，如今准备把步骑兵十万交给您，上可以匡扶汉室，救助百姓；下可以割据一方，保护边境。如果将军不答应我们，我们也不听将军的。"陈登字元龙，是下邳淮浦人，博学多识，性格爽朗，有扶世济民之志。

北海相孔融劝刘备道："袁公路岂是忧国忘家之人啊！冢中枯骨，何足介意！今日之事，百姓推荐有才能的人，上天赐予的而不取，追悔莫及。"

刘备终于同意接掌徐州。刘备以孙乾（生卒年不详）为从事。孙乾是北海郡人，最初被大儒、同郡人郑玄推荐于州里做事。此时（公元194年）的徐州拥有琅邪郡等共六个郡国约七十一个县。

让刘备接管徐州，争取曹操、袁术的支持没有可能性，陈登派人去征得袁绍的支持。袁绍比较欣赏刘备，同意。

再说关中。征西将军马腾有私事求掌控朝廷的车骑将军李傕，李傕不办，马腾大怒。谏议大夫种邵、侍中马宇、左中郎将刘范（益州刺史刘焉长子），联系马腾，让他进攻长安，他们作为内应。于是马腾和镇西将军韩遂向长安进军，走到长平观（在今陕西省泾阳县东南）的时候，种邵等人因密谋外泄，仓皇逃奔槐里。

李傕命樊稠、郭汜和李利（李傕侄子）迎击马腾、韩遂，大胜，马腾和韩遂退走凉州。樊稠等人进攻槐里，把种邵等人全部杀死。李傕为了笼络马腾、韩遂等人，用皇帝诏书赦免了他们。

刘范被杀后，李傕又命令逮捕了治书御史刘诞（刘焉次子），予以诛杀。议郎庞羲向来和刘焉关系不错，他行贿有关官员，把刘焉的孙子营救出来，带着他们投奔益州。

益州州府绵竹县遭受雷击，发生大火，刘焉把州府迁到了成都（在今四川省成都市）。刘焉感伤失子之痛，又忌讳天灾，背上生出脓疮，不治而亡。

益州高官赵韪（？—201年）等人，认为刘焉幼子刘璋性格温和，宽厚仁爱，于是共推刘璋接任益州刺史。

朝廷任命扈瑁继任益州刺史。益州将军沈弥和赵韪不和，在荆州别驾刘阖的策反下，沈弥和益州将军娄发、甘宁（？—215年）起兵反叛，但被赵韪击败，他们逃向了荆州。朝廷看到益州势大，不得已下诏任命刘璋为益州牧。此时（公元194年）的益州拥有十四个郡国，共约一百三十二个县。

吕布投刘备

曹操率军攻打定陶（济阴郡府所在地，山东省定陶县西北），济阴郡太守吴资（吕布部将）坚守，曹军无法攻破。恰好吕布赶来救援，曹操击退了吕布。

吕布部将薛兰、李封屯驻山阳郡钜野县（在今山东省巨野县），钜野大族李乾（曹操部将李典叔叔）拥有食客数千人，薛兰和李封招降李乾，李乾拒绝，被他们斩杀。曹操率军讨伐薛兰、李封，吕布率军救援，又被曹军击退。钜野被攻破，曹操斩薛兰、李封。

曹操进驻乘氏县，想趁陶谦去世不久，刘备立足未稳之机，先夺取徐州，再回军攻打吕布。荀彧认为应该先攻打吕布，他说："今已破薛兰、李封，若分兵东击陈宫，陈宫必不敢西顾。趁着间隙收割成熟的麦子，节约粮食，储备谷物，可一举击破吕布。且陶谦虽死，徐州并不容易攻取，今东方皆已收割麦子，必坚壁清野以待将军，将军不能攻克，又得不到粮食，不出十日，则十万大军还没有投入战斗就陷入困顿。望将军三思。"曹操听荀彧之言，打消了攻打徐州的念头。

吕布从山阳郡东缗县（在今山东省金乡县）进军，和陈宫会合后，率领共约一万士兵，再次进攻曹操。当时曹操的将士基本都到田地里收割小麦了，留守的不到一千人，军营又不够坚固，军营西部有一大堤，大堤南边的树林茂盛幽深，曹操计上心来，他命留守的将士一半埋伏在大堤内，一半排列在大堤外。吕布望见曹操兵少，加速前进，他命轻兵上前挑战，双方展开厮杀。曹军伏兵杀出，曹操大将于禁率步骑兵一起往前冲杀，吕布军队措手不及，大败，追击到吕布大营后才回军。吕布连夜撤走，曹操夺取了定陶。曹操分兵平定各县。

吕布、陈宫、张邈向东投奔刘备；张邈让弟弟张超带领家眷坚守陈留郡雍丘县（在今河南省杞县）。吕布见到了闻名已久的刘备，这是他们第一次见面，刘备是汉室宗亲，相貌不凡，吕布自己又寄人篱下，所以非常尊敬刘备，对刘备说："你我同在边境地区（五原郡和涿郡都挨着边塞）长大，我见关东起兵，准备铲除董卓，所以我杀死了董卓来关东拜会诸位将军，但关东诸位将军却不接纳吕布，都准备杀死我。"

吕布请刘备到大帐，在帐中坐到他妻子的床上，吕布让妻子向刘备跪拜，并置办酒席，宴请刘备，酒至半酣，称呼刘备为弟弟。刘备感觉吕布说话颠三倒四，条理不清，口里虽然附和，但内心很不痛快。

曹操围攻雍丘，张邈从下邳向西南出发，准备前往寿春面见袁术，游说袁术派兵救援雍丘，但走到半路的时候，张邈被部下所杀。

曹操急攻雍丘，张超勉励部下说："我们还有臧洪可以依靠，他定会率军前来支援。"

部下说："袁绍和曹操和睦，臧洪是袁绍的部下，他不会坏袁、曹的好事，为自己招祸。"

张超说："子源（臧洪字子源）是天下义士，不会忘本，但恐怕他受到禁制，无法速到。"

臧洪身材魁梧，为人英勇有气节，董卓之乱的时候，当时为广陵太守的张超任命臧洪为功曹。后张超被派去幽州联络刘虞。当时袁绍和公孙瓒之间正在战斗，道路阻断，袁绍见到张超后，很欣赏他，任命他为青州刺史，两年后又调任他为东郡太守（吕布和曹操相争时，袁绍夺取了东郡）。臧洪听说张超被围，他果然赤脚流涕求见袁绍，请求袁绍拨付些兵马，让他前去援救张超。袁绍不同意，臧洪请求带领本部人马前去雍丘，袁绍还是不同意。

曹军继续猛攻雍丘，曹操大将乐进、于禁冲锋在前，雍丘终于被曹军攻陷，张超自杀而亡，曹操灭了他的三族。臧洪得知后痛哭不已，从此深恨袁绍，断绝和袁绍的关系。

第十三章 迁都许县

李傕郭汜反目

关东战乱，关中也在内讧。车骑将军李傕、后将军郭汜和右将军樊稠凌驾于三公之上，朝廷用人的时候，必须先用他们提名的人，然后才用三公提名之人，稍不如意，他们就吹胡子瞪眼。他们三人互相争夺权力，矛盾不断，但在尚书贾诩的调停下，虽然内里不和，但对外还能步调一致。

樊稠攻打马腾和韩遂联军的时候，李利（李傕侄子）作战不够尽力，樊稠训斥他说："众人准备割下你叔叔的头，你还敢如此，我难道不能斩了你吗！"

马腾和韩遂败退，樊稠追击至陈仓，韩遂冲樊稠说："我们的纷争并非私怨，都是朝廷之事，我与足下都是凉州人，临别之时，有几句掏心窝子的话想和你谈谈。"两个人命令手下后退，催马在前，肩碰肩，胳膊挨着胳膊，交谈了好一会儿才分别归队。

樊稠率军回到长安后，李利向叔叔李傕打小报告说："樊稠和韩遂，马头相错，不知道嘀咕些什么，看起来交情甚密。"李傕因为樊稠作战勇猛，深得部属拥戴，也比较忌惮他。

樊稠准备率军出函谷关，向东平定各路诸侯，他向李傕要求增派人马。李傕假装同意，宴请樊稠和李蒙（董卓旧部），樊稠和李蒙不设防，喝醉了。李傕命外甥、骑都尉胡封刺死了樊稠和李蒙。勇冠三军的右将军樊稠和大将李蒙被杀，关中诸将惊骇，自此互相猜疑。

之前李傕经常设宴宴请郭汜，有时让郭汜在家中留宿。郭汜的妻子担心郭汜喜欢上李傕家的婢女，使自己失宠，不想让郭汜去李傕家，苦思对策。有天李傕给郭汜送美食，于是郭汜的妻子心生一计，把豆豉（发酵豆制品调味料）看作毒药，挑出来给郭汜过目，并说道："一个架子上尚且不能栖息两只雄鸡，我很疑惑，将军为什么如此信任李公？"

郭汜闻听，心里咯噔一下。又一天李傕宴请郭汜，郭汜喝醉后猛然想起了樊稠被杀之事，顿时怀疑酒中有毒，也顾不得体面了，把大粪挤出汁喝下，引发呕吐，将胃内的酒吐出。郭汜集结军队与李傕互相攻击。

汉献帝刘协派侍中、尚书前去调解，李傕、郭汜都是猛人，为争一口气，一概不听。郭汜准备把汉献帝劫持到自己的大营，夜里有逃亡者把消息报告给了李傕，李傕命侄子李暹率领数千军队包围了皇宫，派三辆车来接汉献帝。

太尉杨彪说："自古帝王没有在他人之家者，诸君做事，为何如此莽撞！"

李暹说："将军计议已定，抓紧上车！"

刘协和群臣不得已，群臣步行跟随刘协的车队出宫。李暹的士兵随即进入宫中，强夺宫女和皇宫财物。刘协到达李傕大营后，李傕又命人把皇宫内的金银财宝、绫罗绸缎搬到自己的大营，然后放火点燃宫殿，附近的官府、民宅全部化为灰烬。

刘协再派公卿高官前去为李傕和郭汜调解。郭汜趁机扣留了太尉杨彪及司空张喜（生卒年不详）、尚书王隆、光禄勋刘渊、卫尉士孙瑞、太仆韩融、廷尉宣璠、大鸿胪荣郃、大司农朱儁、将作大匠梁邵、屯骑校尉姜宣等人，作为人质。朱儁作为一代名将，面对如此乱局却无能为力，内心忧愤，加之他性情刚烈，发病而亡。

郭汜宴请各位公卿，商议攻打李傕。杨彪激愤地说道："臣子争斗，一人劫持天子，一人以公卿为人质，这真的很不像话！"

郭汜大怒，拔剑准备刺死杨彪，杨彪毫不畏惧，说道："你不尊奉天子，我难道还怕死吗！"中郎将杨密和多人劝阻，郭汜这才作罢。

李傕征召羌、匈奴数千人，给予他们御用物品及彩色丝绸，允诺再给他们宫女、妇女，让他们攻打郭汜。李傕的部将、中郎将张苞背叛李傕，和郭汜密谋，准备袭击李傕。郭汜遂乘夜色掩护，攻打李傕的大营，箭如雨下，甚至将箭射到了刘协帷幕之中，流箭还射穿了李傕的左耳。张苞趁势放火，准备焚烧房屋，但却没有点燃。李傕的部将在外和郭汜交战，郭汜军不敌，撤退。张苞也率领部众前去投靠郭汜。

当日，李傕把刘协转移到了长安城中的北坞，让校尉看守坞门，刘协和外界联系中断。侍臣皆饥饿难耐，刘协要求李傕送来五斗米、五副牛骨，准备赐给侍臣。李傕说："早晚都有饭供应，要米做什么？"只送去了发臭的牛骨头。刘协恼怒，准备斥责李傕。侍中杨琦劝阻道："李傕自知所犯的是忤逆之罪，准备把陛下移驾到左冯翊郡池阳黄白城（在今陕西省三原县东北），臣恳请陛下忍耐。"刘协作罢。司徒赵温写信责备李傕，李傕大怒，准备杀死赵温，在弟弟李应劝解下才放过赵温。

李傕迷信巫术，常在大营外用三牲（牛羊猪）祭祀董卓，每次称呼刘协的时候或称"明陛下"，或称"明帝"，数落郭汜的罪状。刘协也不傻，就随声附和李傕，李傕很高兴，认为刘协倾向于他。

刘协又派谒者仆射皇甫郦（名将皇甫嵩侄子）为李傕和郭汜调解。皇甫郦先苦口婆心劝说郭汜，郭汜终于答应和解，皇甫郦又去劝说李傕。李傕认为郭汜过去不过是个盗马贼，今天却想和自己平起平坐，发誓要斩杀郭汜，不同意和解。皇甫郦以董卓为例，说道："董卓虽强，但遭吕布背叛，顷刻之间身首异处，因为董卓有勇无谋。郭汜只不过把公卿作为人质，而将军却胁迫主上，孰轻孰重？"

李傕把皇甫郦呵斥出去。皇甫郦拜见刘协，禀告调解经过，并说："李傕不奉诏，言辞无礼。"刘协恐怕被李傕听到，令皇甫郦速速离去。李傕派虎贲卫士王昌追杀皇甫郦，王昌有正义感，他知道皇甫郦为人忠心正直，于是放跑了皇甫郦，并向李傕复命道："追之不及。"

李傕让刘协任命自己为大司马，位在三公之上。李傕、郭汜相互拼杀数月，死者达一万以上，长安城惨遭蹂躏。

李傕的部将杨奉（？—197年/198年）曾经是白波军（黄巾军分支）将领，当年李傕和白波军交战，白波军首领阵亡，杨奉投降了李傕，所以并非李傕嫡系，他也对李傕的所作所为有看法。杨奉的骑都尉徐晃也劝说杨奉护送献帝回洛阳，杨奉等人同意。徐晃（？—227年）字公明，河东郡杨县（在今山西省洪洞县）人，以前做过郡里的小吏，后来跟随了杨奉。

杨奉和李傕军军吏宋果密谋，准备杀死李傕，解救汉献帝，但保密工作没有做好，被李傕得知，杨奉和宋果率军背叛李傕而去。李傕的实力受到削弱。

献帝还洛

镇东将军张济自弘农郡陕县入京为李傕和郭汜调解，并请献帝刘协移驾弘农郡。刘协思念旧都洛阳，于是下诏让郭汜和解。李傕、郭汜两个人经过数月争斗，都很疲惫，献帝使者往返十次，两人终于同意和解，约定以儿子互为人质。但是李傕妻子心疼儿子，不肯让儿子作为人质，和解不成。贾诩给李傕的羌、匈奴军队许以封赏，他们带军离去。李傕势孤，于是和郭汜各以女儿作为人质和解。

刘协车驾出宣平门，渡过护城河，连夜来到了霸陵。李傕出屯池阳。刘协任命张济为骠骑将军，开府仪同三司；后将军郭汜为车骑将军；安西将军杨定为后将军；杨奉为兴义将军；董承为安集将军。杨定原为董卓部将；杨奉原为白波军将领，后追随李傕；董承为汉灵帝母亲董太后侄子，汉献帝嫔妃董贵人之父，之前是董卓女婿牛辅的部下。

郭汜反悔，不想让刘协东去，改往高陵县（左冯翊郡治所，今陕西省西安市高陵区），张济及公卿大臣坚持前往弘农郡，会议吵吵闹闹，无法达成一致意见。刘协派人通知郭汜前往弘农，郭汜不许；刘协绝食，郭汜不得已让步，让刘协先到就近的一个县，再做决定，于是刘协一行人到达了新丰县（今陕西省西安市临潼区东北）。郭汜准备强迫刘协前往郿县定都，侍中种辑当时在郭汜营中，他得知消息，秘密告知杨定、董承、杨奉来新丰相会，郭汜自认为阴谋败露，为了安全，他抛弃部队进入了终南山。

郭汜党羽夏育、高硕等人准备裹胁刘协西行，杨定等人击败了他们，护送刘协到了华阴县。宁辑将军段煨准备好衣食，准备把刘协迎入他的大营。但杨定和段煨不和，杨定同伙种辑、左灵说段煨准备造反；太尉杨彪、司徒赵温、侍中刘艾、尚书梁绍保证段煨不会造反。董承和杨定威胁弘农郡督邮，让他欺骗刘协说郭汜已经秘密抵达段煨军营，图谋不轨。刘协惊疑，在野外止宿。

杨奉、董承、杨定攻打段煨，双方相持十余日。其间段煨按时按量供应刘协及百官饮食，并没有二心。刘协命双方停战和解，因为谁也无法战胜谁，于是双方和解。

李傕、郭汜这时回过味来，不能让刘协脱离他们的掌控，于是他们联合起来相助段煨。杨定自知不敌，抛弃部队，逃奔荆州。这时候张济和杨奉、董承又闹起矛盾，张济本来就是董卓部将，他又和李傕、郭汜复合，追赶刘协车队，和杨奉、董承大战于弘农东涧。杨奉、董承战败，官员、士兵死伤无数，御用物品、文书、典籍散落一地。

刘协在曹阳涧（又名七里涧，今河南省灵宝市东北）止宿。杨奉、董承假意和李傕等人和解，却秘密招引白波军将领李乐、韩暹、胡才和南匈奴右贤王去卑勤王，他们率数千骑兵南下，和杨奉、董承合兵一处，攻击李傕等人，大胜，斩首数千。

董承、李乐保护刘协等人东行，胡才、杨奉、韩暹、去卑断后，李傕等人聚拢军队追击，双方又展开大战，这次杨奉等人大败，伤亡人数超过弘农东涧之役。李傕准备对文武百官大开杀戒，贾诩劝停。李乐让刘协骑马快行，刘协不愿抛弃随从，于是队伍走走停停，绵延四十里，终于抵达了陕县，结寨固守。

李傕、郭汜等人军队绕营呼叫，营中包括李乐等人在内，皆感到恐惧，他们打算渡过黄河到北岸，于是让李乐在夜里先行渡河，准备船只，以火把作为信号。刘协等人步行出营，皇后伏寿的哥哥伏德，一只手搀扶伏皇后，一只胳膊夹着十匹绸缎，当时人群拥挤，董承命符节令孙徽挥刀砍开一条血路，刘协等人才到达了黄河堤坝。但坝高十多丈，伏德带的绸缎派上了用场，把绸缎连接在一起，垂到地面，让人背着刘协，拽着绸缎而下，余下的人或匍匐而下，或着急跳下，官帽都摔碎了，十分狼狈。渡船有限，众人蜂拥上船，董承、李乐命令砍杀，剁掉了无数手指，刘协等人才得以上船，紧随着上船的仅有皇后伏寿、太尉杨彪等数十人。宫女、官员、百姓没能上船的，被李傕士兵抢掠，当时是隆冬，冻死者很多。

刘协等人抵达北岸的大阳（在今山西省平陆县），进入李乐设在此处的大营。

河内郡太守张杨，派数千人背来粮食。刘协乘坐牛车，又抵达了安邑（河东郡郡府所在，在今山西省夏县）。河东郡太守王邑供应绸缎等物，刘协赏赐给随行官员，又进行了晋封。任命胡才为征东将军，张杨为安国将军，持节，开府仪同三司，封徐晃为都亭侯。各路将领请求担任职务的，刘协都予以任命。刘协派太仆韩融到弘农，和李傕等人和解，李傕识趣地同意，放回了百官及宫女，归还御用物品。

袁绍的参谋沮授建议袁绍把献帝迎回邺城，挟天子以令诸侯，但袁绍部下郭图、淳于琼反对，袁绍不接受沮授的建议，错失一大机遇。

董承和张杨都主张护送刘协返回洛阳，但杨奉、李乐、韩暹拒绝，他们矛盾又起。韩暹攻打董承，董承不敌，投向了身在野王的张杨，韩暹驻军闻喜（今山西省闻喜县）。张杨让董承先动身到洛阳，修缮宫室。太仆赵岐主动请命去游说刘表供应洛阳物资，刘协命赵岐作为使者出使荆州。刘表为汉室宗亲，他派兵到洛阳整修宫室，供应粮食等物资，连绵不断。

刘协派使者前去劝说杨奉、李乐、韩暹，要求他们护驾回洛阳，经过苦口婆心的劝说，杨奉等人才同意。刘协抵达了闻喜，杨奉、韩暹等人护送刘协东进，河内太守张杨在道旁相迎，供应粮食。胡才、李乐留在河东郡，胡才后被仇家杀害，李乐病死。

建安元年（公元196年）七月一日，刘协终于抵达了洛阳，此时距离董卓强迫刘协迁都长安，已经过去了五年又四个月了。目睹洛阳的残破，刘协感慨伤感，涕泪横流，文武百官无不落泪。宫室还没有修缮好，刘协暂住原中常侍赵忠的宅院。

过了一个多月，刘协移驾南宫杨安殿（张杨认为自己功劳大，所以命名杨安殿）。张杨对诸将说："天子，是天下人的天子，朝廷自有公卿大臣，我应该出屯在外，拱卫京师。"因为张杨是河内太守，并非朝中官员，于是返回了野王。杨奉也率部驻屯梁县。韩暹、董承在京宿卫。不久，刘协任命张杨为大司马，杨奉为车骑将军，韩暹为大将军、领司隶校尉，皆假节。

孙策战太史慈

朝廷任命的丹阳郡太守周昕（？—196年）厌恶袁术的为人，与其断绝交往。袁术上表推荐吴景（？—203年，孙坚妻子吴夫人弟弟，孙策舅舅）为丹阳太守，然后驱走周昕，夺下丹阳郡，并任命孙贲（孙策堂兄）为丹阳都尉。

孙策立誓为父报仇，他把母亲和弟弟托付给张纮（纮hóng，生卒年不详），到寿春去见袁术。张纮是徐州广陵人，学识渊博，曾被大将军何进、太尉朱儁、司空荀爽辟为掾属，皆不去报到，后避乱江东，孙策知其大名，向他咨询世情。孙策见到袁术后，流着泪说道："家父当年从长沙起兵讨伐董卓，与将军会于南阳，磕头结盟，家父不幸蒙难，壮志未酬，策感念将军当年对家父的恩情，准备继续在将军帐下效力，愿将军明察我的一片诚心！"

当时孙策年仅二十岁（公元194年），袁术对他的志节感到惊奇，孙坚旧部英勇善战，袁术不愿意交给孙策，他说："我已任用你的舅舅为丹阳太守，任用你的堂兄为丹阳都尉，丹阳是天下精兵之地，你回去之后可自行招募军队。"

孙策遂和吕范（？—228年）及族人孙河（？—204年）把母亲接回曲阿。吕范是汝南人，仪表不凡，避难寿春，因缘结识孙策。孙策依靠舅舅吴景，开始招募士兵，有数百人应召。泾县地方势力头领祖郎袭击孙策，双方交锋，孙策不敌被围，猛将程普英勇拼杀，孙策得以脱险。

孙策再度拜见袁术，恳请把父亲旧部交给自己。袁术见孙策如此境地，也不好一再拒绝，为了让孙策继续为自己效力，于是把孙坚旧部一千多人交给了孙策统领，并上表推荐孙策为怀义校尉。孙策的一名骑兵犯罪，孙策追究，骑兵逃入了袁术大营，躲入厨房之内，孙策派人找到这名骑兵，就地处决。然后孙策向袁术谢罪，袁术说："士兵好叛，我也非常憎恨，你不用道歉！"从此军中更加敬畏孙策。

袁术曾经许诺让孙策做九江太守，但却任用了陈纪为太守，孙策不满。庐江太守陆康（公元126年—195年）得罪了袁术，袁术命孙策攻打陆康，并承诺让孙策接任庐江太守。孙策取胜后，袁术没有兑现承诺，而是任用旧部刘勋（生卒年不详）为太守，孙策更加失望。

侍御史刘繇（繇yáo，公元156年—197年）是原兖州刺史刘岱的弟弟，他是汉室宗亲，又为官清廉，拥有较高声望，朝廷任命他为扬州刺史，但扬州州府寿春，已经被袁术占据，刘繇不敢去赴任。袁术不想跟朝廷公开决裂，又想利用刘繇的皇室宗亲身份，加之袁术意在争雄中原，于是让吴景、孙贲迎接刘繇渡江，来到了曲阿。等到孙策攻打庐江的时候，刘繇认为吴景、孙贲都是袁术任命的，他担心被吞并，于是制造矛盾，把吴景、孙贲逼到了九江郡的历阳县（在今安徽省和县）驻扎。刘繇派遣部将樊能、于糜屯驻横江（在今安徽和县东南，古长江渡口）；张英屯驻当利口（在今安徽省和县东南）。袁术大怒，任命旧属惠衢为扬州刺史，吴景为督军中郎将，和孙贲一起率军攻打张英等人。

丹阳人朱治（公元156年—224年）是孙坚旧部，他见袁术政德不立，劝孙策占据江东地区（又称江左，今浙江、江西东北部、上海等地区）。当时吴景攻打樊能、张英等人，历时一年多无法攻克。孙策游说袁术道："我家有旧恩于江东，愿意帮助舅舅讨伐横江，夺取横江后，我回乡招募士兵，应该可以得到三万士兵，以辅佐明公荡平天下。"

袁术也知道孙策对自己有意见，但认为刘繇据曲阿，王朗在会稽，孙策未必能战胜他们，于是同意，并表奏孙策为折冲校尉。孙策率领一千多士兵、战马数十匹上路，一路募兵，到达历阳的时候，队伍已经扩充到五六千人。当时周瑜的伯父周尚为丹阳太守，周瑜率军迎接孙策，并资助粮草，两个老朋友见面分外高兴，孙策大喜道："我得到爱卿，稳了！"周瑜跟随孙策进攻横江、当利，皆攻陷。樊能、张英败走。

孙策渡江转战，所向披靡，无人敢挡其锋芒。孙策约法三章，对百姓秋毫无犯，百姓大喜，竞相以牛肉美酒犒劳军队。孙策相貌英俊，说话风趣幽默，性情豁达，有气量，善于听取意见建议，善于用人，所以军民乐意为他拼死效命。

孙策进攻刘繇的牛渚大营（在今安徽省马鞍山市西南采石矶），尽得各项辎重。彭城相薛礼、下邳相笮（zé）融（二人流亡南方）推举刘繇为盟主，薛礼驻屯秣陵城（在今江苏省江宁县南），笮融驻屯秣陵南。孙策攻破二人，又攻陷了梅陵、湖孰（在今江苏省南京市江宁区南）、江乘（在今南京市东北），进逼刘繇所在的曲阿。

正在这时，刘繇的老乡、东莱郡人太史慈（公元166年—206年）来到了刘繇的大营。太史慈，字子义，东莱郡东莱黄县（在今山东省龙口市东黄城集）人，年少就比较好学，成人后，太史慈身高七尺七寸（约1.77米），美须髯，臂长如猿，善于射箭，弓不虚发。太史慈初为本郡奏曹史，当时州里和郡里有矛盾，州官写好奏章，上奏朝廷，准备对郡里不利。太史慈得知后，利用机会毁坏了奏章，被州官仇视，为了免祸，他到辽东郡躲避。太史慈走后，北海相孔融听说他的名声后，数次派人携带礼物看望他的母亲。太史慈从辽东郡返家后，他母亲对他说了孔融经常来看她，并说孔融被黄金军围困在都昌（今山东省昌邑市西），让太史慈前去解救。太史慈在夜间利用机会进入了都昌，见到了孔融，建议孔融带兵杀出，孔融不听，想等待外面的救援。黄巾军包围圈收紧，孔融想派人请求平原县刘备派军救援，但已经出不去了。太史慈主动请命，只带了两名骑兵出城，然后在沟壑里练习射箭，射完即回。几次之后，黄巾军麻痹，太史慈骑快马冲了出去，见到了刘备。刘备派三千精兵跟随太史慈前去救援孔融，黄巾军听说援军到了，撤围而去。太史慈没有见到刘繇，就渡江来到了曲阿，刘繇和太史慈正在叙旧，得到了孙策前来进攻的消息。

有人建议刘繇任用太史慈为大将御敌，刘繇说："我若用子义，许子将（许劭）该笑我了。"任用太史慈为大将，为何会被许劭笑话？众说纷纭，大概有以下说法：一是当时比较看重出身，太史慈出身寒微；二是太史慈虽然勇猛，但并没有什么领军打仗的记录；三是太史慈毁坏奏章的做法，也为名士看不惯。于是刘繇派太史慈作为斥候，前去探察敌情。

太史慈只带了一名骑兵出发，在神亭（在今江苏省常州市金坛区）猝然遇到了孙策，当时孙策也只带了十三骑，其中有猛将韩当、黄盖、宋谦等人，皆是孙坚旧部。太史慈毫不畏惧，催马上前，和孙策正对，孙策举枪刺中了太史慈的坐骑，太史慈跟跄之间，孙策夺下了他挂在项上的手戟，太史慈也奋力拽下了孙策的头盔。二人可以说是旗鼓相当，正在这时，两家的增援力量赶到，于是各自回归大营。

刘繇军和孙策军展开大战，刘繇军不敌，败走丹徒。孙策进入了曲阿，他发布命令，原刘繇旧部愿意归降的，一概不予追究，来降者、投靠者络绎不绝，军队增加到两万多人，战马一千多匹，威震江东。孙策对周瑜说："我用这些人马平定吴郡、会稽郡及山越已经足够了，你回去镇守丹阳吧。"周瑜遂返回丹阳。

刘繇逃向了豫章郡（郡治南昌县，在今江西省南昌市），太史慈逃到了芜湖的山里。后来太史慈占据了泾县。

袁术对周氏叔侄不放心，把周尚和周瑜调回寿春，任命袁胤（生卒年不详，袁术堂弟）为丹阳郡太守。

诸葛玄投荆州

许劭当初舍弃了陶谦投靠了刘繇,这次刘繇战败,丹徒也无法容身,刘繇准备逃往会稽郡,许劭劝他说,豫章郡北接豫州,西接荆州,可以作为依靠,刘繇同意。

当初,陶谦任命笮融为下邳国国相,让他督运广陵、下邳、彭城三郡国的粮食供应州府郊县,但笮融却胆大包天,扣押了这批粮食。笮融笃信佛教,他大修佛教寺院,教人诵读佛经,其他郡县的佛教徒也纷纷前来下邳,多达五千多户。每到四月初八的"浴佛节"(释迦牟尼生日),笮融就命令在路边多处设置食物供给点,绵延数十里,花费以亿计。

曹操击败陶谦后,徐州不安,笮融带领男女一万多人迁徙到了广陵,广陵太守赵昱以礼相待,笮融贪图广陵的钱财货物,起了歹心,趁着喝酒的机会,杀死了赵昱,放纵手下抢掠财物。笮融再渡江南下,投靠屯驻秣陵的彭城相薛礼,但又把薛礼杀害。

之前,豫章太守周术病逝,袁术象征性地上表,任命诸葛玄为豫章太守。诸葛玄(?—197年),是琅邪国阳都县(今山东省沂南县南)人,西汉司隶校尉诸葛丰的后代,他的堂兄诸葛珪(?—189年),为泰山郡郡丞。因为之前诸葛珪的妻子已经病故,所以当诸葛珪去世后,诸葛珪的儿子诸葛瑾(公元174年—241年)、诸葛亮(公元181年—234年)、诸葛均(生卒年不详)和两个女儿,就由诸葛玄抚养长大。袁术和诸葛玄之前认识,豫章太守空缺,他任命诸葛玄为豫章太守,诸葛玄带着侄儿侄女前去赴任。

朝廷听说豫章太守周术病故后,任命朱皓(朱儁之子)为豫章太守。此时刘繇已经抵达豫章郡,他命朱皓攻打诸葛玄,诸葛玄退保西城(南昌西)。刘繇溯江西上，进驻豫章郡彭泽县（在今江西省湖口县东），命笮融协助朱皓攻打诸葛玄。许劭说："笮融奸诈，不顾名声道义，朱皓敦厚，待人诚心，应该秘密通知他提防笮融。"

笮融和朱皓攻破了西城，诸葛玄和刘表是旧识，于是带领侄儿侄女前去投靠荆州刘表。

笮融果然又起歹心，使诈杀害了朱皓，代行太守职务。刘繇大怒，率军攻打笮融，笮融败退，进入了山中，为民众所杀。朝廷下诏，任命前太傅掾华歆为豫章太守。华歆就是"割席分坐"的主人公之一，前面我们讲过，早前华歆被袁术所用，华歆劝袁术讨伐董卓，袁术不听，华歆遂离开袁术。这时汉献帝刘协派太傅马日䃅安抚关东，马日䃅遂召华歆做掾属。华歆到达徐州以后，接到了朝廷任命他为豫章太守的诏令。

臧洪之死

之前冀州牧袁绍不让东郡太守臧洪去援救自己的恩人张超,导致张超被曹操灭族,从此臧洪对袁绍有了怨气,断绝和袁绍的来往,也不再听袁绍的号令。袁绍派军包围了东武阳(东郡郡府所在地,今山东省莘县南),战争持续了一年以上,袁军仍然围攻不下。

袁绍让臧洪的同县同乡陈琳(?—217年)给臧洪写信,晓之以祸福。陈琳字孔璋,是广陵射阳县人,东汉末年文学家、建安七子之一。陈琳曾在大将军何进府中担任主簿,何进召董卓入京诛除宦官,陈琳反对,何进死后,陈琳投靠了袁绍。

臧洪见到陈琳的信后,回信道:"我是个小人物,本无大志,其间蒙主人(袁绍)垂青,遂在大州(冀州)安身立命,那时候怎么也不会料到日后会刀兵相见。受任之初,自认为献身大事,共尊王室。岂料本州被侵,郡将危险,请求支援被拒,单独前去也被拒,致使洪的故人家族被戮,我的志节,不获伸张,难道为了成全交友之道,而亏损忠孝之名啊!所以我强忍悲痛,挥戈相向,收起眼泪,宣告决裂。好了,孔璋,足下谋利于境外,臧洪投命于君亲;你托身于盟主,臧洪策名于京师;子谓余身死而名灭,余亦笑子一生碌碌无名。"

袁绍见到臧洪的信后,知道他不会投降,于是增兵急攻。城中粮食已经用尽,外无强援,臧洪认为在劫难逃,他召集将士、民众说:"袁氏无道,图谋不轨,且不救我过去的长官,洪于大义,不得不死。念诸君与此事并无牵连,白白惹上此祸,现在城池还未被攻破,可带领妻子儿女出城逃命。"

众人皆垂泪道:"太守和袁氏本无嫌隙,今为故人,招致残败困顿,我们怎么忍心舍太守而去呢!"

起初城中还能以老鼠、皮筋为食，后来这些东西也吃完了，臧洪的后厨也仅剩下三升米，主簿请为臧洪煮些稠粥，臧洪叹道："我怎么能独食呢！"臧洪命令煮稀粥，分给将士们同食，将士们无不流泪，不能仰视。男女七八千人，相继战死，没有背离者。

东武阳城最终还是被袁绍军攻陷，臧洪被生擒。袁绍召集诸将，把臧洪押了上来，袁绍问道："臧洪，你为什么如此负我！今日服不服？"

臧洪坐于地下，怒目圆睁，大骂道："你们袁家辅佐汉室，四世五公，可谓深受皇恩，今王室衰弱，你们无匡扶之意，却想趁火打劫，心存非分之想，多杀忠良以立奸威。我亲眼所见你和张氏兄弟（张邈、张超）以兄弟相称，我自然也是你的老弟，共同努力，为国除害，为何拥有重兵却坐视兄弟被戮，可惜洪身单力薄，不能挥刀为天下报仇，何谓服乎！"

袁绍向来看重臧洪，本意是让他服个软，就原谅了他，但臧洪已经对袁绍恨之入骨，毫无回旋余地，终不会再为袁绍所用，放了他只会增加一个仇人，于是命令把臧洪推出去斩首。

臧洪同县老乡陈容，素来敬重臧洪为人，当时也在座，他起身冲袁绍说："将军举大事，欲为天下除暴，却先诛忠义之士，岂合天意！臧洪此举是为了报答旧恩，为何要杀他！"

袁绍羞愧，命人把陈容拖出去，说道："汝并非臧洪一类，何必步他后尘！"

陈容被拖拽着往厅外走，他回头说："仁义岂有固定格式，遵循它则是君子，背弃它则是小人。今日宁与臧洪同日而死，不与将军同日而生也！"

陈容遂被斩。在座者无不叹息，窃窃私语道："怎么一日杀死了两个烈士！"

吕布叛刘备

袁术想吞并徐州,于是率军攻打刘备。刘备让司马张飞守卫州府下邳,他亲自率军前往盱眙(Xū Yí,在今江苏省盱眙县)、淮阴(在今江苏省淮阴市)和袁术军队交锋,双方相持一个多月,互有胜负。

袁术为了早日取得胜利,想到了策反吕布。之前吕布投靠刘备,袁术认为这是权宜之计,吕布不会甘心居于刘备之下,于是他给吕布写了一封信说:"将军连年攻伐,军粮苦少,今送米二十万斛。"吕布大喜,当即决定背叛刘备,相助袁术,他当时屯军在下邳西,水陆并进,进逼下邳。

下邳城中,出现了纷争。下邳相曹豹是陶谦故将,曹家也是徐州下邳大族,陶谦喜欢任用小人,估计曹豹也不是什么好人,他和留守的张飞发生了冲突,张飞脾气暴躁,为了下邳安危,竟然把曹豹斩杀了。城内顿时大乱,中郎将许耽(陶谦故将)打开城门迎接吕布,张飞不敌败走,吕布俘虏了刘备的妻子儿女及诸位将官的家眷。

刘备得到消息,回军救援,还未到下邳的时候,许多部众逃散。刘备及部下的家眷都在下邳,但攻下下邳很难实现,于是刘备集合余兵,向东攻打广陵,与袁术接战,大败,退屯海西县(在今江苏省灌南县),部众饥饿困窘。刘备从事麋竺家境富裕,他用家财资助军队。

刘备无奈,向吕布投降,这样也可以让官兵和家眷团聚,吕布也愤恨袁术不再供应粮食,于是准备车马迎接刘备,再任命刘备为豫州刺史,把家眷交还刘备及诸官兵,让刘备驻屯小沛。

吕布遂自称徐州牧。吕布的部将郝萌在袁术游说下,反叛吕布,趁夜进攻吕布,吕布没有防备,狼狈不已,披头散发,裸露躯体,逃到了都督高顺(?—199

年)的大营。高顺勒兵讨伐郝萌,郝萌不敌败走。天明后,郝萌的部将曹性,杀死了郝萌,吕布让曹性接管了郝萌的部众。

谶纬之书上说:"代汉者当涂高。"袁术深信不疑,他认为自己姓袁名术字公路,契合"涂","涂"通"途",又因为陈氏是舜帝的后裔(袁姓祖先为陈姓),所以有了僭越称帝的想法。之前他已经从孙坚妻子手里把传国玉玺抢了过来。刘协露宿曹阳的时候,袁术认为天灭刘氏,正是称帝的好时机,于是他召集部属商议称帝事宜。除了袁术自己头脑发热,他的部下基本都是清醒的,这时根本不是称帝的时机,众人一片沉默。主簿阎象说:"当年周数世经营,拥有了天下三分之二的领土,犹向殷称臣。明公虽然有累世之功,但还比不上周的兴盛;汉室虽弱,但也没有殷纣王之暴行。"

袁术也沉默了。

孙策也写信劝袁术放弃非分之想,这出乎袁术的预料。袁术之前认为自己已经拥有淮河以南的广袤土地,孙策必定附和自己。看到孙策的书信后,吕布忧愁沮丧,引发疾病。袁术拒不采纳孙策的建议,孙策遂与袁术分裂。

迁都许县

汝南郡、颍川郡一带的黄巾军头领何仪（生卒年不详）等人拥众数万，归降袁术，曹操率军攻击，黄巾军大败，何仪投降。曹操入驻颍川郡许县，曹操认为自己相较于袁绍等诸侯，并没有实力上的优势，想取得较大发展，除了四方征伐，还需要有名分，而如果汉献帝刘协在手，就能以他的名义发号施令，就能获得"道义"上的优势，使更多人服从，利于拓展势力，而许县处于中原腹地，和其他诸侯势力有一定的缓冲区，于是他准备西上洛阳迎接天子刘协到许县。

诸将感到疑惑，他们认为山东（崤山以东）还未定，韩暹、杨奉新近迎奉天子到洛阳，居功专横，不容易一下子制服。荀彧说："自天子蒙尘，将军首倡义兵，因为山东扰乱，未能远赴长安，虽然御难于外，而心无不在王室。今天子车驾东归，东京（洛阳，相较于长安）残破不全，义士有维护国家正统之心思，人民有感怀故旧之哀伤。倘若趁此时迎奉主上以迎合天下民望，是大顺；秉公用权以服天下，是大略；扶大义引英俊，是大德。四方虽有逆徒，又能有何作为？韩暹、杨奉，何足道哉！若不及时决定，让其他豪杰生此心思，以后再有此心，也已经晚了。"

荀彧所言，正合曹操心意，他当即表示同意。曹操派曹洪率军西上迎接天子刘协。董承等人知道曹操的用意后，派军据守险要之处，阻挡曹洪，曹洪无法前进。

董昭心向曹操，他认为杨奉驻扎在梁县的兵马最强而同党最少，因此杨奉是可以争取的对象，于是他又代替曹操给杨奉写信道："我与将军互相闻名，倾慕大义，今天就推心置腹地说几句话。今将军排除万难，迎奉主上归返旧都，辅佐之功，超世绝伦，何其伟哉！如今群凶扰乱华夏，四海不宁，帝位至重，至于维护辅佐，必须依靠众位贤臣来恢复王朝的秩序，不是一个人能独立完成的。心腹四肢，相互依赖，缺一不可。将军在朝廷主谋，我为外援，今我有粮，将军有兵，互通有无，足以相得益彰，生死之盟，忠贞不已。"

在信中，董昭把曹操的姿态放得很低，杨奉收到信后非常高兴，对诸位将军说："兖州军近在许县，有兵有粮，是国家可以依仗的力量。"于是杨奉等人联名推荐曹操为镇东将军，继承曹嵩费亭侯的爵位。

大将军韩暹居功专横，威胁皇权，董承感到担忧，他秘密召唤曹操。曹操率军马不停蹄地到达了洛阳，弹劾韩暹、张杨的罪行，韩暹恐怕被诛杀，单人独骑前去投奔杨奉。汉献帝刘协感念韩暹、张杨的迎驾之功，专门下诏不追究他们的过错。

刘协任命曹操兼任司隶校尉、录尚书事。曹操奏请汉献帝，立即诛杀了尚书冯硕、议郎侯祈、侍中台崇三人，具体这三个人有什么罪行，史书并无交代，曹操初来洛阳，敢于这么做，说明这三个人早已引起民愤。刘协又封卫将军董承等十三人为列侯，不再一一细表。

曹操招呼董昭和自己并肩而坐，请教道："我既已来此，应当怎么做？"

董昭说："将军兴义兵以诛暴乱，入朝侍奉天子，辅佐王室，此五伯（春秋五霸）之功啊！洛阳诸将来路不同，想法各异，未必会服从明公的领导，今留在洛阳辅佐，实有不便，唯有请圣驾移位许县。然朝廷流亡，新还旧京，远近翘首相望，希望朝廷早日安定。今再度移驾，不合众心。行非常之事，才有非常之功，愿将军从中选择。"

曹操说："这也是我的本意。杨奉近在梁县，听说他有精兵，他会阻挡我吗？"

董昭说："杨奉缺少帮手，所以和明公结交，明公镇东将军、费亭侯的事，都是杨奉操作的，应该派使者携带厚礼答谢他，以安其心。并说京都无粮，准备让主上暂时移驾鲁阳，鲁阳接近许县，转运粮食比较方便。杨奉勇猛但智谋少，必不会怀疑，使者往来之间，足以定计，杨奉不会阻拦。"

曹操说："甚妙！"于是派人携带厚礼去答谢杨奉，并让使者把董昭的话复述了一遍，杨奉果然不加阻拦。

建安元年（公元196年）八月二十七日，曹操等人护卫刘协的车驾出辕辕关东进，抵达了许县。刘协驾临曹操大营，任命曹操为大将军，改封武平侯。刘协在许县设立宗庙社稷。

迁都途中，杨奉、韩暹明白过来了，派军阻截，但没有赶上刘协车驾。杨奉、韩暹于是率军到颍川郡定陵县滋扰，希望能引出曹操，但曹操不上当。曹操转而出其不意地突然攻击杨奉、韩暹位于梁县的军营，夺取大营后将其摧毁。杨奉、韩暹失去立足之地，向东投奔袁术。徐晃之前劝杨奉归附曹操，被拒绝，这次梁县大营陷落后，他投降了曹操。

刘协下诏任命袁绍为太尉、封邺侯。太尉排名在大将军之下，袁绍大为光火，发怒道："曹操这厮，如果不是我救他，都死了好几次了，怎么敢挟持天子对我发号施令。"袁绍拒绝接受。曹操自知实力不如袁绍，担心袁绍攻打许县，于是推辞大将军封号，请求让给袁绍。刘协任命曹操为司空、行车骑将军事。司空排位在太尉之下，车骑将军排位在大将军之下。

曹操任命荀彧为侍中、守尚书令。曹操让荀彧推荐谋士，荀彧推荐了他的侄儿、蜀郡太守荀攸和颍川人郭嘉（公元170年—207年）。兖州还没有完全平定，曹操任命程昱为东中郎将，领济阴太守，都督兖州事。

之前我们讲过，黄门侍郎荀攸与议郎郑泰、侍中种辑等人商议刺杀董卓，事情败露后，郑泰投奔袁术，荀攸入狱，种辑侥幸得脱。董卓被杀后，荀攸免罪，弃官回家。后荀攸又被朝廷征召，被任命为任城国国相，但他不去赴任，他认为蜀郡地势险要，人民富裕，因此要求担任蜀郡太守，但兵荒马乱，道路被切断，他滞留在了荆州。得到荀彧的推荐后，曹操给荀攸写信，任命荀攸为尚书。荀攸抵达，曹操和他交谈后大喜，叹道："公达（荀攸字公达）非常人啊！我和公达共事，何忧天下不定！"曹操任命荀攸为军师。

郭嘉，字奉孝，颍川郡阳翟县人，少时喜欢读书，有远见，天下大乱后，他隐居起来，少与人接触，后来他去见了袁绍，认为袁绍并非明主，就离开了袁绍。荀彧和郭嘉都是颍川人，荀彧识得郭嘉，于是将他推荐给了曹操。曹操召见了郭嘉，两个人谈论国家大事后，曹操高兴地说："使孤成大业者，必此人也！"郭嘉出门后，也高兴地说："这就是我要寻找的主公。"曹操任命郭嘉为司空军祭酒。

这时候，又有一名战将来许昌投靠曹操，他叫李通（公元168年—209年），江夏郡平春县（在今河南省信阳市西北）人，以侠义闻名于长江、汝水之间，天下大乱后，他起兵于朗陵县（在今河南确山县西南），聚集了数千人。这次李通带领全部人马来投曹操，曹操任命他为振威中郎将，屯驻汝南西界。

天下分崩离析，流民四处逃亡，田地荒芜，粮食缺乏，没有哪个诸侯的存粮够用超过一年，有的部队靠桑葚充饥，有的部队靠捡河蚌果腹，民众相食的事情时有发生。

为了解决吃饭问题，羽林监枣祗（生卒年不详）建议设置屯田制度，曹操同意，任命枣祗为屯田都尉，任峻为典农中郎将，招募民众在许县附近屯田，当年即收获粮食一百多万斛。曹操大喜，命令在各州郡设置田官，于是州郡粮库充盈。所以曹操征伐四方，而无运粮之苦，遂能兼并群雄。

青州刺史袁谭（袁绍长子）进攻北海相孔融，孔融不敌，妻子儿女被俘，孔融逃入大山，因为曹操和孔融是老朋友，于是把孔融召到许县，担任将作大匠。

第十四章 群雄落幕

营门射戟

袁术担心吕布进攻自己，又想把吕布引为强援，想和吕布结为儿女亲家，于是派人提亲，请求吕布把女儿嫁给自己的儿子。吕布也表示同意。但这时候只是口头答应，并没有举办仪式。袁术认为已经和吕布成为儿女亲家了，派军进攻刘备，吕布应该不会帮助刘备了，于是他派大将纪灵（生卒年不详）率领步骑兵共三万大军北上，进攻刘备据守的小沛。

刘备这时候依附的是吕布，他急忙派人向吕布求救。吕布召集诸将议事，诸将都说："将军经常有杀死刘备的想法，今可借袁术的手杀了刘备。"

吕布说："不然。袁术若攻破刘备，就会向北勾连泰山郡各路人马，我们就会处于袁术的包围圈中，不得不救啊。"

于是吕布率领一千多步骑兵前往小沛。纪灵等人听说吕布到了，搞不清吕布的意图，皆收兵息战。吕布屯驻小沛城外，想到了一个既能化解两家矛盾，又不引起袁术不满的办法，于是他分别派人去请刘备和纪灵，在吕布大营中共饮。刘备和纪灵都不知道吕布葫芦里卖的什么药，满脑子疑惑，这时候吕布对纪灵说："玄德是吕布的兄弟，被诸君所困，所以特来相救。吕布生性不喜欢战斗，但喜欢解斗。"

言毕，吕布起身走出了大营，刘备、纪灵等人紧随。吕布命军侯把大戟竖立在了大营门口，吕布张弓搭箭，回头对众人说："诸君请看好了，我如果射中铁戟的小支，你们就各自罢兵，如果射不中，你们再决斗不迟。"

纪灵暗自高兴，认为吕布这是在帮自己，射中戟的小支几无可能；刘备暗自祈祷让吕布射中。只见吕布一箭飞出，箭头不偏不倚，正中铁戟小支，众人一片惊呼。纪灵赞叹道："将军天威也！"

第二天吕布、刘备、纪灵等人又聚在一起，痛饮后，各自罢兵。"营门射戟"是吕布人生中最高光的时刻，不但体现了他箭法精湛、武艺超群，也体现了他智慧的一面。

刘备回到了小沛，这时候他已经拥有了一万多将士，吕布认为这对他造成了威胁，于是亲自率军攻打刘备。刘备大败，向西就近逃向许县，投奔曹操。刘备去许县还有一个目的，就是见见汉献帝刘协，刘备作为汉室宗亲，和刘协还从未谋面。

曹操见到刘备后，非常高兴，给他很高的礼遇，并让刘协下诏任命刘备为豫州牧，这是法定授权，之前的两次都不是朝廷任命的。有人对曹操说："刘备有英雄之志，今日送上了门，正是好机会，不早图之，必为后患。"

曹操征求郭嘉的意见，郭嘉说："是这样的。然而将军兴起义兵，为百姓除暴，靠真诚信义召天下俊杰，犹担心俊杰不到。今刘备有英雄名号，因为走投无路而投靠明公，明公如果加害于他，就会落下谋害贤良的名声。如此的话，智谋之士就会对明公产生怀疑另择明主，明公和谁安定天下呢！除去一个隐患而让四海之士失望，这是安危祸福的转折点，不可不察。"

曹操笑道："君很得要领。"于是曹操拨付刘备兵马粮草，让他向东到小沛一带，聚拢散兵，滋扰吕布。

典韦之死

骠骑将军张济军中缺粮，率军从弘农郡向东南进入荆州地界，攻打南阳郡穰县县城，强夺粮食，但身中流矢而死。

荆州官员向荆州牧刘表道贺，刘表说："张济困窘，所以来到荆州，县府没有尽到作为主人的礼仪，以致两军交锋，此非本牧意思，本牧接受哀悼，不接受道贺。"刘表派人安抚、招降张济的部属。张济部属听说刘表的态度后，都很欣慰。

刘表把张济的部队交给张济侄子张绣（？—207年）统领，并同意他们驻扎于宛县。张绣是凉州武威郡祖厉县（今甘肃省会宁县西北）人。边章、韩遂在凉州为乱之时，金城人麹（qū）胜偷袭祖厉县，杀死了县长刘儁。张绣当时是县吏，他立志为县长报仇，找准时机刺杀了麹胜，全郡人都为张绣竖起了大拇指，很佩服他的胆识。于是张绣开始招募青壮年，组建队伍，成了地方上的豪强人物。后张绣追随张济，因立军功被任命为建忠将军。

汉献帝刘协车驾出长安东归的时候，贾诩前去投靠驻屯于华阴的武威郡老乡、宁辑将军段煨。贾诩大名远播，段煨全军推重，段煨也对贾诩礼节备至。但贾诩准备去归附张绣，有人说："段煨待君已经非常好了，为什么还要离开呢？"贾诩说："段煨生性多疑，看得出来他比较忌惮我，礼遇虽厚，不会持久，日后必为其所图，我走了，段煨必喜，又希望我能在外面为他结交外援，必会厚待我的妻儿。张绣没有参谋助手，也愿意我前去，这样我自身和家庭都可以得到保全。"

贾诩、段煨和张绣都是武威郡人，之前也都认识，张绣见到贾诩特别高兴，像晚辈对待长辈一样对待贾诩，段煨也果然善待贾诩的家属。贾诩游说张绣归附刘表，张绣势单力薄，也想找个靠山，表示同意。于是贾诩前去拜会刘表，刘表以宾客之礼接待贾诩。通过和刘表交谈，贾诩对刘表有了一定的了解，他后来对人说:"刘表,太平年代是三公的材料,但他预料不到事情的变化,性格多疑,没有决断能力,不会有什么大的作为。"

刘表体恤百姓,收纳士人,足以自保,境内无事,关西(函谷关以西)、兖州、豫州来荆州投靠的学士多达千人,刘表命令设立学校,传授经学,命原朝廷雅乐郎杜夔制作雅乐。

宛城北接豫州,对曹操是个威胁,曹操攻打张绣,进驻于淯水(淯yù,流经宛城)。曹操势大,又代表朝廷,所以张绣率众投降。不费一兵一卒收降张绣,曹操非常高兴,命令大摆宴席,宴请张绣及其部将。曹操起身敬酒,典韦手持大斧跟在曹操身后,斧刃长达一尺,曹操每敬到一人身前,典韦就提斧盯着这人,以防不测。直到酒宴结束,自始至终,张绣及其部将无人敢抬头和典韦对视。

曹操看到张济的遗孀邹氏很漂亮,起了色心,纳为了小妾。张绣感觉曹操很过分,对自己是种羞辱,愤愤不平。曹操听说张绣对于自己纳他婶子之事很不高兴,内心有了除掉张绣的想法。张绣部将胡车儿(生卒年不详)非常勇猛,曹操喜爱勇将,私下送给胡车儿黄金,希望他能为己所用。张绣听说后疑惧不安,于是率军偷袭曹操大营,杀死曹操长子曹昂。曹操身中流箭,校尉典韦挡在营门前,让曹操先行撤退,典韦率领十几名部下迎战,这十几人都是典韦亲自挑选的,无不以一当十,经过殊死搏斗,和张绣军血战在一起。典韦抡起重达八十斤的双铁戟,左右开弓,一戟下去,就有十多支长矛被打断。张绣军人多,典韦部下死伤殆尽,他身上也受创伤数十处,铁戟折断,他又拿起短兵器搏斗,双方短兵相接。张绣军上前准备生擒典韦,典韦伸开双臂,一只手抓起一个士兵,夹到腋下,典韦双臂用力,两个士兵当场毙命。张绣军一拥而上,典韦被包围,数把刀枪刺入典韦身体,典韦怒目圆睁,大骂而亡。张绣军上前,砍下典韦的首级,争相传看。听说勇冠三军的典韦被杀,张绣全军也过来观看典韦的残躯。

曹操收拢散兵,退屯舞阴(在今河南省泌阳县西北),得到典韦战死的消息后,他痛哭流涕,招募勇士把典韦的尸体偷了回来,亲自到场哭吊,后派人把典韦安葬在了陈留郡襄邑县。曹操任命典韦之子典满为郎中。

当时诸军大乱,只有平虏校尉于禁整军而还,回军途中遇到十几人赤身行走,于禁询问原因,答道:"为青州兵所劫。"当初青州兵投降后,曹操宽待他们几分,所以才敢干出抢劫之事。于禁闻听大怒道："青州兵也属于曹公，难道还做贼吗？"于禁数落他们的罪行，率军攻击，青州兵败走。青州兵面见曹操，恶人先告状。于禁抵达，先修筑营垒，并没有立即去拜见曹操。有人对于禁说："青州兵已经告发您了，应该速速到曹公那里申诉。"

于禁说："今贼在后，啥时候追来还说不定，不先做防备，何以迎敌。且曹公是个聪明人，谗言诋毁行不通。"

等到壕沟挖好，营寨建好之后，于禁才去拜见曹操，把前后经过讲述了一遍。曹操面露喜悦，对于禁说："淯水之难，我犹狼狈，将军在乱中能整顿兵马，讨伐暴逆，坚固营垒，有不可撼动的意志，即便是古代名将，也不会比你做得更好。"

曹操表奏后封于禁为益寿亭侯。曹操率军返回许县。

袁术称帝

河内人张炯适时为袁术奉上了其应该称帝的种种征兆。建安二年（公元197年）春季，袁术终于在寿春僭越称帝，自称"仲家"。袁术以九江太守为淮南尹，设置公卿百官，在郊外祭祀天地。

袁术实力并非一家独大，为什么敢冒天下之大不韪，僭越称帝？恐怕原因不外乎以下几个：一是迷信心理。东汉时期谶纬之言盛行，"代汉者当涂高"，袁姓的祖先为陈姓，陈姓是舜帝的后裔，加之玉玺在手，他认为自己就是天选之子，称帝后，号令天下莫敢不从。二是具有一定实力。袁术占据的扬州，当时拥有九江郡、丹阳郡、庐江郡（郡治舒县，在今安徽省庐江县）、会稽郡、吴郡、豫章郡、庐陵郡（郡治石阳县，在今江西省吉水县）和阜陵国共八个郡国，约一百二十六个县四百三十多万人。袁术拥有战将数员，士兵数万，吴郡、会稽郡等地又是富庶之地，袁术资本雄厚。三是有外援。幽州公孙瓒和袁术是多年盟友，袁术和徐州吕布又结为儿女亲家，冀州袁绍终究是自己弟兄，是可以争取的对象，袁术认为自己外援强大。

沛国国相陈珪（生卒年不详）是原太尉陈球的侄子，出身名门士族，很早就和袁术相识，袁术想让陈珪辅佐自己，于是给陈珪写信，又劫持了陈珪的次子陈应作为人质，希望陈珪能前来。陈珪回信说："曹将军恢复王法，将扫平邪恶之人，我认为足下当勤力同心，匡扶汉室，却阴谋不轨，以身试祸，想让我营私归附，誓死不能。"

当初献帝任命金尚为兖州刺史，被曹操击走，金尚归附了袁术，这次袁术称帝，准备任命金尚为太尉，金尚不从逃走，被袁术抓获后处死。

之前吕布答应和袁术结成儿女亲家，袁术派使者韩胤前往告知吕布称帝之事，并迎接吕布闺女，袁术认为吕布闺女一旦成为自己的儿媳，吕布就会成为自己有力的外援。吕布头脑简单，认为这是之前已经约定好的，于是把女儿交给了韩胤。陈珪得知后，唯恐徐州、扬州联合后，祸乱不止，于是游说吕布道："曹公迎奉天子，辅佐国政，将军应该和曹公合作谋划，共商国是。今与袁术联姻，必背上不义之名，祸在眉睫啊。"

吕布听陈珪之言，恍然大悟，他又想起当年李傕、郭汜攻破长安，自己投奔袁术之时，被袁术排斥的事，他怒从中来，立即派人骑快马把已在去往袁术大营路上的女儿追了回来，和袁术断绝了姻亲关系。吕布想和袁术划清界限，但又不想彻底把袁术得罪，同时为了示好曹操，于是派人用囚车把韩胤送到了许县。曹操把韩胤在闹市处斩。

陈珪劝吕布让自己的儿子陈登去见曹操，想给儿子一个在曹操面前表现的机会，但吕布不肯。这时候朝廷派人前来传达诏书，任命吕布为左将军；曹操为了稳住吕布，还亲自给吕布写了封信，在信中与吕布称兄道弟，对吕布安抚夸赞一番。吕布大喜，随即派陈登前往许县奉诏谢恩，并让陈登替自己求得徐州牧一职。陈登见到曹操后，说吕布有勇无谋，投靠和背弃都比较随意，应该早点解决吕布。曹操说："吕布狼子野心，实难久养，如果不是你我还不能探得其虚实。"曹操随即增加了陈珪的俸禄，并任命陈登为广陵太守。临别之际，曹操拉着陈登的手说："东方之事，就托付给你了。"曹操让陈登秘密联络嫡系作为内应。陈登向曹操请求任命吕布为徐州牧，曹操并不答应。

陈登没有为吕布求来徐州牧的职位，吕布大怒，拔戟砍向桌案道："你父子劝我联合曹操，同袁术断绝姻亲关系，今我所要求的没有得到，而你父子或升官或增加俸禄，是不是把我出卖了？"陈登泰然自若，慢吞吞地说道："我对曹公说：'养将军譬如养老虎，应该让他吃饱肉，不饱就要吃人。'曹公说：'你说得不对，应该譬如养鹰，饥了就会飞走。'曹公就是这么说的。"老虎和鹰，一个地上一个天上，都是无敌的存在，听陈登这么说，吕布怒气渐消。

袁术气恼吕布悔婚和害死自己的使者韩胤，派大将张勋（生卒年不详）、桥蕤（蕤ruí，？—197年）联合韩暹、杨奉，率领步骑兵数万人进逼下邳，分兵七路攻打吕布。吕布当时只有三千士兵，战马四百匹，他担心不敌，对陈珪说："今天招来袁术军队，都是你的原因，现在该怎么办？"陈珪说："韩暹、杨奉和袁术，不过是仓促之间集合到一起的，没有长远打算，不能长久地维系在一起，我让儿子陈登策划一下，他们相互掣肘，无法并存，可让他们立即解体。"

吕布采用陈珪的计策，向韩暹、杨奉写信道："二位将军曾亲自护送圣驾，而吕布曾经手刃董卓，都曾为国立功，今为何与袁术同流合污，做国家的逆贼？不如和吕布合力攻破袁术，为国除害。"吕布承诺打败袁术后，把袁术的军需物资交给韩暹、杨奉。

韩暹、杨奉大喜，表示呼应吕布。吕布进军，距离张勋大营百步左右的时候，韩暹、杨奉军同时鼓噪呼叫，冲向张勋大营。张勋等人猝不及防，四散奔逃，吕布率军追击，斩杀袁术军十多名部将，袁术军被杀者、堕水者无计其数，伤亡殆尽。吕布和韩暹、杨奉合军，趁势杀向寿春，水陆并进，抵达了距离寿春二百余里的钟离县（在今安徽省凤阳县），所过之处，掳掠一空，然后渡过淮河北上，留书一封羞辱袁术。袁术亲自率领五千步骑兵列阵于淮河之上，吕布军在水北大声讥笑，然后回军。

陈王（陈国首府陈县，在今河南省周口市淮阳区）刘宠（第六任）勇武有力，箭法超群，黄巾起义时，刘宠勒兵自守，陈国人都害怕刘宠，不敢离叛。国相骆俊文武双全，深受民众爱戴。当时王侯已经收取不到赋税，也拿不到俸禄，封国还屡遭掠夺，有的两天才能吃到一顿饭，有的颠沛流离死在沟壑之中，唯独陈国富强，临郡前来投靠的人有十多万。此时的陈国属于豫州，辖陈县等共九个县。董卓乱政，州郡起兵讨伐，刘宠率军屯驻阳夏县（在今河南省太康县），自称辅汉大将军。

称帝的袁术向陈国求粮，骆俊自然不会把粮食交给逆臣袁术。袁术怀恨在心，派遣刺客诈降，刺死了骆俊和刘宠，陈国从此破败。

许褚投曹操

曹操在张绣那里吃了败仗，损失了猛将典韦，心情很低落，这时候他又收到了袁绍的信，袁绍对曹操挖苦一番，言语傲慢无礼，曹操看后，气不打一处来，准备出兵攻打袁绍，但又感到实力不足。

荀彧劝道："不先取吕布，河北很难得到。"

曹操说："你说得对。但我担心袁绍侵扰关中，挑唆羌人、匈奴人叛乱，勾连蜀郡、汉中郡，到时候就是我以兖州、豫州天下六分之一领地对抗天下六分之五的领地，那该怎么办？"

荀彧说："关中大小军事头领数十个，各行其是，唯韩遂、马腾最强，他们看见山东纷争，必然各拥众自保，今若向他们宣示恩德，派人和他们交好，双方虽然不能保持久安，但明公安定山东之前，足以保他们不动。可以把西方的事托付给钟繇，明公无须忧虑。"

于是曹操上表后任命钟繇为侍中、守司隶校尉，持节，都督关中诸军，特命他便宜行事，不受现有法律条文、条条框框的束缚。钟繇抵达长安后，向马腾、韩遂等人写信，晓以祸福利害关系，马腾和韩遂表示听从朝廷号令，各派儿子到京师许县入朝侍奉，实际上是充当人质。

又为了稳住袁绍，曹操派将作大匠孔融前往邺城，宣读诏书，任命袁绍为大将军，兼督冀、青、幽、并四州。

这时候孙策已经攻下了会稽郡，太守王朗战败，郡功曹虞翻投降了孙策。王朗不愿投降，他通晓经书，早年师从太尉杨赐，孙策没有加害他。王朗辗转流离，后被曹操征召到许县，被任命为谏议大夫。

为了争取孙策，曹操任命（实际上是象征性地表奏刘协后任命的）孙策为骑都尉，袭乌程侯（孙坚曾被封乌程侯），领会稽太守。曹操派议郎王誧（bū）前去宣读诏书，并命孙策会同吕布及吴郡太守陈瑀共同讨伐袁术。孙策希望能得到将军的封号，提高自己的影响力。如果再向朝廷请示，恐怕会贻误战机，于是王誧代表皇帝刘协，任命孙策为明汉将军。

孙策集合部队北进，行经钱塘的时候，陈瑀阴谋袭击孙策，吞并孙策的部众。但被孙策获知消息，孙策派部将吕范、徐逸攻打陈瑀，陈瑀溃败，单人独骑北逃，投奔袁绍。

安排妥当，建安二年（公元197年）九月，曹操率大军直下东南，讨伐袁术。袁术听说曹操亲自率军前来，大为恐惧，随即逃走，留下大将桥蕤等人，在蕲县（在今安徽省宿州市南）抵御曹操。曹军大将乐进为先锋，曹军击破桥蕤军。曹军大将于禁斩杀了桥蕤、李丰、乐就、梁纲等袁术四员战将。袁术渡淮河南下，当时天气干旱，土地干涸，士民饥寒交迫，哀鸿遍野，袁术从此走向衰败。

曹操征召陈国阳夏人何夔（夔kuí，生卒年不详）为掾属。何夔字叔龙，曾祖父何熙曾经在汉安帝时期官至车骑将军，何夔自幼丧父，以孝顺母亲知名，他身高八尺三寸，容貌威严端庄。袁术征召何夔，何夔拒不赴任。曹操向何夔征求对袁术的评价，何夔说："上天所助的是顺应天命的人，人民所助的是取信于民的人。袁术既不顺应天命又不取信于民，而希望得到天人相助，岂不是痴心妄想！"

曹操说："国家失去贤能之人则亡，君不为袁术所用，灭亡，是命中注定的。"曹操性情严厉，掾属往往因为做事不合曹操心意而遭受杖责；何夔随身带着毒药，誓死不受杖责之辱，所以他未曾遭受过杖责。

许褚（褚chǔ，生卒年不详），字仲康，沛国谯县人，身高八尺开外，腰粗十围（约115厘米），容貌勇猛威武，坚强刚毅，武力绝伦。他聚集了年轻人及宗族数千家修筑坞堡，防御外敌袭扰。当时汝南郡葛陂（在今河南省新蔡县西北）贼人一万多人攻打许褚的坞堡，许褚人少不敌，但他们全力迎敌，疲惫至极，弓箭也用尽了，许褚下令坞堡中的男女收集像盆那么大的石头放在坞堡四角。敌人冲到近前的时候，许褚拿起石头用力砸下去，敌人立即粉身碎骨，敌人恐惧，不敢向前。坞堡内粮食快用尽了，许褚假装和敌人和好，用牛和对方交换粮食，敌人同意，把粮食运过来后，过来牵牛，牛见到生人就往回跑，许褚上前，用一只手倒拽着牛尾，拖行了一百多步。敌人大惊，看许褚力大如牛，如此生猛，也不敢要牛了，撤了回去。从此之后，许褚扬名于淮河、汝水（汝河，淮河支流洪河的重要支流）、陈国、梁国间，人们都畏惧他。

曹操率军来到淮河、汝水间，许褚听说曹操爱将识人，于是率众投奔了曹操。曹操大喜道："此吾樊哙也！"即日任命许褚为都尉，担任警卫。追随许褚的各位侠客，曹操也任命他们担任虎贲卫士。

李傕郭汜伏诛

韩暹、杨奉驻军下邳，在徐州、扬州之间抢夺粮食，但仍然不够军队填饱肚子，将士们饥饿，二人向吕布辞行，准备去投靠荆州牧刘表，讨口饭吃。吕布不想放走这两个重要的帮手，但吃饭的问题不能不解决，于是让他们到刘备的地盘上抢劫粮食。

杨奉知道刘备和吕布有宿怨，想联合刘备消灭了吕布。杨奉是黄巾余党，刘备是汉室宗亲，刘备认为刘氏朝廷之所以到了这种地步，跟黄巾军有很大关系，加之杨奉数度反复，让人捉摸不定，刘备想借机铲除杨奉，于是表面答应和杨奉联合。杨奉率军前来拜会刘备，刘备热情相迎，请杨奉等人入城，刘备设宴款待杨奉，酒宴进行之中，刘备的伏兵冲出，在座位上把杨奉五花大绑，推出去斩首。

韩暹失去了杨奉，势单力孤，又深感中原地区军阀林立，情况复杂，于是和十多名骑兵出发前往并州，但被杼秋（在今安徽省砀山县东南）县令张宣所截杀。

这时候，郭汜被部将伍习所杀。曹操要趁机铲除董卓的余孽，他命谒者仆射裴茂（生卒年不详）携带诏书，命令段煨等关中诸位将领讨伐李傕。李傕不敌，退守黄白城，被段煨联合老乡梁兴、张横等攻破，李傕被斩首，夷灭三族。李傕首级被送往许县，汉献帝下令把李傕的头颅高悬示众。至此，董卓的嫡系牛辅、李傕、郭汜、张济、樊稠、华雄等人已全部死亡。从中平六年（公元189年）八月董卓入朝乱政，到建安三年（公元198年）四月，李傕被诛，时间已经过去了九年。

刘协任命段煨为安南将军，封阌（wén）乡侯。这里再交代一下裴茂。裴茂字巨光，河东郡闻喜县人，他的父亲裴晔，汉顺帝时曾任并州刺史、度辽将军。闻喜裴氏为当时的名门望族，裴氏后人多人位居三公高位，是中国历史上出三公最多的家族。

颍川郡人杜袭（名士杜根之孙，生卒年不详）、赵俨（公元171年—245年）、繁钦（pó qīn，？—218年）都熟读经书，他们避乱荆州，刘表礼遇他们。杜袭等知道刘表非匡扶社稷之才，待到曹操迎接汉献帝迁都许县后，赵俨说："曹操必能匡扶汉室，我知道我应该去哪里了。"于是他们三人来到了许县拜见曹操，曹操任命赵俨为汝南郡朗陵县县长。

曹操率军攻打穰城县（在今河南省邓州市）的张绣，攻占了湖阳县（在今河南省唐河县），生擒了据守湖阳的刘表部将邓济；又攻克了舞阴。然后班师返回许县。

休整了几个月后，曹操又准备攻打张绣。荀攸劝阻道："张绣和刘表相互依存，相互支援，实力强大。然而张绣寄人篱下，靠的是刘表提供粮食，如果刘表不供应粮食了，他们势必分手。我军不如暂缓进攻，静观其变，到时候可以引诱张绣来降，如果急图之，他们势必相互援助。"

曹操不听，率军包围了张绣据守的穰城。这时候，情况出现了变化。

袁绍发现有些诏书不利于自己，这时候才意识到了天子在手的优势，想把刘协弄到自己身边。他派使者去游说曹操，说许县地势低，环境潮湿，洛阳残破，应该迁都鄄城，以更好地保全天子。曹操自然知道袁绍的用意，不假思索就予以拒绝。

冀州别驾田丰劝袁绍说："迁都之计，既然不能实施，应该早点谋取许县，奉迎天子，以天子的名义发布诏令，号令海内，此是上计。不然，终会为人所擒，到时候再怎么懊悔都没有用了。"袁绍不接受。

袁绍队伍中有人投降了曹操，告诉曹操田丰劝袁绍袭击许县。曹操大惊，担心许县被袁绍攻陷，汉献帝被袁绍迎走，于是他立即解除了对穰城的包围，率军回返，张绣率军追击。刘表派遣援救张绣的救兵屯扎安众（在今河南省邓州市东北），据守险要地形，切断曹军退路。到了安众，曹操发现前后受敌，他心生一计，在夜间命士兵开凿险道，作出逃跑的假象。张绣、刘表援军上当，追击曹军，曹军伏兵四起，步骑兵杀出，大破张、刘联军。

张绣准备率军追击曹军的时候，贾诩劝道："不可追，追必败。"张绣不听，率军追击，结果大败而回。贾诩对张绣说："抓紧时间再去追击，再战必胜。"张绣充满歉意地说："不用公言，以至于此，今已败，为什么又要追？"贾诩说："兵势有了变化，快去追必然获胜。"张绣听从贾诩之言，遂收拢散兵前去追击曹军，两军交战，张绣得胜而回。

张绣问贾诩道："我以精兵追击后退的军队，而公说必败；退回来后以败兵攻击胜兵，而公说必克。事情正如公所料，为什么事情反着来反而应验呢？"

贾诩笑道："这不难理解。将军虽善用兵，但非曹公对手。曹兵虽然撤退，曹公必亲自断后；追兵虽精，将却不敌，而且曹军也是精锐，所以料定必败。曹公攻将军并无失策，力未尽而退，必国内有事；已破将军，必轻军速进，纵留下诸将断后，诸将虽勇，亦非将军对手，所以我军虽然是败兵而战必胜。"张绣信服。

吕布之死

没有永远的朋友，也没有永远的敌人，只有永远的利益。在目前形势下，吕布又想和袁术和好，他派部将高顺和张辽攻打刘备。曹操派夏侯惇救援刘备，被高顺、张辽击败，他们攻破了小沛，俘虏了刘备的妻儿，刘备单骑逃走。

曹操准备亲自率军攻打吕布，诸将劝道："刘表、张绣在后，远征吕布，形势危险。"荀攸说："刘表、张绣新败，势不敢动。吕布骁勇，又依仗袁术，若任由其在淮、泗间驰骋，必有豪杰响应他。今应该乘其初叛，众心不一，去了就可以把他击破。"

曹操大喜，说道："公达所言极是。"曹操大军出动，泰山郡豪杰臧霸、孙观、吴敦、尹礼、昌豨等归附于吕布。曹操与刘备在梁国相遇，然后向彭城进军。

大军逼近，陈宫对吕布说："应该迎头痛击曹军，以逸待劳，攻无不克。"

吕布说："不如等他们来，我要把他们驱赶到泗水之中。"

曹操屠彭城。广陵太守陈登率领郡兵为曹军先锋，进军至下邳。吕布亲自率军与曹军大战，但几次下来，皆大败，他退回城中，不敢再出战。曹操给吕布写信，讲明祸福利害；吕布阅信后，倒吸一口凉气，有了恐惧心理，准备投降。

陈宫不同意，他说："曹操远来，势不能久。将军若率步骑兵屯于城外，我率余众闭门自守，曹军若攻打将军，我引兵攻其背部；曹军若攻城，将军从外救援。不出一个月，曹军粮食用尽，我军再攻击，可破敌。"

吕布同意，准备让陈宫和高顺守城，他率领骑兵切断曹操的粮道。但吕布的妻子反对，她对吕布说："陈宫、高顺素来不和，将军一出城，陈宫、高顺必不能同心守城，如有差池，将军又在何处安身呢！且曹操待公台（陈宫字公台）如子，他犹舍弃曹操归降你。今将军厚待公台超不过曹操，而把全城托付给他，舍弃妻子，孤军远出，一旦有变，妾身岂能再伺候将军？"

吕布听妻子一番话，放弃了以前的想法，不再出城，他秘密派遣下属许汜、王楷请求袁术发兵相救。袁术却说："吕布不把女儿送来，失败是理所当然的，为何还派你们来？"许汜、王楷说："圣上今不救吕布将军，是自取其败；吕布被破，圣上接下来就会被攻破。"袁术认为他们二人说得有点道理，于是陈兵声援吕布。吕布唯恐自己女儿不到，袁术不派救兵，于是用貂皮把女儿包裹住，缠在马上，连夜亲自把女儿送出城，他与曹军接触，曹军乱箭齐射，吕布无法通过，只得返回城内。

河内太守张杨向来和吕布交情不错，想救援吕布，但感觉实力不允许，于是他率军出野王东市，为吕布遥壮声势。不久，张杨被部将杨丑所杀，杨丑砍下张杨首级准备投降曹操，别将睢固又杀死杨丑，率领部众向北投降了袁绍。

曹操命令环绕下邳挖掘壕沟，士兵疲惫不堪，曹操准备回军。荀攸、郭嘉劝道："吕布有勇无谋，今屡战屡败，锐气已经衰竭，三军以将为主，主衰则三军无奋进之心。陈宫有智谋但迟缓，如今应该趁着吕布锐气还未恢复，陈宫的计谋未定，急攻之，吕布可破。"

曹操听从他们的建议，加快攻城，命令引沂水、泗水灌城。一个月后，吕布处境更加艰难窘迫，他登上城楼，向曹军喊话道："君等不用这么困我，我当自首于曹公。"

陈宫恼怒道："逆贼曹操，是什么曹公，今若投降了他，是以卵投石，岂能保全啊！"

之前，吕布部将侯成的门客养马十五匹，门客驱赶马匹，准备向小沛投降刘备。侯成得知后，骑马追赶，把马匹悉数追回。马匹在战争年代比较稀缺，将领宋宪、魏续等给侯成献上贺礼。侯成酿了五六斛酒，又捕猎了十多头野猪，准备和诸将宴饮。开宴之前，侯成先抬上半头猪、五斗酒去拜见吕布，向吕布下跪道："蒙将军恩，把丢失的马匹追回，诸将来相贺，自酿了少许酒，猎得野猪，未敢饮食，先奉上略表心意。"

吕布大怒道："我禁酒，你酿酒，诸将共饮做兄弟，你们准备谋害我吗？"

侯成惊惧不已，慌忙告退，回去之后把酿的酒全部倾倒，退还了诸将的礼物，宴会也没办法进行了，各回各家。侯成从此对吕布怀恨在心而又惴惴不安，担心吕布哪天就会对自己发难。如今下邳被曹操围困多日，如此下去，他们全部会被消灭，加之对吕布愤恨，于是侯成和宋宪、魏续商量后，偷袭陈宫和高顺，把二人抓获后，率部众出城投降了曹操。

吕布与麾下登上白门楼（下邳城南门名白门）观望，曹军如潮水般蜂拥而上，攀爬云梯攻城，吕布知道这次在劫难逃，他命令左右斩下他的首级献给曹操，左右不忍也不敢，吕布长叹一声，命人把自己捆绑后下楼投降。

吕布见到曹操，曹操命人把吕布的绑绳紧了紧，吕布说："今日之后，天下已定。"

曹操不解，问道："为什么这么说？"

吕布说："明公所忌惮的不过是吕布，今我已降。若令吕布率领骑兵，明公率领步兵，天下足以平定。"

吕布转头对刘备说："玄德，你是座上客，我是降虏，我被绳捆得太紧，你为什么不替我说句话呢？"

曹操笑道："人中有吕布，马中有赤兔。缚虎不能不紧。"曹操爱将，有意让吕布为自己效命，准备命人松一下吕布的绑绳。

刘备对吕布的反复无常已经失望透顶，如果今天不借机除掉吕布，吕布为曹操所用，说不定自己日后还会被吕布伤害，于是他忙阻止道："不可。明公难道忘了吕布是怎么对待丁原、董卓的吗？"

刘备一语惊醒了曹操，他微微点头，知道该怎么办了。吕布气急，冲刘备怒吼道："大耳朵小儿，最不可信！"

曹操不再理会吕布，对陈宫说："公台平生自称智谋有余，为何竟然到了如此地步。"

陈宫指着吕布说："是此子不听我的话，以至于此，若他听取我的建议，也未必会被擒住。"

曹操问："你的老母亲怎么办？"

陈宫说："我听说施仁政于天下者不绝人之祭祀，我的母亲、妻子儿女能否存活，在明公，不在陈宫。"

曹操不再多言。陈宫已经看透了曹操，如果跟随了曹操，他会生不如死，他生无可恋，坚决求死，大步出营，头也不回，曹操忍不住为之落泪。建安三年（公元198年）十二月，陈宫、吕布、高顺等人被缢死，全部砍下首级，送往许县，在闹市示众。临死前，吕布认为这种死法是对自己人格的侮辱，死得太不体面了，要求换种死法以对得起自己"战神"的身份，但没有人理会他。

高顺是员名将，为人廉洁，不爱饮酒，有威严，作战勇敢，他统领的部队非常精良，号称"陷阵营"。曹操没能收降高顺，实在可惜。

吕布的另一员大将张辽投降了曹操，曹操大喜，任命张辽为中郎将，封关内侯。

陈登立下大功，被任命为伏波将军。

曹刘论英雄

曹操把陈宫的老母亲接来，为她养老，又把陈宫的闺女嫁给了个好人家，曹操照顾陈宫家属，更胜以往。

前尚书令陈纪及儿子陈群皆在吕布军中，之前我们介绍过陈群，他曾经任刘备的别驾，后任柘县令，之后陈群和父亲陈纪到徐州避难。陈氏父子出身颍川郡，都比较知名，曹操很重视他们，陈纪年纪已老，曹操任命陈群为司空西曹掾属。

吕布失败后，臧霸等人藏匿了起来，曹操发动人员寻找，终于把臧霸找到，又让臧霸召来了吴敦、尹礼、孙观及孙观的哥哥孙康等人，他们都投降了曹操。曹操把琅邪郡和东海郡分为城阳郡、利城郡、昌虑郡，任命臧霸他们为太守或封国国相。

刘备一家人又团聚了，他带领部众同曹操回到了许县，曹操向汉献帝刘协上表推荐刘备为左将军，曹操很欣赏刘备，给他极高的礼遇，出则同车，坐则同席。

刘备是汉室宗亲，不时去找汉献帝聊天，追思刘氏先祖伟业，感慨祖宗基业衰微，追古抚今，数次伤感落泪。其间车骑将军董承和刘备也有了很多接触，有天，董承对刘备说，他接受了汉献帝藏在衣带间的秘密诏书，让他联系可靠人士，除掉曹操。关于汉献帝是否真的给董承下了衣带诏，结论不一。笔者感觉董承假传衣带诏的可能性更大。董承不愿意看到汉献帝被架空，之前也曾经召曹操勤王，逐走韩暹。以目前的情况看，曹操虽然掌控朝政，但还没有达到乱政的程度，和董卓、李傕、郭汜、韩暹不可同日而语，这时候汉献帝应该还处于观察曹操的阶段，还需要依靠曹操保护自己的安全，袁术已经称帝，他再下密诏除掉曹操，天下英雄寒心，谁还再敢勤王？汉献帝自身的安全将很难保证。所以董承假传衣带诏，除掉曹操，再走外戚专政的老路的可能性是比较大的。

刘备接到衣带诏之后，刚开始自然非常吃惊，内心紧张，铲除权臣，政归刘氏，也是他的愿望，但以他们现在的实力诛杀曹操，还做不到，如果泄露出去，还会危及他们甚至汉献帝的安全，因此他内心十分纠结，引而不发。

有次曹操宴请刘备，言谈间，曹操神色很自然、平静地对刘备说："今天下英雄，唯使君与操耳。本初（袁绍字本初）之徒，算不上什么。"

当时刘备正用筷子夹了块肉往嘴里送，闻听此言，他猛然一个激灵，筷子从手中滑落，掉在了面前的盘子上，盘子上的汤匙被砸落到地上。巧的是，当时天上正好响起一阵雷霆之声，刘备忙对曹操说："圣人云'迅雷风烈必变'，确实如此啊。一震之威，竟然达到了如此程度，让备张皇失措。"

刘备为什么会如此失态？第一个原因是刘备认为曹操知道了衣带诏的事情，他要大难临头；第二个原因是，刘备认为曹操把他视为最大的竞争对手，要对他不利；第三个原因是，刘备反应敏捷，故意示弱给曹操看，让曹操认为他不过如此，放松对他的警惕。

不管什么原因，这个事情也就被这么翻篇了，并没有引起曹操的怀疑，或者曹操压根就是在说玩笑话，曹操本来内心就没有把刘备当回事。

刘备也加紧和董承及长水校尉种辑、将军吴子兰、王子服等人商议除掉曹操的方案。

太史慈降孙策

明汉将军、会稽太守、乌程侯孙策派其正议校尉张纮（hóng）向朝廷呈献土特产，向曹操示好。曹操也想结交孙策，于是任命孙策为讨逆将军，改封吴侯。曹操把侄女许配给了孙策的四弟孙匡，又为次子曹彰迎娶了孙贲（孙坚同母兄长孙羌之子，孙策堂兄）之女，并征召孙权（孙策二弟）、孙翊（孙策三弟）到京师许县任职，任命张纮为侍御史。

袁术准备任用周瑜为将领，让他统兵打仗，周瑜认为袁术终会失败，所以请求担任居巢（在今安徽省巢湖市）县长，打算借道东归。袁术不明白周瑜的意图，于是同意。周瑜到居巢上任，居巢属于九江郡，他听说同郡东城县（在今安徽省滁州市定远县）人鲁肃有贤名，于是带领几百人前去拜访。

鲁肃（公元172年—217年），字子敬，九江郡东城县人，他刚出生父亲就去世了，和祖母一起生活。鲁肃家境富裕，长大后乐善好施，当时天下已乱，他不经营家事，大散财货，出售田地，赈济穷人，结交士人，在乡里拥有很高的声望。

周瑜见到鲁肃后，请求资助粮食。鲁肃之前也了解周瑜，认为他是个不可多得的人才。当时鲁肃家里有两座大粮仓，各有三千斛米，鲁肃带着周瑜视察粮仓，指着其中的一座粮仓，大方地表示把整座粮仓的粮食送给周瑜。周瑜这才知道鲁肃确实不同凡响，是个奇人，两个人一见如故，惺惺相惜，结为好友。

这时候袁术也听说了鲁肃的名声，派人任命鲁肃为东城县长，鲁肃认为袁术成不了事，于是扶老携幼，并和一百多轻生重义的年轻人向南前往居巢投靠周瑜。周瑜对袁术的看法和鲁肃一致，于是他们渡江去吴郡投靠孙策，鲁肃全家留居于曲阿。孙策得知周瑜到来，亲自迎接，任命周瑜为建威中郎将，当即拨付士兵二千人，战马五十匹。这时恰好鲁肃祖母病故，鲁肃返回，把祖母安葬在了东城县。

孙策和袁术决裂，袁术派人把印绶送给"丹阳宗帅"祖郎等人，让他们鼓动山越（汉末三国时期分布于孙吴诸郡县山区的山贼式武装集团的统称）起兵攻打孙策。

当初刘繇和太史慈战败，刘繇在许劭的劝说下逃入了豫章郡；太史慈逃入了芜湖地区（今安徽省芜湖市）山中，自称丹阳太守。当时孙策已经把宣城以东地区平定，只有泾县以西六个县还未定，于是太史慈进入了泾县，设立府邸，大为山越人所敬服。

孙策率军攻打祖郎（生卒年不详，时驻陵阳，在今安徽省黄山市西北），将其生擒。祖郎投降孙策，被任命为门下贼曹。

孙策又攻打太史慈，双方在勇里（泾县西北）展开大战，太史慈不敌被生擒。孙策欣赏太史慈的英勇，亲自为他解开绑绳，拉着他的手说："之前我们在神亭已经相识，如果当时你把我擒住，你会怎么做？"

太史慈说："这可不好说。"

孙策大笑道："今天下纷乱，我当与你共建大业，我听说你为人刚正有义行，是天下智士，先前只是所托非人，我是卿的知己，不要担心不如意。"

孙策任命太史慈为门下督。孙策班师的时候，祖郎、太史慈两员勇将在前作为先导，全军引以为荣。

这时，刘繇病逝于豫章郡，他的部众还有一万多人，他们准备拥戴豫章太守华歆为首领。而华歆认为没有得到朝廷任命不能越制，不同意，坚持一个多月，仍然辞谢把他们遣送走。这一万多人没有首领，孙策让太史慈前往招抚他们，说："你向他们传达我的意思。乐意过来的我们欢迎，不乐意来者不必强求，并观察华歆的处事能力，你需要多少兵，随便提。"

太史慈说："我对将军有不敬之罪，将军度量如同齐桓公、晋文公，我当尽死以报大德。如今双方停止用兵，我带的兵不宜多，数十个人足够了。"

孙策左右说："太史慈这次北去，必不会回来了。"

孙策说："子义（太史慈字子义）舍弃我，又该跟随谁呢！"

孙策为太史慈设宴饯行，孙策抓起太史慈的手腕说："何时能还？"

太史慈说："不会超过六十天。"

太史慈走后，仍然有人议论说放走太史慈并非良计。孙策说："你们不要再说了，我详细考察过子义，他是个有勇气、有胆识、有节操之人，他必秉持道义，重承诺，一心一意报答知己，至死不相负，诸君勿忧。"

六十天未到，太史慈果然返回，他对孙策说："华歆，品行良好，但能力不足，无其他想法，仅能自保而已。僮芝占领了豫章郡庐陵县（在今江西省泰和县）；豫章郡番阳县（在今江西省鄱阳县东北）也被武装头目占据，华歆睁只眼闭只眼，视若无睹。"

孙策拊掌大笑，有了吞并豫章郡的想法。

公孙瓒之死

刘虞旧部鲜于辅（生卒年不详，复姓鲜于）等人立志为刘虞报仇，他们推举阎柔（生卒年不详）为乌桓司马。阎柔年少时曾被乌桓、鲜卑俘虏，和他们相处久了，取得了他们的信任。阎柔招募了数万胡人、汉人，和公孙瓒任命的渔阳太守邹丹大战于潞县（在今河北省三河市西）北，斩杀了包括邹丹在内的四千多人。

乌桓峭王也率领乌桓及鲜卑七千多骑兵随从鲜于辅，南下迎接刘虞之子刘和，和袁绍的部将麴义合兵，共十万人，攻打公孙瓒军。双方在鲍丘河（今潮白河）大战，公孙瓒军不敌，被斩首两万多人。这引发了连锁反应，于是代郡、广阳郡、上谷郡、右北平郡纷纷起兵，杀死公孙瓒所任命的太守及其他高官，追随鲜于辅、刘和。公孙瓒军屡战屡败。

先前有童谣说："燕南垂，赵北际，中央不合大如砺，唯有此中可避世。"公孙瓒认为易县（在今河北省雄县西北）是幽州南部边界，和冀州接壤，歌谣中所说的地方就是易县，于是把总部迁到了易县。公孙瓒命人在易县县城周围挖掘了十道壕沟，又修筑了高达五六丈的土山，再在土山上修筑楼宇（新修的城称为易京，在易县城西）。居中的土山高达十丈，为公孙瓒的住所，用铁器做门，屏退左右，男子七岁以上禁止入内，公孙瓒与妻妾居住在内。各种请示的文书皆放在筐里，用绳子拉上去，让公孙瓒批阅。公孙瓒挑选嗓门大的妇女，百步之内可以听到，专门从楼上传达他的指令。

公孙瓒疏远宾客，也不再相信旧属，谋臣猛将逐渐离他而去。自此以后，公孙瓒也极少打仗，有人问他原因，他说："昔日，我驱除胡人于塞外，扫荡黄巾于孟津，那时候，我认为天下指日可定。哪承想到了今日，兵革才是开始，想到这些，自感非己力所能平定，不如休兵，努力耕作，以摆脱荒年困顿。兵法云，百尺高楼不攻。今我修筑营楼数十重，储存粮食三百万斛，这些粮食吃尽的时候，大概天下之事已定。"

袁绍多次派军攻打公孙瓒，但不能攻克，他改变策略，写信给公孙瓒，希望冰释前嫌，与他交好联合。公孙瓒不复信，命令加强守备，他对长史关靖说："当今四方虎争，很明显没有人能在我城下安稳坐上几年的，袁本初能奈我何！"

袁绍不被理睬，他大举增兵进攻公孙瓒，乌桓王踏顿也率部众前来相助。先前公孙瓒的部将有被围困者，公孙瓒不派兵援救，说："救一人，使以后的将军认为有援兵可以依赖，不肯力战。"袁绍大军来攻的时候，公孙瓒南部别将，自认为防守不住，又知不会有援兵增援，于是或降或逃。袁绍军直抵易京城下。

公孙瓒派儿子公孙续向黑山军首领张燕等人求救，而且他准备亲自率领精锐的突骑，冲出重围，向西入太行山，率黑山之众侵略冀州，切断袁绍后路。长史关靖劝公孙瓒说："今将士怀有瓦解之心，之所以仍能坚守，是顾念家里老小，因而依赖将军作为主人，坚守些时日，或可使袁绍自己知难而退，若舍弃城池而出，后方没有了主心骨，易京之危险可立待啊。"公孙瓒认为关靖所言有理，放弃了外出的想法。

袁绍大军加紧进攻，公孙瓒部处境越发艰难。这时候公孙续搬来了救兵，张燕和公孙续率领十万大军，分兵三路，救援易京。大军还未抵达，公孙瓒又施一计，他派密使给公孙续送信，让公孙续率五千铁骑埋伏在易京北一地势低洼之处，约定时间以火光为信号，公孙瓒率军出城，双方里外夹击袁绍军。但书信不幸落入袁绍军的斥候手中，袁绍大喜，将计就计，仍按约定的时间亮起火把。公孙瓒看火光亮起，于是率军杀出，结果正中袁绍的埋伏，公孙瓒大败，退回城中坚守。

袁绍命令军队开挖地道，通到城楼下，用木头上下抵住，使地道通畅，估计已经挖到城内中心位置的时候，袁绍军点燃了木柱，抓紧撤出，木头燃烧失去了支撑力，地道塌陷，上面的楼房也轰然倒塌，楼房如多米诺骨牌一样接连倒下并向中心蔓延。公孙瓒长叹一声，自知在劫难逃，他把姐妹、妻子、儿女统统勒死，然后引火自焚。这时候袁绍军冲了上来，砍下了公孙瓒的首级。

公孙瓒部将、青州刺史田楷战死。关靖悲叹道："之前若不制止将军外出，未必无救。我听说君子陷人于危险之中,必同其一起受难,岂可以独生!"于是关靖策马冲向了袁绍大军,力战而死。公孙续被匈奴屠各部落所杀。

渔阳人田豫建议鲜于辅道:"曹操奉天子以令诸侯,终能平定天下,应该早日追随他。"鲜于辅听田豫所言,向朝廷效忠。刘协任命鲜于辅为建忠将军,都督幽州六郡。

袁术之死

袁术称帝后，不想着怎么励精图治，打出一片天下，反而暴露了骄奢的天性。他铺张浪费，奢侈无度，更胜以往，妻妾数百人，她们无不穿丝绸衣服，食珍品佳肴，对于部下的饥困，他漠不关心。于是库存终于用尽，难以为继，袁术焚烧宫室，放弃寿春，前去灊县（灊qián，在今安徽省霍山县东北）投奔部属陈简、雷薄。

陈简、雷薄拒绝接纳袁术，袁术更加穷困潦倒，加之士卒不断逃散，他非常忧虑焦急，走投无路，这时候他想到了实力雄厚的哥哥袁绍，于是派人把尊号送给袁绍，并写信说："福分已经离开汉室很久了，天下人扶持，政在大家族之门，豪雄角逐，分割疆域，此与周末七国无异，唯强者能够吞并之。袁氏受命当王，符瑞已经昭示。今君拥有四州（冀、幽、青、并），民户百万，论强没有人敢和你争强，论地位没有人比你更高。曹操虽然准备扶持衰弱汉室，但怎么能够续上绝运，把已经将要灭亡的朝廷兴起呢！今郑重地奉上天命，君应该兴起大业。"

毕竟是兄弟，袁绍这时候也原谅了穷途末路的袁术，他派长子青州刺史袁谭从青州南下迎接袁术。袁术准备从下邳北部经过，曹操得知消息后，派刘备和将军朱灵阻截。程昱、郭嘉、董昭都劝曹操道："把刘备放了，会发生变乱啊！"曹操顿时后悔，派军去追赶刘备，已经追赶不及。

袁术无法通过，又南返，准备返回寿春。建安四年（公元199年）六月，袁术抵达了江亭（距寿春八十里），袁术问厨师还有多少粮食，厨师说还有麦屑（指麦磨成的细粒儿）三十斛。当时正值酷暑，蜜浆（蜂蜜调成的饮料）可以解暑，袁术想喝些蜜浆，但找不到蜜。袁术呆坐在桹床（有栏槛的床）上，叹息良久，十分不甘心，他怒气冲冲地大声喊道："袁术怎么到了今天这个地步！"他浑身颤抖，坐立不稳，跌落床下，大口吐血而死。袁术年龄不详，称帝三年。后世史学家认为："袁术无毫芒之功，纤介之善，而猖狂于时，妄自尊立。"

袁术的堂弟袁胤畏惧曹操，不敢居留寿春，遂率领袁术部下，带着袁术灵柩及妻子到皖城（在今安徽省潜山市）投靠庐江太守刘勋。半年之后，皖城被孙策攻破，袁胤等人迁居吴郡，此后事迹不详。

前广陵太守徐璆（qiú）四处搜索传国玉玺，终于找到，他来到许县，把传国玉玺进献给了朝廷。

袁术南返时，朱灵等人班师，刘备没有回去，他好不容易才从曹操眼皮底下脱离，决不回去了，于是他袭杀了徐州刺史车胄，命关羽驻守下邳（徐州刺史府所在，在今江苏省睢宁县北），行太守事。刘备亲自驻守小沛。泰山郡豪杰昌豨率众投降了刘备。

第十五章
官渡之战

袁绍谋攻曹操

袁绍攻灭了强敌公孙瓒，拥有四个州的广袤领土，手下人才济济，文臣有：沮授、田丰、许攸、荀谌、逢纪、审配、郭图、辛毗等人，都是知名之士。武将有：颜良、文丑、张郃、高览、韩猛、淳于琼、蒋义渠等人，颜良、文丑、张郃、高览被称为"河北四庭柱"，非常勇猛。袁绍更加蔑视朝廷，对京师许县的进贡大为减少。主簿耿包秘密劝袁绍：应该顺人应天，称尊号。袁绍想试探一下部属的意见，于是就把耿包的话对僚属们说了，他们皆认为耿包妖言惑众，应该诛杀。袁绍看到僚属们都不赞成自己称帝，为了使自己摆脱嫌疑，不得已杀死了耿包。

袁绍挑选精兵十万，精骑一万，准备攻打许县。沮授劝道："近来征伐公孙瓒，经年累月，出师人力物力消耗巨大，百姓困苦，仓库没有结余，大军不可动。应该发展农业，与民休息，先派遣使者到许县向天子报告消灭公孙瓒的捷报，若使者无法进入许县，就公告曹操阻隔大臣尽忠之路，然后派大军进驻黎阳，逐渐经略河南（黄河以南，古黄河流经黎阳），多建造舟船，修缮器械，分派精骑侵扰其边界，让曹军不得安生，以逸待劳，如此，坐可取也。"

郭图、审配表示反对，他们说："以明公之神武，率河朔（泛指黄河以北）之众多强兵，征伐曹操，易如反掌，何必如此！"

沮授说："救乱诛暴，称为义兵，恃众凭强，称为骄兵，义者无敌，骄者先灭。曹操奉天子以令天下，今举师南下，有违大义。且克敌制胜在于谋略，不在强弱。曹操法令畅通，士卒精干，不会像公孙瓒那样坐等攻击。今若抛弃万全之计而兴无名之师，我替明公担忧。"

郭图、审配说："武王伐纣，不谓不义，兵指曹操岂谓无名？且以明公今日之强大，将士都想奋勇争先，立下战功，不及时以定大业，所谓'天与不取，反受其咎'。此越国之称霸，吴国之灭亡的原因。沮授之计太过守稳，而不是跟着时机的变化而随机应变。"

袁绍本就准备攻打曹操，自然赞同郭图、审配所言。郭图等人趁机攻击沮授道："沮授兼领内外（奋武将军，使监护诸将），威震三军，若其再强盛，何以制衡他！主与臣同者亡，这是黄石公所忌惮的。统兵在外者，不应该再管理城内事务。"

于是袁绍把沮授部众一分为三，让沮授、郭图、淳于琼各统一军。骑都尉崔琰也劝袁绍道："天子在许县，民众心之所向，不可攻啊！"袁绍不予理会。

许县的将领得到袁绍将要来攻的消息后，都很紧张，曹操给他们打气鼓劲道："我了解袁绍之为人，他志大而智小，色厉而胆薄，嫉妒刻薄而缺少威严，兵多而调配不明，将骄而政令不一，土地虽广粮食虽丰，但正好是为我们准备的。"

将作大匠孔融对尚书令荀彧说："袁绍地广兵强，田丰、许攸是知名谋士，审配、逢纪是忠臣，各司其职，颜良、文丑是当世勇将，统率兵马，恐怕难以战胜吧！"

荀彧说："袁绍兵虽多而法不行，田丰刚直犯上，许攸贪污受贿不可自拔，审配专权但缺少谋略，逢纪刚愎自用，这几个人，势不能相容，内部必然生变。颜良、文丑，匹夫之勇，可一战而活捉。"

曹操进军黎阳，观察形势，命臧霸等率精兵进入青州境内，护卫东方。臧霸起自泰山，称雄东方，所以派他前去。曹操命于禁屯驻黄河岸边，提高警惕。曹操部署之后，返回了许县，分兵驻守官渡（官渡在今河南省中牟县城东北2.5公里处，官渡处于黄河以南，距离许县直线距离只有87公里）。

张绣降曹操

张绣驻扎在穰城,在许县西南,张绣和曹操有仇,袁绍想拉拢张绣,对曹操形成夹击之势。袁绍派人结交张绣,并给贾诩写信致意。

张绣准备答应袁绍的请求,他设宴款待袁绍的使者,当时贾诩也在座,贾诩对使者说:"请回去转告袁本初,兄弟不能相容,岂能容天下俊杰!"

闻听贾诩所言,张绣非常惊讶,继而感到恐惧,说道:"为何如此讲话?"然后他偷偷问贾诩道:"这样一来,我们该归谁?"

贾诩说:"不如追随曹公。"

张绣说:"袁强曹弱,又与曹操有仇,如何追随他?"

贾诩说:"这就是追随他的原因。曹公奉天子以令天下,这是原因之一。袁绍强盛,我们以少数兵力追随他,必不会受到他的重视。曹公兵少,他得到我们必然欢喜,这是原因之二。有霸王之志者,本就会放下私人恩怨,向四海展示德行,这是原因之三。愿将军不要再有疑虑。"

贾诩的话之前几度应验,所以张绣深信贾诩,于是张绣率众到许县归降了曹操。曹操见到张绣等人非常高兴,曹操拉着张绣的手入席欢宴。曹操又为儿子曹均迎娶了张绣的女儿,并任命张绣为扬武将军。曹操任命贾诩为执金吾,封都亭侯。

关中诸位将领看到袁绍与曹操之间很快要展开大规模战斗,谁输谁赢还不能预料,所以他们都中立观望。凉州牧韦端(生卒年不详)派从事杨阜(生卒年不详,名士),前往许县拜谒,随便观察形势。杨阜回到关中后,诸将问道:"袁、曹胜败在哪一方?"杨阜说:"袁公宽大而不能定断,谋略多但不能决断。不断则没有威严,少决则耽误大事,今虽强,终不能成大业。曹公有雄才远略,当机立断,毫不迟疑，发号统一而士卒精锐，能兼容并蓄，所任用的人能各尽其力，必能成就大事。"

曹操派治书侍御史卫觊（公元155年—229年，古代四大美男之一卫玠的曾祖父）去镇抚关中，关中连年遭受战乱，人民困苦，卫觊给荀彧写信，建议设立监盐官（掌收缴盐税），用多余的盐税反哺人民。荀彧转告曹操，曹操同意，派遣谒者仆射为监盐官。司隶校尉的治所也迁到弘农，统御关中。

袁绍和曹操竞相拉拢刘表，刘表两边都不得罪，只是口头答应，但既不出兵攻打曹操，也不出兵援助曹操。从事中郎韩嵩、别驾刘先，劝刘表道："今两雄相对峙，天下之重在于将军，若欲有所作为，可以趁其疲敝之际发起攻击。如其不然，应该选择一家结交。怎么能拥甲兵十万，坐观成败，求援而不能助，见贤而不肯归！如此的话两家的怨气必集于将军，恐无法保持中立啊。曹操善用兵，贤俊多归之，其势必胜袁绍，然后向长江、汉水用兵，恐怕将军不能抵御。为今之计，不如举荆州以归附曹操，曹操必感念将军大德，长久享受福禄，惠及后嗣，此乃万全之策。"

蒯越也劝刘表追随曹操，刘表狐疑不决，他派韩嵩（生卒年不详）前往许县观察形势。韩嵩少好学，贫不改志，重君臣名分，提前向刘表声明，如果朝廷任命了自己职务，自己无法拒绝，但刘表仍命他前往许县。

韩嵩到了许县以后，曹操听说过他，任命他为侍中、零陵太守。韩嵩返回襄阳后，盛赞皇帝和曹操，劝刘表派儿子到许县侍奉皇帝。刘表大怒，认为韩嵩已经对自己怀有二心，集合幕僚，手持皇帝符节，准备斩杀韩嵩。众人急忙相劝，刘表的妻子蔡氏也出面劝阻，她说韩嵩是当地望族，杀之无益。刘表虽然不再坚持杀韩嵩，但严刑拷打他的随行者，有的被拷打致死。刘表免去韩嵩死罪，把他关押了起来。

关羽斩颜良

曹操再度进驻官渡，曹操的常从士（常随从在左右者）徐他等人准备刺杀曹操，但因为猛将许褚常在左右保护曹操，徐他等人畏惧许褚，不敢动手。有天许褚归家休息，他到家后，内心不安，有种不祥的预感，随即又回到了曹操的大帐。徐他等人只看到许褚回家，并不知道许褚又回到了曹操的身边，于是他们怀揣利刃进入曹操大帐，猛然见到许褚，非常震惊，呆若木鸡。许褚看到徐他等人脸色大变，立即觉察出他们的动机，当即击杀了徐他等人。徐他为什么要杀曹操？原因大概如下：一是徐他是董承等人同伙，准备铲除曹操；二是徐他是徐州人，曹操屠徐州，他有亲人被杀，怨恨曹操；三是他可能被袁绍收买。

刘备这时候拥有部众数万人，他派孙乾去交好袁绍，准备和袁绍联合抗击曹操。曹操派部将刘岱、王忠攻打刘备，无法取胜。刘备对刘岱等人说："像你等这样的人，再来一百个，也无济于事。曹操亲自来，也结果难判！"

建安五年（公元200年）正月，"衣带诏"之事败露，曹操诛杀了董承、王服、种辑及其三族。董承的女儿董贵人也受到牵连，当时董贵人怀有身孕，汉献帝数次为她向曹操求情，但曹操不为所动，坚持杀害了董贵人。

曹操准备亲征刘备，诸将劝道："与明公争夺天下者，是袁绍，今袁绍快来了却放弃阵地东征，如果袁绍攻击我们后路，该怎么办？"

曹操说："刘备是人中豪杰，今如果不攻击，必为后患。"

郭嘉说："袁绍生性迟缓而多疑，必不会速来。刘备新近崛起，众心还未完全归附，应该速速攻击他，他必败。"

曹操点头，于是率军东征刘备。

田丰听说曹操进攻刘备，建议袁绍道："曹操和刘备交兵，不会马上见分晓，明公可以率军攻打曹操后背，可一战而定。"

袁绍以幼子正生病为由，不予发兵。田丰恼怒不已，举起手杖敲击地面说："呜呼哀哉！逢难遇之时机，而以婴儿生病失去机会，悲哀啊，大势去矣！"

刘备认为曹操不会舍弃强敌袁绍而来进攻自己，待到曹操军队突然出现的时候，刘备大惊，两军交战，刘备大败，妻子儿女被曹操俘虏，部众被俘无数。曹操又攻陷了下邳，俘虏了关羽，再进攻昌豨，大胜。刘备投向青州，然后再转向邺城投靠袁绍。袁绍听说刘备将至，出邺城二百里外迎接刘备。刘备在邺城住了一个多月后，他的残军败将才逐渐聚拢。

曹操回军官渡。曹操很器重关羽，但通过观察，发现关羽时常若有所思，心不在焉，因此知道他在自己营中无久留的打算。因为张辽过去是吕布的部将，和关羽有过交集，曹操就派张辽以自己在曹营的感受现身说法，去打动关羽。张辽询问关羽，关羽叹息道："我深知曹公待我优厚，然而我受刘将军大恩，发誓同生共死，不可违背。我终不会留在此地，但也应当在报效曹公礼遇之后离去。"

张辽准备把实情转告曹操，但又恐曹操杀害关羽；不说实话，又非侍奉主人之道，因此左右为难，十分纠结，最后他长叹道："曹公，是君父；关羽，是兄弟。"君父大于兄弟，于是张辽以实情告诉了曹操。曹操赞许道："事君不忘其本，天下义士啊。"

袁绍准备率军攻打许县，田丰全力劝阻，认为不如以逸待劳，坐观其变。袁绍愤怒，把田丰下狱。袁绍又命主簿陈琳写了一篇檄文，名为《为袁绍檄豫州》，文中多方面揭露了曹操的凶残暴虐，目的在于让人们不要依附曹操，而归顺袁绍，还把曹操的祖父是宦官的事给翻了出来。

建安五年（公元200年）二月，袁绍率大军抵达黎阳。沮授预料此行必败，临行前召集宗族，把钱财物资分发给他们。

镇威将军程昱率领七百士兵驻守鄄城，曹操听说袁绍要渡河南下，准备给程昱增派两千士兵，程昱不肯，说："袁绍拥有十万大军，自以为所向无前，今见我兵少，必轻易不会来攻；若增加我的兵力，袁绍则不可不攻，攻则必克，白白多损失兵力。愿明公勿疑。"曹操听从了程昱的建议。袁绍听说程昱兵少，果然不去进攻。曹操对贾诩说："程昱的胆识，胜过古代著名勇士孟贲、夏育。"

袁绍派大将颜良攻打东郡太守刘延据守的白马，沮授说："颜良心胸狭窄，虽然骁勇，但不可单独担当大任。"袁绍不听。

曹操率军北上援救刘延。荀攸建议道："今我方兵少不敌，必须分散袁绍的兵力才能取胜，明公可到延津南岸，给袁绍一种将渡河攻击其后路的假象，袁绍必会分兵向西，然后明公命轻骑袭击白马，趁其不备，颜良可擒。"

曹操听从荀攸建议。袁绍听说曹军要渡河北上，当即分兵向西阻截。曹操随即率军日夜兼行杀奔白马，距离白马十余里的时候，有斥候飞报颜良，颜良大惊，前来迎击。曹操派张辽、关羽为先锋，关羽望见颜良的旌旗伞盖，立即催马直奔颜良，于万军中斩杀了颜良，又在万众惊骇之中，砍下颜良的首级而还，来去自如，袁绍军没有能阻挡关羽者。白马之围遂解，迁徙民众，沿着河岸西行。

袁绍命令渡河追击，沮授劝道："今应该留屯延津，分兵官渡，如果攻克，再迎接留屯大军不晚。如果战事艰难，大军无法回返。"袁绍不听。沮授遂以生病为由辞职，这时候袁绍已经对他怀恨在心，剥夺了他的部属，交给郭图领导。

袁绍军抵达延津南。曹操率军驻扎于南阪南，构筑工事，他命人登上高墙眺望敌情，汇报说："约五六百骑。"过了一会儿，又汇报说："骑兵稍多，步兵不可胜数。"曹操说："不要再报告了。"曹操命令骑兵解鞍下马。当时，白马迁徙的辎重已经上路。诸将认为敌人骑兵多，不如退回来坚守。荀攸说："这是诱饵，怎么能撤回来呢！"曹操计谋被荀攸看穿，他冲荀攸笑了笑。

袁绍骑兵统帅文丑和刘备率领五六千骑兵一前一后抵达。曹军诸将恐惧，多次说："可以上马了。"曹操说："不可。"

过了一会儿，抵达的袁军骑兵稍多，他们分兵去抢夺辎重。曹操说："可以了！"于是皆上马。当时曹军骑兵不满六百，但他们非常英勇，奋力搏杀，大破袁军，击斩大将文丑。文丑与颜良，都是河北名将，只不过才两次战役，竟然全被斩杀，袁绍军中弥漫着恐怖气氛，士气低落。

关羽斩杀颜良后，曹操知道关羽快要离去寻找刘备了，赏赐更为丰厚，希望留住关羽。关羽把曹操前后的赏赐封起来，写下拜别书信，然后不辞而别，前去投奔刘备。

得知关羽离开，曹操部将准备前去追赶，曹操制止说："各为其主，勿追。"

孙策之死

庐江郡太守刘勋，收编了数千人的起义队伍和不少的袁术旧部，势力变得强大。讨逆将军、会稽太守、吴侯孙策忌惮刘勋强大，表面对他谦恭，让他放松警惕，实则有吞并刘勋之念。

孙策率军攻打时驻沙羡（在今湖北省武汉市江夏区西金口）的江夏太守黄祖，要为父报仇（黄祖部将射杀了孙坚）。孙策大军抵达石城（在今安徽省马鞍山市东南）的时候，他得知刘勋人在海昏（在今江西省永修县西北）的消息，认为机会难得，于是命令堂兄孙贲、孙辅率领八千士兵进驻彭泽，切断刘勋退路。

孙策和江夏太守周瑜（孙策任命）率领两万将士，攻陷了皖城，俘虏了袁术的妻子儿女及部众三万多人。孙策探视了袁术的妻子儿女，做了妥当安排。孙策任命李术为庐江太守，拨付他三千士兵，守卫皖城。孙策把俘虏迁徙到了吴郡。

刘勋回军路过彭泽，孙贲、孙辅率军截击，刘勋败走流沂（在今湖北省黄石市），求救于黄祖。黄祖命其子黄射率五千舟师相助刘勋。孙策又对黄刘联军发动攻击，获胜，刘勋逃向北方去投奔曹操；黄射逃走。孙策收降了刘勋兵士两千多人，战船一千艘。

孙策又率军攻打黄祖，抵达了沙羡。刘表派堂侄刘虎及部将韩晞，率领五千长矛兵来援助黄祖。孙策率军与敌军展开大战，大胜，韩晞被斩，黄祖脱身逃走。孙策俘获了黄祖的妻子儿女及战船六千艘，黄祖及刘虎的军队被杀者、溺亡者达数万人。

孙策率大军图谋豫章郡，屯于椒丘（在今江西省南昌市新建区东北，距离南昌县数十里），他想不战而屈人之兵，于是对功曹虞翻说："华歆（豫章郡太守）虽然名气很大，但不是我的对手，若不开城投降，金鼓一震，将生灵涂炭。请你前去传达我的意思。"

虞翻之前就和华歆有交集，于是前往南昌和华歆相见，并劝华歆道："孙讨逆智略超世，用兵如神，之前打败刘扬州（刘繇），君所亲见；南定会稽，君也应当耳闻。今大军已抵达椒丘，我这就回去，明日日中还得不到降书，我就该与君告辞了。"

华歆说："久在江表（指长江以南的地区），常思北归故土，孙将军要来，我便走了。"华歆连夜写了降书，第二天天一亮，就派官员携带降书去迎接孙策。孙策进军，华歆佩戴葛巾迎接孙策。孙策谦恭地对华歆说道："府君（汉朝时期称太守为府君）德高望重，远近所附；策年轻缺乏经验，理应向您行弟子之礼。"孙策说罢便先前施礼，待华歆为上宾。

孙策又探视了刘繇的家属，并命人护送刘繇棺椁北返。孙策善待袁术家属和刘繇家属的做法，士大夫都予以称道。孙策拆分豫章郡，设立了庐陵郡，任命孙贲为豫章太守，孙辅为庐陵太守。之前我们讲过，僮芝占领了豫章郡庐陵县，这时候僮芝生病，孙辅进攻，夺取了庐陵县。周瑜留屯巴丘县（今江西省峡江县西南）。

曹操和袁绍相持于官渡，孙策准备秘密袭击许县，把汉献帝掌握在自己手中，以令天下。广陵（郡府射阳县，今江苏省宝应县东北）太守陈登知道孙策早晚要图谋广陵郡，于是趁着孙策西击黄祖，吴郡空虚的机会，诱使吴郡乱民作乱。孙策得到消息，回军攻打陈登，走到丹徒县（在今江苏省丹徒市东南十八里丹徒镇）的时候，停驻等待军粮。

先前，吴郡太守许贡准备秘密写信给曹操，让曹操留意孙策，但被孙策发现，孙策杀死了许贡。许贡的门客潜藏于民间，准备伺机为许贡报仇。孙策酷爱打猎，数度出营驰骋，纵情狩猎，他的坐骑是万里挑一的良驹，每次打猎的时候，属下都被他远远甩在后面，他的这一特点被许贡的门客掌握。一次，孙策又和属下外出打猎，他又冲在前追击猎物，突然遭遇了许贡的三个门客，孙策注意力全在猎物上，没有防备，他们搭弓射箭，正中孙策的面颊，孙策翻身落马，许贡三个门客搜寻孙策，孙策的手下骑士赶到，把许贡的三个门客杀死，救了孙策一命。

孙策伤得很重，他把长史张昭（公元156年—236年）等人召来交代后事道："中原正乱，以吴（在今江苏省长江以南）、越（在今浙江省）之物阜民丰，三江

（吴松江、钱塘江、浦阳江）之险固，足以坐观成败，请公等好好辅佐我的弟弟。"

孙策长子孙绍年幼，孙策有四个弟弟：孙权、孙翊、孙匡和孙朗，孙权（公元182年—252年）十九岁，江东未稳，需要年长者主持大局。孙策把孙权叫到了病榻前，把印绶给孙权佩戴在身，并对孙权说："调动江东人力物力，决断两阵之间，与天下争锋，你不如我；举贤任能，使他们各自尽心尽力辅保江东，我不如你。"

建安五年（公元200年）四月四日夜，孙策病逝，年仅二十六岁。

孙权悲痛大哭，顾不得安排政事。张昭对孙权说："孝廉（孙权曾被郡里举荐为孝廉），这不是哭的时候！"张昭为孙权改换服装，扶上坐骑，巡视各军，让众军都知道这是新的主人。张昭率领僚属，上表朝廷江东之事，又向所属郡县下发命令，要求内外将校严守法令，各守其职。周瑜率军前来参加孙策葬礼，留在了吴郡，以中护军（掌管禁军、主持选拔武官、监督管制诸武将）的职务和张昭共同掌管江东事务。

当时孙氏虽然据有会稽郡、吴郡、丹阳郡、豫章郡、庐江郡和庐陵郡，然而这些郡的偏僻之处，仍然没有全部归顺，到此落脚的流亡人士，观察局势安危随时决定去留，还没有形成主仆的稳固关系。张昭和周瑜等人都说孙权可以共成大业，全心全意辅佐孙权。

曹操表奏汉献帝刘协，任命孙权为讨虏将军、领会稽郡太守，屯驻吴县。孙权以师傅的礼节对待张昭，而以周瑜、程普、吕范等人作为将帅。孙权招揽才俊，征聘名士，壮大实力。

官渡之战（上）

曹操驻军官渡，乌桓司马阎柔派使者表示效忠曹操，曹操任命阎柔为乌桓校尉。渔阳郡太守鲜于辅亲自来拜见曹操，曹操任命他为右度辽将军，让他仍回幽州。（曹操是表奏汉献帝之后任命阎柔、鲜于辅的，此时汉献帝已经是傀儡，这些职位实际上就是曹操任命的，表奏只是走个形式，为了讲史方便，以后我们就直接写曹操任命）

汝南的黄巾军首领刘辟等人背叛曹操，投降了袁绍。袁绍派刘备相助刘辟攻打许县，分散曹操的注意力，这时候关羽也已经归队。刘备率军在汝水、颍水之间袭扰，一些县投降了刘备，自许县以南，吏民不安，曹操很头疼。

曹仁说："南方应该派大军前往，但目前大军面对强敌，形势危急，势不能相救，刘备以强兵威逼，他们不得已才背叛。刘备新近才率领袁绍人马，还没有足够的威信让他们俯首听命。如果我军此时攻打刘备，可破。"

曹操认为曹仁所言有道理，就派曹仁率领精锐骑兵去攻打刘备。刘备不敌败走，曹仁平定背叛的诸县后回军。

刘备回到了袁绍大营，通过观察，他感觉袁绍难成大事，于是准备离开袁绍，就劝说袁绍结交南方的刘表，对曹操形成夹击之势。袁绍派刘备率军再度来到汝南，和黄巾军首领之一的龚都联合，部众达到了数千人。曹操派部将蔡阳（蔡扬）攻打刘龚联军，蔡阳兵败，被刘备所杀。

袁绍率军进驻官渡北岸的阳武县（在今河南省原阳县西南），沮授劝袁绍道："我军兵虽多但勇敢刚毅不如曹军，曹军粮少而物资储备不如我军；曹军急于交战，而缓战对我军有利。应该打持久战，旷以时日，曹军必败。"袁绍不听。

建安五年（公元200年）八月，袁绍军营稍前移，依沙堆为屯，东西绵延数十里。曹操也分兵相抗。曹军主动出击,和袁绍军交战,不能取胜,又退了回去,加固堡垒严守。

袁绍下令修筑高高的瞭望台,垒起土山,向曹军营中放箭,箭如雨下,曹军营中士兵皆高举盾牌,遮挡而行。曹操一筹莫展,仓曹掾刘晔开动脑筋,发明了"霹雳车"(抛石车),利用杠杆原理,抛起石头攻击袁绍军营楼,石头经过加速以后,威力巨大,营楼土崩瓦解。袁绍又命挖掘地道进攻曹军,曹操命挖掘长长的壕沟来破坏地道。曹操兵少而粮食将尽,士卒疲乏,百姓也苦于赋税,许多人背叛曹操投降袁绍。曹操非常焦虑,给荀彧写信,准备回师许县,以使大军休整。

荀彧回信说:"袁绍全军出动聚于官渡,欲与明公决胜败。明公以极弱对抗极强,若不能取胜,必为所制,此为攸关成败之大事。袁绍,是平庸的领袖,能吸引人才但不能使用。以明公之英明神武又顺应大道,何愁不能成功!今军粮虽少,也不比楚、汉在荥阳、成皋间相持时啊。当时刘、项都不肯先退,以为先退则处于劣势。明公以袁军十分之一的人数,画地而阻隔之,扼其咽喉而使其不能前进,已有半年了,袁军的声势已经衰竭,必将有变。此时正是出奇兵之时,机不可失。"

曹操听从荀彧建议,坚壁固守。曹操见到运粮官,抚慰他们说:"准备十五日内,打败袁绍,到时候就不用再劳烦你们了。"

袁绍运输辎重的车辆数千辆即将抵达官渡。荀攸对曹操说:"袁绍的运粮车马上就会抵达,运粮官韩猛(生卒年不详)勇猛但轻敌,攻击他,可破!"

曹操问:"可派谁去?"

荀攸说:"徐晃。"于是曹操派徐晃和史涣截击韩猛,大破韩猛,因为担心袁军援军到来,徐晃命令纵火把辎重焚烧。

十月,袁绍又派车运送军粮等辎重,这次他吸取教训,派大将淳于琼等率领一万多将士迎接,在袁绍大营以北四十里宿营。沮授对袁绍说:"可派遣部将蒋奇为淳于琼别部支队,以防备曹操劫掠。"袁绍不听。

许攸对袁绍说:"曹操兵少而悉数出兵拒我军,许县留守部队,势必空虚薄弱。若分派轻军,星夜驰行,发动突然袭击,许县可拔。攻下许县,则奉迎天子以讨伐曹操,曹操可擒。即使其不溃败,也可使其首尾奔忙难顾,必破之。"袁绍为世家大族出身,骄傲自负,目前兵力也是压倒性优势,因此他说:"我应当先取曹操。"

恰这时许攸的家人犯法，留守邺城的审配为人正直，将许攸犯法的家人逮捕。许攸得到消息后大怒，他的计谋又不能被袁绍采纳，许攸越想越气，遂找准机会溜出了袁绍大营，前去投奔曹操。

曹操早年就和许攸相识，当时曹操正在床上休息，听说许攸来投，曹操欣喜若狂，从床上一跃而起，鞋也顾不上穿了，光脚快步相迎，见到许攸后，曹操拉着许攸的手，笑着说："子远，卿来，我大事可成！"

曹操和许攸分宾主落座，许攸开门见山问曹操道："袁氏军盛，该如何应对？今还有几多军粮？"

曹操说："尚可支撑一年。"

许攸说："不对，请直言！"

曹操说："可支撑半年。"

其实许攸了解曹军的粮草情况，他笑着说："足下不是准备破袁氏吗，为什么不说实话呢！"

曹操尴尬一笑，说："之前都是戏言，其实军粮只够用一月，卿有什么妙招吗？"

许攸说："明公孤军独守，外无救援而粮谷已尽，此危急之日啊。袁氏辎重万余车，在故市、乌巢（二地均在今河南省封丘县西），驻军防守并不严备，若以轻兵偷袭，出其不意突然抵达，焚烧其辎重，不出三日，袁氏自会溃败。"

曹操大喜，命曹洪、荀攸守营，他亲自率步骑兵五千人，竖起袁军旗帜，马口衔枚（枚，形如筷子，两端有带，可系于颈上）以防出声，夜间从偏僻小道出发，每人怀抱一捆薪柴，所过之处有盘问者，他们回答说："袁公恐曹操偷袭后军，派兵加强防备。"听者信以为真，曹军从容自若前行。

曹操抵达故市、乌巢后，包围了粮仓，纵火焚烧，袁军营中受到惊扰，乱作一团。

天亮后，淳于琼等看见曹操兵少，出营列阵，曹军急攻，淳于琼等退守大营，曹军攻营。

官渡之战（下）

袁绍得知曹操攻击淳于琼的消息后，对儿子袁谭说："曹操攻破了淳于琼，我拔其营寨，他就无家可归了。"于是袁绍命大将高览、张郃等人率军攻打曹操大营。张郃说："曹操精兵偷袭，必破淳于琼等人，琼等被破，则大势已去，我请求先去援救淳于琼。"

郭图坚持要求攻打曹操大营，他说："张郃说得不对，不如攻打曹操大营，曹操势必回军援救，不救而自然解围。"张郃说："曹操营寨坚固，不会短时间内攻下，若淳于琼等被擒，我等会尽数成为俘虏。"

袁绍不接受张郃的建议，派轻骑去援救淳于琼等人，而以重兵去攻打曹操大营，但营寨非常坚固，无法攻下。

袁绍轻骑兵抵达乌巢，曹操左右将官有人说："袁军骑兵接近，请分兵抵御。"曹操怒道："贼兵来到背后，再告诉我！"曹军士卒皆殊死搏斗，遂大破袁军，斩杀大将淳于琼等人，尽数焚毁其粮草辎重。曹军斩首一千多人，皆割下鼻子，战死的马匹皆割下唇舌，向袁军救援部队展示。

袁军将士皆惊惧不已。郭图计谋失败，担心被袁绍惩处，于是向袁绍诬陷张郃道："我军失败，张郃有欣喜的表情。"张郃愤恨恐惧，于是和高览焚烧攻营用具，到曹营投降。

曹洪怀疑，不敢接受张郃等人投降。荀攸说："张郃计划不被采用，怒而来投，君有何疑！"于是接受了张郃等人。

大将张郃、高览投降，大将淳于琼被杀，粮草被焚毁，袁军惊恐，大败。袁绍及儿子袁谭等人裹上头巾，骑上战马而逃，与嫡系共八百骑兵渡过了黄河北逃。曹操追赶不及，尽收其辎重、图书、珍宝。袁军残军有投降者，曹操命令尽数坑杀，前后所杀七万多人。曹操为什么要坑杀降兵？大概曹操认为这些人并不是真心投降，而是形势所迫，走投无路才投降的，为了杜绝后患，曹操才采取了这种不人道的做法。

沮授来不及和袁绍一起渡河，被曹军抓获，他大喊道："沮授不投降，是被抓住的！"

曹操之前就和沮授相识，迎上去对沮授说："各为其主，所以一直没有联络，没想到今天把你擒住了！"

沮授说："袁冀州失策，招致败北。沮授才智能力俱不被采用，被擒是自然的。"

曹操说："本初无谋，不用你的计谋，该遭此败。今国家未定，我们应该多加商量，以安定天下。"

沮授说："叔叔、母亲、弟弟都在袁绍那里，如果得到明公垂青，速死方是福气。"

曹操叹息道："若我早些得到卿，天下不足虑了。"

曹操赦免了沮授并厚待他。但不久沮授又谋划着投奔袁绍，于是曹操杀死了沮授。

曹操检视袁绍书信，得到许县及自己军营的官员给袁绍的信，将其统统焚烧，曹操说："当时袁绍强大，我犹不能自保，何况众人！"

有很多冀州城池向曹操投降。袁绍抵达了黎阳北岸，进入其将军蒋义渠（生卒年不详）营中，握着蒋的手说："我这项上人头就交给你了！"蒋义渠把大帐交给袁绍使用，自己住到别帐，并派人宣布袁绍号令。袁绍残军听说袁绍还活着，纷纷前来聚拢。

有人对田丰说："你日后肯定受到重视了。"

田丰说："主公外表宽厚而内怀嫉妒，不会体察到我的忠心，我多次以至诚之言劝他，都不合他的心意，若我军胜利主公高兴，或许能释放我，今主公因战败而心生怨恨，其忌恨之心即将发作，我活不成了。"

大军惨败，无数将士阵亡，袁军幸存将士皆顿足捶胸，悲泣道："如果田丰在此，必不至于败。"

袁绍对逢纪说："冀州吏民听说我军败，应该都会挂念我的安危，唯有田别驾之前劝阻我，与众不同，我也感觉羞愧。"

逄纪诬陷田丰说："田丰听说将军退军，拍手大笑，庆贺被他言中。"

袁绍于是对幕僚说道："我不用田丰之言，果然被他讥笑。"于是命人杀害了田丰。

当初，曹操听说田丰被关押，没有随军，大喜道："袁绍必败。"等到袁绍逃遁，曹操说："假如袁绍用其别驾计策，胜败尚未可知。"

审配的两个儿子被曹军所擒，袁绍部将孟岱和审配有仇，他对袁绍说："审配在位专政，族大兵强，且二子在南方，必心生反计。"

郭图和辛评也持同样看法。袁绍遂以孟岱为监军，代替审配守卫邺县。护军逄（páng）纪素与审配不和，袁绍也了解，他问逄纪，逄纪说："审配生性刚烈耿直，仰慕古人之气节，必不会以二子在南方而做出不义之事。愿明公勿疑。"

袁绍问道："你为什么不中伤他？"

逄纪说："之前所争执的，是私事；今天所陈述的，是国事。"

袁绍称赞道："很好！"于是不处理审配。审配从此和逄纪亲近起来。

背叛袁绍的冀州城池，不久大都被袁绍收复。

第十六章 统一北方

鲁肃投孙权

扬州刺史严象（公元163年—200年）是荀彧推荐给曹操的人才，袁术病逝后，曹操表奏朝廷，任命严象为扬州刺史。庐江太守李术（？—200年）是当年孙策任命的，他奉孙策之命，截杀了赴任的严象。当时庐江人梅乾、雷绪、陈兰等各聚众数万在江淮间劫掠。曹操此时正和袁绍对峙于官渡，他认为司徒掾刘馥（？—208年）有能力安定江东局势，于是表奏汉献帝后，任命刘馥为扬州刺史。当时扬州的庐江郡、丹阳郡、会稽郡、吴郡和豫章郡，皆属孙策，扬州独有九江郡。

刘馥单枪匹马来到了合肥（在今安徽省合肥市；之前为历阳），把州府设在了合肥，当时合肥是一座空城，刘馥用诚心招揽梅乾和雷绪等地方武装势力，他们先后归顺，向州府交纳税赋。几年之内，恩惠教化盛行，流民前来归附者数以万计。于是推广屯田，兴修蓄水池，灌溉田地，粮食丰收，官府和百姓都有了积蓄。刘馥征聘儒生，建学校；又高筑城垒，多积木石，整修战备，以备不时之需。孙权后来久攻合肥不下，有赖于刘馥此时的经营。

曹操听闻孙策的死讯，准备趁机讨伐江东。侍御史张纮劝阻说："古不伐丧，若无法取胜，就抛弃盟好结成仇人，不如厚待孙权，让他心生感激。"

曹操随即表奏孙权为讨虏将军（讨虏将军封号始于此），领会稽太守。曹操准备让张纮游说孙权归附，命张纮为会稽东部都尉。张纮抵达吴县，太夫人（孙权母亲，汉制，列侯之母称太夫人）认为孙权年少，于是委托张纮与张昭共同辅佐孙权。张纮本是孙策旧部，他思维缜密，尽心竭力辅佐孙权。

太夫人问扬武都尉董袭（？—213年/216年）道："江东可保得住？"

董袭说："江东有山川之险固，而讨逆将军（孙策）恩德在民，讨虏将军（孙权）继承基业，大小官员听命，张昭秉持政务，袭等为武将，此地利人和之时，万无一失，请太夫人不要担忧。"众人都认为董袭的话很有道理。

孙权派张纮到会稽郡就职，有人说张纮是朝廷命官，担心他的志向不止于此，孙权并不介意。

前文讲到，鲁肃回东城（在今安徽省滁州市定远县）安葬祖母，他的好友刘晔写信劝他投靠巢湖的豪强郑宝，鲁肃同意，他返回曲阿收拾行装，准备北去。恰这时周瑜把鲁肃的母亲迎接到了吴县，鲁肃到了吴县向周瑜诉说了实情。这时孙权招揽英才，江东正值用人之际，周瑜游说鲁肃道："当年伏波将军马援对光武帝（刘秀）说'当今之世，非但君择臣，臣亦择君'，今主人（指孙权）亲近尊重贤士，接纳录用奇人异士，而且我听闻先圣密言，承接天运取代刘氏者，必兴于东南，推算时势，相应天象运行次序，终会成就帝业，以顺应天命，这里正是志向高远之士攀龙附凤奔走效力之处。"

鲁肃很看重周瑜，听从周瑜之言，留了下来。周瑜向孙权推荐鲁肃，说鲁肃是辅佐之才，应该广求此类人才，以成功业。孙权随即召见了鲁肃，孙权问道："今汉室倾危，我想建立齐桓公、晋文公那样的功业，君有何良策？"

鲁肃回答说："当年高帝想要尊奉义帝（芈心）而无法做到，是因为项羽为害。今日之曹操，犹昔日之项羽，将军又怎能做得了齐桓公、晋文公！我私下判断，汉室已经不可复兴，曹操也不可能短时间内除掉，将军为今之计，唯有保住江东以观天下之变啊！此时北方攻伐激烈，将军趁机剿除黄祖，进伐刘表，把长江以南据为己有，此帝王之基。"

鲁肃所言正中孙权下怀，但他此时不便暴露雄心，于是说道："现今我在南方尽力，希望能够辅佐汉室，你看得太远了。"

前文讲过，诸葛玄带领侄儿诸葛瑾、诸葛亮、诸葛均和侄女到荆州投靠刘表。结果，诸葛瑾和诸葛玄他们走散了，诸葛瑾投向了江东，诸葛玄等人到了荆州南阳郡。孙权的姐夫弘咨有次见到了诸葛瑾，很是惊异，就把诸葛瑾推荐给了孙权。诸葛瑾和鲁肃一同成了孙权的宾客。

鲁肃是周瑜的嫡系，又得到孙权的亲近，张昭感到不爽，他诋毁鲁肃年少粗心大意（张昭年长鲁肃十六岁，此时鲁肃二十九岁）。孙权不以为意，反而更加器重鲁肃，赏赐物品，修建储物间，把他的财富增加到和资助周瑜之前差不多。

孙权整合了一些弱小部队。别部司马（大将军营五部，每部各有校尉一人，军司马一人，其别营领属为别部司马）吕蒙（公元178年—220年），军容整齐，士卒操练有序。孙权见到后很高兴，增加了他的兵员，很偏爱他。

吕蒙，字子明，汝南郡富陂县（今安徽省阜南县东）人，年少时南渡淮河，投靠姐夫邓当。当时邓当为孙策的部将，数次讨伐山越。吕蒙当时年仅十五六岁，偷偷地加入了邓当的队伍讨伐山越。有一次被邓当发现，邓当大惊，大声斥责吕蒙，但吕蒙仍然冲锋陷阵。收兵后，邓当将此事告诉了吕蒙母亲，吕母愤怒，准备惩罚吕蒙，吕蒙说："贫贱难以生活，万一立下战功，就能得到富贵。且不入虎穴焉得虎子。"吕母心疼吕蒙这么小就为家业着想，就不再惩罚他。

当时邓当的一名属下因为吕蒙年纪小而轻视他，说道："竖子有什么能耐？这是准备以肉投食老虎罢了。"改日和吕蒙相遇，又羞辱吕蒙。吕蒙大怒，抽出佩刀，杀死了这名官吏，然后出逃，逃到了同乡人郑长家中。老躲着也不是办法，说好的建功立业呢？于是吕蒙向和邓当有交情的校尉袁雄自首，希望袁雄替他开脱，袁雄果然为他向孙策说情，孙策召见了吕蒙，认为吕蒙非同一般，于是他把安排在自己左右。

过了几年，邓当去世，张昭推荐吕蒙接替了邓当，任命他为别部司马。孙权掌权后，准备整合弱小的部队，吕蒙暗中赊账，为属下士兵购置了绛色的服装和绑腿，日夜训练。等到检阅的日子，吕蒙军队训练有素，秩序井然，所以孙权非常高兴，为他增加了兵士。

庐陵太守、孙权堂兄孙辅唯恐孙权不能保住江东，秘密派人给曹操写信，建议曹操前来。但送信者属意孙权，向孙权告密，孙权把孙辅软禁了起来，把他亲近的属下全部斩首，分割他的部属。

庐江太守李术不肯顺服孙权，还接纳江东叛变者。孙权准备消灭李术，为了不使曹操援救李术，孙权向曹操写信，告知曹操李术杀死了严象，求曹操不要援救和接纳李术。于是孙权率军向据守皖县（在今安徽省潜山县）的李术发起进攻，李术不敌，向曹操求援，曹操不予理会。皖县被孙权攻陷，孙权命令屠城，并砍下了李术的人头，把他的属下两万多人南迁。

▲ 唐 阎立本《历代帝王图》之孙权

刘备屯新野

建安三年（公元198年），长沙郡太守张羡（生卒年不详）背叛刘表。张羡性格倔强，荆州牧刘表对他态度也比较傲慢，张羡难以忍受。因张羡曾经任零陵郡、桂阳郡太守，而且在两地比较得民心，长沙郡人桓阶建议张羡鼓动零陵、桂阳一起背叛刘表，归降曹操。张羡同意，于是三个郡背叛了刘表，投降了曹操。刘表率军攻打三郡，曹操派军救援，刘表军无法攻克三郡。

曹操和袁绍在官渡大战之时，张羡病逝，他的儿子张怿接替了他的职务。刘表认为曹军无暇救援三郡，于是命军队加强攻击，三郡遂被攻陷。这时候荆州拥有共八个郡约一百二十个县，土地数千里，甲士十多万，刘表自恃强大，高傲起来，不再像过去一样向朝廷进贡。

曹操在官渡取得大胜，准备趁威势进攻荆州。尚书令荀彧劝他道："袁绍新败，部众离心，应该趁着他困顿之际，平定冀州。如果远征江汉，假使袁绍收拾残部，乘虚而入，断我军后路，则明公大势已去。"曹操遂打消了进攻荆州的念头。

曹操亲自率军向南攻打在汝南一带活动的刘备，刘备兵少将寡，抵挡不住曹操大军，他派糜竺、孙乾前去面见刘表，表示要归附刘表。二人面见刘表，刘表闻听刘备要来投靠，大喜过望，亲自到郊外迎接刘备等人，以上宾的礼节对待刘备，给刘备拨付了部分军队，让他屯驻于南阳郡新野县，北拒曹操。龚都被曹军击溃，四散奔逃。

此后曹操经略北方，刘备在新野长达七年，直到曹军再次来攻，这是后话。

不久，徐庶（生卒年不详）前来投奔刘备。徐庶，原名徐福，字元直，颍川郡人，家境贫寒，年少时喜欢击剑，爱打抱不平，扶助弱小。汉灵帝中平（公元184年—189年）末年，徐庶为人报仇后，用白土粉覆面，披散头发逃走，但不幸被官吏抓住，问其姓甚名谁，徐庶闭口不言。官吏把徐庶绑到车上的立柱上，作出要肢解他的姿态，并击鼓引来周围街市上的人来辨识，众人都不敢说他是徐庶。徐庶的同党劫持囚车，把徐庶救了出来，徐庶很感激，从此丢弃刀戟，换上士人服装，专注学问。徐庶刚入学社的时候，儒生们听说他之前是犯人，都不肯和他同住一间房。徐庶谦恭有礼，每天早起，独自打扫房间，动静都先揣摩他人的心意，同时钻研学业，经书义理掌握得精湛纯熟。徐庶和同郡老乡石韬（石广元）关系亲近。

汉献帝初平（公元190年—193年）年间，中原大乱，徐庶和石韬客居荆州。徐庶久闻刘备大名，刘备屯驻新野后，徐庶前来投奔，刘备求贤若渴，非常器重徐庶。

颍川郡阳翟县人司马徽（？—208年），字德操，为人清高拔俗，通晓经籍，学识广博，有识人之明，同时精通奇门之术，被人称为"水镜先生"。当年荆州牧刘表设立学校，广求天下名士，司马徽来到了荆州的襄阳。当时大儒宋忠和司马徽齐名，也来投靠刘表。司马徽知道刘表心胸狭隘，很难容人，所以闭口不谈世事。有人对刘表说："司马德操是位奇士，但没有遇上伯乐。"

后刘表见到了司马徽，经过交谈，他认为司马徽没有什么特别的，他对人说："世间人说话虚妄不实，司马徽不过一介小书生罢了，他的见解普通。"

刘备听闻司马徽大名后，前去拜访，请教世事，司马徽也很看好刘备，两个人遂成为好友。

张鲁霸汉中

五斗米道（天师道）第三任天师、督义司马张鲁当年按照刘焉的命令，攻占了汉中郡（郡府西城县，在今陕西省安康市西北）。刘璋接任益州牧以后，张鲁认为刘璋愚钝懦弱，难成大业，于是不再听命，偷袭别部司马张修，杀死张修后吞并了他的部众。刘璋大怒，处死了张鲁包括母亲及弟弟在内的所有家人。张鲁遂独据汉中，公开与刘璋为敌。

刘璋派中郎将庞羲（生卒年不详）率军讨伐张鲁，但几场战役下来，均失利。刘璋任命庞羲为巴郡（郡府安汉县，在今四川省南充市北）太守，屯驻巴郡阆中县（在今四川省阆中市）以抵御张鲁。庞羲招募汉昌县賨人入伍，賨人骁勇善战。有人向刘璋诬陷庞羲也准备自立，刘璋开始怀疑庞羲。

征东中郎将赵韪（？—201年）当年放弃太仓令的官职，跟随刘焉入益州，刘焉去世后，又坚持拥立刘璋，可谓劳苦功高的老资格官员。他数次向刘璋提出意见建议，均不被采纳，赵韪愤懑，遂对刘璋怀恨在心。

当初，南阳、关中地区进入益州的流民数万家，刘焉把他们全部收编入伍，称为"东州兵"。刘璋性情宽厚柔和，但缺少威望谋略，东州兵欺凌益州士民，刘璋不能制止，引起了益州士民的不满。赵韪向来比较得人心，利用益州士民对刘璋的怨气，遂引兵作乱，率军数万攻打刘璋。赵韪又以厚礼结交荆州牧刘表，引为外援。蜀郡、广汉郡、犍为郡纷纷响应赵韪。

赵韪把刘璋围困于益州州府成都。东州兵恐怕赵韪得势后找他们的麻烦，于是奋勇拼杀，赵韪败退，追到巴郡江州县，把赵韪杀死。

庞羲恐惧，派属官程祁向程祁父亲、巴郡汉昌县令程畿（？—222年）宣布命令，要求征调賨人兵。程畿对儿子说："我受州牧恩德，应当守节尽忠，你是郡吏，自宜效力。不义之事，宁死不为。"

庞羲大怒，派人对程畿说："不服从太守，祸及全家！"程畿说："乐羊（战国时期名将）食子，并非无父子之恩，大义使然。今即使把程祁的肉羹送给我，我也会喝下去。"庞羲无法取得程畿的支持，自感实力不足，于是诚恳地向刘璋谢罪，刘璋原谅了他。

刘璋分割犍为郡，新设江阳郡（治府江阳县，在今四川省泸州市），提拔程畿为江阳太守。刘璋又采纳蹇胤之言，将巴郡改名巴西郡，永宁郡改名巴郡，固陵郡改名巴东郡。重新任命庞羲为巴西郡太守。

曹操听闻益州内乱，任命五官中郎将牛亶为益州刺史，征召刘璋到朝廷担任九卿，刘璋拒绝前往。

张鲁以鬼道教化人民，自称"师君"，病人都要坦承自己的过错，张鲁为他们祈祷，请求上天的原谅。实际上张鲁的行为对病人无益，但张鲁的教派具有一定的迷惑性，因此民众竞相信奉张鲁。张鲁对犯法者，原谅三次，然后才用刑。张鲁不设置官吏，皆以"祭酒"统领部众。初来学道者，号为"鬼卒"，后号"祭酒"，再号为"治头大祭酒"。民众、蛮夷很乐意接受这种领导方式，流亡此地者，不敢不奉其道。后张鲁攻取了巴郡。朝廷无力征伐张鲁，为了拉拢他，遂任命张鲁为镇民中郎将，领汉宁太守。张鲁只象征性地给朝廷进贡些特产。

汉中有百姓在地下挖出一颗玉印，张鲁属下认为这是吉兆，准备借机尊张鲁为汉宁王。

功曹阎圃劝张鲁道："汉川民众，户口超过十万，财物丰富，土地肥沃，四面险固，对上匡扶天子，则可为齐桓公、晋文公之地位，次一级也会像窦融那样，不失富贵。现在承制设置官吏，势力足以雄霸一方，不必称王。请您暂且不要称王，不要先招来祸患。"

张鲁同意。

袁绍去世

袁绍有三个儿子：袁谭（？—205年）、袁熙（？—207年）和袁尚（？—207年）。袁谭和袁尚都是袁绍后妻刘夫人所生，袁尚容貌俊美，刘夫人宠爱袁尚，数次给袁绍吹枕边风，希望让袁尚日后继承袁绍的位子。袁绍本身有"姿貌威容"，所以他也更希望外表像自己的幼子袁尚接他的班，加之刘夫人游说，他把袁谭过继给了自己无子的亡兄，成为亡兄的后嗣，这样袁谭就成了袁绍的侄子，基本丧失了继承袁绍位子的资格，袁绍又外放袁谭为青州刺史。

沮授劝袁绍道："一百个人追逐野兔，一旦一人捕获，其他人都会停止行动，因为归属权已经确定。袁谭是长子，应为继承人，而今却把他外放，此祸乱之始啊。"

袁绍掩饰说："我准备让儿子们各据一州，考察他们的能力。"于是袁绍又任命二儿子袁熙为幽州刺史，外甥高幹为并州刺史。

袁绍的参谋班子里，袁谭厌恶逢纪和审配的骄纵奢侈；辛评和郭图皆依附袁谭，而和逢纪及审配有仇。

这都是官渡之战前的事。官渡之战后，袁绍以优势兵力败给了曹操，他郁闷、恼怒至极，开始吐血。建安七年（公元202年）五月，袁绍大口吐血而亡，年龄不详。

袁绍去世后，部众大都认为应让袁绍的长子袁谭接任袁绍之位，审配、逢纪等人认为如果立了袁谭，恐怕日后辛评等人会谋害他们，于是假传袁绍遗命，拥立袁尚。

袁谭奔丧回到邺城，发现袁尚已经被立为继承人，自己年长而且聪慧，却不得立，抑郁不平。他仿照父亲当年起兵时自称车骑将军，也自称车骑将军，屯驻于黎阳。袁谭称要攻打曹操，请求增派军队，袁尚担心袁谭兵力强盛后掉转枪头对己不利，只拨付给袁谭很少的兵力，而且派逄纪随军监督袁谭。袁谭要求增加兵力，审配等人商议后不同意，袁谭大怒，杀死了逄纪。

曹操渡过黄河攻打袁谭，袁谭向袁尚求救，袁尚担心派别的将领过去镇不住袁谭，士兵会被袁谭吞并，于是他留审配守邺城，自己亲自率军增援袁谭。袁谭、袁尚出兵和曹操在黎阳多次交战，均告失利，二袁退守阵地。

袁尚任命郭援（？—202年，钟繇外甥）为河东郡太守，命他和并州刺史高幹、南匈奴（王庭时在平阳，今山西省临汾市）单于挛鞮呼厨泉（第四十二任）联合攻打朝廷控制的河东郡，开辟另外战线。袁尚还派使者和关中将领马腾、韩遂等联系结盟，共同对付曹操，马腾等人秘密答应。郭援大军势不可当，所经过的城池纷纷被攻陷，唯独绛县（在今山西省侯马市东）县长贾逵（公元174年—228年）固守的绛县县城比较顽强，郭援命令急攻，城池即将陷落，城中父老和郭援约定，如果不杀害贾逵，他们就投降，郭援同意。绛县父老开城投降，郭援入城后，想让贾逵做自己的属将，贾逵不同意，郭援就用兵器威胁贾逵，贾逵仍然不同意。左右忙拉着贾逵让他叩头，贾逵斥责他们说："哪有朝廷命官向贼人叩头的！"郭援发怒，准备处死贾逵，有人伏到贾逵身上，使他免受伤害。

绛县官员百姓听说郭援要杀贾逵，皆登上城楼呐喊道："负约杀我贤长，我们宁愿和他一起死！"

郭援不少手下看到贾逵深得民心，也替贾逵求情，为了平息众怒，郭援命令把贾逵关押于上党郡壶关县（今山西省长治市北）的土窑之中，以车轮覆盖窑口。贾逵愤慨地对看守者说："这里难道没有健儿，要让义士死在土窑之中吗？"

有一名叫祝公道的侠客，恰好听到了贾逵的这句话，他趁夜前往土窑，把贾逵救了出来，打开贾逵身上的刑具，放贾逵离去。贾逵万分感谢，询问恩公的名字，以待来日报恩，但祝公道始终不肯告诉贾逵自己的姓名。至于贾逵后来是如何知道祝公道这个名字的，大概还是多方追查的结果。

贾逵，字梁道，河东郡襄陵县（在今山西省临汾市东南）人，他家本为大姓家族，但到他祖父贾习的时候家道已经中落，贾逵出生时更是家境贫寒。他崇尚军旅，从孩童时起，就和伙伴做游戏模仿军队战争。贾习年轻时就勤于学习，学识渊博，因党锢之祸时对士大夫打压，所以他没有出仕，贾习对孙子贾逵的表现感到惊异，对他说："你长大了会成为将军！"于是口授他兵法数万字。贾逵起初担任郡里的小吏，后担任绛县县长（代理绛县县长）。顺便交代一句，贾逵是西晋权臣贾充的父亲。

庞德斩郭援

曹操派司隶校尉钟繇把南单于挛鞮呼厨泉包围于河东郡平阳县，这里也是南单于的王庭。城池还未攻破，郭援、高幹等人率军前来增援；安狄将军马腾率领援军也抵达了平阳。

钟繇命新丰县令张既游说马腾，言明利害。马腾犹豫不决。傅干（公元175年—？，西汉名将傅介子之后）劝马腾说："古人有言：'顺道者昌，逆道者亡。'曹公奉天子诛暴乱，法纪严明，政治清明，上下同心，可称得上顺乎天道。袁氏恃其强大，背弃王命，驱使胡虏欺凌朝廷，可以说是悖逆天道。今将军既然侍奉有道之人，却在两方间摇摆，想坐观成败；我担心成败一定，奉诏责怪，将军恐怕是第一个被诛的！"

马腾感到恐惧，傅干进一步说道："智者转祸为福。今曹公与袁氏相持，而高幹、郭援联合进攻河东，曹公虽有万全之计，无法来解河东之危局。如果将军能引兵讨伐郭援等，和河东兵马内外夹击，势必能够取胜。将军一举可斩断袁氏之臂膀，解河东之危急，曹公必感恩将军德行，将军功名将无与伦比。"

傅干的话打动了马腾，马腾派长子马超（公元176年—222年）率领一万多人和钟繇会合。马超，字孟起，年少就以勇健闻名。

起初，曹军诸将认为郭援兵力强盛，准备撤除平阳的包围而去。钟繇说："袁氏仍强，郭援率军前来，关中诸将秘密与之联络，平阳内外还未全部叛变，是因为顾忌我的威名。若撤围而去，向其示弱，我们领地的吏民都会仇视我们，纵使我想回去，怎么能够抵达！这是未战而先自败啊！且郭援刚愎自用，争强好胜，必轻视我军，若渡过汾水扎营，等郭援军队渡河的时候发动攻击，必大胜。"

郭援军抵达，果然轻敌，命令径直渡河，众将制止，郭援不听。郭援军队还未渡过一半，钟繇命令发动攻击，郭援军队措手不及，大败。打扫战场时，众人都认为郭援已死，但寻找不到郭援的尸体。晚些时候，马超的校尉庞德（？—219年），从装弓箭的箭筒里取出一颗人头，正是郭援的人头。郭援是钟繇的外甥，钟繇看见郭援的人头，放声痛哭。庞德致歉，钟繇说："郭援虽是我外甥，实则是国之贼寇，你没有过错！"

庞德，字令明，南安郡狟（huān）道县（在今甘肃省武山县）人，年轻时做过郡里的小吏和州里的从事，后跟随马腾讨伐反叛的羌、氐，数次立功，勇冠三军，被提拔为校尉。

郭援被杀，高幹退保并州，南单于栾鞮呼厨泉孤立无援，选择了投降。

曹军北讨袁氏，刘表命刘备北进，意图攻打许县。刘备率军一路高歌猛进，挺进到了叶县，距离许县比较近了。曹操派大将夏侯惇、于禁等人率军阻击刘备。刘备战略后撤，避夏侯惇等人锋芒，两军相持于南阳郡博望县（在今河南省南阳市方城县西南）。博望曾经为侯国，汉武帝曾经封张骞为博望侯。东汉时改为博望县。博望北依伏牛山，南朝隐山，西倚白河，是伏牛山由浅山向丘陵地带再为平原的过渡地带，地势险要，所以刘备选择在此地与曹军对抗。

刘备早有计谋，对峙中，刘备派出弱兵与夏侯惇交战，并故意战败退走，又焚烧自家营寨，做出了无力战斗、准备全面后撤的假象。这果然迷惑了夏侯惇，他本就对关羽的英勇不服气，决定抓住关羽等人向曹操邀功，于是命令追击。

裨将军李典（生卒年不详）劝道："贼兵无故撤退，我怀疑有埋伏，向南道路狭窄，野草茂盛，树木郁郁苍苍，不可追。"

夏侯惇、于禁立功心切，不听劝阻，让李典留守，他们亲自率军追击，在道路狭窄处，刘备一声令下，关羽、张飞、赵云等人率伏兵杀出，夏侯惇猝不及防，大败。赵云生擒了夏侯惇部将夏侯兰（生卒年不详）。夏侯惇、于禁等人走投无路之际，李典率军前来接应，他们奋力杀出重围，狼狈北逃。刘备兵少将寡，继续北进难有作为，于是选择了撤退。

夏侯兰和赵云是同乡，年轻的时候便相知，夏侯兰熟悉法律，赵云推荐他做了刘备军正。

張騫

▲ 张骞像

二袁争斗

曹操又对占据黎阳（在今河南省鹤壁市浚县）的袁谭、袁尚兄弟发起攻击，双方在黎阳城下展开大战，二袁不敌，连夜退走邺城。

曹操追击至邺城，把田地的小麦收割一空，诸将准备乘胜攻打邺城，郭嘉说："袁绍喜爱他这两个儿子，没有立下继承人便撒手人寰。今袁谭、袁尚权力相等，各有党羽，如果我们进攻得急，他们则会团结自保；如果不着急进攻，他们就会产生内斗。不如南向对付荆州，以待冀州变化，冀州内乱后，我们再行攻击，可一举而定。"

曹操说："妙计！"于是回军许县，留部将贾信镇守黎阳。

邺城内，袁谭对袁尚说："我铠甲不精，所以之前被曹操打败。今曹军退走，人心思归，应该趁着曹军未渡黄河之际，出兵掩杀，可以大胜，应该抓住这个机会，不能失去。"

袁尚怀疑袁谭的意图，既不给他增加兵力，也不给他更换铠甲。加之前番做法，袁尚终于激怒了袁谭，郭图、辛评趁机煽风点火道："使将军出继为先公（袁绍）兄长之后，是审配的主意。"

袁谭怒不可遏，决心夺回属于自己的东西，遂引兵攻打袁尚，双方战于邺城门外。袁谭实力不济，兵败，率残军退守渤海郡南皮县。

青州别驾王修率领青州吏民前往援助袁谭。袁谭兵力得到补充，准备再度攻打袁尚，王修劝道："兄弟者，如左右手，譬如人将去战斗而断其右手，说'我必胜'，难道他能胜吗？抛弃兄弟而不亲，天下其谁可亲！进谗言者离间骨肉以求一时之利，愿您塞耳勿听。若处斩佞臣数人，再和兄弟亲近，以招揽四方，可虎视天下。"

兄弟和好，哥哥要听命于弟弟？袁谭做不到，他拒绝王修的建议。袁谭的部将刘询在平原郡漯阴县（在今山东省齐河县东北）起兵叛变，许多城池守将皆响应。袁谭叹息道："今举州皆叛，岂不是我德行不够！"

王修说："东莱郡太守管统（生卒年不详），虽在海边，此人不会反，必来。"过了十几日，管统果然丢下其妻子儿女前来投靠袁谭，他的妻子儿子为叛军所杀。袁谭任命管统为乐安郡太守。

袁尚率领大军攻打袁谭，袁谭不敌，逃到平原县。袁尚追击，围攻平原县城。情急之下，袁谭派辛毗（？—235年，辛评弟弟）前去向曹操求救。这时，荆州牧刘表也分别给袁谭、袁尚写信，希望他们以大局为重，摒弃前嫌，但二人均不同意和解。

曹操此时驻军西平县（在今河南省舞阳县东南），辛毗到西平见到曹操后，表达了袁谭的求救之意，曹操属下大多数人都认为刘表强大，应该先行平定，袁谭、袁尚不足为虑。荀攸说："天下正有事，而刘表却拥强兵坐保长江、汉水之间，可知其并无天下之志。袁氏据四州之地，甲士数十万，袁绍以宽厚得民心。如果袁谭、袁尚兄弟和睦以守家业，则天下之灾难难以平息。今兄弟交恶，其势不两全，如果一方吞并另一方，势力归于一方就难以对付了，此时趁乱而取之，天下可定，机不可失。"

曹操同意荀攸的看法。可是过了数日，曹操又准备先行平定荆州，让袁谭、袁尚自相残杀，耗尽实力。辛毗观察曹操神色，知道曹操计划改变，就向郭嘉求助。郭嘉当初的建议就是等二袁内斗时出兵讨伐冀州，目前正是时机，因此他劝曹操北进。曹操问辛毗道："袁谭是不是可信？袁尚能不能攻克？"

辛毗回答说："明公不要问袁谭是可信还是欺诈，应该讨论一下眼前的形势。袁氏兄弟相攻，起初并没有料到他人能利用机会，他们不过为了争夺四州的控制权，来平定天下。今却求救于明公，可知其势穷。袁尚围攻袁谭不下，证明其力竭。兵马败于外，谋臣诛于内（逢纪、田丰等被杀），兄弟相残，国土一分为二，连年战争，加上旱灾蝗灾，饥馑蔓延。此乃上天灭亡袁尚之时啊。今明公攻打邺城，袁尚不回军，邺城不保；回军，袁谭追击在后。以明公之神威，对付困穷之敌，攻击疲敝之寇，无异于秋风扫落叶啊。荆州富饶安乐，境内未有变乱。如今

第十六章 统一北方　　389

因袁谭求救而前往镇抚,收获会非常大。且四方之敌,莫大于河北,河北平定,则六军盛大而天下震动。"

曹操说:"很对!"于是答应援救袁谭。不过辛毗的这番话感觉不是为袁谭搬救兵,而是为曹操谋定河北,可能救袁谭心切吧。

建安八年(公元203年)十月,曹操率大军北进,渡过黄河抵达了黎阳。袁尚得到消息后,立即撤出了对平原城的围困,回保邺城。

袁尚的部将吕旷、高翔审时度势,背叛袁尚,投降了曹操。袁谭刻制将军印信秘密送给吕旷、高翔,意图拉拢他们。曹操得知消息后,知道袁谭狡诈,但为了稳住袁谭,曹操为儿子曹整迎娶了袁谭的女儿为妻,然后回军。

攻陷邺城

建安九年（公元204年）正月，曹操率军渡过黄河。为了打通水上运粮通道，曹操决定遏淇水入白沟以通粮道。淇河（水）是一条古老的河流，发源于今山西省陵川县的方脑岭棋子山，蜿蜒南下，在黎阳注入黄河（古黄河）。曹操向北攻打邺城，以开通水路粮道，为此需要走白沟（大致相当于今卫河），但白沟水量不足，于是曹操要引淇河水入白沟，使白沟可以行驶大型运输船只。这项大型工程主要有以下三项：一是以大木为桩填以土石建成大坝，横截淇水，截断其入黄河的水道。二是在大坝上游东侧开深沟，引淇水入白沟。三是引黄河水济白沟。坝东沟北的屯兵护卫运道贺仓库的军事据点，后来发展成为"枋城"。东晋十六国时期，氐族首领蒲（苻）洪父子曾在此建立王宫；东晋枭雄桓温第三次北伐，被称为"枋头之战"；等等。

曹操要取袁氏老巢，袁尚却浑然不知，或者说被仇恨冲昏了头脑。他决意攻灭袁谭，留审配、苏由守卫邺城，自己亲自率军到平原去攻打袁谭。

曹操进军至洹（huán）水，距离邺城仅有五十里。苏由背叛了袁尚，秘密联系曹操，准备作为内应，事情败露，苏由逃出邺城，投向了曹操。曹操进抵邺城城下，垒起土山，挖掘地道攻城。袁尚部将、魏郡武安县长尹楷屯驻毛城，以使通往上党的粮道畅通。曹操留曹洪攻打邺城，自己则亲自率军攻打尹楷，大破尹楷后回军。袁军粮道被切断。曹操又率军进击邯郸，攻打袁尚的部将沮鹄（沮授之子），夺取了邯郸。

易阳县令韩范、涉县县长梁岐举城投降曹操。徐晃建议曹操说："二袁未破，还没有被攻取的城池守将在观察您对韩范、梁岐的态度，应该奖赏他们以示诸城。"曹操同意，韩范、梁岐皆赐爵关内侯。

黑山黄巾首领张燕遣使求助，曹操任命他为平北将军。

邺城久攻不下，曹操命令摧毁用于急攻的土山、地道，开凿壕沟包围邺城，周长四十里，断绝其内外联系。初时挖掘的沟浅，看起来可以跨越过去。审配从城上望见，大笑，认为这条沟根本起不了作用，就没有出兵阻挠。曹操命令夜间加紧挖掘，一夜之间，挖掘了一条广深皆达二丈的壕沟，把漳河水（漳水流过邺城西）引入壕沟，完全隔绝了城内外的联系。城中断粮后，饿死者过半。

袁尚终于率领一万多人回救邺城，还未到的时候，袁尚想让审配知道援军已到，就先派主簿李孚设法入城。李孚砍了一支手杖，系在马的一侧，乔装改扮，穿上平上帻（身份较低的武士的服装），率领三个骑兵，傍晚时分来到邺城城下。李孚自称都督，从北围口进入，循着围城向东行进，他虚张声势，装作巡察的官员，每行几步，就不断指挥、呵斥守卫的将士，根据违规轻重予以处罚。李孚等人径直通过曹操营前，抵达了章门（正南门，邺城七门之一，也称中阳门），他又迁怒守围将士，把他们捆绑了起来，然后打开包围圈大门，飞驰到城下，呼喊城上人，城上的人闻听是李孚，放下缆绳，李孚等人进入了城内。

审配等人见到李孚，悲喜交集，众将士欢喜雀跃，高呼万岁。守围将士把有关情况报告给了曹操，曹操感到李孚胆识过人，有些欣赏李孚，他笑着说："他不止入城，过会儿还会出来。"李孚知道外围甚急，不能再盲目出城，于是他心生一计，把城中老弱者全部送出城，以节省粮食。入夜，挑选数千人，让他们手持白幡，从南面三门（凤阳门、中阳门、广阳门）同时出城投降。李孚率领来时那三个骑兵穿上和降者一样的服装，跟随队伍连夜出城，找准时机，突围而去。

袁尚率军即将抵达，曹军诸将都认为："此是归师，人人殊死搏斗，不如避其锋芒。（兵法曰：归师勿遏）"

曹操说："袁尚如果从大道来，说明他们有必死的决心，应当避之；若循着西山（邺城西太行山脉）而来，说明他们还有退守的心思，可以擒获。"

袁尚大军果然循着西山而来，东行至阳平亭，距离邺城十七里，临滏水（邺城北有滏水）扎营。入夜，袁尚命点燃篝火示意城中，城中审配望见，也举火相应。审配率军出北门，准备和袁尚内外夹击曹军。曹军迎面和审配军大战，审配军不敌，退回城中。袁尚军也被击退，在漳水转弯处扎营。曹操命令对袁尚发起包围，包围圈尚未合拢，袁尚已经吓破胆，派遣使者要求投降。曹操拒绝，围得更急。袁尚连夜逃遁，退保祁山（滥口，今河南省安阳市西）。曹操进围，袁尚将领马延、张颛临阵投降曹操，袁尚军心大乱，被击溃，袁尚逃奔中山国。

曹操尽收袁尚辎重，得到了袁尚的印绶、符节、斧钺及衣物等，向邺城守城将士展示，城中将士军心崩溃。审配临危不乱，向士卒喊话道："坚守死战！操军已疲，袁幽州（袁熙）即将率大军抵达，我们不会成为无主之人！"

曹操巡视包围工事，审配埋伏强弩手，瞅准机会，瞄准曹操射击，差点射中曹操，曹操一惊。审配侄子审荣为东门（建春门）校尉，暗投曹操，夜间打开东门放曹军入城。审配和曹军在城中交战，被曹军生擒。辛评家属在邺狱，辛毗急往，准备解救，但辛评的家属已经全部被审配杀害。曹兵把审配捆绑，押送曹操大帐，辛毗快步迎了上来，用马鞭抽打审配的头，怒骂道："奴才，你今天死定了！"

审配回骂道："狗辈，正是你等，使我冀州被破，恨不得杀你，且我的生死决定于曹操，岂能由你！"

不一会儿，曹操来见审配，对审配说："前日我视察，弓弩真多啊！"

审配说："犹恨弓弩太少！"

曹操说："你忠于袁氏，也不得不这么做。"

曹操有意赦免审配，但审配慷慨激愤，一心求死，不肯说一句软话，辛毗等人又在旁号啕大哭，曹操遂命令处斩审配。冀州人张子谦之前降曹，他向来与审配不和，笑着问道："你和我比怎么样？"

审配厉声说："你是降虏，审配是忠臣，虽死犹生，岂会羡慕你这种活法！"

临刑前，审配呵斥行刑士兵，让自己面向北，激昂道："我君（袁尚）在北方！"

纵观整个袁绍阵营，能死得如此悲壮的，也仅审配一人。

曹丕得甄氏

甄洛（公元183年—221年），中山郡无极县（今河北省无极县）人，祖上甄邯为汉朝太保，世代担任两千石的官职。她父亲甄逸为上蔡（今河南省上蔡县）令，娶常山（今河北省正定县）美女张氏为妻，夫妻共生育三男五女，甄洛在家里排行老八，年纪最小，深受父母和哥哥姐姐的宠爱。裴松之老先生为《三国志》作注的时候，详细罗列了甄家八个孩子中前七个人的名字，为了避讳，独独没有注明老八的名字，不过后人习惯称老八为甄洛或甄宓（fú）。

甄洛幼年时，每次睡觉，家人都仿佛看见有人拿玉衣盖到她的身上，家人常常感觉很奇怪。古人常拿玉比喻肤色白，可以想见，甄洛小的时候就肤白如玉。不幸的是，她三岁的时候父亲甄逸就去世了，按说这个年龄的小孩儿对死亡也没有什么概念，但甄洛号啕大哭，非常伤心，亲戚街坊也感觉很惊奇。张氏找来了相面先生刘良给诸子女相面，刘良看后指着甄洛说："此女贵不可言。"

自小到大，甄洛都不喜欢凑热闹。八岁的时候，门外有骑马游戏的人，家里的姐姐们都到楼上观看，甄洛就是不去。姐姐们很惊奇地问她为什么，她说："这是女人能看的吗？"九岁的时候，她非常喜欢读书，喜欢用哥哥们的笔墨写字，哥哥们对她说："你应该学习些刺绣、编织这些女红，天天读书识字，是要做女博士吗？"甄洛回答说："历数古代贤女，哪一个不是学习前人的成败经验教训作为自己的借鉴。不读书识字，怎么能懂得这些道理呢？"

甄洛十岁多的时候，天下大乱。这时候应该是公元193年以后，当时曹操和袁术、吕布等互殴，袁绍和公孙瓒扭打，陶谦要把徐州让给刘备……总之那就是一个乱世。兵荒马乱，农田荒芜，饥荒连连，老百姓为了保命，把家里值钱的金银珠宝卖掉换购粮食。家有余粮心里不慌，作为官宦世家的甄洛家当时存储了很多粮食，用粮食买进了不少金银珠宝。她对母亲说："现在世间纷乱而我们家却买进很多宝物，匹夫无罪，怀璧为罪，而且周围的人家都处在饥饿和困乏之中，不如用粮食救济亲戚邻居，广施恩惠。"这个提议得到全家人的一致称赞和支持，立即开仓放粮。老百姓对甄家感恩戴德。

甄洛越发出落得亭亭玉立、美若天仙、超凡脱俗，被世人誉为"江东有二乔，河北甄宓俏"。建安年间（公元196年—220年），当时控制河北的袁绍遂为第二个儿子袁熙迎娶了她。袁熙去幽州上任，留甄宓在邺城侍奉婆婆。

甄洛的美貌早已让曹操垂涎三尺，曹操攻破邺城后，第一件事就是赶紧命下属召甄洛来见，但下属却空手而回，禀告说："五官中郎将（曹丕任此职，这里代指曹丕）已经把她带走了。"曹操一跺脚，说："今年打败贼寇攻破邺城，都是为了她啊！"

原来，攻破邺城的时候，曹丕的目的很明确，带人急匆匆进入袁家的内堂，看见袁绍的夫人刘氏及甄洛，甄洛把头埋在刘氏的膝盖上，刘氏双手护住儿媳。曹丕说："刘夫人不必害怕，让年轻女子抬起头来。"刘氏于是捧起了甄洛的脸，曹丕看到了甄氏带有几分惊慌的绝美容貌后，顿时神魂飘荡，魂不守舍。曹丕派人看护甄氏等人，然后立即拜见父亲，要求把甄洛赐给自己为妻，曹操毕竟一世枭雄，干不出和儿子争夺女人的事情，虽然心里隐隐作痛，还是顺水推舟答应了曹丕的请求。这样，甄洛成了曹丕的妻子。这年甄洛二十一岁，曹丕十七岁。

婚后曹丕和甄洛感情非常好，花前月下，如胶似漆。甄洛为曹丕生下了曹叡（魏明帝）和东乡公主，这是后话。

曹操祭祀袁绍坟墓，感怀往事，痛哭流涕，曹操和袁绍早年还是挚友，志同道合，只是随着时间的推移，人生目标不同，才开始互相仇视、对抗，直至成为死敌。曹操慰劳袁绍妻子，归还其家人宝物，又赠送了一些丝绸、丝绵衣服，由朝廷供应口粮。

当初，袁绍与曹操一同起兵反抗董卓，袁绍问曹操道："若事情不成，你该何去何从？"

曹操反问道："足下以为何如？"

袁绍说："我南据黄河，北接燕（河北省北部）、代（山西省北部），兼有戎狄之众，南向以争天下，但愿可以成功！"

曹操说："我结交天下才智之士，以合适的手段统御他们，没有什么是做不到的！"

汉献帝下诏命曹操兼领冀州牧；天下强敌尚存，为了避免别人说闲话，曹操辞去了兖州牧的职务。

起初，袁尚派遣从事牵招（？—231年）到并州上党郡督运军粮，还未回来，袁尚已经逃往中山。牵招认为，并州左有恒山之险峻，右有黄河之天险，有精兵五万，北阻强大的胡人，他劝并州刺史高幹把表弟袁尚迎接过来，合兵一处以应付时局。高幹出身陈留高氏望族，和大族袁氏联姻，是政治联姻，高幹遂成为袁绍的外甥。但高幹另有想法，并非真正拥护袁氏，如果他迎来了袁尚，就会得罪了袁谭和曹操，而且还把并州拱手让给了袁尚，实在不划算，因此他拒绝了。高幹担心日后牵招揭发自己，就想暗中加害牵招。牵招得知后，遂偷偷离去。当时道路阻隔他无法去投靠袁尚，于是他向东投降了曹操，曹操重新任命牵招为冀州从事。

曹操又任命崔琰（？—216年）为别驾。崔琰，字季珪，清河郡东武城县（今山东省武城县西北）人，师从大儒郑玄，是清河名士。曹操对崔琰说："昨日查阅户籍，可得三十万人，所以说冀州是个大州名副其实。"

崔琰说："今天下四分五裂，二袁兄弟同室操戈，冀州百姓暴尸荒野，没见到王师过问老百姓死活，救其于生灵涂炭之境，而去核对甲兵多少，以此为先，岂合冀州百姓对明公的期盼！"

曹操闻听，面色变得难看，他向崔琰致歉。

官渡之战，许攸献计偷袭乌巢，立下大功，但他恃功傲慢，目中无人，曾在大庭广众之下呼喊曹操小名说："阿瞒，如果没有我的计策，你得不到冀州啊！"

曹操皮笑肉不笑地说道："你说得很对。"然而曹操内心非常不痛快。后许攸跟随出邺城东门，他对左右说："曹家如果没有我，不会从此门出入。"有人把许攸的话说给了曹操。前后事相加，曹操大怒，把许攸关入大牢，后处死了许攸。

徐夫人复仇

孙权西进讨伐江夏太守黄祖，誓要报杀父之仇，大破黄祖水师，又攻打黄祖的大本营沙羡，还未攻克，而正在这个时候，山越复叛。孙权不得已回师，路过豫章郡的时候，命征虏中郎将吕范平定鄱阳、会稽，荡寇中郎将程普平定乐安，建昌都尉太史慈平定海昏，以别部司马黄盖、韩当、周泰、吕蒙等担任山越危害较大地区的县令（长），他们都是名将，把山越悉数荡平。

建安县、汉兴县、南平县有民众作乱，各聚集一万余人，给各县造成很大破坏，孙权命南部都尉贺齐（？—227年）讨伐，平定三县变乱，修复县城，任命贺齐为平东校尉，统领一万精兵。

丹阳大都督妫览、郡丞戴员杀死了太守孙翊（公元184年—204年，孙权三弟）。将军孙河屯京城（丹徒县），驰赴宛陵，结果也被妫览、戴员所杀，他们派人迎接扬州刺史刘馥（效忠曹操），请刘馥屯驻历阳，作为声援（历阳和丹阳隔江相望）。

妫览入住太守府之中，妫览贪图孙翊妻子徐夫人的美貌，准备逼徐夫人做自己的小妾。徐夫人很机智，她假装答应，欺骗妫览说："等到月终，我摆设祭品祭奠亡夫之后，除去丧服，然后悉听遵命。"

徐夫人说得在理，妫览答应了她。争取下来了时间，徐夫人派人秘密联络孙翊心腹旧将孙高、傅婴等人，商议共同除掉妫览等人。孙高、傅婴敬佩徐夫人的忠贞果敢，流泪承诺行动，他们秘密召集孙翊过去厚待的二十多名属下，订立盟约，商议除掉妫览等人的计划。

到了月终，徐夫人摆设祭坛，悲痛欲绝，哭祭亡夫孙翊。祭拜完之后，徐夫人脱下丧服，熏香沐浴，又说又笑，面容喜悦，和刚才判若两人。在场大小官员对徐夫人前后表现感觉一阵悲凉。妫览暗中窥探,不再怀疑徐夫人。徐夫人把孙高、傅婴藏入房内,然后派人召唤妫览入内。妫览来到,徐夫人拜见,妫览兴高采烈,刚要把徐夫人揽入怀中,徐夫人大呼道:"二位可以动手了!"孙高、傅婴冲出,当场斩杀妫览,其余二十多人在外杀死了戴员。徐夫人出门,重新换上丧服,携带妫览、戴员的首级到孙翊墓地祭奠。徐夫人复仇之举传出,全军震骇。

孙权听说丹阳变乱,从豫章郡椒丘回军,当抵达丹阳的时候,把妫览、戴员及其余党灭族,提拔孙高、傅婴为牙门将,其余有功之人各有赏赐。

孙河的侄子孙韶(公元188年—241年),年方十七岁,招揽孙河的余众屯驻京城。孙权率大军返回吴郡,夜间抵达京城扎营。为了试探城内的反应,他命令部队佯装攻城,城内兵众皆登上城楼,传发号令,严密戒备,喊杀之声在夜间传得非常远,并向城下射击。对于城内的备战反应,孙权很满意,为了防止误伤,他派人向城内喊话,告知孙权身份,城内才停止射击。天亮后,孙权召见孙韶,任命他为承烈校尉,统领孙河的部队。

曹操夺青幽

高幹举并州投降，曹操仍然任命高幹继续担任并州刺史。

曹操围攻邺城时，袁谭背叛了曹操，率军夺取了甘陵、安平、渤海、河间等地。袁谭攻打袁尚于中山，袁尚不敌，败走故安县（在今河北省易县东南），投靠袁熙。袁谭接管了袁尚的部众，屯于龙凑（在今山东省平原县东南；一说在德州市东北）。袁尚失败，袁谭对曹操来说已经没有利用价值，加之袁谭背叛，于是曹操给袁谭写信，谴责他违背盟约，宣布取消之前的婚约，把袁谭的女儿派人送回，然后率军讨伐袁谭。

曹操攻打平原县，袁谭败走南皮，临清河（南皮县西）扎营。曹操遂进入了平原县，然后又平定了各县。曹操率军攻打南皮，袁谭出战，袁军被逼上绝路，奋力厮杀，曹军士卒死伤较多。曹操准备下令撤军，稍后再作打算，议郎曹纯（公元170年—210年）说："今悬师深入，难以持久，若进不能攻克，退必使我军丧失斗志。"

于是曹纯亲自手执鼓槌，擂动战鼓，鼓舞曹军士气，曹军也无退路，做殊死搏斗，终于大败袁军。袁谭败走，被曹操的虎豹骑追上并斩杀。曹纯是曹仁的弟弟，曹操的堂弟，负责统领虎豹骑，虎豹骑被称为"天下骁锐"。

李孚自称冀州主簿，求见曹操说："如今城中恃强凌弱，人心扰乱，我以为应该让新近投降，又为城内吏民所敬重者前去宣示政策，抚慰全城。"曹操当即命李孚入城，布告吏民，让他们各安本分，不得相互侵犯，城中于是逐渐安定下来。曹操命令处死了郭图等人及其妻子儿女。

之前袁谭命王修到乐安县（今山东省博兴县东北）运粮，王修听说闻谭危急，立即领兵赶往南皮，到达高密县的时候，听说袁谭已经被杀，他下马号啕大哭道：

"我没有主人可以依靠了！"于是王修拜见曹操，请求收葬袁谭尸体。曹操欣赏王修的忠义，答应了他，并让王修回到乐安，继续督运军粮。袁谭之前所统领的诸城都已经投降，唯独乐安太守管统拒绝投降。曹操命王修到乐安运粮的时候顺便取下管统的首级，王修认为管统乃国之忠臣，解开管统的绑绳，带他拜见曹操，并替他说情，曹操赦免了管统，并任命王修为司空掾。

郭嘉劝曹操多任用青冀幽并名士作为掾属，使人心归附，曹操同意。官渡之战的时候，袁绍让陈琳作檄文，列举曹操罪状，把曹操的家世也翻了个底朝天，檄文极其犀利，超级难听。等到攻破邺城，陈琳归降曹操，曹操说："卿昔日为本初作檄文，可以列举我的罪状，何故还要提及父祖呢！"陈琳道歉，曹操爱惜他的才华，不予追究。曹操任命陈琳和阮瑀（约公元165年—212年）同时担任记室。阮瑀为陈留郡尉氏县（今河南省开封市尉氏县）人，文学家，建安七子（孔融、陈琳、王粲、徐干、阮瑀、应场、刘桢）之一，他也是"竹林七贤"之一阮籍的父亲。先前王松占据涿郡，郡人刘放（？—250年）说服王松举涿郡投降曹操，曹操任命刘放为参司空军事。

幽州刺史袁熙的部将焦触（生卒年不详）看到袁氏大势已去，想捞取政治资本后投降曹操，于是和另一将领张南起兵攻打袁熙。袁熙不敌，无其他更好去处，和袁尚一起投奔辽西乌桓酋长蹋顿（？—207年）。焦触遂自称幽州刺史，监督率领各位太守、县令长，背弃袁氏投降曹操，陈兵数万，杀白马而盟誓，焦触下令道："胆敢违令者，斩！"众人慑于声势，不敢仰视，依次盟誓。幽州别驾韩珩说："我受袁公父子厚恩，而今其破亡，没有智慧相救，没有勇气赴死，于大义已经有缺。若北面事曹，我做不到。"韩珩一席话，举座皆惊，都替他的安危担忧。焦触说道："举大事，当立大义，事情能否成功，不在一人，可成全韩珩的志向，以鞭策忠心事君者。"于是放了韩珩。焦触等人投降了曹操，皆被封为列侯。

涿郡故安县人赵犊、霍奴等人起兵，杀死了幽州刺史焦触及涿郡太守王松。辽西郡乌桓酋长蹋顿、辽东郡乌桓酋长苏仆延、右北平郡乌桓酋长乌延联兵攻打据守渔阳郡犷平县（今北京市密云区东北）的右度辽将军鲜于辅。

曹操亲自率军北征，讨伐赵犊等人，把赵犊斩杀。曹操又率军渡过潞水（白河）救援鲜于辅，三郡乌桓出塞而去。

率马以骥

并州刺史高幹听闻曹操讨伐三郡乌桓，再度背叛了曹操，控制了上党太守，分兵把守险要的壶关口（在今山西省长治市东南）。曹操派遣部将乐进、李典攻打高幹。河内郡人张晟拥众一万多人，在崤山、渑池间抢掠，弘农郡人张琰起兵响应张晟。

河东郡太守王邑（生卒年不详）被征召入朝，王邑很得民心，当地吏民都强烈挽留王邑，王邑本人也不愿意入朝。因此郡掾卫固及中郎将范先等拜见王邑的上司、司隶校尉钟繇，请求留下王邑。钟繇不同意。卫固等人表面上挽留王邑，实际上却和高幹密谋，准备谋反。

消息传到了曹操的耳中，他对荀彧说："关西诸将，外表顺服，内怀不轨，张晟在崤山、渑池间作乱，南通刘表、卫固等人可能趁机造反，将危害至深。当今河东和并州、关中往来交通方便，天下之要地，请你为我推荐贤才来镇守此地。"

荀彧说："西平郡太守杜畿，勇气足以面对当前的困难，智谋足以应对局势的变化。"

于是曹操任命杜畿为河东郡太守。钟繇催促王邑交出太守印绶，王邑认为是钟繇从中作梗，径直携带印绶，从河东郡河北县（在今山西省芮城县西）前往许县投案。

卫固等派数千人把守陕津（茅津，在今山西省平陆县西南太阳渡）渡口。杜畿赴任，到达陕津渡口南岸，数月时间仍然无法渡过渡口。曹操派遣夏侯惇讨伐卫固等人，夏侯惇率军途中，杜畿说："河东郡有三万户人口，并非都想作乱。今大军如果逼迫太急，想从善者找不到主人，必恐惧而听命于卫固，卫固的势力得到加强，必以死战，如果讨伐他不能取胜，灾难不已；讨伐胜利，一郡之民受到

第十六章 统一北方

伤害。且卫固等人未公开和朝廷决裂，起兵是因为要留下旧太守，所以必不会伤害新太守，我单车直赴其大营，出其不意，卫固为人多谋但缺乏决断，必会假装先接受我，我如果能在郡里待一个月，以计谋拴住他，就大事可成了。"杜畿遂从偏僻小道到了郖（dòu）津渡（陕津渡西），渡过了黄河。

杜畿见到了卫固等人，范先准备杀死杜畿以威服众人，后又决定用武力使杜畿感到恐惧，使其自行逃离，于是在杜畿的门庭之下斩杀主簿以下三十余人。但杜畿不为所惧，举止自若。卫固说："杀了他没什么好处，徒有恶名，且何时动手在我们掌握之中。"经过商议，他们决定让杜畿坐上太守之位。杜畿对卫固、范先说："卫氏、范氏，是河东郡的望族，我还要仰仗你们，然而太守和下属之间有大义相连，成败需要共同面对，所以有大事我们应当共同商量，作出公平裁决。"

杜畿任命卫固为都督，行丞事，领功曹。都督掌兵，郡丞相当于副太守，功曹主管人事，杜畿等于把全部权力都赋予了卫固。又将三千多将士，全归范先督率。卫固等人欢喜，虽然表面尊敬杜畿，但实际上内心并不把他当回事。卫固准备大肆扩充兵员，杜畿感到忧虑，他游说卫固道："今大规模征兵，老百姓必受到惊扰，恐会生变，不如慢慢来，以财募兵。"卫固同意，但郡里财力有限，募集到的兵比较少。杜畿又对卫固等人说："顾家是人之常情，诸位将官掾史，可错开时间休息，危急时召之不难。"卫固等人不愿意违背众心，又同意了。于是善良的人在外，秘密成为杜畿的外援；恶人不再像过去那样聚集，各还其家。

这时黑山军头目张白骑（骑白马，所以以此为名）率军攻打河东郡东垣（在今山西省垣曲县）。并州刺史高干率军进入河东郡濩（huò）泽县（在今山西省阳城县）。上党郡诸县起兵杀害县吏，弘农郡起兵捉住了太守，河东郡周边大乱。当时卫固等人暗中调遣军队，准备响应高干等人，杜畿知道诸县已经内心归附自己，于是只率领数十名骑兵，登上坚固的壁垒坚守。很多吏民出人出物举城帮助杜畿，数十日间，得到了四千多人。卫固等人遂公开和高干、张晟联合，共同攻打杜畿，杜畿率众坚守，卫固等攻取不下，又侵掠诸县，一无所得。

曹操派议郎张既担任钟繇的参军事，西去征召关中马腾诸将，马腾等将领联兵攻打张晟等军，大胜，击斩卫固、张琰等人，余党予以赦免。

杜畿治理河东郡，对人民宽厚仁爱，民众有诉讼的，杜畿首先为他们陈述伦理道德，让他们回家反省，父老乡亲们自相责问，不敢诉讼。杜畿劝农耕田养蚕、饲养牲畜，百姓家家丰衣足食。杜畿又兴修学校，推举孝顺之人，整修防御工事，操练军队，河东于是平安无事。杜畿在河东郡任太守十六年，政绩常为天下之最。曹操赞扬他"率马以骥"。率马以骥的意思是用骏马带领马群，比喻以贤者为众人表率，也比喻能者居先。杜畿的孙子杜预为西晋名将，杜畿也是唐代诗人杜甫、杜牧的先祖。

曹操派乐进率军征讨并州，高幹返回壶关坚守，乐进久攻不下。曹操亲自率军攻打高幹，命世子曹丕留守邺城，让别驾从事崔琰辅佐曹丕。曹操率军包围了壶关，壶关守军抵挡不住曹操的进攻，投降。高幹亲自到南匈奴王庭（设于平阳，在今山西省临汾市）求救，单于挛鞮呼厨泉畏惧曹操，不敢发兵，高幹带领数名亲信骑兵，准备向南投奔荆州刘表，上洛县（在今陕西省商洛市）都尉王琰抓获了高幹后将其处斩，并州平定。

曹操任命梁习（？—230年）以别部司马领并州刺史。荒乱之后，匈奴、狄人势力扩张，吏民背叛或逃亡的都投靠了其部落，豪强拥众自保。

梁习，字子虞，是陈郡柘县（在今河南省柘城县）人。初为郡主簿，后被曹操任命为县令，因有政绩升任司空西曹令史。梁习到并州上任，教导训诫，招降接纳，用礼节征召豪强，推荐他们到府衙任职。安顿了豪强之后，梁习又征发壮丁从军作为勇力。他们出发以后，又不断迁徙他们的家属送往邺城作为人质，前后达数万人。有不从命者，兴兵讨伐，斩首千余人，归降者万余人。单于挛鞮呼厨泉恭顺，匈奴诸部落小王顺服，各种税赋兵役，同于汉民。边境肃清，百姓布满田野，鼓励农桑，令行禁止。父老乡亲称颂，认为见过的、听过的刺史都比不上梁习。

梁习重视人才，又推举到并州避乱的名士，如河内郡常林、杨俊、王象、荀纬及太原郡王凌等人，曹操任命他们都做了县长，这几人日后皆扬名于世。

曹操征乌桓

曹操率军东进，讨伐盘踞北海郡淳于县（在今山东省安丘市东北）一带的海贼首领管承，派遣大将乐进、李典进攻管承，管承不敌，逃入了海岛。这时候昌豨再度反叛，曹操派大将于禁讨伐，击斩昌豨。

之前乌桓趁天下大乱，强掠汉民十余万户，袁绍皆立其酋长为单于，挑选一些良家女子做自己的女儿，将她们嫁给酋长为妻，拉拢乌桓。辽西郡（郡府阳乐，今辽宁省义县西）乌桓酋长蹋顿骁勇善战，才略过人，尤其强大，被袁绍厚待，所以袁尚、袁熙兄弟前去投靠了蹋顿，蹋顿数次侵入边塞，准备帮助袁尚收复旧土。

曹操准备攻打蹋顿，为了方便粮食运输，他命令董昭开凿平房渠（上游即沙河，下游入海处在今天津）、泉州渠（南起今天津市区以东的海河，北抵今天津市宝坻区）。

曹操准备攻打乌桓。诸将皆劝道："袁尚不过一逃亡之人，夷狄贪婪而没有亲情，岂能为袁尚所用。今大军远征，刘备必说服刘表偷袭许县，万一生变，再后悔就迟了。"

郭嘉说："明公虽然威震天下，但乌桓凭借其地处偏远，并不惧怕明公，所以必不设防备，因其没有防备，突然攻击，可攻灭他们。而且袁绍有恩于民众及少数民族，而袁尚兄弟尚存。今四州（冀青幽并）之地民众，威服于我军强大，还没有用恩德去感化他们，如果舍去此地而南征，袁尚凭借乌桓的资本，招揽效忠之士，胡人一动，民众纷纷响应，以壮蹋顿之心，成全他的野心，恐怕青州冀州到时候就非明公所有了。刘表只会坐而论道，自知才能驾驭不了刘备，重用他则恐怕不能控制他，轻视他恐怕刘备不会为他所用，明公虽然举全国之兵力，率师远征，也不要担忧。"

曹操听从郭嘉之言，率军北征，抵达了易县，郭嘉进言说："兵贵神速，今千里袭取乌桓，辎重多的话，难以速胜，且如果乌桓得到消息，必加强防备，不如留下辎重，轻兵加速赶路，出其不意。"

当初，袁绍派人数次到无终（在今天津市蓟州区）征召田畴（原幽州刺史刘虞部属），又授予其将军印，安抚田畴，让他统率旧部，但田畴拒绝。等到曹操平定冀州，田畴好友邢颙对田畴说："黄巾变乱以来二十余年了，海内鼎沸，百姓流离失所。如今听说曹公法令严，人民厌恶战乱，最终乱局会得以平定，请让我先去探探情况。"邢颙收拾行装回到了乡里，此时距他离开家乡追随田畴已经过去五年了。田畴说："邢颙，是先知先觉的贤者。"

曹操任命邢颙为冀州从事。田畴愤恨乌桓杀害自己故乡右北平郡的多名知名之士，想讨伐乌桓，但实力不够。曹操派人征召田畴，田畴命令部属为他收拾行装，部属说："当初袁绍仰慕您的名声，五次派人携带厚礼征召，您都不去，而如今曹公使者一来您却唯恐来不及，为何？"田畴笑着说："你们不会明白的。"田畴来到曹操大营，被任命为蓨县（蓨 tiáo，在今河北省景县）县令，又随军北进至无终县。

当时正值夏季，大雨滂沱，而滨海地带地势低洼，泥水淤积，道路非常难行，乌桓也把守险要之处，大军无法前进。曹操眉头紧皱，向田畴问计。田畴说："此道，夏秋常有雨水，水浅车马不能通行，水深又无法航行舟船，长久以来都是难事。旧北平郡治所在平冈（今内蒙古宁城县西南），通往卢龙塞（今河北省迁安市西北），可抵达柳城（今辽宁省朝阳市南），自建武（刘秀年号）年间以来，道路塌陷毁坏，桥梁断裂，将近二百年了，但尚有曲折蜿蜒的小路可以找到。今乌桓以大军把守无终，使我军知难而退，防守松懈。若假装受挫回军，从卢龙口跨越白檀（在今河北省滦平县）之险要，北抵乌桓空虚之地，路近且方便，攻其不备，蹋顿可不战而擒。"

曹操说："妙计！"曹操退军，为了麻痹乌桓，命令在泥泞的道路旁竖立大木头，上写："如今是酷暑，道路不通，且等到秋冬季节再进军。"乌桓斥候认为曹军已经撤退。

曹操命田畴率领其部属作为向导，登上徐无山（田畴大本营，今河北省玉田县北凤凰顶），逢山开道，遇水搭桥，挖山填谷达五百余里，经过白檀，跨越平冈，通过鲜卑部落王庭，东指柳城。

曹军距离柳城不到二百里的时候，乌桓终于得到消息。袁尚、袁熙和蹋顿及辽西单于楼班、右北平单于能臣抵之等联合迎战。两军在凡城（今河北省平泉市南）遭遇，联军军容盛大，曹车辎重在后，穿铠甲者少，曹操左右都感到恐惧。曹操登高，望联军军容不整，觉得有机可乘，于是命张辽为前锋进击。张辽杀气腾腾，曹操激励张辽，把所持旗帜授予张辽。张辽率军猛攻，联军崩溃，斩杀单于蹋顿及名王以下数人，胡、汉投降者二万多人。

顺便交代一句，在进军柳城途中，张绣病逝。

观沧海

辽东乌桓单于苏仆延（速仆丸）和袁尚、袁熙逃奔辽东太守公孙康，残余部众尚有数千骑兵。荀彧劝曹操追击，曹操说："我等着公孙康把袁尚、袁熙的首级送来，不用再劳师征伐。"曹操自柳城回军。

因为水土不服，气候恶劣，加之日夜操劳，回军途中，郭嘉患病，病情不断加重，不久病逝，年三十八岁。曹操十分悲痛，对荀攸等人说："按年龄算，诸君的年龄都和我同辈，唯独奉孝（郭嘉字奉孝）最年轻。天下平定之后，我准备把后世托付给他，而他中年病逝，这是命啊！"曹操上表汉献帝，增加郭嘉封邑八百户，达到了一千户，赐给郭嘉谥号为贞侯。郭嘉的儿子郭奕继承了他的爵位和封邑。

袁尚逃到辽东后，便同袁熙商量说："现在到辽东，公孙康必然见我，我为兄长亲手杀了他，并且占领辽东，还可以扩大自己的领地。"公孙康心里也打算捉住袁尚兄弟来邀功，就事先在马棚里安排了精强勇猛的士兵，然后出来邀请袁尚、袁熙。袁熙心中起疑，不想进去，袁尚强迫他进去，袁熙就同他一道进去。还没来得及坐下，公孙康喝令伏兵捉住他们，让二人坐在结冰的地上。

袁尚对公孙康说："没死的时候，忍受不了寒冷，能给我们座席吗？"

公孙康说："你的头颅马上就要走万里路，要席子干什么用！"（一说是袁熙说："头颅且远行万里，要席何用？"）于是斩杀袁尚、袁熙，连同苏仆延的人头一起送给曹操。

将领中有人问曹操："您已退军而公孙康杀死袁尚、袁熙，这是为什么？"

曹操说："公孙康一向畏惧袁尚、袁熙，如果我急攻，他们就会合力抵抗，如果我撤军，形势缓和后，他们就会自相残杀，是形势使他们这样做的。"曹操封公孙康为襄平侯，任命他为左将军。

曹操命令把袁尚的首级悬挂在高杆上示众，并命令三军说："敢有哭祭袁尚者斩！"军谋掾牵招之前曾为袁绍从事，受到高幹迫害投降了曹操（之前讲过），牵招不惧曹操的命令，设祭坛哭祭袁尚。曹操不但没有责罚牵招，反而认为他讲大义，于是推举他为茂才。

当时季节已经入冬，北方寒冷彻骨，且气候干旱，二百里找不到水源，军中又缺粮，曹操没有办法，命杀了数千匹马作为军粮，让士兵先填饱肚子，再命挖井，挖了三十多丈，井里终于出水。大军脱离困境后，曹操追查之前劝他不要进攻乌桓之人，众人莫名其妙，心怀恐惧。曹操对劝阻之人皆给予厚赏，说道："这次北征，太冒险了，虽然侥幸获胜，是上天保佑，你们不要认为这是应该的。诸位之谏，才是万全之计，给你们奖赏，是让你们以后继续直言。"

曹操北征乌桓，进军时走的是西道（卢龙道），回军走的是东道（傍海道、碣石道），进入山海关，途经碣石山（在今河北省昌黎县城北），秦始皇、汉武帝都曾经登上过碣石山，曹操自然不会放过这个机会，他循碣石山北麓登上了碣石山。曹操站在碣石山顶，东向俯视大海（渤海），大海波涛汹涌，浩渺无边，曹操感叹大海吞吐万物、蕴藏万千的瑰丽景象，诗意大发，写出了流传后世的名篇《观沧海》：

> 东临碣石，以观沧海。水何澹澹，山岛竦峙。树木丛生，百草丰茂。秋风萧瑟，洪波涌起。日月之行，若出其中；星汉灿烂，若出其里。幸甚至哉，歌以咏志。

曹操回到了邺城，论功行赏，封田畴为亭侯，食邑五百户。田畴说："吾当初是要为刘公报仇，所以率众遁逃，志节未成，反而获利，不是我的初心。"田畴坚决辞让，曹操明白他的心志，同意了。

曹操率师北伐，刘备建议刘表偷袭许县，刘表不听。听说曹操凯旋，刘表对刘备说："不听君言，失去了这个大好机会。"

刘备内心虽然感到痛惜，但面对刘表这样一个优柔寡断之人，他不能多说什么，反而安慰刘表说："今天下分裂，日动干戈，机会随时会来，这不是终点，若能在日后抓住时机，则这次机会不应成为遗憾。"

第十七章 赤壁之战

三顾茅庐

当初，诸葛玄带领侄儿诸葛瑾、诸葛亮、诸葛均和侄女到荆州投靠刘表，诸葛瑾走散，投靠江东。诸葛玄去世后，诸葛亮兄弟在荆州南阳郡邓县隆中（一说在今河南省南阳市；一说在今湖北省襄阳市）以耕田为生。诸葛亮喜欢吟诵歌谣《梁父吟》（又名《梁甫吟》），感叹乱世中士人立身处世之不易。诸葛亮身高八尺（约1.84米），博览群书，自比管仲、乐毅，但人们认为他自命清高，对他并不以为意。唯独徐庶和崔钧（生卒年不详，字州平，前太尉崔烈之子）和诸葛亮交好，对其深信不疑。

"水镜先生"司马徽风格高雅，有识人之名。襄阳名士庞德公（生卒年不详）素有威望，司马徽以兄长之礼对待庞德公。诸葛亮每次到庞德公家，都在榻下跪拜，庞德公起初并不制止。

庞德公的侄子庞统（公元179年—214年），字士元，少时质朴笨拙，没有人认为他是块材料，只有庞德公和司马徽器重他。庞统二十岁左右前去拜访司马徽，司马徽当时正在树上采桑，让庞统坐在树下，司马徽边干活边和庞统交谈，不知不觉从白天谈到了夜晚。司马徽对庞统的才学感到惊异，认为他是南方地区士人中的佼佼者，庞统从此渐渐出名。庞德公称诸葛亮为"卧龙"，庞统为"凤雏"，司马徽为"水镜"。

刘备在荆州数年，有次刘表召集宾客，刘备如厕归座，慨然长叹，泪流满面。刘表感到很奇怪，询问刘备，刘备说："从前身子不离马鞍，髀肉（大腿上的赘肉）全无；如今好久不骑马，髀里肉生，日月如流水，老之将至，而功业不建，所以感到悲伤。"

司马徽了解刘备的心思，他对刘备说："儒生俗士，不了解当下形势，对局势有清晰认识的是俊杰。此地有人杰，被称为卧龙、凤雏。"

刘备急切地问二人姓甚名谁，司马徽说："卧龙复姓诸葛，单字名亮，字孔明；

凤雏姓庞，名统，字士元。"

徐庶也对刘备说："诸葛孔明，是卧龙，将军愿意见他吗？"

刘备说："你可以把他带来。"

徐庶说："此人只能亲自到家里拜访，不能让他受委屈前来，将军应该屈尊前去拜访。"

刘备认为徐庶的才智已经比较突出了，还这么推崇诸葛亮，加之之前司马徽所言，刘备终于认识到诸葛亮是出类拔萃之才，于是亲自前去隆中拜访诸葛亮。诸葛亮有意试探刘备的诚意，前两次都避而不见，刘备锲而不舍，第三次再到隆中，诸葛亮才终于走出茅庐，以礼相待。经过交谈，刘备与诸葛亮相见恨晚，他们屏退了众人，刘备说："汉室衰败，奸臣窃国，我自不量力，欲替天下人行大义，但才智谋略浅薄，虽直到今日屡遭失败，然志气未息，君有什么计谋能够帮助我？"

诸葛亮见刘备对自己不加隐瞒，和盘托出，遂说道："今曹操已拥百万之众，挟天子而令诸侯，实在无法与其争锋。孙权据有江东，已有三世（孙坚、孙策、孙权），地势险要而民心归附，贤能为之所用，他可以作为外援而无法图谋。荆州北有汉水、沔水，南达交州南海郡，东连吴郡会稽郡，西通巴郡蜀郡，此用武之地，而它的主人（刘表）无能力守住，这大概是上天要把它赐给将军吧。益州道路崎岖，为天下要塞，沃野千里，为天府之土。刘璋昏庸懦弱，张鲁在北，民殷国富但不知抚慰吏民，有学识有能力之士希望得到明君。将军既是皇室后裔，信义著于四海，若并有荆州、益州，把守险阻之处，安抚戎狄，交好孙权，对内开明政治，对外观察时局变化，则霸业可成，汉室可兴啊。"

这就是著名的《隆中对》，诸葛亮胸怀天下，虽躬耕田亩，但对天下形势了如指掌；虽未出茅庐，然而已为刘备做好了三分天下的宏大谋略。这年（公元207年）刘备四十七岁，诸葛亮二十七岁。

刘备听后连说："妙！妙！"

于是刘备对诸葛亮器重有加，二人交情日益深厚。关羽、张飞不高兴了，一来怕影响了他们兄弟三人的感情，二来怕刘备被诸葛亮忽悠，他们就在刘备面前说些风凉话，刘备对他们说："我有孔明，犹如鱼有了水，你们不要再多说了。"

关羽、张飞看刘备态度坚决，也就不再多言了。

▲ 南宋 李迪 《三顾图》

孙权征黄祖

当初，甘宁率八百人归降刘表，刘表是文人，不懂军事，甘宁观察刘表，觉得刘表终不能保有荆州，他担心一旦荆州溃散，自己必不能避祸，于是准备向东投奔孙权。时黄祖在夏口（汉水入长江处），甘宁等人无法通过，他就率众留在了夏口，依附了黄祖。因为甘宁年轻时曾游手好闲，人称锦帆贼，黄祖看不起他的出身，不重视甘宁的才能，所以甘宁在夏口三年，黄祖都以普通人待他。

孙权攻击黄祖，黄祖军败走，孙权军校尉凌操率军急追。甘宁箭法高超，率军断后，他搭弓射箭，把凌操射杀，救了黄祖一命。黄祖收兵回营，并没有提拔或者赏赐甘宁，待甘宁依然如初。黄祖的都督苏飞（生卒年不详）和甘宁关系要好，数次推荐甘宁，黄祖都不用。甘宁很失望，准备离开黄祖，但眼线众多，无法脱身。苏飞知道甘宁的心意，准备成全他，于是再向黄祖推荐甘宁担任邾县（邾 zhū，在今湖北省黄冈市西北）县长，黄祖终于同意。甘宁暗中联络那些已经离去的旧部，又召集了一些愿意追随自己的人，一共好几百人，赴邾县上任。

邾县距离吴郡较近，甘宁遂投奔孙权。周瑜、吕蒙善待甘宁，联名向孙权推荐他，孙权待甘宁甚厚，和旧臣一样。

甘宁向孙权献策说："今汉室日微，曹操终会篡位。荆州之地，山川形势有利，是吴郡西面的形胜之地。我观察刘表，没有深谋远虑，儿子又弱于他，不能继承基业。您应当早图之，如果您不图刘表，必为曹操所图。想图刘表，应该先取黄祖。黄祖如今老迈昏聩，财物粮食都缺乏，左右之人贪婪放纵，吏士抱怨，舟船战具已经破损得不到维修，农田荒芜，军无法纪，您率军前往，必可破之。黄祖一破,击鼓向西,占据楚关(扞关,故址在今湖北省长阳西。扞,hàn),势力更加壮大,可逐渐图巴蜀之地。"

孙权深表赞同。当时张昭也在座,他不同意甘宁的看法,诘责道:"今吴地危险,若军队出征,恐怕会招致叛乱。"

甘宁冲张昭说道:"至尊把萧何那样的重任托付给您,您却担忧变乱,怎么能追慕古人呢!"

孙权打断他们的争论,举酒杯向甘宁说:"兴霸(甘宁字兴霸),今年出兵讨贼,如同这杯酒,我决定托付给你。你应当尽力筹划方略,务必攻克黄祖,功劳都算你的,何必在意张长史之言呢!"

孙权率大军进攻黄祖。黄祖把两艘艨艟(以生牛皮蒙背,具有良好的防御性能)战舰横在沔口(汉水入长江处,位于今湖北省武汉市),以棕榈大粗绳捆住巨石沉入江心,阻挡孙权军队前进。战舰上驻有千名弓弩手,轮流发射,箭如雨下,孙权军队无法前进。

孙权军偏将军董袭(?—213年/216年)身高八尺,武力过人;别部司马凌统(公元189年—217年)是凌操之子,少有盛名,他们二人同为前锋,各率领敢死队百人,每人穿两副铠甲,抵挡强弩,他们乘坐大船,冒着弓弩,强行冲入了艨艟战舰。董袭抽刀砍断了两根棕榈大绳,艨艟战舰失去依靠,在江中漂流,孙权大军遂得以前进。

黄祖命都督陈就率水军迎战。平北都尉吕蒙身先士卒,率前锋部队英勇杀敌,吕蒙更亲自砍下了陈就的首级。孙权将士乘胜前进,水陆并进,很快就到达了黄祖大本营(在今湖北省武汉市汉口区),精锐尽出,全力攻破了城池,屠城。黄祖逃逸,被孙权追兵斩杀。孙权俘虏了数万人口。

孙权事先命人制作了两个木匣,准备装黄祖和苏飞的人头。大胜后,孙权摆酒庆功,答谢诸将,甘宁离席叩头,头都叩出了血,鲜血、鼻涕、眼泪交织在一起,向孙权求情道:"苏飞以前对我有恩,如果没有苏飞,我的身躯已埋没在沟壑之中,不能效命于您。今苏飞论罪当杀,请求将军饶他不死。"

孙权感叹甘宁所言所行,说道:"今为了你放了苏飞,如果他逃跑该如何?"

甘宁说:"苏飞免受身首异处之祸,受再生之恩,即使驱逐他,他也不会走,岂会当亡命之徒！如果他跑了，就把我的人头装入木匣。"

孙权于是赦免了苏飞。

凌统怨恨甘宁射杀了其父凌操，常常准备杀死甘宁报仇。孙权得知后，命凌统不得再对甘宁怀有仇恨，并让甘宁率军屯于其他地方，将他和凌统分开。

蔡文姬归汉

曹操统一了北方，在朝中话语权更大，他撤销了三公（太尉、司徒、司空）的设置，恢复西汉初的丞相、御史大夫的设置。曹操自任丞相，大权集于一身。

曹操任命崔琰为丞相西曹掾，毛玠为丞相东曹掾，司马朗（公元171年—217年）为主簿，司马懿（公元179年—251年）为文学掾，卢毓（公元183年—257年）为法曹议令史。崔琰早年师从大儒郑玄，性格朴实，为人正直；毛玠以清廉公正著称，他们二人负责干部选拔工作，所选用的都是清廉正直之士。卢毓是卢植之子。

司马朗和司马懿是亲兄弟，他们是河内郡温县人，他们的父亲名叫司马防（公元149年—219年），年轻时在州郡任官，历任洛阳令、京兆尹，年老后转拜骑都尉，安心在家闭门养老。司马防曾经推荐曹操担任洛阳北部尉，这是曹操的第一个官职。司马防一共有八个儿子，因每人的字中都有"达"字，故被称为"八达"，司马朗和司马懿是老大和老二。因为报司马防之恩，也因为司马氏兄弟有名声，所以曹操任命他们到府中任职。刚开始司马懿还不愿意，称病不去。曹操吓唬他，要把他收监，司马懿这才前来报到。因为本节重点不是司马懿，所以详细经过我们不再展开讲了。

曹操听说蔡文姬（生卒年不详）在南匈奴，背井离乡，凄凉愁苦，日夜思归。他之前跟蔡文姬的父亲蔡邕处得不错，两人在文学、书法上多有交流。曹操痛惜蔡邕没有子嗣，又爱惜蔡文姬的才华，所以出重金把蔡文姬从南匈奴赎了回来。蔡文姬，是中国古代著名才女，姓蔡名琰，字文姬，博学多识，机智善辩，精通音律。适婚年龄嫁给了卫仲道，卫仲道不幸早亡，二人没有子嗣，蔡文姬又回到了娘家。兴平年间（公元194年—195年），天下大乱，蔡文姬被南匈奴人掳去，被逼嫁给了匈奴左贤王。蔡文姬在南匈奴生活了十二年，生育了两个儿子。

蔡文姬在胡地期间寂寞思乡，胡人喜欢吹奏胡笳（形似笛子），蔡文姬精通音律，写下了著名的《胡笳十八拍》，她把思乡之情融入了音乐，作品委婉悲伤，撕裂肝肠。匈奴人也非常喜欢《胡笳十八拍》，广为传播。等到西晋的时候，并州刺史刘琨被匈奴围城，他急中生智，吹奏起《胡笳十八拍》，激起匈奴人的共鸣，匈奴撤军。

曹操把蔡文姬嫁给了屯田都尉董祀。董祀和蔡文姬感情不错，后来董祀犯了死罪，蔡文姬忙去找曹操求情。当时曹操正在宴请公卿名士及远方的使驿（传驿的信使），下人禀报说蔡文姬来见，曹操对宾客说："蔡邕的女儿在门外，今天请诸君见见。"

蔡文姬随即来到大厅，只见她披头散发，光脚前行，叩头请罪，言辞清晰明了，层次分明，哀痛不已，在座之人无不为之动容。曹操说："诚如你所说，我也感到同情，但文书已下，怎么办？"

蔡文姬说："明公马厩里的良马达万匹，虎士如林，何必吝惜一匹良马和一个虎士不去挽救一个将死之人呢？"

曹操被蔡文姬打动，他派人骑快马追回文书，赦免了董祀。当时天气严寒，曹操又赐给蔡文姬头巾和鞋袜。

曹操问蔡文姬道："听闻夫人父亲收藏有很多古籍，你还能回忆起来吗？"

蔡文姬说："先父曾留给我古籍四千多卷，后因流离失所，古籍绝大多数被摧毁，几乎无存，我能记起的，只有四百多篇了。"

曹操说："我派十个人从旁协助，帮你写下来，行吗？"

蔡文姬说："男女有别，不便亲手相授，请赐给我纸笔，真书（楷书）和草书您请吩咐。"

过了一段时间后，蔡文姬把抄写好的古籍送给了曹操，文句没有遗漏和错误的。

蔡文姬此后的事迹缺乏记载，有《悲愤诗》二首和《胡笳十八拍》传世。

第十六拍

去時只覺天蒼蒼
歸日始知胡地長
重陰白日落何處
秋鷹所向應南方
平沙四顧自迷惑
遠近悠悠隨鷹行
征途未盡馬蹄盡
不見行人邊草黃

▲ 南宋 李唐《文姬归汉图》

孔融之死

曹操命张辽屯驻长社，军队临出发时，有人谋反，夜里在军中放火，全军皆惊，乱作一团。张辽对左右说："不要动！不是全军皆反，必有制造事变者，想要使全军混乱。"

张辽率数十个亲兵在中军大帐站定，向全军下令道："没有谋反者坐在原地。"过了一会儿，全军恢复平静，抓获了主犯，就地处决。

当时张辽屯驻长社，于禁屯驻颍阴，乐进屯驻阳翟，三个人都是名将，互不服气，难以合作。曹操命司空主簿赵俨，兼三个军队的参谋，从中调和，三人关系这才缓和。

当初，前将军马腾和镇西将军韩遂结为异姓兄弟，后来因为他们的属下互相争斗，两个人也逐渐成了仇敌。朝廷命司隶校尉钟繇、凉州刺史韦端从中调解，征召马腾屯驻槐里县。

曹操准备征伐荆州，恐怕割据关中的将领有变，于是命张既游说马腾，让他留下部队，入朝为官。马腾刚开始答应了，但不久就犯了犹豫，张既恐其生变，命沿线诸县多准备物资，各太守到郊外迎接，制造声势，马腾骑虎难下，不得已向东出发。曹操任命马腾为卫尉。曹操任命马腾长子马超为偏将军，统率马腾的部众，把马腾的家属悉数迁到了邺城。

太中大夫孔融是位大名士，也是曹操的老朋友，他倚仗自己的才能和威望，数次戏弄轻侮曹操，言辞偏激，分寸失当，和曹操渐生嫌隙。曹操以孔融名重天下，外表装作容忍而内心对其厌恶至极。

孔融上书说："按照古代王畿制度，首府千里之内不能有诸侯国。"

因为许县和邺城的距离不足千里，所以按照古制，曹操不能居于邺城。

曹操更加忌惮孔融，担心他影响自己的大事。孔融和御史大夫郗虑（？—220年）素来不睦，郗虑收集证据，罗织罪名，指示军谋祭酒路粹诬告孔融道："孔融昔日在北海，见皇室有乱，而聚集徒众，欲行不轨，说'我是大圣之后（孔融是孔子二十世孙，孔子的祖先是宋国国君），只是被宋华督所灭（孔子的六世祖孔父嘉被宋华督所杀），有天下者，何必姓刘'。又和孙权的使者密谈，诽谤朝廷。之前还和刁民祢衡（曾经击鼓骂曹，曹操把他送给刘表，刘表把他送给黄权，被黄权所杀）放纵不拘，大言不惭，互相进行肉麻的吹捧，祢衡对孔融说'仲尼不死'，孔融说'颜回复生'，大逆不道，论罪当诛。"

于是曹操命令逮捕了孔融及其妻子儿女，全都处死，孔融年五十六岁。

孔融出身名门之后，自幼聪明，"融四岁，能让梨"，自小为人正直，不惧危险，党锢之祸时，他冒着风险收留了名士张俭，长大后文采飞扬，名动天下，为"建安七子"之首。为官后刚正不阿，不避权贵。后出任北海太守，作为"十八路诸侯"之一，起兵讨伐董卓。后被袁谭击败，投奔曹操。因为个性使然，当他看到曹操逐渐飞扬跋扈，暴露不臣之心后，他难以容忍，多次出言得罪曹操，两个老朋友逐渐形同陌路。曹操担心孔融再进一步影响自己专权，所以痛下杀手。

当初，京兆人脂习和孔融友善，告诫孔融不要太过正直，否则在乱世中难以保全自己。等到孔融被杀，许县没有人敢收葬孔融的尸体。脂习却伏在孔融的尸体上痛哭流涕道："文举（孔融字文举）舍我而死，我活着还有什么意思！"

曹操收捕了脂习，准备杀了他，后又把他放了。

刘表去世

刘表有三子一女：刘琦（？—209年）、刘琮（生卒年不详）、刘修（生卒年不详）和女儿刘氏（生卒年不详）。刘琦是长子，又因为相貌和刘表年轻时很像，所以刘表很喜欢刘琦。刘表在原配去世后，娶了荆州望族蔡讽（姐姐为前太尉张温之妻）之女蔡氏为继室；刘琮迎娶了蔡夫人的侄女为妻。刘琦、刘琮均非蔡夫人所生，但因为刘琮和蔡夫人侄女结婚，所以蔡夫人想让刘琮做刘表的继承人，她日渐讨厌刘琦，经常在刘表那里吹"枕边风"，贬低刘琦，赞扬刘琮。

蔡夫人年轻貌美，刘表很宠爱她，对她言听计从，所以刘表也渐渐对刘琦有了看法。蔡夫人的弟弟蔡瑁（生卒年不详），帮助刘表平定荆州有功，先后担任江夏、南郡、章陵等郡太守，刘表被朝廷敕封为镇南将军后，蔡瑁则被刘表任命为镇南将军军师。蔡瑁的外甥张允（生卒年不详）也是刘表的部将，蔡瑁、张允都深受刘表的信任。

蔡夫人、蔡瑁、张允等人轮番诋毁刘琦，赞誉刘琮。刘琦听闻后，感觉很不安，他很器重诸葛亮，向诸葛亮征询自保之计。诸葛亮不想掺和刘表的家事，因此总是搪塞刘琦，顾左右而言他。经过苦思冥想，刘琦终于想出了一条计策。有天他和诸葛亮游览屋后庭院，共同登上高楼，然后在楼上宴饮，推杯换盏之间，刘琦命仆人退下，又撤去了扶梯，然后对诸葛亮说："今日上不着天，下不着地，话出你口，而入我耳，不会被第三个人听到，可以说了吗？"

诸葛亮苦笑，看这架势，不给个计策，是难下此高楼了，于是他说道："君不见申生在国内被陷害，重耳在国外求得平安吗？"

姬申生和姬重耳是兄弟，他们均为晋献公之子，申生是晋献公的夫人齐姜所生，被立为太子。齐姜去世后，晋献公立宠爱的骊姬为夫人，并生下儿子奚齐，为了让奚齐成为继承人，骊姬陷害申生，申生自缢而亡。重耳被迫流亡在外，辗转数国，备尝艰辛，在外十九年，后杀回国内，终成为晋国国君，他就是赫赫有名的晋文公。

刘琦出身书香世家，这个故事他自然知道，他终于悟出了其中的道理，于是暗中谋划外出任职。恰不久江夏太守黄祖被孙权所杀，刘琦就向父亲请求接任江夏太守一职，刘表答应。

不久后刘表病重，刘琦回州府襄阳探视，蔡瑁、张允唯恐父子相见之后，刘表念及父子之情，把后事托付给刘琦，因此他们对刘琦说："将军命你镇抚江夏，职责繁重，今擅离部众前来，将军如果见到你，必会发火，这会加重病症，非孝敬之道。"蔡瑁、张允把刘琦挡在门外，不让他探视刘表，刘琦悲愤，含泪而去。

建安十三年（公元208年）八月，刘表去世，享年六十七岁。蔡瑁、张允遂拥立刘琮为荆州牧。刘琮封刘琦为侯，把侯爵印信交给他，刘琦大怒，把印信掷到了地上，准备假借奔丧讨伐刘琮。恰这时，曹操军已经南征荆州，刘琦为避曹操锋芒，不久投奔江南。

刘琮准备联合刘琦、刘备共抗曹操，章陵郡（郡府章陵县，今湖北省枣阳市南）太守蒯越及东曹掾傅巽（xùn）等人是亲曹派，建议刘琮投降曹操，他们说："逆和顺有大体，强和弱有定势。以人臣而抗拒王师，是反叛；以新建的政权而抵御朝廷，必危；以刘备而敌曹公，抵挡不住。三者都是短板，将何以御敌？且将军自比刘备如何？刘备抵御不了曹公，则荆州不能自保。若刘备足以抵御曹公，则刘备就不会投身将军之下。"

蔡瑁也逼迫刘琮投降，刘琮遂决定投降。当曹操率大军抵达新野县的时候，刘琮举荆州投降，并送去当年朝廷授予父亲的符节。曹操诸将疑心有诈，谋士娄圭说："天下动荡，诸侯都贪图王命以抬高自己的身价，今刘琮以符节归降，不会有假。"于是曹操继续进军。

当时刘备驻屯樊城，刘琮不敢告诉刘备自己投降曹操的消息，过了一段时间，刘备还是感觉出了异样，派人追问刘琮，刘琮命下属宋忠（大儒）到刘备处告知。当时曹操已经抵达宛县，刘备大为惊骇，对宋忠说："你们竟然如此做事，不早点告诉我，今大祸临头才告诉我，是不是太过分了！"

刘备举刀冲宋忠说："今砍下你的头，也不足以解恨，也耻于临别还杀尔等！"

刘备让宋忠回去，他召集部下商议对策，诸葛亮劝刘备攻打刘琮，荆州可得。刘备说："刘荆州去世前托孤于我，背弃信义，只顾自己，我做不到，死后有何面目见刘荆州！"

长坂坡之战

刘备率领部众南下，路过襄阳，他停下马，向城上呼唤刘琮。刘琮恐惧，不敢登城答话。刘琮左右及荆州很多人跟随刘备。刘备向刘表墓地辞别，痛哭流涕而去。

刘备一行到达了南郡当阳县（在今湖北省当阳市东北），部众已经多达十几万，辎重数千辆，扶老携幼，一日只能行走十多里。刘备派关羽率船数百艘，让他和自己在江陵（南郡府治所在，在今湖北省江陵县）会面，然后再商讨下一步行动。

有人劝刘备说："应该快速行军，退保江陵，今部众虽多，铠甲武士太少，若曹军抵达，如何抵御？"

刘备说："做大事必以人为本，今众人追随我，我何忍心舍弃！"

刘琮部将王威游说刘琮说："曹操闻听将军已降，刘备已走，必疏于防备，轻行前进。若拨给我数千精兵，居险奇袭，曹操可擒。抓获曹操，您就会威震四海，不单单是保住今天这块地方而已。"刘琮不听。

江陵储备有大量的军需物资，曹操恐怕被刘备占有，就丢下辎重，轻军快行，赶到了襄阳。得知刘备已经通过，曹操率五千精骑急追，一日一夜急行军三百多里，在当阳的长坂坡（当阳北），终于追上了刘备。

刘备抛弃妻子儿女，与诸葛亮、张飞、赵云等数十人骑马逃走，曹操俘获了刘备大量部众和辎重。徐庶的母亲也被曹操抓获，徐庶是个大孝子，他向刘备辞行，指着自己的心，说道："本来想和将军共图王霸之业，靠此方寸之地，今失去老母，方寸已乱，对将军的事业已经无益，请从此别过。"刘备无法强留，徐庶遂投奔曹操，但对曹操他没有贡献过一策，所以有了"徐庶进曹营——一言不发"

的典故。

张飞率领二十名骑兵殿后，张飞据守河岸，拆毁桥梁，待曹军临近，他怒目圆睁，横矛于马上，怒喝道："某家是张益德也，可来决一生死！"

张飞和关羽齐名，关羽的威猛曹军都见识过，万军中取颜良首级，对张飞他们同样忌惮，所以无人敢正面和张飞交锋，不敢近前。这给了刘备等人缓冲的时间，刘备等人得以逃脱。

有人对刘备说："赵云已北投曹操，找不到赵云了。"

刘备把手戟投向他说："子龙不会弃我而去。"

过了一会儿，赵云怀抱刘备的幼子刘禅，保护着甘夫人（刘禅母亲）赶了过来。看到儿子和夫人无恙，刘备热泪当即涌了出来。

刘备和关羽的船队会合，渡过沔水（汉水），遇到了刘琦及其部众一万多人，他们一起来到了夏口（汉水入长江处）。

曹操进驻江陵，任命刘琮为青州刺史，封列侯，并封蒯越等十五人为侯。曹操命令释放韩嵩，以朋友之礼对待韩嵩，让他推荐荆州人才，所荐之人皆得到提拔重用。

荆州大将文聘驻扎在外，刘琮投降曹操，招呼文聘一起前往。文聘说："文聘不能保全荆州，等待惩处！"

曹操渡过汉水，文聘才来拜见曹操。曹操问道："为何来迟啊？"

文聘说："先前不能辅佐刘荆州侍奉国家，刘荆州虽然去世，我愿意常据守汉川，保全领土。生不负于孤弱（刘琮），死无愧于地下（刘表），但身不由己，以至于此，实在悲伤，无颜早日相见！"

说罢，文聘唏嘘流涕。曹操感到一阵伤感，对文聘说："仲业（文聘字仲业），你真是个忠臣啊。"

曹操厚待文聘，让他继续统领本部人马，并任命他为江夏太守。

孙刘联盟

起初鲁肃听说刘表去世，他对孙权说："今刘表新亡，二子关系不和谐，军中诸位将领，各有所属。刘备是天下枭雄，与曹操有仇，依附于刘表，刘表忌惮他的才能而不能用。如果刘备和刘琮同心，上下一致，则应该向他们致意，缔结盟好；如果他们不一心，应该另做打算，以图大事。肃请命前往荆州吊唁刘表，问候他的两个儿子，并慰劳其军中主事者，游说刘备使他安抚刘表部众，同心协力，共同对付曹操，刘备必欢喜赞同。如果顺利，天下可定，今不速往，恐被曹操抢先。"

孙权赞成鲁肃的提议，即刻派他动身前往荆州。鲁肃抵达夏口，听说曹操已经兵发襄阳，他昼夜兼程，等达到南郡的时候，刘琮已经投降，而刘备向南躲避，鲁肃向北迎刘备，终于在当阳长坂和刘备碰面。鲁肃转达了孙权的问候及意思，共论天下形势，对刘备颇为恭敬。

鲁肃问刘备道："刘豫州今欲何往？"

刘备说："我和苍梧太守吴巨是旧相识，准备去投奔他。"

鲁肃说："孙讨虏（孙权）聪明仁惠，礼贤下士，江表英豪都归附他，已经据有六郡，兵精粮多，足以成就大事。今为君考虑，不如派心腹之人去结交江东，共同应对世事。吴巨是很普通的人，在偏僻的远郡，很快也会为他人所吞并，不足以托付！"

闻听鲁肃一番话，刘备大为高兴。鲁肃又对诸葛亮说："我，是子瑜的好友（诸葛瑾字子瑜）。"鲁肃和诸葛亮当即结交为好友。刘备依鲁肃的提议，进驻鄂县（今湖北省鄂州市）的樊口（鄂县西）。

曹操自江陵顺江东下。诸葛亮对刘备说："事情紧急，请让我奉命求救于孙将军。"刘备同意,诸葛亮遂和鲁肃一同去见孙权。

孙权当时驻扎在豫章郡柴桑县(在今江西省九江市),诸葛亮来到柴桑,游说孙权道:"海内大乱,将军起兵于江东,刘豫州拥众于汉水之南,与曹操共争天下。如今曹操战胜劲敌,平定北方,又收了荆州,威震四海。英雄无用武之地,故豫州逃难至此,愿将军仔细衡量自己的力量,来决定如何处置!若能以吴越之众与曹操抗衡,不如早点和他绝交;若不能,何不放下武器,卸下铠甲,向北投降!今将军对外宣称服从曹操,而内心犹豫不定,事情紧急而不能决断,不日将大祸临头。"

孙权说:"如果如你所说,刘豫州为何不投降曹操?"

诸葛亮采用激将法,说道:"田横,是齐国的壮士,犹知道守义不辱;何况刘豫州是王室后裔,英才盖世,众人仰慕,若水流归于大海。若事情不能成功,这是天意,安能居于曹操之下!"

孙权勃然变色道:"我不能以六郡之地,十万之众,受制于人。我意已决!非刘豫州没有可以抵挡曹操的了,然而豫州新败,又拿什么抵御曹操呢?"

诸葛亮说:"我主军队虽然败于长坂,今战士归还者及关羽水师尚有精兵万人,刘琦合江夏兵也不下万人。曹操军队,远来疲惫,听说为了追赶豫州,轻骑一日一夜行三百多里,正所谓'强弩之末势不能穿鲁缟'啊。这是兵家大忌,曰'必蹶上将军'。而且北方之人,不习水战。又,荆州士民归附曹操,是迫于武力,并非心服。今将军如果能命猛将统兵数万,与刘豫州紧密配合,必破曹操。曹操军败,必北退,如此的话,则荆州、东吴的势力就变得强大,鼎足之势形成。是成是败,在于今日!"

孙权大喜,和部属商议。这时,曹操也写信给孙权说:"近来奉旨讨罪,旌旗南下,刘琮束手。今拥有水军八十万之众,要与将军狩猎于吴。"

孙权把曹操的信给属下看,他们都被吓得面容失色。张昭等人说:"曹公,是如豺狼老虎的狠角色,挟天子以征四方,动不动以朝廷作为说辞,今日抗拒他,事更不顺。将军抗拒曹操最大的资本是长江,曹操已经拥有荆州之地,刘表的水军,艨艟战舰等数以千计,已经沿江聚集,加上步兵,水陆俱下,长江天险和我们共同据有,而势力大小又不可同日而语。本人愚见,不如迎接曹操。"

在场的很多人附和张昭，唯独鲁肃一声不吭。孙权郁闷，起身去上厕所，鲁肃追到廊上，孙权好像明白鲁肃意思，拉着鲁肃的手说："你想说什么？"

鲁肃说："我观察众人的议论，是误导将军，不足图大事。鲁肃可迎曹操，将军却不可。为什么这么说？肃迎曹操，仍会得到个一官半职，乘牛车，有吏卒跟随，交接士人，说不定还能逐步升迁至执掌州郡的大官。将军迎接曹操，又能到哪里安身呢？请早定大计，不要听他们胡言乱语！"

孙权叹息道："他们的意见，让我很失望，你深谋远虑，和我意见相同。"

当时孙权派周瑜去往了番阳，鲁肃知道周瑜是主战派，劝孙权把周瑜召回。周瑜回来后，对孙权说："曹操托名汉相，实为汉贼。将军英勇神武，雄才大略，兼有父兄之伟业，割据江东，土地方圆数千里，兵精可用，英雄归心，应当横行天下，为汉室清除污秽奸邪，何况曹操自来送死，怎么能去迎他呢！请听我为将军筹划：今北土并未完全安定，马超、韩遂还在关西，是曹操的后患；而曹操舍弃鞍马，使用舟船，与吴越之地竞争；如今天气寒冷，马无青草，驱使北方战士长途跋涉于江河湖海之间，水土不服，必生疾病。此数项用兵之忌讳，而曹操皆犯，将军擒获曹操，就在当下。请拨给我数万精兵，进驻夏口，保证为将军破曹！"

孙权说："曹贼久有废汉自立的想法，不过顾忌二袁、吕布、刘表与我罢了；如今数个枭雄已灭，只有我尚存。我与老贼势不两立，你说应当迎击，甚合我意，这是上天把你交付给我啊。"

孙权说罢，拔刀砍向桌案，桌案一角被砍掉，孙权说道："诸位文武胆敢再有人说迎接曹操者，有如此案！"于是罢会。

当天夜里，周瑜又来见孙权，说道："诸位被曹操说的八十万大军给吓到了，没有探究虚实，所以才有了那样的议论，也无其他意思。如今核算一下：曹操率领的北方将士不过十五六万，且早已疲惫；得到的刘表军队至多七八万人，而且还未能归心。曹操以疲病之卒统率狐疑之众，人数虽多，也不足为惧。我率精兵五万，足以制服曹军，愿将军勿虑！"孙权大感宽慰，拊着周瑜的背说："公瑾，你所言甚合我心。张昭等人，各顾妻子儿女，怀有私心，我大失所望，唯独你和子敬与我意见相同，此乃上天把二位交付给我啊。五万精兵，仓促之间难以集合，已遴选三万人，舟船军粮武器齐备。你与子敬、程公（程普），先行出发，我当继续集合部队，多运载物资军粮，作为你的后援。你能胜最好，如果事有不顺，回来和我会合，我当与曹操决一胜负。"

孙权以周瑜、程普为左右督都，率军与刘备合力迎击曹操；以鲁肃为赞军校尉，帮助出谋划策。

赤壁之战

刘备驻屯樊口,每日都派小吏在江边遥望孙权军队,希望早日到来。有天,小吏看见了一支船队,帅旗上写一个大大的"周"字,小吏知道是周瑜的船队来了,他立即飞驰报告刘备。刘备很高兴,派人前去犒劳。周瑜请人转告刘备说:"有军事任务在身,必须忠于职守,不能擅离,倘若屈尊来见,是我所盼望的。"

于是刘备乘坐一艘小船前去会见周瑜,两人见面寒暄几句,刘备说:"今抵御曹操,计谋甚高,请问有多少士兵?"

周瑜说:"三万人。"

刘备说:"很遗憾,有些少。"

周瑜说:"够用了,豫州请观我破曹。"

刘备准备召唤鲁肃来相见,周瑜说:"他奉命不能擅动,如果要见子敬,您需要亲自过去。"刘备既愧又喜。愧,是因为自己擅自见鲁肃;喜,是因为周瑜军令严明。

周瑜军队与曹操军队相遇于赤壁(赤壁究竟在哪里,历来说法不一,主要有两种说法:一说在今湖北武昌县西赤矶山;一说在今湖北蒲圻市西北赤壁镇北赤壁山)。这时曹操从北方带来的军队水土不服,军中已经发生了瘟疫,战斗力锐减,两军刚一交锋,曹军就作战不利,曹操命令撤退到江北。

周瑜等人在长江南岸,部将黄盖献计说:"今敌众我寡,难以与之打持久战。我观察曹军把舰船连在一起,可以用火攻退敌。"

黄盖是江东老将,孙坚时代起就开始追随,他容貌威严,性格刚毅,善于领兵打仗。如今黄盖提出来火攻曹军,周瑜认为是条妙计,大为赞同。于是黄盖集结艨艟及主力战船数十艘,船上满载干燥的枯柴,浇上油,裹上帷幕,从外面看不出来里面装的什么，上面竖起旌旗，在船尾拴上走舸（船夫多、士兵少的小船，便于突击）。黄盖修书一封，派人秘密送给曹操，书中向曹操表达忠心，说准备投降曹操。曹操认为黄盖迫于自己强大的实力，因而背弃了孙权，投降自己，所以他非常高兴，没有仔细琢磨，就给黄盖回信，约定接应时间。

约定时间到来，当时东南风刮得比较猛，天赐良机，黄盖让十艘舰走在最前面，到江中心升起船帆，其余船只依次跟进。这时候黄盖要来投降的消息传遍了曹营，见对面有船过来，曹营将士都伸长脖子观望，喜气洋洋，议论纷纷。距离曹军仅有二里地的时候，黄盖一声令下，运载物资的船队同时点火，干柴一点就着，加上油料，刹那间船上燃起大火，借助风势，火势凶猛，船速如箭，扎进了曹军船队之中。曹军舰船顿时也燃起熊熊烈火，大火不断蔓延，烧到了曹军岸上的营垒。顷刻间，浓烟滚滚，火焰冲天，曹军人马烧死者、溺死者不计其数。

周瑜等人率精锐舰船紧随黄盖之后，战鼓大作，曹军崩溃。眼见大势已去，曹操率残兵败将从南郡华容县（在今湖北省潜江市西南）的小道逃走。当时道路泥泞、拥塞，又刮起大风，曹操命老弱残兵背负野草铺路，骑兵才得以通过。当时风声鹤唳，曹军逃命要紧，老弱残兵被人马所践踏陷入淤泥之中死亡的难以计数。

刘备、周瑜水陆并进，狂追曹军至南郡。曹军被杀者，溺亡者、互相践踏而死者，加上因饥饿、瘟疫而死者，超过了一半。曹操垂头丧气，面如死灰，他留下曹仁、徐晃守卫江陵，乐进守卫襄阳，他率领残军败将北还。

周瑜、程普率领数万将士，与曹仁隔江相望。两军还未交战，甘宁请命率军先行占据夷陵（在今湖北省宜昌市东南长江北岸）。周瑜同意，甘宁遂夺取夷陵，据城守卫。

夷陵和益州接壤，益州将军袭肃率军投降。周瑜请示孙权，准备把袭肃的军队增派给吕蒙。吕蒙认为这时候正是争取将领来投的机会，如果剥夺了来降将领的兵权，会使后来者有所顾忌，不利于事业的发展。因此吕蒙对孙权说："袭肃有胆略，且慕名远来，从大义上讲，应该增加他的兵力，而不应该夺了他的兵权。"孙权赞许吕蒙的看法，仍然让袭肃统领本部人马。

曹仁派军包围甘宁，当时甘宁仅有千人，而曹仁军队有五六千人。曹仁军连日进攻夷陵，又架设高楼，向城内放箭，城内士兵皆感到恐惧，唯甘宁表情平静，有说有笑，士兵情绪逐步稳定下来。

甘宁向周瑜告急，诸将认为兵力本就不足，难以分兵去救甘宁，吕蒙建议周瑜、程普说："留凌公绩（凌统字公绩）守卫江陵，我与将军同去解救夷陵，估计也用不了多长时间，我保证公绩坚守十日。"吕蒙又建议周瑜派三百人用树木截断险要道路，使曹仁军无法骑马通过，只得弃马逃跑，这样就可以得到曹仁军的马匹。

周瑜全部采纳。周瑜和吕蒙等人率军抵达夷陵，和曹仁军交战，大胜，杀死曹仁军过半。曹仁军连夜逃遁，遇到树木挡道，骑兵皆丢弃马匹钻过树缝逃跑。周瑜和吕蒙率军急追，获得战马三百匹，用大船运回。于是江东将士备受鼓舞，斗志百倍，周瑜率军渡江，屯扎北岸，和曹仁对峙。

合肥之战

孙权亲自率军包围合肥（扬州刺史府所在，在今安徽省合肥市）。孙权命张昭率军攻打九江郡当涂县，张昭作战不力，无法攻破城池。

孙权命威武中郎将贺齐讨伐丹阳郡的黟县（黟yī，在今安徽省黟县）、歙县（歙shè，今安徽省歙县）叛民。黟县叛民首领陈仆、祖山等率领二万户驻扎林历山（黟县南），四面山势险峻，都是悬崖峭壁，无法攀登。贺齐率军抵达山下一个多月了，束手无策。久拖不是办法，贺齐秘密招募身手敏捷的勇士，夜间于不容易发现的隐蔽险要之处，以铁戈披荆斩棘，开凿山洞，秘密向上攀登到制高点，然后把提前准备好的粗布打结，縋到山下，一个一个地向上拉人，拉上去了一百多个勇士，他们埋伏在四面八方，突然擂起战鼓，吹响号角，叛民猝不及防，大惊失色，把守路口者纷纷退回本部，贺齐大军终于攀上悬崖，大破叛民。

孙权把黟县和歙县分割成了六个县：始新县（在今浙江省淳安县）、新定县（在今淳安县西南）、休阳县（在今安徽省休宁县）、黎阳县（在今安徽省黄山市屯溪区西北）、黟县和歙县，设置了新都郡，任命贺齐为新都郡太守。

孙权包围合肥一段时间了，久攻不下。孙权着急，准备率领轻骑兵亲自突击，长史张纮劝道："兵器是凶器，战争是危险之事。今将军气势旺盛，却忽视了强大的敌人，三军将士，莫不寒心。斩将夺旗、威震疆场是偏将军的职责，非人主所应该做的。愿您抑制孟贲和夏育（两位都是战国时期著名勇士）之勇，心怀王霸之计。"孙权这才放弃了亲自进攻的打算。

曹操派将军张喜率军支援合肥，但迟迟没有抵达。扬州别驾蒋济（公元188年—249年）秘密向刺史献计道："可以假称接到张喜的书信，说张喜率领步兵骑兵共四万人已经到达合肥西北的雩娄县（雩yú，在今河南省固始县东南），派主簿出城迎接张喜。"

刺史（姓名不详）命拟好三份内容一样的书信，假装张喜的信使，向城中送信，一个信使得以入城，另外两个信使被孙权军队抓获。孙权中计，当他看到信后，信以为真，曹军援兵众多，为了免受腹背之敌，孙权命令急撤。

合肥位于淮河流域和长江流域之间，地理位置重要，占据了合肥为中心的淮西地区，才能保证江东核心区的安全，孙吴先后六次攻打合肥，均以失败告终。孙权下次再攻合肥的时候，遭遇张辽，大败，这是后话。

曹操亲自从水路走涡水进入淮河，从淝水上岸，抵达了合肥。寿县南的芍陂（què bēi）是春秋时的楚国令尹（相当于丞相）开垦的一座古老的陂塘型蓄水灌溉工程，曹操命令在此屯田。几个月后，曹操回军谯县。

庐江人陈兰、梅成聚众反叛，占据了庐江郡的灊县、六县（在今安徽省六安市北）。曹操派张辽率军平叛，斩杀了陈兰、梅成。

曹操命张辽、乐进、李典率领七千人驻屯合肥。

周瑜战曹仁

周瑜率军进攻曹仁据守的江陵，前锋数千人先行抵达城下。曹仁登城眺望，认为应该挫挫周瑜军队的锐气，为赤壁之败挽回些颜面。曹仁挑选了三百名精壮勇士，派部将牛金（生卒年不详）率勇士迎战。三百对几千，很快牛金等人就被围困，死伤惨重。

曹仁和长史陈矫（？—237年）在城上观战，眼见牛金等三百人死伤殆尽，战斗场面血腥惨烈，左右均恐惧变色，只有曹仁情绪亢奋，青筋暴起，大呼："牵马来！"

陈矫等人看情势知道曹仁这是要亲自出城解救牛金等人，形势太过凶险，陈矫等人忙一起拉住曹仁劝道："贼人气焰嚣张，势不可当，这几百人凶多吉少，即使放弃也无碍大局，将军为何以身犯险！"

曹仁决心已定，并不答话，摆脱了众人，披挂上马，率领手下数十个骑兵出城，这数十人都是百里挑一的勇士。曹仁等和周瑜军前锋仅百步之遥，临近壕沟，陈矫等人在城上为曹仁捏了把汗，他们以为曹仁会在壕沟边停住，为牛金等人提供声援，哪知曹仁竟然拍马越过壕沟，冲入了敌阵，经过残酷厮杀，牛金等人得救。

还有人尚在围困之中，曹仁又挺枪跃马杀入重围，尽数把人员救出，又杀死了数人，周瑜前锋被曹仁的战斗力震慑住了，悻悻然退兵。曹仁率勇士冲出的时候，陈矫等人皆惶恐无措，最后曹仁安然无恙回城，城上观战之人都不由得惊叹道："将军真是天人！"对于曹仁的勇敢，三军都佩服得五体投地。

后徐晃率军增援江陵，准备和曹仁共同抵御周瑜。双方约定了日期进行决战，展开血拼，周瑜亲自骑马巡视督战，鼓舞士气，但被流箭射中了右臂，伤得不轻，他命令撤军。

曹仁听说周瑜受了箭伤不能起床，认为这是天赐良机，于是亲自率军前来攻打周瑜。周瑜起身到各营巡视，鼓舞士气，周军斗志昂扬，曹仁仔细观望，认为讨不到便宜，于是回军。

周瑜对江陵的围困长达一年多，这一年多，周瑜的军队对曹仁的军队杀伤甚多，曹仁无力再支撑下去，弃江陵而去。周瑜遂占领了江陵。

孙权任命周瑜为偏将军兼南郡太守，驻守江陵；程普兼江夏太守，郡府沙羡；吕范兼彭泽郡太守；吕蒙兼寻阳县县令。

曹操爱惜周瑜的才能，派著名的辩士蒋干前去游说周瑜，希望周瑜能投靠自己。蒋干见到周瑜后，回来向曹操复命，赞叹周瑜气量宽宏、品行高雅，不是言辞所能离间的。

第十八章 三足鼎立

刘备娶妻

刘备表奏刘琦为荆州刺史。刘备亲自率军南征荆州诸郡，武陵太守金旋（？—209年）、长沙太守韩玄（生卒年不详）、桂阳太守赵范（生卒年不详）、零陵太守刘度（生卒年不详）皆投降了刘备。庐江营帅雷绪部曲数万人归刘备。刘备任命诸葛亮为军师中郎将（军师是军中参谋，中郎将则有兵权），让他督率零陵、桂阳、长沙三郡，征调三郡的税赋供应军队。刘备对赵范不放心，让赵云兼任桂阳太守。

裨将军黄忠隶属于韩玄，这次也归降了刘备。黄忠字汉升，是南阳郡人，有勇有谋，当初刘表任命他为中郎将，和刘表的侄子刘磐驻守长沙郡攸县，曹操收降荆州后，黄忠代理裨将军，仍守卫攸县。

赵范的嫂子樊氏守寡，她国色天香，赵范希望把樊氏嫁给赵云。赵云为人稳重，并非好色之徒，拒绝道："我和你同姓，你嫂子就是我嫂子。"赵云左右有人劝他纳了樊氏，樊氏如此漂亮，也不失为一桩美事。赵云说："赵范是被形势所迫才投降的，并非真心投降，再说天下的女子也不少。"果如赵云所料，后赵范果然逃走了，不知所终。

刘备表奏孙权行车骑将军，领徐州牧；当时恰好刘琦因病去世，孙权也表奏刘备领荆州牧。周瑜不愿意把荆州八个郡都给了刘备，只是把荆州长江南岸、刘备已经取得的四个郡给了刘备，刘备在油口（在今湖北省公安县北）设立大本营，并改名为公安县。

为了争取刘备，巩固孙刘联盟，孙权把妹妹孙夫人（生卒年不详，野史称为孙尚香）嫁给刘备为妻。据有关专家估计，刘备比孙夫人大二十岁左右。孙夫人才智敏捷，刚强泼辣，不爱女红爱舞枪弄棒，有乃兄之风，侍婢一百余人，都持刀侍立两旁，刘备每次进入孙夫人的房间，如同上战场一样，心底都会升起一股寒意，担心再也出不去孙夫人的房门了。正史中，刘备娶了甘夫人、糜夫人，目前迎娶的孙夫人，加上夺取益州后迎娶的吴夫人，一共记载了四位夫人的名字，甘夫人在刘备屯兵新野的时候生下了刘禅。

刘表旧部和宾客大都归顺刘备，刘备以周瑜给予的地少，不足以容纳其所有人员为由，亲自到京口去见孙权，要求得到荆州全部的八郡。荆州八郡为：南阳郡、江夏郡、南郡、章陵郡、长沙郡、零陵郡、武陵郡和桂阳郡。

周瑜听说后，给孙权写信说："刘备是枭雄的材料，而又有关羽、张飞这样异常勇猛的将领，必不会久居人下。我认为为今之计，应该把刘备迁到吴地，给他修筑宏伟宫室，多赐给他美女、奇珍异宝，使他沉迷声色犬马，以瓦解他的斗志。把关羽、张飞分隔开来，各安排一处地方，使瑜等能指挥他们作战，则大事可定。今多割土地以成就其霸业，把此三人聚在一起，犹如蛟龙得到云雨，终非池中之物！"

孙权部属、彭泽郡太守吕范也劝孙权把刘备软禁在吴地。但孙权认为强敌曹操盘踞北方，不知道啥时候就又会南下，此时应该广纳天下英雄，如果扣留了刘备，就会使天下英雄寒心，于是没有听从周瑜、吕范的建议。

刘备从京口回到公安，过了一段时间听说了周瑜建议孙权软禁自己后，叹息道："天下智谋之士，所见略同，孔明劝我不要去京口，他所忧虑的也正是如此。但当时我处境危急，不得不去，此行着实危险，几乎要毁于周瑜之手！"

刘备任命庞统担任桂阳郡耒（lěi）阳县（在今湖南省耒阳市）的代理县令，庞统殆于职守，被免职。

鲁肃是孙刘联盟的坚定支持者，他也希望看到刘备治下和谐，他也很了解庞统的才能，因此他给刘备写信说："庞士元并非仅能治理一县的小才之人，让他处在别驾、治中这样的任上，才能展示他的高才！"

诸葛亮也推荐庞统。刘备召见了庞统，与他谈论世事，庞统滔滔不绝，见解高超，刘备大喜，任命庞统为治中，对他亲近优待仅次于诸葛亮，与诸葛亮同时担任军师中郎将。

周瑜去世

周瑜到京口拜见孙权说:"曹操新近在赤壁失败,威望有损,他最担心朝中有人趁机作乱推翻他,所以未再与将军交战。我请求和奋威将军孙瑜(孙坚弟弟孙静的次子,孙权的堂兄)一同出发,取西蜀进而吞并张鲁,然后让奋威将军留守此地,和马超结交,引为外援,我回军与将军据守襄阳,威逼曹操,则北方可图。"

周瑜回江陵收拾行装,但在中途病重,周瑜预感时日无多,他给孙权留言道:"生命长短在于命,无所遗憾,但只恨微小的志愿无法实现,无法再为您效命了。今曹操在北,边境未靖;刘备寄居,有如养虎。天下之事,不知该如何终局,此时正是需要各级官员废寝忘食之时,至尊殚精竭虑之日啊。鲁肃忠诚刚直,做事认真,可以顶替周瑜的位置。倘若我的建议可被采纳,瑜泉下无憾了!"

不久,周瑜病逝于巴丘(在今湖南省岳阳市),年三十六岁。周瑜心胸开阔,气量宏大,识大体,顾大局,很得人心,与众人相处和睦。当初只有程普看不上周瑜,他以老资格自居,多次欺辱周瑜,周瑜为大局着想,忍辱求全,不和程普计较。程普被打动,转而对周瑜敬重佩服,他对人说:"和周公瑾交往,如饮下味厚的美酒,不知不觉醉了。"周瑜和夫人、绝色美女小乔育有两子一女,两子:周循、周胤;一女:周妃。

孙权得到周瑜去世的消息后,极为悲痛,流泪说道:"公瑾有辅佐帝王的才华,却如此短命,我该依赖谁!"

孙权亲自到丹阳郡芜湖县迎接周瑜的灵柩。孙权为长子孙登迎娶了周瑜的女儿周妃;任命周循为骑都尉,把自己的长女孙鲁班嫁给了周循;任命周胤为兴业都尉,把孙氏宗族之女嫁给了周胤。

孙权任命鲁肃为奋武校尉,代替周瑜统领江东兵马。鲁肃认为只是靠江东的实力，难以抵御曹军，他劝孙权把荆州借给刘备，联合刘备共拒曹操。目前除了联合刘备，也没有更好的选择，孙权同意了，他割分豫章郡，设立番阳郡（郡治番阳县，在今江西省鄱阳县）；割分长沙郡，设立汉昌郡（郡治汉昌县，今湖南省平江县东南），任命鲁肃为汉昌郡太守，驻扎陆口（在今湖北省嘉鱼县西南）。孙权所谓的"借荆州"，是承认了刘备取得的荆州江南四郡，然后把长江以北及长江三峡以东的土地借给了刘备，使刘备方便从汉水抵御曹操。荆州的陆口、汉昌、夏口地区是江东的门户，仍由孙权派得力人员把守。

当初，鲁国汶阳县（在今山东省泰安县东南）人士某，为躲避王莽末年的动乱而移居交州，经过六世到士燮的父亲士赐，士氏成为当地豪族。士燮年轻时随颍川大儒刘陶学习《左氏春秋》，后被推举为孝廉，逐渐升迁至交趾郡太守。交州（统辖南海郡、苍梧郡、郁林郡、合浦郡、交趾郡、九真郡、日南郡共七个郡，大致是今天广西、广东及越南北部）刺史朱符为蛮夷所杀，州郡纷乱。士燮推荐其弟弟士壹为合浦太守，士䵋为九真太守，士武为南海太守。士燮为人宽厚，中原士人逃避战乱南下，如袁徽、许靖、刘巴、程秉、薛综等多投靠士燮。士燮威力震慑交州，出入仪仗盛大，镇服蛮夷。

朝廷派张津继任交州刺史，张津不务正业，喜欢鬼神之事，为其将区景所杀。刘表争夺交州，派赖恭继任交州刺史。朝廷也得罪不起刘表，予以默认。苍梧太守史璜去世后，刘表又派吴巨接任苍梧太守。为了抑制刘表在交州的势力，掌控朝廷的曹操赐给士燮文书，任命士燮为绥南中郎将，总督七郡，依旧领交趾太守。

交州刺史府和苍梧郡郡府均设在广阳县（在今广西梧州市），赖恭与吴巨不和，发生了冲突，吴巨起兵把赖恭驱赶走，赖恭逃奔零陵。

这时候，孙权携赤壁之战之威，染指交州，他任命步骘为交州刺史。步骘（？—247年），字子山，徐州临淮郡淮阴县人，早年迁徙到江东避乱，担任孙权的主记，后任海盐县县长，再任鄱阳太守，到目前的交州刺史。

士燮审时度势，率兄弟归降了孙权，受步骘节度。吴巨表面归顺，而秘密谋划除去步骘，步骘也洞察了吴巨的意图，把他诱骗出来后杀死，顿时，步骘声威大振。孙权任命士燮为左将军，士燮派他的儿子到孙权处做人质。从此交州地区开始归属于孙权。

曹操征马超

曹操赤壁大败，打破了他之前规划好的美梦；赤壁大败，也让曹操损兵折将，他意识到孙权、刘备手下也不乏人才，如果想再征伐江南，甚至完成一统天下的大业，必须招揽更多的人才，因此在建安十五年（公元210年）春季他发出了《求贤令》。这道求才令主要讲了四个意思：一是在上位的人要和贤人共治天下，应当主动求贤；二是现今天下仍然分崩离析，求贤正当其时；三是这里的贤人指的是有才之人，并非有行之士，只要有才，即使不是廉士，即使"盗嫂、受金"，也应该有位置；四是明确了曹操的用人原则是"唯才是举"，东汉选人注重德，注重孝、廉、仁、义，曹操进行了大变革，注重才。曹操一共发出了三道求贤令，这是第一个。

曹操认为许县在黄河以南，容易遭受孙、刘的偷袭，北方安定，邺城城池坚固，易守难攻，他有意把邺城建成新的政治中心，为了彰显邺城的地位，他命令在邺城修建铜雀台，三年之后（公元213年），又修建了金虎台；再之后，又修建了冰井台，合称"三台"。据记载，三台以城墙为基，铜雀台高十丈，有房屋一百间；金虎台高八丈，有房屋一百零九间；冰井台高八丈，有房屋一百四十间。三台之间各相距六十步，以浮桥相连。铜雀台下又引漳河之水，解决了三台的饮水问题。三台占据了邺城西北隅的制高点，非常注重军事防卫功能，同时还具有皇家园囿的特点，风景优美。

有天曹操正在写字，有下属禀报孙权把荆州借给了刘备，二人打算长期结盟，共同抵御北方，曹操闻听，非常生气，把毛笔投掷于地。他本期待孙权和刘备闹矛盾，甚至互相攻击，他就可以再图江南，如今看来已经不现实了，所以他非常生气。赤壁之败，曹操威望大受影响，他需要一场胜仗提振军队士气，再树威望，目前割据势力不顺服自己的除了孙刘，还有辽东的公孙恭、益州的刘璋、汉中的张鲁等人，辽东太过遥远，上次攻打乌桓，道路艰难也让曹操心有余悸，目前最好的选择是先进攻张鲁，再图刘璋。

曹操命司隶校尉钟繇率军讨伐张鲁，命征西护军夏侯渊等人率军出河东郡，和钟繇会合。仓曹属（为仓曹的副长官，佐掾掌管仓库粮食等事）高柔劝曹操道："明公大军西进，韩遂、马超等人肯定会疑惧不安，担心大军攻打他们，必会相互串联，结成统一战线。应该先招抚关中诸将，关中完全顺服，汉中则一纸檄文就可以收服。"

曹操不接受高柔的建议。关中各位将领果然怀疑曹军征讨张鲁是假，征伐关中是真，大概因为征讨他们无名，所以先征讨张鲁，逼迫他们造反，然后加以剿灭，于是马超、韩遂、侯选、程银、杨秋、李堪、张横、梁兴、成宜、马玩等十将率众皆反，拥兵十万，屯据潼关（在今陕西省潼关县）。弘农郡、冯翊郡所属各县，大都起兵响应马超等人，河东郡虽与关中接壤，但太守杜畿坚持立场，拥护曹操，民众也没有二心。

曹操命安西将军曹仁督率诸将进军，但严令曹仁，步步为营，不得出兵交战，等待曹操。曹操命五官中郎将曹丕留守邺城，以奋武将军程昱参丕军事。曹操说："我现在要远征马超，但此地也并不安定，需要一位清正无私有大德的人统兵镇守。"于是以门下督徐宣为左护军，统率留守部队；以国渊（生卒年不详）为居府长史，统管留守事宜。徐宣起初在广陵太守陈登手下做事，后投降曹操。国渊是经学大师郑玄的高徒，敢于直言、正直无私。

邺城的事情安排停当，曹操亲自率军征讨马超等人。不少人建议说："关西将士擅长使用长矛，应该精选前锋，不然抵挡不了。"

曹操说："战场的主动权在我手里，非在贼人手里。贼人虽然擅长长矛，但我能使他们无处施展，你们瞧好吧。"

曹操抵达潼关，在关外扎营。曹操对马超正面施加压力，而秘密派徐晃、朱灵率步骑四千人渡过蒲阪津（在今山西省永济市西黄河渡口），在河以西扎营。

曹操自潼关北渡黄河，将士先渡，曹操和虎贲卫士百余人留在南岸断后。这时候，马超率领步骑兵一万多人突然前来进攻，箭如雨下，但曹操仍然坐在胡床（古时一种可以折叠的轻便坐具，源自胡人，所以称胡床）上泰然自若，并不慌张。许褚急忙搀扶曹操上船，船夫被流箭射中而亡，许褚左手举马鞍掩护曹操，右手撑船。校尉丁斐，放开牛马以吸引马超军队的注意力，马超军果然自乱，争抢牛马，曹操才得以渡河。曹操从蒲阪渡黄河西行，沿着黄河开辟小路南进。

马超等人退据潼关。曹操设疑兵之计，让马超等人搞不清自己的真实意图，然后曹操秘密调派舟船装载士兵进入渭河，搭建浮桥。浮桥搭建完毕后，曹操派军趁夜通过浮桥，在渭河南岸分别扎营。马超等人发现后，连夜前来攻营，被伏兵击退。马超等人腹背受敌，为了不被围歼，撤离潼关，退守渭水南岸。马超等人意识到曹操的厉害，派使者请求割让黄河以西土地求和。曹操要征服的是整个关中，自然没有答应。

曹军悉数渡过渭河扎营，马超等人数次前来挑战，众将请战，曹操不许。马超等人又请求割地，并送儿子作为人质，贾诩认为可以假装答应。曹操问进一步的计策，贾诩说："离间他们就行了。"曹操说："晓得了！"

韩遂和曹操是旧识，请求和曹操见面，曹操认为这是个挑拨离间的机会，于是和韩遂相见，两个人骑马并排交谈，他们没有谈论军事，只提及长安旧都的故人，说到欢心处，拍掌大笑。当时很多没见过曹操的关中汉人、胡人围拢了过来，曹操笑着对他们说："你们是想看看曹某人是什么模样吗？我也是普通人，非生有四目两口，只是智谋多些罢了！"

韩遂回营后，马超等人问韩遂道："曹公说了什么？"韩遂说："没说什么，只是叙叙旧。"像当年李傕怀疑樊稠的一幕一样，马超等人也对韩遂持怀疑态度。又一天，曹操给韩遂写信，信上加了很多点，好像是韩遂加上的，马超等人更加怀疑韩遂。

曹操感觉自己的离间计已经奏效，于是与马超等人约定会战日期，曹操先以轻装部队迎战，双方交战许久，不分胜负。曹操命虎豹骑夹击，大破马超等人联军，击斩成宜、李堪等人。韩遂、马超逃奔凉州，杨秋逃奔安定郡。

曹操又自长安北征杨秋，和夏侯渊、朱灵在安定会师，包围了安定郡，杨秋自知不敌，出城投降。曹操仍让杨秋担任原职，留他安抚安定人民。曹操留夏侯渊驻守长安，任命议郎张既为京兆尹，然后班师。

　　曹操进攻马超等人，全靠河东郡提供军粮，马超等人被击败，河东郡尚有存粮二十多万斛，曹操增加河东太守杜畿的俸禄为中二千石，是太守级的最高待遇。

刘备入益州

当初，益州牧刘璋听说曹操收降了荆州，他感觉曹操已经天下无敌，于是派别驾张松（？—212年）去向曹操献殷勤。张松身材短小、放荡不羁，但是很有见识、精明果断。当时曹操不费一兵一卒便取得荆州，刘备逃走，曹操趾高气扬，对其貌不扬的张松，很是轻视。主簿杨修（公元175年—219年）劝曹操任用张松，曹操不听。因此张松对曹操心怀怨恨，他回到益州后，劝刘璋和曹操绝交，和刘备交好，刘璋同意。

法正（公元176年—220年），字孝直，扶风郡郿县人，为名士法真之孙，他出身书香家庭，熟读经书，胸有韬略，建安初年，天下饥荒，法正与同郡好友孟达（？—228年）一起入益州依附刘璋，但刘璋识人不明，很长时间以后才任命法正当上新都县令，再任命为军议校尉。法正不受重用，又有州里其他侨居士人鄙视他没有品行，因此郁郁不得志。

法正认为跟着刘璋不会有什么大的作为，常暗自叹息。张松和法正关系不错，张松劝刘璋结交刘备，刘璋说："谁可以作为使者？"张松举荐法正。刘璋命法正前往，法正假装推辞，后推辞不过，不得已才出发。法正见过刘备回到益州后，对张松说刘备有雄才伟略，跟着他会比较有前途，于是二人秘密商议奉刘备为益州的主人。

恰逢曹操派钟繇兵指汉中，刘璋听说后，恐惧不安。张松趁机游说刘璋道："曹操兵马无敌于天下，若取得汉中后再攻打益州，谁能抵御！刘豫州和您一样是皇室宗亲，而曹操深恨他，刘豫州善于用兵，若让他讨伐张鲁，张鲁必破。取得汉中，则益州得到加强，曹操虽来，也无可奈何！如今州中将领如庞羲、李异等，恃功骄横，准备勾结外部势力，意图不轨。如果得不到刘豫州，则敌人攻击在外，将官兵乱在内，必然会失败，道理至为明显！"

刘璋非常赞同张松的建议，派法正率四千人的阵仗前去迎接刘备。主簿黄权（？—240年）劝刘璋道："刘豫州勇武，现今把他请来，如果以部下之礼对待他，则他不会满意，如果以宾客之礼待他，则一国不容二君，如果客人有泰山之安，则主人有累卵之危。不若关闭边境等待天下安定。"

刘璋不听黄权的劝告，认为他和自己作对，说不定背地里还是庞羲等人一伙的，于是外放黄权为广汉郡（郡府雒县，在今四川省广汉市）太守。从事王累，倒挂于州门外劝谏，但刘璋不听；王累自刎而亡，刘璋仍然不为所动。

法正抵达荆州，秘密向刘备献策道："以将军之英才，借着刘益州之懦弱，张松，州里股肱之臣，在城内响应，夺取益州易如反掌。"

刘备以仁义取信天下，如果采用如此手段夺取益州，并非自己风格，但益州地势得天独厚，据此可以争夺天下，丧失如此大好机会，他也心有不甘，因此迟疑不决。庞统对刘备说："荆州经过战乱，已经破败，人力物力都用竭，东有孙车骑，北有曹操，难以在此成就志向。益州有户口百万，土地肥沃，物产富饶，如果以此作为资本，则大业可成啊！"

刘备说："今众人指我和曹操性情相反，曹操严厉，我宽大；曹操残暴，我仁义；曹操狡诈，我忠诚。每每与曹操相反，事情终究可成。今为小利而失信义于天下，值得吗？"

庞统说："动荡之时，非固守一条道路所能安定，且兼并弱小，攻击愚昧，以武力夺取天下，以公理治理天下，古人所推崇。若事成之后，封刘益州一个大国，不负信用！今日不取，终会被他人所取。"

这番说辞打动了刘备，于是他留诸葛亮、关羽、张飞等人守卫荆州，以赵云领留营司马（掌管留守军事）。刘备率庞统、黄忠、魏延等人及步兵数万向益州出发。魏延（？—234年），字文长，义阳县（在今河南省桐柏县）人。

孙权听说刘备西上，把家眷留在了荆州，他准备派舟船把妹妹接回。孙夫人和刘备是政治联姻，也没有多少感情可言，对刘备毫不留恋，她走的时候还把年幼的刘禅带上，打算带到江东作为人质。张飞、赵云得到消息后，率水军横截江面，要孙夫人把刘禅留下，孙夫人不得已把刘禅交给了他们二人，只身回到了江东。

刘璋命刘备一行所经过的郡县给刘备提供给养，刘备进入益州像回家一样，前后所得馈赠数以亿计。刘备抵达巴郡（郡府江州县，今重庆市），巴郡太守严颜（生卒年不详）拍着胸口叹息道："这正是所说的'独坐穷山，放虎自卫者'（独自坐在没有出路的山里却放出老虎来保卫自己）啊。"

刘备自江州向北走垫江水路抵达涪县。刘璋率三万多步骑的庞大队伍，车辆挂着帷幕，精光耀日，前去和刘备相会。张松让法正告诉刘备，相会的时候趁机偷袭刘璋。刘备说："此事不可仓促！"

庞统说："趁着相会时拿下刘璋，将军您不必费心用兵，坐着就可以得到益州了。"

刘备说："初入益州，恩德信义未立，不可。"

刘璋推举刘备为大司马，领司隶校尉；刘备推举刘璋为镇西大将军，领益州牧。他们所率领的官吏、士兵，互相接触交流，在一起宴饮多达一百多日。

刘璋增加了刘备的兵马，多拨付辎重，让他攻击张鲁，又让刘备督率白水关杨怀、高沛的军队。刘备的总兵力达到了三万多人，兵车、铠甲、武器、钱粮应有尽有。刘璋返回成都，刘备向北抵达了葭萌（今四川省广元市西南），还未讨伐张鲁就已广树恩德收拢民心。

荀彧自尽

马超等率残兵败将屯驻蓝田,夏侯渊击破蓝田。左冯翊郿(fū)县(今陕西省洛川县东南)叛民梁兴聚众抢掠左冯翊,郡里诸县官吏皆感到恐惧,都到郡府所在地办公,有人认为应该把他们转移到危险的关口守卫。左冯翊郑浑(生卒年不详)说:"梁兴等破败四散,逃窜藏匿到山谷之中,虽有追随者,也是被威胁不得不跟随。如今应该广开归降的道路,宣扬威信,如果保险自守,就是示弱。"郑浑是名儒郑众曾孙、名士郑泰的弟弟。

郑浑召集吏民,修缮城郭,严加守备,招募民众捕捉叛民,所得财物妇女,得十赏七。民众很高兴,都自告奋勇捉拿叛民。叛民中有妻子被强夺的,皆出来求降,郑浑责令他们退回所掳掠的妇女,然后再把他们的妻子归还他们。于是叛民间互相传播,逐渐分化。郑浑派吏民中有威信者到山谷中广而告之,出来投降者络绎不绝。郑浑命诸位县令(长)、官员各回本县,以安抚降民。梁兴恐惧,率余众聚于郿城,曹操命夏侯渊帮助郑浑讨伐梁兴,遂斩梁兴,余党也被悉数平定。

曹操西征的时候,河间人田银、苏伯聚众造反,并煽动幽州、冀州百姓造反。留守邺城的五官中郎将曹丕想展示自己的军事才能,平叛立功,准备亲自率军讨伐田银等人,功曹常林说:"北方官吏百姓,喜欢安定讨厌战乱,顺服已久,守善者为绝大多数,田银、苏伯如犬羊聚在一起,是乌合之众,成不了气候。如今大军远征在外,外有强敌,将军坐镇邺城,轻率出兵征讨远方,虽攻克并不算勇武。"

曹丕认为常林所说有道理,父亲让自己留守邺城,安抚河北,不能轻举擅动,于是他派将军贾信讨伐田银等人,兵到立时扑灭叛乱。叛兵一千多人请求投降,讨论着说:"曹公过去有规定,被包围后才投降者不予赦免。"

程昱说："这是纷乱之际的权宜之计，今天下稍定，不可诛杀；纵然要诛杀，应该先请示曹公。"

讨论者都说："军事之事可以临机专断，不用请示。"

程昱说："凡不奉上命而自由行事者，是因为有临时紧急情况。如今贼人被控制在贾信手中，所以老臣不愿将军（曹丕）诛杀他们。"

曹丕说："好。"

曹丕随即派人向曹操请示，曹操果然命令赦免。曹操听说是程昱的主张，很高兴，说道："程昱深明军计，又善于处理他人父子之间的关系。"

曹操追赶马超至安定地界，听说田银等人造反，唯恐大本营有失，于是班师回到了邺城。汉献帝下诏，曹操"赞拜不名，入朝不趋，剑履上殿"。曹操的待遇如汉初名相萧何一样，董卓也曾经得过这种待遇。

按照规定：斩获敌人的数目，可以以一报十。但国渊上报斩获首级数目，皆如实上报。曹操询问原因，国渊回答说："征讨域外的敌人，多报斩获敌人数目，欲夸耀武功，使敌人惊惧。河间在封域之内，田银等人叛逆，虽克敌制胜有功，我私下却为之羞耻。"曹操大喜。

曹操追究马超造反责任，诛灭已经迁居邺城的卫尉马腾三族，二百多人被杀。

曹操听说刘备进入益州，准备再发兵江东，一雪前耻。这时候孙权已经把首府从京口迁往了秣陵，并改名建业。吕蒙得到曹操将要进攻的消息后，劝孙权在濡（rú）须水（源出安徽省巢湖，东流至今芜湖市裕溪口入长江）口修筑坞堡抵御曹操。诸将都说："上岸杀贼，事毕上船，要坞堡何用！"

吕蒙说："兵有胜负，战无百胜，如和敌兵邂逅，敌步骑兵追击得急，人来不及下水，还来得及上船吗？"

孙权说："对！"于是命人修建了濡须坞。

曹操准备东进攻打孙权。尚书董昭对曹操说："自古以来，人臣匡扶朝廷，没有像您这样的功劳，有今日之功劳，却没有久为人臣之权势。今明公乐保名节，然而处于您这样的地位，让人以大事怀疑自己，不可不多加考虑。"

于是董昭与列侯、诸将商定，认为丞相曹操应该晋爵国公，赐予九锡（衣服、朱户、纳陛、车马、乐则、弓矢等，大臣的最高礼遇），以彰显曹操的丰功伟绩。

荀彧忠于汉室，他说："曹公兴义兵的本意是匡扶朝廷，安宁国家，秉持忠贞赤诚之心，谨守谦虚退让之美德。君子应该按照道德标准去爱护他人，不应该如此。"

曹操对荀彧的话感到非常不满意，两个人在长期的合作中，因合作目标不同，已经渐行渐远。之前曹操取得邺城后，古冀州地广，他准备恢复古九州的设置，荀彧也予以反对。

曹操出兵攻打孙权，对荀彧不放心，奏请荀彧到谯县慰劳军队，趁机把荀彧留在了军中。曹操又上书刘协，让荀彧以侍中、光禄大夫、持节参丞相军事。

曹操率军攻向濡须口（在今安徽省含山县西南），荀彧身患疾病留在了寿春。荀彧担忧时局，认为曹操篡汉不久之后就会发生，而自己又无能为力，于是服下毒药身亡，终年五十岁。荀彧智谋超群，为人正派，喜欢推荐人才，他去世的消息传开后，时人都感觉非常惋惜。汉献帝赐给荀彧谥号：敬侯。荀彧的长子荀恽继承了父亲的爵位。

曹操进军濡须口，号称步骑兵四十万众，攻破孙权的江西大营，江东的都督公孙阳被生擒。孙权率领七万人马抵御曹操，双方相持了一个多月。曹操见江东舟船、武器、军容整齐威武，叹道："生子当如孙仲谋，刘景升儿子，猪狗一般！"

孙权给曹操写信说："春潮将涨，明公应该速速离去。"孙权另附一张纸条说："足下不死，我不得安。"曹操对众将说："孙权不会欺骗我。"于是撤军而回。

建安十八年（公元213年）五月，刘协下诏以冀州的河东、河内、魏郡、赵国、中山、常山、钜野、安平、甘陵、平原十郡作为魏国的领地，封曹操为魏公，丞相兼领冀州牧不变；加九锡。

曹操在魏国首府邺城始建祭坛、宗庙。

为了安抚汉献帝刘协，曹操把三个女儿曹宪、曹节、曹华送入汉献帝的后宫，被封为贵人。

曹操在魏国设置了尚书、侍中、六卿，以荀攸为尚书令，凉茂为仆射，毛玠、崔琰、常林、徐奕、何夔为尚书（五曹尚书，吏部、左民、客曹、五兵、度支），王粲、杜袭、卫觊、和洽为侍中，钟繇为大理（廷尉），王修为大司农，袁涣为郎中令（光禄勋）行御史大夫事，陈群为御史中丞。

袁涣为陈郡扶乐县（治所在今河南省太康西北）人，他所得到的赏赐，皆散给他人，家里没有积蓄，缺钱了则从他人处求取，不过分苛求自己的行为，但众人都佩服他的清廉。

汉献帝又下诏：魏公曹操位在诸侯王之上，授予金玺、赤绶、远游冠（诸侯王常戴）。

马超投张鲁

之前参凉州军事杨阜对曹操说："马超有韩信、吕布之勇猛，很得羌人、匈奴人的拥护，若大军班师，不设守备，则陇上四郡（陇西、南安、汉阳、永阳）就非国家所有了。"曹操没有在意，回军。马超果然率羌人、匈奴人攻打陇上诸郡县，各郡县纷纷响应马超，唯有汉阳郡冀县（凉州刺史府及汉阳郡郡府均设在冀县，在今甘肃省甘谷县东）固守。

马超尽收陇右之众，汉中太守张鲁又派大将杨昂（生卒年不详）帮助马超夺取凉州，因为他们有共同的敌人曹操。马超率领一万多人，攻打冀县县城，一连攻打了八个月，救兵未至，冀城危急。凉州刺史韦康（？—212年）派别驾阎温（？—212年）出城，向屯驻长安的夏侯渊求救。城外有数重包围，阎温乘夜色秘密从水里潜了出来。天明的时候，马超的人马发现了阎温的踪迹，骑快马追赶，抓获阎温。马超命令把阎温装上囚车，拉到城下，让阎温向城中喊话："东方没有救兵。"

但阎温为人忠诚，他向城中大呼道："大军不出三日即到，你们要努力坚守！"城中将士皆痛哭流涕，高呼万岁。马超虽然对阎温愤怒不已，但因为冀城久攻不下，想慢慢诱导阎温，希望他改变主意，按马超吩咐做事。阎温说："我誓死效忠君王，不会有二心，而你竟令我出不义之言，如何做到！"马超看阎温态度坚决，于是把阎温杀害。

救兵许久不至，韦康和汉阳太守准备投降，保全军民。杨阜流着泪劝阻道："杨阜等率父兄子弟以大义相互鼓励，誓死不变，为使君守此城池，眼看大功将成，为何要舍弃，落得不义之名！"韦康、太守不听，打开城门迎接马超。马超入城，当即杀死了韦康和太守。马超自称征西将军，领并州牧，督凉州军事。

曹操命夏侯渊救援冀县，兵马未到而冀城沦陷。夏侯渊在距离冀城二百多里的地方扎营，马超前来挑战，夏侯渊军战况不利。氐王杨千万起兵响应马超，屯驻兴国城（在今甘肃省秦安县东北），夏侯渊自知难以抵御马超和氐王联军，率军撤回。

当时恰好杨阜的妻子去世，他向马超请假归葬亡妻。杨阜同母异父的哥哥姜叙为抚夷将军，拥兵屯驻历城（在今甘肃省西和县北）。杨阜见到了母亲和姜叙，悲愤哀叹。姜叙问道："何故如此？"

杨阜说："守城不能保全城池，长官身亡不能赴死，有何面目苟全于天下！马超背父叛逆，残忍杀害州将，这不是杨阜一人之责，一州士大夫皆蒙受耻辱。君拥兵自重而无讨贼之心，此赵盾所以弑君也。马超虽强但没有公义，多有争端，不能把他打败。"

叙母感慨道："咦！伯奕（姜叙的字），韦使君遇难，你也有责任，不单单是义山（杨阜的字）的责任！人谁不死，死于忠义，死得其所。应当速速出发，不要考虑我，我自会照顾自己，我至残年也不会连累你。"

姜叙和同郡（天水郡）的赵昂、尹奉，武都郡李俊等商议讨伐马超，又派人到冀县，结交安定郡的梁宽、南安郡的赵衢，让他们作为内应。马超把赵昂的儿子赵月作为人质，赵昂对他的妻子王异说："我的计谋如此，事情定会成功，只是月儿怎么办？"王异厉声说道："为长官雪耻，头颅尚且不足为惜，何况一个儿子呢！"

杨阜和姜叙进兵，进入卤城（在今甘肃省天水市西北），赵昂、尹奉占据地势险要的祁山（在今甘肃省礼县东），讨伐马超。马超得到消息，大怒，赵衢趁机游说马超出兵。马超出击，赵衢和梁宽趁机关闭冀城城门，把马超妻子儿女杀死。马超进退不得，于是袭击历城，抓获姜叙母亲。姜母辱骂道："你是不顾惜父亲家族的逆子，杀君（马超本凉州人，杀死凉州刺史）之桀贼，天地岂能长久容你，你为什么不早点死，敢以面目视人吗！"

马超杀死了姜叙母亲，又杀死了赵月。杨阜与马超交战，身受五处创伤。马超兵败，向南投奔张鲁。张鲁任命马超为都讲祭酒，准备把自己的女儿嫁给马超。有人劝张鲁道："像马超这样，不爱他的父母，还能爱其他人吗！"张鲁不再坚持。

曹操封赏讨伐马超有功之人，封侯者达十一人，封杨阜为关内侯。

马超请求张鲁增兵，让自己向北夺取凉州，张鲁派马超包围祁山。姜叙向夏侯渊告急，诸将都认为应该先向曹操请示，得到回复后再行动。夏侯渊说："魏公在邺城，往返四千里，接到指示的时候，姜叙等必已失败，不是救急之策。"

夏侯渊率大军前去救援姜叙，让张郃率步骑兵五千人为先锋。马超不敌，败走。

韩遂驻扎在汉阳郡显亲县（在今甘肃省秦安县西北），夏侯渊准备偷袭显亲城，韩遂撤走。夏侯渊率军追赶韩遂至略阳城（在今甘肃省秦安县东北），距离韩遂三十余里，诸将准备攻打韩遂，有人建议先攻打兴国氐族首领千万，消除威胁。夏侯渊以为："韩遂兵精，兴国城坚固，不能短时间内攻取，不如攻打长离的诸羌部落。长离的羌人多加入韩遂军队，听说老家被攻击，必回来救援，韩遂若抛弃羌人则会势单力孤，若救长离我军则可与之野战，必可擒获韩遂。"

夏侯渊留督将（领兵千人）守卫辎重，说："我转战千里，今深挖壕沟，则将士疲惫，不可再战，敌人虽然众多，但容易战胜。"夏侯渊命令擂动战鼓，将士们奋勇拼杀，大破韩遂军，夏侯渊进军，包围了兴国。氐王千万前去投奔马超，余下的众氐人投降了夏侯渊。夏侯渊又转击高平、屠各，都获得胜利。

当初，陇西郡枹罕县人宋建因凉州大乱，自称河首平汉王，改年号，设置百官，割据已经三十多年了。曹操命夏侯渊从兴国讨伐宋建，夏侯渊包围了枹罕，顺利攻下，斩杀了宋建。夏侯渊另派张郃等人渡过黄河，进入小湟中，威逼河西诸羌，河西诸羌望风而降，陇右平定。

二刘反目

刘备驻扎葭萌，庞统劝刘备道："如今如果秘密挑选精兵，昼夜兼行，突袭成都，刘璋不懂军事，又向来不设防备，大军突然抵达，一举便可进入成都，这是上计。杨怀（？—212年）和高沛（？—212年）是刘璋的名将，各自领有强兵，驻守白水关（在今四川省广元市北朝天镇），听说他们多次给刘璋写信，劝刘璋把将军您遣送回荆州。将军可与他二人通信，说荆州紧急，准备回军救援荆州，并命人整理行装，假装要回荆州，这二人威服将军英名，又窃喜将军将去，我估计必会乘轻骑来见将军，到时候可以顺便抓获他们，吞并他们的兵马，然后杀向成都，这是中计。退还白帝城（在今重庆市奉节县东），联合荆州，再慢慢计划，这是下计。若迟疑不决，将遭遇巨大困境，不能持久。"

刘备经过认真分析，选了庞统的中计。这时候曹操攻打孙权，孙权派人请刘备救援。刘备趁机派使者求见刘璋说："曹操征伐孙权，孙权危急，孙权与我唇齿相依，关羽兵弱，今我不回去救援，则曹操必夺取荆州，继而侵犯益州地界，曹操的祸患大于张鲁。张鲁只知自守，不足为虑。"

刘备请刘璋增加一万士兵及辎重，准备东进，但刘璋只答应增加四千士兵，其他的皆减半拨付。于是刘备准备和刘璋决裂，为了激怒手下，他说道："我为了益州利益着想，征讨强敌，将士辛苦劳累，但刘益州聚集财富，赏赐吝啬，何以使将士们以死效命！"

张松以为刘备真的要回荆州，给刘备和法正写信说："今大事将定，为何放弃此地而去！"张松的哥哥、广汉太守张肃，发现张松帮助刘备图谋益州，恐怕祸及自己，因此告发了张松。刘璋震怒，逮捕张松后将其斩杀，并向各位守官将领下达命令，不得交接刘备。

刘备听说张松被杀，叹息流泪，他又得到刘璋下发指令的消息，大怒，召见杨怀、高沛，责备他们无主客之礼，实际上也就是找个借口，把二人处斩。刘备率军抵达了白水关，吞并了杨怀和高沛的军队，推进到了涪城（在今四川省绵阳市）。

益州从事郑度听说刘备起兵，向刘璋献计说："刘备孤军袭击我方，他士兵不满一万，士兵还未归心，军队缺乏辎重，山野的谷类是他们可以获取的口粮。不如尽数把巴西郡、梓潼郡民众迁往涪水以西，把仓库里及野外的谷类，统统焚烧，修筑高大壁垒，深挖壕沟，静等刘备。刘备抵达，众守军不战，时间久了，刘备军队就没有吃的了，不出百日，他必会自动退走，然后我军追击，必擒获刘备。"

如果此计施行，将对刘备造成重大打击，刘备非常焦虑，问计法正。法正说："刘璋终不会采用郑度之计，将军勿忧。"

果然，刘璋对部属说："我听过抗拒敌人以保全百姓，未听过迁徙百姓以躲避敌人。"刘璋拒绝采用郑度的计策，并把郑度免职。

刘璋派遣部将刘璝、泠（líng）苞、张任、邓贤、吴懿等人抵御刘备，但几个将领不是刘备的对手，皆战败，退守绵竹县。吴懿投降了刘备。

刘璋又派护军李严、费观前去督导绵竹诸位将领抵御刘备，李严、费观审时度势，率众投降了刘备。刘备军队实力增强，分派诸将攻取临近诸县。

刘璝、张任和刘璋的儿子刘循退守雒县县城，刘备进军围困县城。张任率军出战，与刘备军战于雒县南的雁桥，张任兵败被杀。

刘备夺益州

刘备感觉人手不足，征调诸葛亮、张飞、赵云等入川，平定益州诸县。诸葛亮留关羽守卫荆州，他与张飞、赵云率军逆长江而上，攻克了巴东郡（郡府鱼复县，在今重庆市奉节县东）。诸葛亮把张飞、赵云都带走，是不是为关羽失败埋下了伏笔？当时的实际情况是诸葛亮不得不把张飞和赵云带走支援刘备，当时刘备身边能拿得出手的将领只有黄忠和魏延，而蜀地道路艰险，战将众多，诸葛亮只带张飞和赵云中的一位战将过去，没有把握拿下益州。留下赵云守卫荆州是否可行？赵云当时的名气没有关羽大，关羽曾经力斩颜良，威震天下，历练也多，和刘备的关系也较近，所以留下关羽是最为合适的。留下张飞守卫荆州可行吗？张飞也有关羽之勇猛。张飞之前曾经守卫下邳，因为和当地大族处不好关系而丢失下邳，所以也不是守卫荆州的合适人选。留下关羽守卫荆州，也是刘备的命令。

诸葛亮率军抵达江州（巴郡郡府所在，今重庆市），巴郡太守严颜据城守卫。张飞攻破城池，生擒严颜，张飞呵斥严颜道："大军既到，为何不投降，而胆敢抗拒！"

严颜说："你等无礼，侵犯益州。益州只有断头将军，无投降将军！"

张飞暴怒，命左右把严颜推出去砍头。严颜从容不迫，面色不改，说道："砍头便砍头，为什么发怒！"张飞英雄惜英雄，赞许严颜的胆气，命令把严颜释放，以上宾之礼对待严颜，严颜投降了张飞。

诸葛亮分派赵云从外水（岷江）夺取江阳郡、犍为郡（郡府武阳县，在今四川省眉山市彭山区东），从成都南包围成都；张飞北上夺取巴西郡（郡府阆中县，在今四川省阆中市）、德阳县（今四川省梓潼县北），从成都北包围成都。

刘备包围雒城近一年，没有攻下。庞统亲自率军攻城，身中流箭，正中要害，不幸身亡，年仅三十六岁。刘备痛惜不已，每次提到庞统都泪流不止。

法正给刘璋写信，分析形势强弱，并说："左将军从举兵以来，留恋旧情，实在不是翻脸无情。我以为可根据形势变化作出判断，以保全您尊贵的家门。"

刘璋不作答复。刘备终于攻下了雒城，进军包围了成都。这时候诸葛亮、张飞、赵云也顺利引兵前来相会。

马超知道张鲁不足以谋大事，张鲁部将杨昂等人嫉妒马超，数次陷害马超，马超内心忧郁烦闷。刘备也积极争取马超，他派建宁督邮李恢前去游说马超，于是马超从武都郡逃入氐中，向刘备写密信请降。刘备派人制止马超，而秘密给他增兵。刘备围攻成都，机会成熟，马超率军增援，刘备命马超屯兵城北，成都城中惊恐不已。

刘备围困成都数十日，因为刘璋对刘备的从事中郎简雍（生卒年不详）印象很好，简雍能说会道，常担任刘备的说客，所以这次刘备派简雍进入成都，游说刘璋投降，避免兵戎相见。当时成都城中尚有精兵三万人，谷帛还能支撑一年，吏民有死战的决心。刘璋有仁慈之心，他不愿意让成都生灵涂炭，因此他说："我父子在益州二十七年，对百姓没有恩德，州中战乱已经三年，许多百姓死于草野之中，这都是因为我的缘故，我心何安！"

于是刘璋命令打开城门，他与简雍一同出城投降，部属无不唏嘘流泪。刘备把刘璋迁到公安，把他的财物尽数归还于他，让他仍佩振威将军印绶。

刘备进入成都，大摆酒席宴请将士。刘备命取出州府仓库中的金银财宝，赏赐给将士，所获谷物与布帛各还其主。刘备领益州牧，任命诸葛亮为军师将军、益州郡（郡府成都）太守。任命董和（生卒年不详）为掌军中郎将，和诸葛亮一起统管左将军府中事宜。任命马超为平西将军。董和是南郡人，早年举家迁到益州，刘璋多次任命他直至益州太守，他为人节俭公正，善于处理方方面面的工作，深得当地大族、百姓和少数民族的爱戴。

刘备任命法正为蜀郡太守、扬武将军，黄忠为讨虏将军，糜竺为安汉将军，简雍为昭德将军，孙乾为秉忠将军，魏延为牙门将军，广汉县长黄权为偏将军，许靖为左将军长史，庞羲为司马，李严为犍为太守，费观为巴郡太守，伊籍为从事中郎，刘巴为西曹掾，彭羕为益州治中从事。董和、黄权、李严、许靖、庞羲、刘巴都是刘璋旧属，费观是刘璋的女婿，彭羕刚开始在益州为官，后遭人诬陷，被刘璋贬为奴隶。刘备任用他们，以安抚益州旧有势力。

包围成都时，刘备和士兵约定：事成之后，府库物品，我不要一物。等到进入成都，士兵皆放下武器急赴府库，争相抢夺宝物。这导致了军用不足，刘备感到忧虑，刘巴说："这容易，铸造新钱，一枚值现在的一百枚，抑制物价，让官员管控市场。"刘备照做，数月的工夫，府库得到充实。

有人建议把成都良田美宅赏赐给诸位立功之将，赵云说："霍去病曾说'匈奴未灭，无以家为也'，现今国贼不只匈奴，不能求安啊，等到天下安定，各返桑梓，归本土耕田，才适宜这么做。益州人民，初次遭逢兵革之苦，应将田宅都归还他们，令其安居乐业，然后再征收税赋和劳役，让他们顺心，不应该强夺，私授爱将。"刘备同意赵云的建议。

刘备发兵成都，留中郎将霍峻（公元178年—217年）守卫葭萌城。刘璋部将扶禁、向存等率领一万多士兵由嘉陵江而上，围攻葭萌城，达一年时间。霍峻率数百名士兵顽强抵抗，趁着扶禁等人懈怠之际，挑选精锐杀出，大胜，斩杀向存等人。刘备取得益州后，分广汉郡设立梓潼郡（郡府梓潼县，今四川省梓潼县），任命霍峻为梓潼太守。

法正治理成都重地，又是刘备的高参，地位显赫，一餐之恩或睚眦之怨，都进行报答或报复，擅杀诋毁自己的数人。有人看不下去，对诸葛亮说："法正太骄纵，将军应该报告主公，压制一下他，不让他恃势弄权。"

诸葛亮说："主公在公安的时候，北畏强敌曹操，东忌惮孙权胁迫，内惧孙夫人生变。法孝直（法正字孝直）迎接主公入益州，功劳甚大。为何制止孝直，使他不能按自己的意愿行事！"

诸葛亮辅佐刘备治理益州，行事严厉，不少人有怨气。法正对诸葛亮说："当年高祖入关，约法三章，秦地百姓感恩。今君借助威力，据有一州，初有该地，未施恩惠，且客主之道，不妨稍做收敛，请放宽刑罚，放开禁令以响应百姓期待。"

诸葛亮说："君知其一，不知其二。秦朝无道，苛法暴政，民怨沸腾，百姓登高大呼，天下土崩瓦解，高祖吸取教训，政策宽宏，广为救助。刘璋暗弱，自刘焉以来已经二世，文件、法规繁杂，互相奉承，利民措施不立，执法不严。蜀地人士,专权放肆,君臣之道,纲纪废弛。用官位来笼络人,其位高到了极致则会鄙视施恩者;用恩宠来顺从某人,恩宠高到不能再加他则会怠慢。所以今天的弊病,就来源于此。我严肃法纪,依法行事,吏民则会懂得感恩;限制爵位,爵位加身则会无上光荣,荣恩并施,上下都会受到约束。为政之要,得到落实。"

诸葛亮的说辞法正不服,但刘备支持诸葛亮,这个事也就这么定下来了。

刘备任命蒋琬(?—246年)为广都县(今四川省成都市双流区东南)县长。刘备视察广都时,看见蒋琬桌案上的文件堆积如山,而蒋琬又沉醉不醒,刘备大怒,准备诛杀蒋琬。诸葛亮求情道:"蒋琬是社稷之臣,非一县之长之才,他为政以安民为本,不以做表面文章为先,愿主公详察。"

刘备看在诸葛亮的面子上,没有治蒋琬的罪,只是把他罢免了。蒋琬,字公琰,是零陵郡湘乡(今湖南湘乡市)人,少年好学,聪颖过人,气宇轩昂,青年时与表弟刘敏都因才学而闻名,蒋琬以荆州书佐跟随刘备入益州。

▲ 明 张飙 诸葛亮像

曹操夺汉中

曹操的另一个重要智囊、魏国尚书令荀攸去世，终年五十八岁。荀攸深沉缜密，善于掩饰内心，这也是明哲保身之举。荀攸跟随曹操征战，常运筹帷幄之中，出去之后，荀攸从不提向曹操献了什么计策，连他的子弟都不知道。曹操曾经说："荀彧推荐贤良，不任命就不会中止推荐；荀攸除去恶人，不罢免就不会中止弹劾。"又说："二荀尚书令（荀彧曾为汉尚书令）品评他人，时间越久就越相信，我终生不忘。"

汉献帝刘协迁都许县以后，完全成为曹操的傀儡，他的左右侍卫也都换成了曹操的人。议郎赵彦曾经给刘协建言献策，曹操发怒，杀死了赵彦。曹操越来越专横，汉献帝对曹操日渐恐惧，有次汉献帝对曹操说："君若能辅佐我，则请以礼相待；如果不能，请施予恩泽，让我体面下台。"

天下未定，还不是篡权的时候，曹操显然对汉献帝的话没有心理准备，顿时失色，坐立不安，俯身告退。从此，曹操也对汉献帝多了层戒心，尽量不再和汉献帝面谈。当年衣带诏事件，董承被曹操所杀，董贵人（董承女儿）受到牵连，曹操也要处死董贵人，董贵人怀有身孕，汉献帝数次求情，曹操不同意，坚持杀死了董贵人。

当时的伏皇后看到这种情况，对曹操心怀恐惧，给她父亲、不其侯伏完（？—209年）写信，陈说曹操凶残及威逼汉献帝的情况，让伏完秘密行动，铲除曹操，伏完不敢。十四年过去了（公元200年—214年），这时候伏完已经去世好几年了，这个事情却败露了，曹操闻听大怒，让御史大夫郗虑（东晋重臣郗鉴是郗虑玄孙）持节及文书没收伏皇后玺绶，以尚书令华歆作为郗虑的副手，带兵入宫，逮捕伏皇后。伏皇后关闭房门，藏于墙内夹壁之中。华歆命令拆毁房门、窗户，掘地三尺也要找出伏皇后，终于在夹壁之内发现了瑟瑟发抖的伏皇后，把她拽了出来。

当时刘协在外殿，召唤郗虑入座。伏皇后披头散发、光脚、边走边哭，路过刘协身边，哭着哀求道："不能救我一命吗？"

刘协悲伤地说："我也不知道我能活到啥时候！"他无奈地对郗虑说："郗公，天下竟有这种事情！"

于是将伏皇后送入暴室，囚禁而死。伏皇后所生的两个皇子，皆被毒死，伏皇后兄弟及宗族被处死者一百多人。

皇后之位空缺，刘协在胁迫下，立贵人曹节为皇后。

刘备夺取益州的消息传来，曹操不安，他认为刘备的下一个目标是汉中的张鲁，他决定抢先夺取汉中，然后再图谋益州，于是曹操亲自率军攻打张鲁。

曹操进入了关中，准备进入武都郡。武都郡一直是白马氐的地盘，氐人得到消息后，堵塞交通要道。曹操命张郃、朱灵等率军攻破了氐人。然后曹操走陈仓道，过大散关，进抵武都郡河池县（今甘肃省徽县西北）。氐王窦茂率领一万多人，依仗河池险要地势抗拒曹操。曹操率军攻破了城池，杀死了窦茂，屠城。

西平郡、金城郡的军队首领麹演、蒋石看曹军势不可当，为了自保，他们偷袭并斩首了韩遂，把韩遂的首级送给了曹操。

曹操率军推进到了汉中的西大门——阳平关（今陕西省勉县西）。张鲁看到曹操势不可当，准备投降曹操，但他的弟弟张卫不肯，率领数万人把守阳平关，南北筑城达十余里。

之前凉州从事及武都郡投降者都说："张鲁容易攻取，阳平城下南北山相距较远，不好防守。"曹操信以为真，等来到城下实地察看，才知道根本不是这么回事，他叹息道："他人的观点，少如人意啊。"

曹操命令攻打阳平山上的各个城堡，山势险峻，极难攀登，城堡短期攻取不下，士卒伤亡者又多，军粮将用尽，曹操心情低落，准备切断通道回军。曹操派夏侯惇、许褚招呼还在山上的士兵撤回，意外的是先头部队迷失了方向，误闯张卫别的大营，营中士兵被突发情况吓坏，惊慌逃走。侍中辛毗、主簿刘晔等在士兵后面，发现了这种情况后，立即报告夏侯惇、许褚说："我军已经占据敌人要塞，敌人已经逃走。"夏侯惇和许褚都不相信。夏侯惇亲自前去察看，发现情况属实后，回报曹操。曹军随即进攻张卫，张卫等人连夜逃走。

张鲁听说天险阳平关失守，更没有了抵抗信心，准备投降，谋士阎圃说："被形势所迫投降，必被曹操轻视，不如投靠賨部落酋长杜濩（huò）、板楯部落酋长朴胡，和曹操相拒，增加筹码，然后再投降曹操，必受曹操重视。"于是张鲁等人逃奔南山巴中（在今四川省东北部）。张鲁左右准备烧毁宝物仓库，张鲁说："本来就准备交给国家，心意未能达成，今逃走是为了避其锋芒，并没有恶意。宝物仓库，归国家所有。"于是把宝物仓库封存而去。

曹操进入南郑（汉中郡郡府所在，今陕西省汉中市东），非常欣赏张鲁的做法，认为张鲁这是表达善意，于是派人前去抚慰。不久，朴胡、杜濩等人各率其部众投降了曹操。张鲁也无所依靠了，率领家属走出南山投降曹操。曹操任命张鲁为镇南将军，封阆中侯，食邑一万户。张鲁的五个儿子及阎圃也都被封侯。关中将领程银、侯选、庞德（本为马超部将，渭南、冀县之败后，庞德投降了张鲁）也都跟随张鲁投降了曹操。曹操把程银、侯选官复原职，任命庞德为立义将军。

丞相主簿司马懿建议曹操趁着益州吏民还未全部归附刘备之际，进攻益州，曹操不听。曹操任命夏侯渊为都护将军，督率张郃、徐晃等人守卫汉中；任命杜袭为驸马都尉，处理汉中事宜。

曹操带领张鲁及其家眷返回了邺城，为自己的儿子曹宇迎娶了张鲁的女儿为妻。曹操对张鲁较为宽容，五斗米道随即也在北方广泛传播。

荆州之争

当初，刘备还在荆州的时候，周瑜、甘宁等人多次劝孙权夺取益州。孙权派人对刘备说："刘璋不能自保，若曹操得到蜀地，则荆州就会陷入危险境地。如今准备先取刘璋，再取张鲁，一统南方，即使有十个曹操，也不值得担忧。"

刘备复信说："益州人民富裕，地势险峻，易守难攻，刘璋虽然软弱，但也足以自保。今把大军置于蜀、汉间饱受风雨霜露，辗转万里，想要攻无不克、战不失利，即使是孙武、吴起也很难做到。您手下很多人认为曹操在赤壁失利，认为他已经力竭，不能再远征，事实上三分天下曹操已拥有其二，必将想要饮马于沧海（东海），观兵于吴会（吴郡会稽郡），哪肯坐等老去！而刘璋是我们的盟友，如果因此给曹操机会，非长远之计。且我与刘璋皆为汉室宗亲，希望借助祖宗庇佑匡扶汉朝。刘璋得罪了您的谋臣，我亦感到惊惧，我不能听命，请多加原谅。"

孙权听不进去刘备的意见，派孙瑜率领水军屯驻夏口。刘备封锁江面不让孙瑜通过，对孙瑜说："你要想取蜀地，我是宗室不能救，当披头散发进入山中，以不失信于天下也。"刘备命关羽屯驻江陵县，张飞屯驻秭归县（今湖北省秭归县西北），诸葛亮屯驻南郡（郡府公安，今湖北省公安县），刘备自己屯驻于孱陵县（今湖北省公安县西）。孙权没有办法，只得命令孙瑜回军。等到刘备攻打刘璋，孙权才恍然大悟，明白刘备之前冠冕堂皇的说辞全是谎言，孙权悻悻地说道："狡猾的刘备，竟然如此奸诈啊！"

关羽留守江陵，鲁肃驻扎在陆口，和江陵相邻，关羽数度猜忌鲁肃要夺取江陵，边界纠纷错综复杂，鲁肃常常向关羽示好，打消关羽的顾虑。等到刘备夺取了益州之后，孙权认为刘备有了落脚之地，应该把荆州归还给自己了，于是命中军司马诸葛瑾去见刘备，求刘备归还荆州诸郡。

刘备自然不愿归还,他找理由拖延说:"我正要图谋凉州,得到凉州后,就会把荆州尽数归还。"

孙权说:"这是不想还,不过找个托辞而已。"于是孙权任命长沙、零陵、桂阳三郡的太守等官吏,让他们赴任,但被关羽全部逐走。

孙权大怒,命吕蒙率军二万夺取三郡,吕蒙向三郡下战书,长沙郡、桂阳郡投降,零陵太守郝普坚守不降。吕蒙率兵赶赴零陵,路过酃县(酃líng,今湖南省衡阳县东)时,接上了郝普的老朋友邓玄之,一起奔赴零陵。

刘备得到消息后,亲自率军从益州抵达了公安,命关羽争夺三郡。孙权也亲自进驻陆口,指挥各军,命鲁肃率领一万人进驻长沙郡益阳县(今湖南省益阳市东),抵御关羽。孙权又用特急信召吕蒙,让他舍弃零陵回军帮助鲁肃。

吕蒙接到孙权的信后,没有宣布,而是藏了起来,在夜里继续部署明日夺取零陵的计划,目的是欺骗郝普的好友邓玄之。吕蒙对邓玄之说刘备被夏侯渊包围,无暇顾及荆州;关羽在南郡,被孙权堵截。让邓玄之劝郝普投降,不要枉送自己和老母亲等亲人的性命。邓玄之见到郝普后,把吕蒙的话告诉了郝普,郝普感觉孤立无援,于是出城投降。吕蒙拉着郝普的手一起下船,寒暄已毕,吕蒙把孙权的信拿了出来,拊掌大笑。郝普见到信后,方知刘备已在公安,关羽人在益阳,他羞愧得想找个地缝钻进去。吕蒙留孙河(和之前孙河重名)处理事务,他引军赶赴益阳。

鲁肃准备和关羽当面会谈,诸将恐怕到时候鲁肃被关羽控制,认为他不应该去。鲁肃说:"今日之事,应该解释劝导,刘备有负于主公,但是非还未辨析得清楚明白,关羽何敢为了满足占有欲而违抗命令!"

鲁肃邀请关羽相见,关羽自然不会退缩,于是双方兵马各在百步以外,诸位将军均单刀赴会。鲁肃责备关羽不归还三郡,关羽辩解说:"赤壁乌林之战,左将军(刘备)身在军中,勠力破敌,难道只是徒劳一场,得不到一块土地?而足下来是准备夺地吗?"

鲁肃说:"并非如此。我与刘豫州始见于长坂,豫州的军队抵挡不住一个校尉所率军队的攻击,日暮途穷,士气衰落,准备投向遥远的苍梧郡,当时哪敢有今天的奢望。主上(孙权)怜悯豫州无容身之处,不吝惜土地人力,让豫州渡过眼前的困难。但豫州处心积虑，私心太重，破坏了道义原则和朋友间的友好关系。如今益州已经到手，又想兼并荆州的土地，这是凡夫俗子都不忍心做的事，何况是统帅三军的主人呢！"

关羽竟无言以对。

恰好当时曹操准备攻打汉中，刘备恐怕失去益州，便派人去向孙权求和。刘备已得益州，实力壮大，和刘备闹翻的代价孙权也承担不起，于是孙权命诸葛瑾去见刘备，寻求重新订立友好盟约。最后双方达成折中方案，割分荆州，以湘水为界：长沙、江夏、桂阳，湘水以东的这三个郡属于孙权；南郡、零陵、武陵，湘水以西的这三个郡属于刘备。荆州刺史府所在的江陵县同属于南郡郡府所在。

诸葛瑾每次奉命出使益州，为了避嫌，都与弟弟诸葛亮公开见面，从不私下会面。

逍遥津之战

曹操进攻汉中的时候，为了防止孙权趁机夺取重镇合肥，他任命忠贞干练的薛悌（生卒年不详）为护军，协助张辽、李典、乐进守卫合肥，并留给了薛悌一封密函，密封条上写着"敌人来了再打开"。

果然，孙权趁机动员全国力量，集合了十万大军，率领吕蒙、陈武、甘宁、凌统、潘璋、宋谦、徐盛、丁奉、蒋钦、贺齐等东吴名将，浩浩荡荡杀奔合肥。当时驻守于江淮附近的东吴将领孙皎、周泰、朱然、朱桓、全琮等人也被征调参战，孙权精锐尽出，誓要拿下合肥。名将太史慈和黄盖已经去世；名将程普年老，这年（公元215年）冬季去世，所以他们没有参加此次战役。

建安二十年（公元215年）八月，孙权十万大军包围合肥。当时城内守军一共七千多人，情势万分危急，张辽、李典、乐进、薛悌急忙打开曹操的密函，只见上面写着："若孙权来攻，张辽、李典将军出战，乐进将军守城，护军薛悌不得参战。"

因为张辽、李典勇敢彪悍，锐不可当，乐进老成持重，薛悌是文官，所以曹操才做了如此安排。但密函没能消除诸将的疑虑，他们认为寡不敌众。张辽说："曹公远征汉中，等到来救援我们的时候，合肥必已经被敌人攻破。所以密函指示不等敌人会合的时候，便主动出击，挫其锐气，以安定城内人心，然后才可守城。"

乐进等人沉默。张辽怒道："是成是败，在此一战。诸位若仍然怀疑，张辽将独自出战。"

李典和张辽向来关系不和睦，不和睦的主要原因在于当年吕布部将薛兰、李封杀害了李典的叔叔、钜野大族李乾，后曹操斩薛兰、李封，这个事我们前文讲过。张辽是吕布旧部，所以李典与张辽一直有隔阂。这次李典听到张辽这么说，他也把个人的恩怨放到了一边，以大局为重，慷慨地说道："此乃国家大事，就看你的计谋如何了，我怎么可以以个人恩怨忘了公义！我愿意随君一起出城杀敌。"

张辽连夜挑选勇士，精中选精，得精壮勇士八百人，个个可以以一当十，然后杀牛摆宴，慰劳他们。第二天一早，张辽披甲戴盔，手持大戟，身先士卒，冲入孙权的阵营，奋勇杀死了数十人，斩杀二员大将，大呼自己的名字，势不可当，直冲至孙权帅旗之下。孙权大惊失色，部下不知所措，孙权遂催马登上了一个大土丘，这时候他的部下也反应过来，以长戟保护孙权。

张辽喊孙权出战，孙权一动不动，继而孙权看到张辽率领的兵少，他指挥军队把张辽等人重重包围。张辽发起冲击，率数十人冲出了重围，仍然身在包围圈的部众高呼道："将军要舍弃我等吗？"张辽听得呼喊又杀了回来，把余下的部众也救了出来。孙权人马溃不成军，无人敢上前阻截。从清晨战斗至中午，东吴军队士气衰落。张辽率众回城，修缮防御设施，众心稍稍安定。

孙权率军围攻合肥十多天，城池坚不可摧，孙权命令撤军。各路人马都踏上了回军行程，孙权和诸将还在逍遥津（合肥东南，淝水上的渡口）北停留，孙权很不甘心就这么撤离，但这一幕被张辽从城楼观望到，他认为这是突袭的大好机会，于是率领步骑兵掩杀而至。孙权等人没料到张辽有如此胆量，孙权及近卫三百多人被围，甘宁与吕蒙等力战，凌统率孙权亲近卫士保护孙权冲出包围。凌统返回和张辽大战，凌统左右尽死，凌统也受伤，他估摸孙权已经走远，这才脱离战场返回。

孙权乘名马"快航"上得了津桥，桥南已毁坏，中间间隔有一丈多，众人看到这种情况都很着急，亲近监（官名）谷利在马后，让孙权抱紧马鞍，双腿夹紧马腹，谷利照着马屁股猛烈抽打，"快航"也领会了意图，它一声长嘶，昂首用力一跃，跃过了塌陷地段，驮着孙权落在了南岸。这时候平东校尉贺齐率三千人已经来到逍遥津南岸迎接孙权，孙权才得以脱险。

孙权登上大船，贺齐为他摆酒压惊，贺齐离开席位，流着泪说道："至尊身为人主，应该常思行事谨慎稳重，今日之事，差点酿成大祸，部属们无不惊恐，若失去天地一样，愿至尊以此事作为终生警戒！"

孙权亲自上前为贺齐拭去泪水，说道："很是愧疚，铭记于心，不仅仅是把话写到束带上。"

合肥一战，孙权损兵折将，大将陈武战死，孙权十分悲痛，亲临丧葬现场哀悼。

逍遥津大捷，曹操大喜，对张辽赞不绝口，任命张辽为征东将军；增加乐进封邑五百户，使乐进的封邑达到了两千户；增加李典封邑一百户，使李典的封邑达到了三百户。

逍遥津之战，使江东官吏、百姓患上了"恐张辽症"，江东有小孩儿啼哭不止者，他父母就吓唬他说："张辽来了，张辽来了！"孩童的哭声就会戛然而止。

第十九章 曹魏代汉

晋封魏王

取得了汉中，逍遥津又大捷，建安二十一年（公元216年）五月，在曹操党羽提议下，汉献帝封曹操为魏王。由公爵晋升王爵，跨越了一大步，西汉初年设置了异姓王，后刘邦杀白马而和群臣盟誓："非刘氏不得为王，非有功不得为侯，不如约，天下共击之。"曹操是东汉开国后晋封的第一个异姓王，意义非凡，这为曹操进一步谋取权力做了铺垫。

魏国初建的时候，因为崔琰为人正直，曹操任命崔琰为尚书，再被提拔为中尉。巨鹿人杨训坚守节操，为人清白，崔琰看中了他这个优点，就向曹操推荐杨训，虽然杨训才学不足，曹操仍然任命他为官。等到曹操晋封王爵，杨训为了报答曹操，就上表为曹操歌功颂德。

议论者嘲笑杨训虚伪浮夸，同时也责怪崔琰失察，举人不当。崔琰就从杨训那里取来表章的草稿仔细研读，读过之后，崔琰没有选择和杨训面谈，当面发表自己的看法，而是给杨训写了一封信，信上说："阅读你的表章，这是个佳事，时机啊，时机啊！一定会有变时。"

当时崔琰的本意是讥讽议论者喜欢谴责而不去探寻人情和道理。因为崔琰曾经负责官员选拔工作，他处事公正，也得罪了一些人，他们伺机报复，这次终于找到了机会，他们拿崔琰的信说事，向曹操诽谤道："崔琰藐视当世，怨恨诽谤，无礼不恭。"

晚年的曹操，越来越听不进去别人的意见和建议，特别是在谋取政治利益方面的意见和建议，何况是他理解的有诋毁他的意思的话，之前崔琰也曾顶撞过曹操（夺下冀州的时候），所以新旧账一起算，曹操对崔琰非常恼怒，命令把崔琰逮捕入狱，剃光头发，罚做苦工。但诽谤崔琰者不置他于死地不甘心，继续诬陷崔琰道："崔琰为苦工，对宾客卷须瞋目，若有所怨。"于是曹操更加愤怒，把崔琰处死。

尚书仆射毛玠和崔琰都以清廉公正著称，毛玠对崔琰无辜受害感到伤心难过。这时候又有人诋毁毛玠怨恨诽谤，曹操命令把毛玠收押。侍中桓阶、和洽皆替毛玠陈辩，曹操不听。毛玠请求调查清楚，据实处理。

曹操说："揭发者说，毛玠不但诽谤我，还为处理崔琰的事感到不满，心生怨恨。这是抛弃君臣恩情道义，枉为至交好友悲叹，实在不能容忍。"

和洽说："如果真如告发者所说，毛玠罪过深重，天地不容，臣不敢曲解毛玠，替他辩护，歪曲人伦。但毛玠历年蒙受恩宠，刚正不阿，忠诚公正，为众人所忌惮，不会有如告发者所说的行为。然而人情世事，不能保证，应该详细调查，从双方入手进行核实。今王爷不忍心把他交给有关部门审理，但也因此而使曲直不明。"

曹操说："之所以不加审讯，是因为要成全毛玠和揭发者。"

和洽："毛玠确有诽谤王爷之言，当在闹市问斩；若毛玠并无此言，告发者诬陷大臣以误导王爷，不加调查核实，我私下深感不安。"

曹操并不做调查安排，而是把毛玠免职。毛玠在家终老。

当时西曹掾丁仪深受曹操信任，权倾一时。因为丁仪的父亲丁冲和曹操关系要好，曹操爱屋及乌，对丁仪也很有好感，还一度想把自己的长女嫁给丁仪，但曹丕以丁仪有眼病为由，搞黄了这门婚事。毛玠获罪，丁仪出了不少力，众官员都很畏惧丁仪，不敢正眼看丁仪。但尚书仆射何夔及东曹属徐奕却不买丁仪的账。丁仪诬陷徐奕，徐奕被外放为魏郡太守，有赖桓阶周旋，徐奕才没有被进一步伤害。

尚书傅选对何夔说："丁仪已害毛玠，你应该在他面前放低姿态。"

何夔说："丁仪多行不义，实际上是害他自己，怎么能害人！而且怀奸佞之心，如果生活在盛明王朝，岂能长久！"曹丕称帝后，丁仪被满门抄斩，这是后话。

曹操封曹丕为魏国太子。当时和曹丕竞争魏国太子之位的主要是他的三弟曹植（公元192年—232年），他们同为卞夫人所生。曹植机智聪明，才华横溢，曹操最初想立他为后嗣，丁仪及弟弟、黄门侍郎丁廙（yì），丞相主簿杨修，给事中邯郸淳（书法家）等人也积极帮曹植奔走呼吁。东曹掾邢颙、太中大夫贾诩、学问渊博的吴质等人及崔琰、毛玠在职的时候都坚定支持曹丕。袁绍之子内乱的教训近在眼前，曹丕是长子，在"立嫡以长不以贤，立子以贵不以长"的思想影响下，经过再三权衡，曹操终于立曹丕为太子。

南匈奴自东汉光武帝建武二十六年（公元50年）内迁以来，久居塞内，与当地编入户口的人民权益大致相同，但不用缴纳赋税。有人向曹操建议，南匈奴人口不断增多，这样下去日后很难控制，应该早日想出办法，削弱南匈奴。

建安二十一年（公元216年）七月，南匈奴单于栾鞮呼厨泉从王庭平阳（在今山西省临汾市）到邺城拜见魏王曹操。曹操趁机把栾鞮呼厨泉软禁在了邺城，不让他回国，因南匈奴右贤王去卑曾经和曹操一起护送汉献帝迁都许县，曹操和去卑熟络，因此让去卑领导南匈奴。朝廷每年都拨给栾鞮呼厨泉绵、绢、钱、谷若干，待遇如列侯，子孙仍可继承单于封号。

曹操又将南匈奴分为五部，左部居住兹氏县（在今山西省汾阳东南）；右部居住祁县；南部居蒲子县（在今山西省隰县）；北部居新兴县（在今山西省忻县）；中部居大陵县（在今山西省文水县东北），选拔南匈奴贵族作为各部的统帅，又任命汉人为司马，监督南匈奴各部。

至此，单于只徒有虚名，南匈奴国家政权已经灭亡。南匈奴崛起于秦末汉初，到当时已经四百余年。

鲁肃去世

魏王曹操再率军南下，抵达了居巢县，孙权亲自率军进驻濡须（在今安徽省含山县西南）抵御。曹操命令进攻，双方战斗激烈，伤亡都很严重。孙权认为这样连年持续下去，江东终将被拖垮，他想暂时投降曹操，免受曹操攻击，这样可以保存实力并积蓄力量，于是他派都尉徐详作为使者，去拜见曹操请降。曹操也见好就收，同意了，并派遣使者去见孙权，双方修好，还缔结了婚约，加固双方的关系。

但曹操也不敢掉以轻心，他留下大将夏侯惇、曹仁、张辽等二十六军驻扎于居巢，然后回师。

孙权任命周泰为平虏将军，督率诸军驻防濡须，东吴名将朱然、徐盛等人皆在周泰统率之下。因为周泰出身寒微，诸将不服气他，孙权听说后为此专门来到了濡须，大摆宴席，和诸将畅饮，孙权亲自为周泰斟酒，他命周泰解开衣裳，露出身上的多处伤疤，孙权用手点指周泰各处伤疤，询问受伤原因，周泰根据记忆，一一作答。

回答完毕后，孙权命周泰穿上了衣裳，孙权用手握着周泰的手臂，情不自禁，潸然泪下，他说道："幼平（周泰字幼平），你为了我和兄长（孙策），在战场上如猛虎一般，不惜生命，身上受伤数十处，皮肤如刀刻一般，我何忍心不待你如骨肉，委任你兵马重任！"

宴饮到深夜才结束。第二天，孙权命用自己的仪仗队伍先行把周泰送回大营。于是徐盛等人这才服气。

建安二十二年（公元217年）冬季，鲁肃病故，终年四十六岁。孙权亲临鲁肃葬礼现场哀悼，诸葛亮也发来哀悼信。鲁肃有一遗腹子名叫鲁淑。鲁肃是主张孙刘联盟最坚决的人物，他的去世，给孙刘联盟的走向带来了巨大变数。

孙权以从事中郎严畯（畯jùn，生卒年不详）代替鲁肃，率军万人镇守陆口。严畯学识渊博，性情忠厚。很多人都为严畯感到高兴，但严畯有自知之明，他坚决推辞道："我是老实巴交的书生，不习军事。"流泪相辞。于是孙权命吕蒙兼汉昌太守，接替鲁肃职位。

定威校尉陆逊（公元183年—245年）向孙权建议说："如今克敌制胜，平定灾祸战乱，人数要足够多才能办到。而山越贼寇长期为乱，据守山区，道路艰险。心腹之患不平，难以远征，可壮大队伍，从中选取精锐。"

陆逊，本名陆议，字伯言，为吴郡吴县（在今江苏省苏州市）人，世代都是江东大族，他的祖父陆纡（yū），官至城门校尉，他的父亲官至九江都尉，但他少年丧父，跟随堂祖父、庐江太守陆康在舒县生活、就学。当时袁术和陆康有仇，准备攻打陆康，陆康就把陆逊和亲属送回了吴县。

陆逊二十一岁的时候，开始跟随孙权，历任东西曹令史，再任吴郡海昌县（在今浙江省海宁市盐官镇南二十里。已沦于杭州湾海中）屯田都尉，并统管县里事务。县里连年干旱，陆逊开仓放粮，赈济贫民，鼓励农桑，百姓得以渡过难关。当时吴郡、会稽郡、丹阳郡有很多流亡百姓，陆逊向孙权请示，请求招募士兵。会稽郡山贼头领潘临，为祸已久，多年没有归案。陆逊招兵深入偏僻险要之地讨伐山贼，所过之处，皆讨平，部队发展到两千多人。鄱阳山越宗帅尤突作乱，陆逊又率军讨平。孙权任命陆逊为定威校尉，驻军利浦。孙权很欣赏陆逊，又为了和江东大族孙氏搞好关系，孙权把哥哥孙策的女儿嫁给了陆逊。

这次陆逊再向孙权献策，孙权同意，任命陆逊为帐下右部督。恰好丹阳郡山越宗帅费栈作乱，煽动山越。孙权命陆逊讨伐费栈，费栈被讨平。遂在丹阳、新都、会稽这东部三郡征兵，强壮者入伍，病弱者补充民户，得精兵数万人。陆逊荡除罪恶，所过之处皆被肃清，回军屯驻芜湖。

会稽太守淳于式上表孙权，投诉陆逊道："陆逊胆大妄为，任意扣押百姓，剥夺财产，百姓饱受骚扰之苦。"

陆逊到建业拜见孙权，言谈之间，称赞淳于式是个好官。孙权问道："淳于式告你，而你还说他好话，为何？"

陆逊回答道："淳于式想要养民，所以告我；我怎能再诋毁他以混淆视听，实在不能互相这么去做。"

孙权感慨地说道："这实在是有长者之风，普通人办不到。"

定军山之战

当初张鲁封存府库，逃亡巴中的时候，偏将军黄权建议刘备说："若失去汉中，则三巴（巴东、巴西、巴郡）就会受到威胁，这等于割去了蜀地的大腿和臂膀。"于是刘备以黄权为护军，率军去迎接张鲁。黄权抵达巴中地区时，张鲁已经投降曹操，黄权遂攻打曹操任命的巴东郡太守朴胡、巴西郡太守杜濩、巴郡太守任约，均破之。

曹操命张郃督率诸军争夺三巴，准备把民众迁徙到汉中，挺进到巴西郡宕渠县（在今四川省渠县东北）。刘备命张飞率军阻截，双方相持五十多日，张飞袭击张郃，大胜。张郃退还南郑。

法正建议刘备说："曹操一举攻降张鲁，平定汉中，没有趁势进攻巴蜀，而留夏侯渊、张郃驻守后仓促北还，这不是他智力不足，而是力量不足，必是内有忧患才这么做的。我分析夏侯渊、张郃的才能和智谋，不如我方将帅，率众征讨，必可攻克。夺取之后，推广农耕，存储粮食，等待时机，上可以覆灭敌寇，尊崇辅助王室；中可以蚕食雍、凉，开疆拓土；下可以固守要害，做持久之战。这是天赐良机，时不我待。"

刘备赞许法正之策，率赵云、黄忠、法正等人进军汉中，分派张飞、马超、吴兰等人进屯武都郡下辩县（武都郡郡府所在，今甘肃省成县）。曹操派曹洪阻击，曹洪准备攻打吴兰，张飞进屯固山（下辩县西北），扬言要切断曹洪后路，曹洪和诸将商议，众人狐疑不定。骑都尉曹休说道："如果敌人真要截道，应当设伏兵秘密行动，今虚张声势，是因为做不到，很明显。应该趁其未集结，飞速攻打吴兰，吴兰一败，张飞定会撤走。"曹洪依计行事，进军击斩吴兰。张飞、马超虽然勇猛，但兵力较少，难以和曹休率领的精锐虎豹骑抗衡，于是撤走。

刘备进驻阳平关，夏侯渊、张郃、徐晃等人抵御刘备。刘备派部将陈式等十余营袭击马鸣阁道（马鸣关，今四川省广元市西北），企图切断曹军后方通道，徐晃击败了陈式。张郃驻守广石，刘备无法攻克，他紧急写信给留守后方的诸葛亮，要求征调益州兵。诸葛亮征求从事杨洪的意见，杨洪坚决主张出兵。诸葛亮为什么会征求杨洪的意见？实际上这是考验杨洪，蜀郡太守法正随刘备出征，于是诸葛亮上表刘备建议让杨洪代理蜀郡太守，杨洪处理事情井井有条，工作效率很高，于是获得了正式任命。杨洪本身就是益州人，让他接任蜀郡太守，以安抚益州人士。

曹操亲率大军支援汉中，抵达了长安。之前夏侯渊屡屡获胜，但曹操告诫他说："为将也应当有怯弱的时候，不可一味恃勇。为将应该以勇为本，行军打仗应该以智谋行事，只知使用勇力，不过是一介匹夫的对手罢了。"

刘备和夏侯渊相持一年多了，刘备从阳平关南渡沔水（汉水），沿着山路艰难前进，扎营于定军山（在今陕西省勉县西南）。夏侯渊率军争夺定军山。法正说："可以出击。"刘备命黄忠居高擂鼓呐喊进攻，黄忠豪气干云，率军勇猛进攻，夏侯渊军不敌，大败，黄忠和夏侯渊短兵相接，黄忠力斩夏侯渊，曹操任命的益州刺史赵颙也被杀。张郃退兵阳平关。刘备大喜，提任黄忠为征西将军。

当时曹军失去主帅，全军惊惧不安，不知所措。督军杜袭与夏侯渊的司马郭淮（？—255年）聚拢散兵，号令诸军道："张郃将军乃国家名将，为刘备所忌惮，今日事情紧急，非张将军不能安定全军。"于是暂时推举张郃为一军之主。张郃排兵布阵，诸将都接受领导，军心稍安。

第二天，刘备准备渡过汉水攻打曹军，曹军诸将认为寡不敌众，准备沿河结阵抵御。郭淮说："不如远离汉水结阵，引诱刘备前来攻击，等他渡河渡到一半的时候再行攻击，刘备可破。"结阵完毕，刘备久经沙场，起了疑心，不再渡河。郭淮遂坚守不退。

夏侯渊不但是名将，夏侯渊的妻子丁氏还是曹操舅舅的女儿，曹操听说夏侯渊被斩，悲痛欲绝，曹操赐给夏侯渊谥号为愍侯，让夏侯渊的长子夏侯衡继承了夏侯渊的爵位，改封安宁亭侯。曹操赞许郭淮，派使节送给张郃符节，节制军队，任命郭淮为司马。曹操亲自率军自长安出斜谷险道，军队在要害之处设伏，然后曹操兵临汉中。

刘备说："曹操虽然亲自来到，但也无能为力，我必取汉中。"刘备命大军据守险要之处，拒绝和曹军交锋。曹操把军粮运送到北山下，黄忠率军准备夺取军粮，但约定时间已过，还不见回来。赵云率数十个骑兵出营观望，恰逢曹操大举出兵，赵云突然和曹军遭遇，但赵云并不惊慌，催马杀向曹军前阵，且战且退。曹军散开的军队又重新集合，追赶至赵云大营下，赵云入营，命令打开大门，偃旗息鼓。战场陷入沉寂，曹军怀疑赵云设有埋伏，不敢进攻，撤退。突然，赵云大营鼓声震天，以弓弩射击曹军后队，曹军惊骇，拼命逃窜，自相践踏及掉落汉水中死亡者众多。第二天天亮刘备来到赵云大营，视察昨日两军交战之处，感叹道："子龙一身都是胆啊！"

曹操和刘备僵持一个多月，曹军士兵逃亡者众多。刘备对汉中志在必得，汉中对曹操来说就是鸡肋，曹操消耗不起，曹操命驻军撤出汉中，北返长安，刘备遂占领了汉中。曹操唯恐刘备向北收降武都郡氐人，图谋关中，就征求雍州刺史张既的意见，张既说："可以劝说氐人北迁，由我方供给粮食，以躲避刘备，先来的赏赐封侯，氐人必会纷纷前来。"

曹操同意，命张既前往游说氐人，共迁出氐人部落五万多人口，居住于扶风郡、天水郡之间。

刘备封王

刘备派宜都太守孟达从秭归向北进攻房陵郡（郡府房陵县，在今湖北省房县），杀死了房陵太守蒯祺；派养子副军中郎将刘封自汉中顺汉水而下，统领孟达军队，和孟达进攻上庸郡（郡府上庸县，在今湖北省竹山县西南），上庸太守申耽投降。刘备任命申耽为征北将军、领上庸太守；以申耽弟弟申仪为建信将军、西城太守。上庸、房陵、西城原来是汉中郡所属的县，曹操夺取汉中后，升为郡。自此，刘备已经占领汉中郡全部领土。

曹操已经封王，作为汉室宗亲的刘备不能矮于曹操，也为了显示自己是为了兴复汉室，于是建安二十四年（公元219年）七月，群臣拥立刘备为汉中王，设高台于汉中郡沔阳县（在今陕西省勉县东），部队列阵，群臣陪同，宣读奏章，拜受玺绶，戴上王冠。派专人向汉献帝送上奏章，同时奉还曹操表奏的左将军、宜城亭侯印绶。刘备立刘禅为太子。

刘备要返回成都，需要一名大将镇守汉中，但是诸文武都议论说必是张飞，张飞也是这么认为的。但刘备提拔牙门将军魏延为镇远将军，领汉中太守，镇守汉中。刘备的这一任命惊呆了众人。刘备大会文武群臣，他问魏延道："今委爱卿以重任，你在这个岗位上想怎么干？"

魏延豪迈地回答道："若曹操举天下之兵而来，我为大王抵御之；若派偏将率十万大军前来，我为大王吞并之。"

刘备对魏延的回答很满意，众人也认为魏延的话很豪壮。

刘备回到成都，任命许靖为太傅，法正为尚书令，关羽为前将军，张飞为右将军，马超为左将军，黄忠为后将军，其他有功人员也各有封赏。授予黄忠后将军之前，诸葛亮对刘备说："黄忠名望，向来无法和关羽、马超相提并论，而今却让他们同列。马超、张飞参与了战争,亲眼看见黄忠的功劳,他们还能理解;关羽在荆州,听说和黄忠并列,恐怕会不高兴,非要这样任命吗?"刘备说:"我自会解释。"

之前关羽听说猛将马超投降了刘备,他并不认识马超,高兴之余,也有点醋意,他写信给诸葛亮,询问马超的才能可以和谁相类比。诸葛亮知道关羽争强好胜,恐怕马超抢了他的风头,于是回信道:"孟起文武全才,勇武刚烈过人,是当世豪杰,是像英布、彭越一样的人物,应该能和益德争个高下,但仍然比不上美髯公您之绝伦超群啊。"关羽的胡子非常漂亮,所以诸葛亮称他"美髯公"。关羽看信后,虚荣心得到了极大满足,他非常高兴,把信件展示给宾客看。

这次刘备派益州前部司马费诗前往荆州授予关羽前将军印绶,当关羽听说黄忠和自己并列的时候,果然愤怒地说道:"大丈夫终不与老兵同列!"不肯受拜。

费诗也早有准备,他劝关羽道:"建立王朝霸业,所用的并非只有一种人。当年萧何、曹参和高祖(刘邦)是发小,亲密无间,而陈平、韩信不过是后来逃亡过来的。排列官阶,韩信最高,没听说萧何、曹参因此有怨言。今汉中王因黄汉升击斩夏侯渊,立下显赫战功,任用他是为了兴盛汉室。然而关系之亲疏远近,怎么能与君侯相提并论呢!且汉中王与君侯譬如连体兄弟,同欢乐共患难,祸福与共。我认为君侯不应该计较官号之高下、爵禄之多少。下官只是一介使者,传达命令之人,如君侯不受拜,我这就回去,但我恐怕君侯会为今天的举动后悔。"

关羽闻听此言,感悟至深,遽即受拜。

▲ 唐 阎立本《历代帝王图》之刘备

水淹七军

孙权背叛曹操,再度攻打重镇合肥。曹操征调各地部队进驻淮南郡(郡府寿春,在今安徽省寿县)。扬州刺史温恢对兖州刺史裴潜说:"这里虽然有贼寇,但不足忧虑。今雨水渐涨,而曹仁将军孤悬樊城,没有为此做长期准备,关羽勇猛狡诈,恐怕征南将军会遇到麻烦。"

听闻兄长刘备攻城略地,特别是黄忠斩杀大将夏侯渊,关羽作为独当一面的大员,滋生了进攻曹军,荣立战功的想法;此外,他准备进攻曹军,吸引曹操的注意力,减少曹操对蜀地的关注,减轻刘备方面的压力。所以关羽命南郡太守糜芳守卫州府江陵,将军傅士仁守卫公安(在今湖北省公安县),关羽亲自率军攻打樊城。

曹仁命左将军于禁、立义将军庞德等驻扎樊城北。建安二十四年(公元219年)八月,大雨连绵,汉水暴涨,冲出河岸,平地河水达数丈深,于禁等七军皆被淹没。于禁和诸将登上高处躲避大水,关羽乘坐大船杀来,于禁等人处境窘迫,无力应战,于是投降了关羽。大将于禁投降,是大将夏侯渊被斩之后才几个月的事情,对曹军心理造成重大冲击。

庞德站立堤上,身披铠甲,手持弓箭,箭无虚发,自清晨战斗到过了中午,关羽攻势越来越急,曹军将军董衡、部将董超等准备投降关羽,尽被庞德斩杀。庞德弓箭用尽,就打赤膊战,庞德对督将成何说:"我听说良将不畏死,不苟且偷安;烈士不毁坏气节以求生。今日,就是我以死明志的时候。"

庞德大声怒吼,气势更壮,但水面越来越高,官兵看到这样下去已无生还可能,纷纷投降。庞德乘坐小船,准备逃回曹仁大营,但大水把小船打翻,庞德手抱倾覆的小船在水面漂荡,被关羽生擒。庞德抱着必死的决心,并不屈服,立而不跪。关羽说："你的堂兄庞柔身在汉中，我准备任用你为将，不早点投降更欲何为！"

庞德对关羽破口大骂道："竖子，什么是投降！魏王拥兵百万，威震天下，刘备不过是个庸才罢了，岂能敌过魏王！我宁为国家鬼魂，不为贼寇将领！"

关羽何曾受到过如此辱骂，当即斩杀庞德。

曹操听说后，叹息道："我认识于禁已经三十年了，为何面对危险局面，反而不及庞德啊！"曹操封庞德两个儿子为列侯。

关羽气势如虹，急攻樊城，城中进水，城墙坍塌，城中守军惊恐不已。有人对曹仁说："今日之危机，非人力所能抗衡，可趁关羽的包围圈还未合拢之际，乘快船连夜逃走。"

汝南太守满宠说："山洪迅猛，希望其不会持久。听说关羽派遣部将已到郏县（在今河南省郏县），许县以南，百姓纷扰，但关羽所以不敢继续前进，担心的是我军切断他的后路。今我们若逃走，黄河以南，就不再属于我国所有，您应该在此坚守，等待援军。"

曹仁说："对！"曹仁于是杀白马和将士们盟誓，同心守卫樊城，誓与城池共存亡。当时城中人马才数千人，城墙在水面以上的仅十数尺，关羽乘船兵临城下，包围数重，樊城内外隔绝。关羽又派部将包围曹军将军吕常于襄阳。荆州刺史胡修、南乡太守傅方见关羽势不可当，皆投降了关羽。

弘农郡陆浑县（在今河南省嵩县东北）县民孙狼等人作乱，杀死县里主簿，向南投降关羽。关羽授予孙狼印信，拨给他士兵，让他回去继续作乱，自许县以南，各地纷纷遥相呼应关羽。关羽威震华夏。

曹操考虑迁都以避关羽锋芒，丞相军司马司马懿、西曹属蒋济劝曹操道："于禁等七军被洪水淹没，非战场损失，对国家大计来说没有损伤多少。刘备、孙权，外表亲近，内心疏远，关羽得志，孙权必不愿看到。可派人游说孙权偷袭关羽后方，承诺割江南土地封给孙权，则樊城之围自解。"

曹操同意。

白衣渡江

吕蒙曾秘密向孙权建议谋取关羽，孙权说："我准备先取徐州，再取关羽，怎么样？"

吕蒙说："今曹操远在河北，安抚幽州、冀州，无暇东顾，徐州守兵不多，去了就能夺取，但徐州交通便利，曹操一旦来攻，我军以七八万人也守不住。不如取关羽，占据长江，形势有利，防守容易。"孙权点头同意。

孙权曾经想为儿子迎娶关羽的女儿，他派使者上门求婚，关羽不同意，怒骂使者。孙权从此对关羽怀恨在心。等到关羽攻打樊城，吕蒙趁机上书孙权说："关羽征讨樊城，而留下很多部队防守后方，必是害怕我偷袭他的后方。我身体常有病，请求让我以治病为名率部分军队回到建业，关羽听说后，必抽调部分后备部队赴樊城。我军沿江昼夜行军，趁机偷袭，则江陵可夺，关羽可擒。"吕蒙遂对外宣称病情加重。孙权大张旗鼓下令召吕蒙回建业，他们这样做其实为了让关羽知道消息。

吕蒙抵达建业，孙权问道："谁可代你守卫陆口？"吕蒙说："陆逊才能可堪重担，观察其谋略，终可以担当大任。陆逊还没有名声，关羽不会忌惮他，是合适的人选。"孙权召见陆逊，任命他为偏将军、右部督，代替吕蒙。陆逊抵达陆口，给关羽写信，称赞其战绩卓著，品德高尚，陆逊言辞谦恭，暗含有投靠关羽的意思。关羽阅信后大为高兴，对陆逊没有戒心，抽调部队赶赴樊城。陆逊把情况报告给了孙权，并陈述擒拿关羽的关键步骤。

关羽得到了于禁数万人马，缺乏军粮，夺取东吴湘关（刘备、孙权以湘水为界，设立关卡）粮食。孙权得到消息后，认为时机成熟，于是发兵袭击关羽。孙权准备让征虏将军孙皎与吕蒙为左右大都督，吕蒙说："若至尊认为征虏将军有能力，就用他；若认为吕蒙有能力，就用吕蒙。昔日周瑜、程普为左右都督，督兵攻江陵，虽然最终决断于周瑜，但程普自恃老将，且二人都是都督，导致不和睦，几乎破坏大事，这是目前需要引以为戒的。"孙权醒悟，向吕蒙致歉说："以卿为大都督，命孙皎作为后援。"

曹操征讨汉中时，命徐晃进驻宛县援助曹仁，等到于禁投降关羽，徐晃前进至阳陵陂（在今湖北省襄阳市西北八里）。关羽派兵屯驻郾城（在今湖北省襄阳市北）。徐晃率军抵达，假装要挖战壕，截断郾城后路，关羽屯驻郾城的士兵逃走。徐晃取得郾城，结营往前推进。曹操任命赵俨为参曹仁军事，与徐晃皆往前推进，其余未至。徐晃的军队不足以解围，但诸将呼喊斥责徐晃，督促他解救曹仁。赵俨对诸将说："今关羽围困樊城数重，洪水还很大，我们兵卒数量少，与曹仁将军消息隔绝，不能形成合力，进攻将造成内外交困。为今之计，不如前军逼近围城军，派人通知曹仁，让他知道外有救兵，以鞭策将士。预估北方援军不出十日即可抵达，城池应该能坚守得住，然后内外齐发，必破关羽。如果因为救援迟了降罪，我愿意一力承担。"诸将对这项安排都感到满意。徐晃大营距离关羽的包围圈有三丈距离，他命令挖掘地道，用箭把书信射到城内，徐晃与曹仁多次通消息。

孙权向曹操写信，请求讨伐关羽，为朝廷效力，并请求不要泄露消息，令关羽有所准备。曹操征求群臣意见，群臣都说应该保密。董昭说："军事上应该随机应变，以迎合实际情况。应该答应孙权保密，但悄悄把消息传出去。关羽得知孙权偷袭，若回军，樊城包围速解，我方获利。可使双方贼寇像两匹圈在一起、又用铁制笼头锁口的斗马一样，坐等他们互相又踢又蹬，又不能给对方造成致命伤，只有不断争斗，筋疲力尽，我们坐收渔翁之利。如果秘而不宣，使孙权得志，不是上计。又，被围困的将士不知道有救兵，粮食将尽，他们必定恐惧，如果心生他意，则灾祸不小。泄露出去为好。且关羽为人强横，自认为江陵、公安城池坚固，必不会轻易撤兵回援。"

曹操说："妙计！"当即命人把孙权的信抄写了一份，命令徐晃把孙权的信射入樊城及关羽营中。城中将士见信后，士气暴涨；关羽见信后，非常犹豫，但终因破樊城近在眼前，不愿意前功尽弃，所以没有选择回保江陵、公安。

曹操亲自率军南下救援曹仁，在侍中桓阶的劝说下，他驻军摩陂（今河南省郏县东南），先后派出殷署、朱盖等共十二支队伍向徐晃报到。

关羽的大营驻扎在一处高坡上，又于四处高坡上设立四个别营，徐晃扬言攻打关羽大营，而实际上秘密攻打四个别营。四个别营抵挡不住进攻，关羽亲自率领五千骑兵救援，徐晃率领伏兵杀出，关羽退回。关羽围攻樊城，设置壕沟、鹿角（把带有枝丫的树枝削尖，尖梢朝上，埋在营寨门前或路口，以阻挡敌人前进）达十重，徐晃追击关羽，前后均进入营中，大营陷入混乱，徐晃击破关羽大营，傅方、胡修皆战死。

关羽撤除对樊城的包围，退走汉水以南。关羽的水军仍然占据沔水（汉水），襄阳和樊城道路不通。关羽此战输给徐晃，输在麻痹大意，他之前擒于禁、斩庞德，有些骄傲自满，认为曹军不过如此，也没有把徐晃放在眼里，准备不足，加之军队有些疲惫，所以才会失败。徐晃有备而来，誓要挫一挫关羽的锐气，所以孤注一掷，将士以逸待劳，所以取得了胜利，并非关羽个人武力、兵法不如徐晃。

吕蒙抵达寻阳（在今湖北省武穴市西北），把精锐士兵尽数埋伏在伪装的商船之中，让士兵穿上白衣（古代平民衣服）摇动船桨划船，又让将士们穿上商人的衣服在船外活动，迷惑过往行人及守军。吕蒙军队昼夜兼行，关羽在江边设置的哨兵，尽数被吕蒙军擒获，所以对于后方发生的状况，关羽一无所知。

守卫江陵的将军糜芳和守卫公安的将军傅士仁都受到刘备的重用，但向来被关羽轻视。关羽出兵攻打樊城，糜芳和傅士仁供应的军需物资有时候无法及时抵达。关羽说："回军之后，当治他们的罪。"糜芳和傅士仁都感到很恐惧。吕蒙得知后，让随军的故骑都尉虞翻写信劝降傅士仁，陈述祸福成败，傅士仁见信后投降。虞翻对吕蒙说："我们以诡计行军，应该把傅士仁带上，留我军守城。"

吕蒙把傅士仁带到了南郡。糜芳加强守备，吕蒙把傅士仁展示给糜芳看，糜芳随即开城投降。吕蒙进入江陵，把于禁释放。吕蒙得到关羽和众将士的家属，安慰他们，让他们不要紧张，会善待他们。吕蒙又下令全军道："不得骚扰百姓，不能动百姓的一草一木。"

吕蒙麾下一个士兵，与吕蒙是同郡老乡，擅取百姓家一个斗笠用来盖官府铠甲；官铠虽然是公家物品，但吕蒙认为这公然违反军令，不可以因为是老乡就不执行军令，最终忍痛流泪把老乡处斩。于是全军震恐，不敢再拿百姓一针一线。吕蒙早晚都派出使者走访慰问德高望重的老人，询问他们有什么需要，有病者让医生看病拿药，为贫苦者送药送粮食。吕蒙封存了关羽府库中的金银财宝，等待孙权前来处置。

败走麦城

关羽得知南郡被占，大惊，随即率军南下。曹仁和诸将商议准备趁机追击，擒拿关羽。赵俨认为应该让关羽和孙权争斗，互相消耗，坐收渔利，曹仁同意。这时候曹操也得到了关羽败走的消息，他恐怕诸将追击，下发紧急军令让诸将勿追。

关羽不断派人和吕蒙沟通，吕蒙厚待关羽的使者，让他在城中周游，家家问候，或携带信件回去。关羽的使者返回后，关羽部属纷纷私下询问家属的情况，都知道家属安然无恙，甚至还好于过去，深感欣慰，所以关羽的将士斗志都受到了影响，这正中吕蒙之计。

孙权抵达江陵后，荆州文武官员纷纷归降，唯独治中从事潘濬（？—239年）称病不见。潘濬很有见识，曾师从大儒宋忠，孙权决心收服潘濬，他亲自到潘濬家中问候，潘濬这才归降。武陵部从事樊伷诱导诸夷，准备举武陵归附刘备。孙权便派潘濬率五千兵马前往征讨，斩杀了樊伷，平定了叛乱。

孙权任命吕蒙为南郡太守，封孱陵侯，赐钱一亿、黄金五百斤；任命陆逊领宜都太守。刘备所任命的宜都太守樊友见势不妙，弃城而逃，各城池长官和各部落夷头领纷纷投降陆逊。陆逊请求孙权发给他们金银铜印，以表彰他们新近归降。陆逊又攻打刘备的部将詹晏等及秭归大姓拥兵自重者，皆胜，前后斩首、俘虏、招降数万人。孙权任命陆逊为右护军、镇西将军，进封娄侯，屯驻夷陵，守卫峡口。

关羽自知已经陷于孤立的危险境地，于是向西退守南郡当阳县南的麦城（今湖北省当阳市两河镇麦城村）。孙权诱降关羽，关羽假装投降，制作了自己的木人像，和旗帜一起竖立在城上，然后秘密逃走，士兵四散奔逃，总共才十几个骑兵追随关羽。

孙权已有所准备，之前他命朱然、潘璋切断关羽后路。潘璋率军到达临沮（在今湖北省远安县西北）后，藏在夹石之间，遇到了关羽等人。建安二十四年十二月（公元220年初），潘璋司马马忠在章乡（当阳市东北）擒获关羽及其长子关平、都督赵累等人。关羽、关平、赵累被马忠所杀，荆州遂归于孙权。孙权派人把关羽的首级送给曹操；曹操见到关羽的首级后痛惜不已，予以厚葬。孙权也以诸侯的礼仪安葬了关羽的尸身。

关羽怎么死的？历来众说纷纭，按说一个小小的马忠是无权处置关羽等人的，更大的可能性是关羽等人不甘被无名小辈俘虏，自杀身亡。不管怎么死的，一代英雄终究是消逝了，给后人留下了太多的遗憾。关羽没有请示刘备，擅自出兵北伐，其间也没有派人向刘备请求增援，使自己陷于孤立无援的境地，如果请示刘备了可能有两种结果，一是刘备不同意北伐，关羽仍然固守荆州；二是刘备同意北伐，派大将协助关羽，不管哪个结果，关羽都不可能身死。关羽没有贯彻好刘备联合孙权抗击曹操的战略，一味恃强，导致和孙权关系破裂，腹背受敌。关羽也不善于处理干部关系，"羽善待卒伍而骄于士大夫"，他包围樊城、襄阳时，曾要求在上庸的刘封（刘备养子）和宜都太守孟达发兵援助，但被拒绝，后又有糜芳和傅士仁投降，使自己不得不败走麦城。随着关羽的失败，荆州被孙权重新夺回，诸葛亮在隆中规划的美好愿景也成了泡影，影响了整个三国历史的走向。

吕蒙未来得及受封而疾病发作，孙权当时在公安，他把吕蒙接到在公安的官殿之内，想方设法为吕蒙请名医求良方医治。各种医治方案用尽，终无力回天，建安二十四年年底（公元220年初），吕蒙死去，终年四十二岁。

曹操去世

孙权臣服曹操之后,曹操命张辽等防守合肥的军队悉数救援樊城,张辽等人还未抵达,樊城之围已解。徐晃率军返回摩陂,曹操亲自到七里之外迎接徐晃,大摆宴席为徐晃庆功,曹操举杯向徐晃敬酒,说道:"保全樊城、襄阳,是将军之功啊。"曹操也厚赏桓阶,任命他为尚书。

曹操表奏孙权为骠骑将军、假节、领荆州牧,封南昌侯。孙权派遣校尉梁寓作为使者,入朝进贡,又把之前俘虏的庐江太守朱光等人送回。孙权写信向曹操称臣,并说这是天命。曹操把孙权的信展示给众人看,说道:"这孩子是想让我坐在火炉上烤啊!"

其实曹操也是试探文武官员的意见,侍中陈群等皆说:"汉朝的统治已经走到了尽头,并非始于今日。殿下功盖天下,众望所归,所以孙权在远方称臣。这是天人相应,异口同声,殿下应该登上大位,还有什么疑虑呢!"

曹操不肯表露心迹,说道:"若天命在我,我愿做周文王(周文王天下三分有其二,仍向殷商称臣)。"

曹操有头风病,发病的时候,头晕目眩,心乱如麻,找了很多医生医治,都见效不大。沛国谯县人华佗(约公元145年—208年),通晓儒家经典著作,又精通医术,妙手回春,甚至能"起死回生",华佗和董奉(生卒年不详)、张仲景(生卒年不详)并称为建安三神医;扁鹊、华佗、张仲景、李时珍并称为中国古代四大名医。曹操听说了华佗的名声,得知他还和自己是老乡,于是派人把华佗请来,医治头风病。华佗采用针灸疗法,用针刺曹操的横膈膜(位于胸腔和腹腔的分界处),立竿见影,曹操病痛随即消失,曹操把华佗留在了身边,成了曹操的专用医生。

华佗虽然医术精湛，但他认为自己是个读书人，却从事医学工作，因此常自我反省。后曹操公务越来越繁忙，费心费脑，病情也越来越严重，他让华佗为他诊治。华佗说："此病短时间难以治愈，不间断对症治疗，可延年益寿。"华佗离开家乡已经很长时间了，想回家看看，因此对曹操说："我收到了家书，正准备向您告辞，暂回家看看。"曹操批准了。华佗到家后，以妻子生病为由，多次请求延期不返。曹操多次写信让华佗返回，又下令让郡县官员催促他返回。华佗自恃有才能，厌恶吃伺候人的饭，所以仍不肯上路。曹操大怒，派人前来核实，如果华佗的妻子的确患病，就赐给小豆四十斛，宽限期限；若华佗耍诈，就把他收押。于是华佗就被关押到了许县监狱，经审讯，华佗认罪。当时荀彧为华佗求情，曹操不准，华佗竟在狱中被拷打致死。

后来曹操的头风病也就没有得到根治，时常发作，痛苦不堪。有人说，曹操不能找董奉、张仲景治病吗？看到华佗的下场，董奉、张仲景还敢为曹操看病吗？他们都隐居了，很难找寻。

建安二十五年（公元220年）正月二十三日，曹操病逝于洛阳，终年六十六岁。

曹操是历史上最具争议的人物之一，他知人善任，不被假象迷惑。提拔奇才，不讲出身，量才使用。和敌人对阵时，神情安逸，好像没有置身战场；但一旦捕捉到战机，他就气势如虹，纵横疆场。立下大功的，他不吝千金赏赐；无功希望施舍的，他分毫不给。用法严酷，犯罪该杀的必杀，有时候他也会对犯人感到惋惜流涕，但绝不宽赦。他本性节俭，不好华丽，所以他能消灭群雄，几乎平定海内。他才华横溢，是建安文学的代表人物之一。但他残忍狡猾，独断专行，架空皇帝，残酷打压异己等都容易引起非议。

当时曹丕在邺城。军中骚动不安，许多官员认为应该秘不发丧，谏议大夫贾逵认为这事无法保密，反而会引起不必要的猜想。于是向全国发丧。有官员建议撤换诸城守将，全部采用谯县、沛国人。魏郡太守徐宣厉声说："现在远近一统，人人怀有报效之心，何必专用谯、沛之人，以丧忠臣之心！"这项议论才终止。

青州兵听说曹操去世，擅自击鼓离去，众人认为应该阻止青州兵，不听话就讨平之。贾逵说："不可。"专门为青州兵制作公文，令青州兵所经过的郡县为其提供饮食。

曹丕弟弟、鄢陵侯曹彰精于骑射，臂力过人，之前代郡（郡府代县，在今河北省蔚县）乌桓叛乱，曹操派他征讨乌桓。曹彰大破乌桓，鲜卑部落酋长轲比能也被震慑到，率众投降，北方平定。当时曹操在长安，就召曹彰到了长安，曹操东还后，命曹彰留守长安。曹彰得知父亲去世，从长安而来，他问贾逵道："先王玺绶何在？"贾逵严肃地说："魏国有副君，先王玺绶，君侯不应该过问。"

曹操去世的消息传到邺城，曹丕号啕大哭。太子中庶子司马孚（司马懿三弟）劝道："君王晏驾，天下依仗殿下做主，殿下应该上为宗庙考虑，下为万民着想，奈何像一介匹夫一样！"

过了好久，曹丕才止住哭声，说："你说得对。"

当时群臣听说曹操去世，聚在一起痛哭流涕，东倒西歪。司马孚厉声说道："今君王去世，天下震动，当早拜嗣君，以镇万国，你们只会哭吗？！"于是制止群臣，部署禁卫，料理丧事。群臣认为太子即魏王王位，应该有汉献帝的诏令。尚书陈矫说："魏王在外去世，天下惶恐。太子应该节哀即位，以迎合天下人的期盼。且爱子（曹彰）又在旁觊觎，如果此时生变，则社稷就危险了。"

于是开始准备王位继承仪式，一日办毕。第二天一早，宣布卞王后令，令曹丕即魏王王位，宣布魏国大赦。汉献帝不久派御史大夫华歆带着诏书，授给曹丕丞相印、绶，魏王玺、绶，领冀州牧。尊卞王后为王太后。

按照曹操遗命，把曹操埋葬于邺城西的高陵（在今河南省安阳市安阳县安丰乡西高穴村）。

▲ 唐　阎立本《历代帝王图》之曹丕

曹魏代汉

曹丕弟弟曹彰等皆回封国。临淄国监国谒者（监督诸侯国）灌均，上书指控临淄侯曹植道："临淄侯曹植醉酒违逆不敬，威胁逼迫朝廷使者。"这正迎合了曹丕的心意，曹丕贬曹植为安乡侯。曹丕报复丁仪、丁廙兄弟支持曹植，把丁氏兄弟及丁家的男性全部诛杀。

左中郎将李伏引《孔子玉板》、太史丞许芝引《春秋汉含孳》《玉板谶》《佐助期》《孝经中黄谶》《易运期谶》，他们向曹丕上书说："魏当代汉，图谶和纬书上有许多记载。"辛毗、刘晔、傅巽、卫臻、桓阶、陈矫、陈群、苏林、董巴、司马懿、郑浑、羊秘、鲍勋等人也上书曹丕，希望他顺天应人，早登大位。曹丕假装拒绝，但却私下里秘密筹备刘协的"禅让"仪式。

东汉延康元年（公元220年）十月十三日，一切准备停当，汉献帝刘协祭拜汉高祖刘邦庙，悲痛泣告，让行御史大夫张音持节奉皇帝玺绶、文告，"禅位"于曹丕。曹丕象征性地礼让三次，刘协坚持"禅让"。于是曹丕命在许县南七十里的繁阳（今河南省临颍县西北）修筑高台。十月二十九日，曹丕登台接受玺绶，即皇帝位。曹丕祭祀天地、五岳、四渎（长江、黄河、淮河、济水），改年号为黄初，大赦。

史称曹丕建立的国家为"魏"，曹丕为魏文帝。东汉王朝从公元25年建立，到本年结束，共历时一百九十六年。东汉王朝一共有十三位皇帝（一说共有十四位皇帝，加上北乡侯刘懿）：汉光武帝刘秀、汉明帝刘庄、汉章帝刘炟、汉和帝刘肇、汉殇帝刘隆、汉安帝刘祜、汉顺帝刘保、汉冲帝刘炳、汉质帝刘缵、汉桓帝刘志、汉灵帝刘宏、汉少帝刘辩、汉献帝刘协。

曹丕封刘协为山阳公，在山阳国（在今河南省焦作市）可以继续施行东汉的历法，刘协也可以在封国继续使用天子的礼仪及音乐。曹丕把刘协的四个儿子由王爵降封为侯爵。刘协是幸运的，公元234年，刘协善终，终年五十四岁；这年，曹丕已经去世八年了。

黄初元年（公元220年）年底，曹丕定都洛阳。

参考书目

1. （宋）范晔撰，（唐）李贤等注. 后汉书［M］. 北京：中华书局，2012.

2. （宋）司马光编著，（元）胡三省音注. 资治通鉴［M］. 北京：中华书局，2013.

3. （晋）陈寿著，（南朝宋）裴松之注. 三国志［M］. 天津：天津古籍出版社，2009.

4. （宋）徐天麟. 东汉会要［M］. 上海：上海古籍出版社，1978.

5. （宋）袁枢. 通鉴纪事本末［M］. 北京：中华书局，2018.

6. （宋）朱熹、（宋）赵师渊编撰，李孝国等注解. 资治通鉴纲目［M］. 北京：中国书店，2021.

7. （清）王夫之著，舒士彦点校. 读通鉴论［M］. 北京：中华书局，2013.

8. （清）严可均. 全后汉文［M］. 北京：商务印书馆，1999年.

9. 柏杨. 中国历史年表［M］. 北京：人民文学出版社，2012.

10. 柏杨. 中国帝王皇后亲王公主世系录［M］. 北京：中国友谊出版公司，1986.

11. 安作璋，熊铁基. 秦汉官制史稿［M］. 济南：齐鲁书社，1984.

12. 刘跃进. 秦汉文学编年史［M］. 北京：商务印书馆，2006.

13. 余太山. 两汉魏晋南北朝与西域关系史研究［M］. 北京：商务印书馆，2011.

14. 彭卫，杨振红. 中国风俗通史·秦汉卷［M］. 上海：上海文艺出版社，2002.

15. 谢国桢. 两汉社会生活概述［M］. 北京：北京出版集团公司北京出版社，

2016.

16. 蒋建中. 古今官职诠释［M］. 北京：中国书籍出版社，2015.

17. 张传玺，杨济安. 中国古代史教学参考地图集［M］. 北京：北京大学出版社，1984.

18. 薛国屏. 中国地名沿革对照表［M］. 上海：上海辞书出版社，2017.

19. 李晓杰. 东汉政区地理［M］. 济南：山东教育出版社，1999.

20. 周天游. 八家后汉书辑注［M］. 上海：上海古籍出版社，2020.

21. 严耕望. 两汉太守刺史表［M］. 北京：北京联合出版公司出版，2020.

22. 孙家洲. 中国古代思想史·秦汉卷［M］. 南宁：广西人民出版社，2006.

23. 陈茂同. 中国历代职官沿革史［M］. 天津：百花文艺出版社，2005.

24. 范传贤，杨世钰，赵德馨. 中国经济通史·第二卷［M］. 长沙：湖南人民出版社，2002.

25. 许抗生，聂保平，聂清. 中国儒学史·两汉卷［M］. 北京：北京大学出版社，2011.

26. 杜瑜. 中国历代疆域［M］. 北京：中国国际广播出版社，2011.

27. 郑杰文，李梅. 中国学术思想编年·秦汉卷［M］. 西安：陕西师范大学出版社，2005.

28. 周振鹤，李晓杰，张莉. 中国行政区划通史·秦汉卷［M］. 上海：复旦大学出版社，2019.

29. 祝总斌. 两汉魏晋南北朝宰相制度研究［M］. 北京：北京大学出版社，2017.

30. 何兹全. 读史集［M］. 上海：上海人民出版社，1982.

31. 林道心. 中国古代万年历［M］. 石家庄：河北人民出版社，2003.

32. 廖伯源. 秦汉史论丛（增订本）［M］. 北京：中华书局，2008.

33. 罗建新. 谶纬与两汉政治及文学之关系研究［M］. 上海：上海古籍出版社，2015.

34. 葛剑雄. 中国人口发展史［M］. 成都：四川人民出版社，2020.

35. 梁方仲. 中国历代户口、田地、田赋统计［M］. 北京：中华书局，2008.

36. 余华青. 中国宦官制度史［M］. 上海：上海人民出版社，1993.

37. 常征，于德源. 中国运河史［M］. 北京：北京燕山出版社，1989.

38. 林幹. 东胡史［M］. 呼和浩特：内蒙古人民出版社，2007.

39. 杨联陞. 东汉的豪族［M］. 北京：商务印书馆，2011年.

40. 陈苏镇.《春秋》与"汉道"——两汉政治与政治文化研究［M］. 北京：中华书局，2011.

41. 杨宽. 中国古代都城制度史研究［M］. 上海：上海人民出版社，2016.

42.（南朝）陶弘景. 古今刀剑录［M］.

43. 李敬一. 先秦两汉文学史［M］. 武汉：武汉大学出版社，2009.

44. 熊铁基. 秦汉文化史［M］. 北京：东方出版中心，2007.

45. 熊铁基. 秦汉军事制度史［M］. 南宁：广西人民出版社，1990.

46. 卿希泰，唐大潮. 道教史［M］. 南京：凤凰出版传媒集团江苏人民出版社，2006.